国家出版基金项目
NATIONAL PUBLICATION FOUNDATION

U0102505

中国海上丝绸之路通史
第三辑
中国商民海外播迁史

华风流芳：
海外华侨华人的中华文化教育

陈支平　王子今　主编

向忆秋　著

海峡出版发行集团｜鹭江出版社
THE STRAITS PUBLISHING & DISTRIBUTING GROUP

2023年·厦门

图书在版编目(CIP)数据

华风流芳:海外华侨华人的中华文化教育/陈支平,王子今主编;向忆秋著.—厦门:鹭江出版社,2023.12
(中国海上丝绸之路通史)
ISBN 978-7-5459-2079-6

Ⅰ.①华… Ⅱ.①陈… ②王… ③向… Ⅲ.①中华文化—文化传播—研究 Ⅳ.①G125

中国版本图书馆 CIP 数据核字(2022)第 257893 号

中国海上丝绸之路通史(第三辑)

HUAFENG LIUFANG HAIWAI HUAQIAO HUAREN DE ZHONGHUA WENHUA JIAOYU

华风流芳:海外华侨华人的中华文化教育

陈支平　王子今　主编　向忆秋　著

出版发行:	鹭江出版社		
地　　址:	厦门市湖明路 22 号	邮政编码:	361004
印　　刷:	恒美印务(广州)有限公司		
地　　址:	广州南沙开发区环市大道南 334 号	联系电话:	020－84981812
开　　本:	787mm×1092mm　1/16		
插　　页:	4		
印　　张:	22.5		
字　　数:	311 千字		
版　　次:	2023 年 12 月第 1 版　　2023 年 12 月第 1 次印刷		
书　　号:	ISBN 978-7-5459-2079-6		
定　　价:	150.00 元		

如发现印装质量问题,请寄承印厂调换。

总　序

　　任何一种文明都是在与其他文明的交融对话中不断发展的。作为世界上最古老的几个文明之一，中华文明在历史长河中既扮演了文明传播者的角色，也不断从其他文明中汲取各种养分。在这种文明交往的世界体系中，中华文明既壮大发展了自身，也为世界文明的进步作出了重大贡献。

　　长期以来，学界对中国社会文明史的研究，主要侧重传统农业社会发展史方向，对中国海洋发展史的关注度则相对薄弱。这一方面是因为中国自古以来就是一个"以农立国"的国度，历代社会的经济基础及意识形态，基本上围绕"农业"展开；另一方面是因为历代统治者为了政权的巩固与社会的稳定，往往把从事海上活动的人群视为对既有社会形态的威胁，经常实施诸如禁止出海活动的法令。在这些因素的作用下，中国的海洋文明发展史以及由此开拓出的海上丝绸之路的历史与文化，必然受到历代政府与士大夫们的漠视，甚至备受打击。

　　中国是一个临海国家，从北到南，大陆海岸线长度约一万八千千米。事实上，在这样的地理优势之下，我们的先民很早就开始从事海洋活动。这种活动除了延续至今的海洋捕捞、海洋养殖之外，还不断通过国家、社会的不同领域与层面向外延伸，寻求与外界的联系和发展。可以说，中国海洋文明存在于"海—陆"一体的结构中。中国既是一个大

陆国家，又是一个海洋国家，中华文明具有陆地文明与海洋文明双重性格。中华文明以农业文明为主体，同时包容游牧文明和海洋文明，形成多元一体的文明共同体。中华民族拥有源远流长、辉煌灿烂的海洋文化和勇于探索、崇尚和谐的海洋精神。没有古代中国的海洋文明，也就谈不上近代中国海权的旁落；没有古代中国的海洋文明，也就没有当代中国海权的复兴。我们不能因为中国在近代落伍和被欺凌、被打压，就否认中国传统海洋文明的辉煌。①

中国的先民正是在长达数千年的不断探索、实践之下，才让中国的海洋文明发展史在世界文明史上留下光辉的篇章。

一、对中国海洋发展的回顾

中国先民在上古时期进行的海洋活动，应该是沿着海岸线进行海洋捕猎和滩涂养殖活动。在不断与大海搏击与互相适应的过程中，逐渐形成了辉煌灿烂的海洋文化和勇于探索、崇尚和谐的海洋精神。中华海洋文明是中华原生文明的重要组成部分，与中华农业文明几乎同时发生。在汉武帝平定南越以前，东夷、百越等海洋族群创造的海洋文明仍是一个独立的系统。

早期中华海洋文明的逐渐形成，伴随着海上活动区域的日益扩大。有学者指出，中国历史文献中的百越族群，与人类学研究的南岛语族属于同一范畴，两者存在亲缘关系。百越族群逐岛漂流航行的活动范围，是从东海、南海几经辗转到达波利尼西亚等南太平洋诸岛，百越族群是大航海时代以前人类最大规模的海上移民。东夷、百越被纳入以华夏文明（即内陆文明、农业文明、大河文明）为主导的王朝统治体系后，海洋文明逐渐被进入沿海地区的汉族移民承继、涵化，和汉化的百越后裔

---

① 杨国桢、王鹏举：《中国传统海洋文明与海上丝绸之路的内涵》，《厦门大学学报（哲学社会科学版）》2015 年第 4 期。

一道，铸造了中华文明的海洋特性，拉开了海上丝绸之路的帷幕。① 由于中国沿海传统渔业和养殖业在中国历代社会经济中所占份额较小，因此，中国的海洋文明发展历史，主要体现在向海外发展并且与海外各地相互连接的海上丝绸之路上。

从现有的资料看，中华民族海洋先民与世界其他民族的交流，早在公元前 10 世纪时就已产生。由于地处亚欧大陆，东临大海，中国在早期的对外交流中，率先开辟西通西域、东出大海的两条主要通道，中华文明与世界文明交往基本格局的雏形自此形成。

《山海经》中提到"闽在海中"，这是一种传说。但是"闽在海中"的传说，是数千年来中国南方民族与东亚民族长期交往的历史记忆。"闽"是福建地区的简称。福建地区处于陆地，何谓"海中"？这一传说实际上说明了我国东南沿海地区面向大海以及宝岛台湾在东南海洋中的特殊地理位置，乃至中国东南沿海地区与南洋各地包括南岛语族居民长期交融的文化互动关系。这种关系无疑就是后来海上丝绸之路的先声。

中国北方有"箕子入朝鲜"的记述，称公元前 1066 年，周武王灭商，命召公释放箕子，箕子率 5000 人前往朝鲜。公元前 3 世纪末，朝鲜历史上第一次记载了"箕氏侯国"。《史记》记载，箕子在周武王伐纣后，带着商代的礼仪和制度到了朝鲜半岛北部，被那里的人民推举为国君，并得到周朝的承认，史称"箕子朝鲜"。现代谱系学的研究成果证实，现今许多朝鲜人和韩国人的祖先来自华夏地区。

春秋战国时期有"徐福东渡日本"的记载。徐福东渡，一直被公认为华夏民族及其文化传入日本的重要历史事件。《史记·淮南衡山列传》记载了徐福东渡事件，后又有徐福在日本平原、广泽为王之说。徐福东渡日本，促成了一代"弥生文化"的诞生，并为日本带去了文字、农耕和医药技术。据统计，日本的徐福遗迹有 50 多处。

春秋战国时期文献多数缺失，至今留存的文献记载十分有限，但是从上述传说和记述中，我们可以了解到中国古代先民并没有辜负大海的恩

① 杨国桢：《海洋丝绸之路与海洋文化研究》，载李庆新主编《海洋史研究（第七辑）》，社会科学文献出版社，2015。

总序

赐。在当时生产力低下、航海技术相当原始的情况下，他们仍不断地尝试循着大海，向东面和东南面拓展，谋求与海外民族的联系与合作。

汉唐时期是中国历史上的强盛时期，社会生产力得到长足的进步，交通工具特别是航海技术有了空前的提升，中外文化交流也进入稳步发展阶段。强盛的国力和丰富多彩的文化，吸引着东亚各国前来学习，唐代的政治文化制度对东方邻国的政治文化体制产生了直接的影响。可以说，汉唐时期中国闻名于世的陆上丝绸之路和海上丝绸之路已经形成，中国海洋发展史进入了一个崭新的阶段。

公元前 138 年，张骞出使西域，这是丝绸之路开通的先声。东汉永元九年（97），西域都护班超派遣甘英出使大秦，扩大华夏文化对西域的影响，也丰富了汉人对西域的认识。陆上丝绸之路开辟以后，中国的丝织技术随丝织品输入西方，促进了中外文化交流和贸易往来，加强了西汉与西域地区的联系。

与此同时，自中国沿海起始的海路，西达印度、波斯，南及东南亚诸国，北通朝鲜、日本。公元前 2 世纪到公元前 1 世纪，西汉王朝的使节已在南海航行。中国古籍《汉书·地理志》最早提到的中西海路交通的路线是："自日南（今越南中部）障塞、徐闻（今广东徐闻）、合浦（今广西合浦）船行可五月，有都元国；又船行可四月，有邑卢没国；又船行可二十余日，有谌离国；步行可十余日，有夫甘都卢国。自夫甘都卢国船行可二月余，有黄支国……平帝元始中，王莽辅政，欲耀威德，厚遗黄支王，令遣使献生犀牛。自黄支船行可八月，到皮宗；船行可二月，到日南、象林界云。黄支之南，有已程不国，汉之译使自此还矣。"[①]《汉书·地理志》所记载之海上交通路线，实为早期的海上丝绸之路，当时海船载运的"杂缯"，即各种丝绸。到 2 世纪 60 年代，罗马帝国与东汉通过海上丝绸之路发生联系。三国时期的吴国曾派遣朱应、康泰出使南海，促进了中国与南海诸国的联系。5 世纪，中国著名旅行家法显由陆上丝绸之路前往印度，回国时取道海上丝绸之路，经师子国（今斯里兰卡）、耶婆提（今印度尼西亚苏门答腊岛一带）回国。此时，

---

① 《汉书》，中华书局，1962，第 1671 页。

海上交通已相当频繁，中国与东南亚地区、印度洋地区已有广泛联系，特别是来自中国与印度的僧人为弘扬佛法，交往更为密切。这一时期，中国与阿拉伯半岛、波斯湾地区之间也有一定规模的海上交流活动。

唐朝是海上丝绸之路的大发展时期。隋唐五代时期，与中国通商的国家有赤土、丹丹、盘盘、真腊、婆利等。中唐之后，西北地区丝绸之路阻塞，华北地区经济衰落，华南地区经济日益发展，海上交通开始兴盛。这一时期，海上丝绸之路的繁荣程度远远超过了陆上丝绸之路。与中国通商的国家有拂菻、大食、波斯、天竺、师子国、丹丹、盘盘、三佛齐。航路是以泉州或广州为起点，经过海南岛、环王国、门毒国、古笪国、龙牙门、罗越国、室利佛逝、诃陵国、个罗国、哥谷罗国、胜邓洲、婆露国、师子国、南天竺、婆罗门国、信度河、提罗卢和国、乌剌国、大食国、末罗国、三兰国。同时，唐代即有唐人移民海外。其中，唐代林氏始祖渡海至韩国，繁衍至今约有 120 万人。2001 年，韩国林氏到泉州惠安彭城村寻根谒祖，传为佳话。

中国宝岛台湾以其雄踞东南海中的地理位置，在中国海洋文明发展史及对外交通的海上丝绸之路中扮演着无可替代的角色。最新考古发掘资料证实，以台北地区十三行文化遗址为代表，在距今 1800 年至 400 年之间，台湾是联结中国大陆与海外的一个重要中转站。这里出土的文物，既有来自大陆的青铜器物，也有来自南亚地区甚至更远区域的玻璃器皿。这些出土文物充分说明，我国东南地区及台湾地区在唐宋时期就已经成为我国海上丝绸之路的重要港口与据点。

隋唐时期我国海洋文明发展的一个重要标志，是中国文化向周边国家传播。隋唐时期是我国专制集权发展的鼎盛时期，政治、经济、文化均较为发达，与邻近诸国往来频繁，互相影响，对我国及邻近各国的经济、文化发展，具有积极的推进意义。唐贞观十七年（643），李义表、王玄策出使印度，天竺迦摩缕波国童子王要求将《道德经》翻译成梵文。他们归国后，唐太宗命玄奘等完成翻译，王玄策在第二次出使印度时，即将翻译好的《道德经》赠送给童子王，并赠送了老子像。这是迄今为止最早的有文字可考的关于《道德经》传入印度的记述。不仅如此，侨居中国的波斯人、阿拉伯人亦受中国文化的熏陶。当时的长安可

谓亚洲各国留学生聚集的地方，也是世界文化传播中心。

汉字作为世界上使用人数最多的文字，对日本、朝鲜、韩国、越南、哈萨克斯坦等亚洲诸国均产生过深远且重大的影响。日本民族虽有古老的文化，但其本族文字则较晚出现。长期以来，日本人民以汉字作为传播思想、表达情感的载体，称汉字为"真名"。公元 5 世纪初，日本出现借用汉字的标音文字——"假名"。公元 8 世纪时，以汉字标记读音的日本文字已较为固定，其标志是《万叶集》的编定。日本文字的最终创制由吉备真备和弘法大师（空海）完成。他们两人均曾长期留居中国唐朝，对汉字有很深的研究。前者根据标音汉字楷体偏旁创造了日文"片假名"，后者采用汉字草书创造日文"平假名"。尽管自公元 10 世纪起，假名文字开始在日本盛行，但汉字的使用却并未因此废止。时至今天，已在世界上占据重要地位的日本文字仍保留着 1000 多个简体汉字。

朝鲜文字称谚文。它的创制和应用是古代朝鲜文化的一项重要成就。实际上，中古时期的朝鲜亦如日本，没有自己的文字，使用的是汉字。新罗统一后稍有改观，时人薛聪曾创造"吏读"，即用汉字表示朝鲜语的助词和助动词，辅助阅读汉文书籍。终因言文各异，"吏读"无法普及。李朝初期，世宗在宫中设谚文局，令郑麟趾、成三问等人制定谚文。他们依中国音韵，研究朝鲜语音，创造出 11 个母音字母和 17 个子音字母，并于 1443 年编成"训民正音"公布使用，朝鲜从此有了自己的文字。

公元 10 世纪以前，越南是中国的郡县。秦、汉、隋、唐均曾在此设官统辖，故越南受中国文化的影响较深。越南独立后，无论是上层人士的交往，还是学校教育、文学作品创作，均以汉字为工具。直至 13 世纪，越南才有本国文字——字喃。字喃是以汉字为基础，用形声、假借、会意等方法创制的表达越南语音的新字。15 世纪时，字喃通行越南全国，完全取代了汉字。

不仅文字，唐代的政治制度同样对东亚各国产生了不小的影响。科举制度和三省六部制是中国古代政治制度的重要组成部分，也是支持官僚政治高度发展的两大杠杆。科举制度和三省六部制萌芽于汉代，建立于隋唐，不仅影响了东亚世界政治制度的发展，还促进了西方文官制度的建立。在唐代，有不少来自朝鲜、安南（今越南）、大食（今阿拉伯）等国的留学人员参加中国的科举考试，其中尤以朝鲜人为多。公元9世纪初，朝鲜半岛还处于百济、新罗、高句丽并立的三国时代，新罗的留唐学生十分向往中国的科举制度，并且来中国参加科举考试。821年，新罗学生金云卿首次在唐朝科举中登第。截至唐亡的907年，新罗学生在唐登第者有58人。五代时期，新罗学生及第者又有32人。958年，高丽实施科举制度。日本也于8世纪时引进中国的科举制，建立贡举制。唐会昌五年（845），唐王朝允许安南同福建、黔府、桂府、岭南等地一样，每年选送进士7人、明经10人到礼部，同全国各地的乡贡、生徒一起参加科举考试。科举制度虽然最早产生于中国，但其声望及影响并非仅囿于中国。从其诞生之日起，历朝历代就有不少外国学子到中国学习和参加科举考试，绝大多数人学有所成，像桥梁一样促进了国与国之间在文化、教育等方面的交流，为增进中国人民与其他各国人民的友谊作出了不可磨灭的贡献。他们的历史功绩永载中国海洋文明发展史及中外文化交流史史册。

新罗受唐文化影响最深。当时入唐求学的新罗学子很多，仅840年一年，从唐朝回国的新罗留学生就有100余人。他们学成归国后，协助新罗统治者仿效唐朝的政治制度，建立起从中央到地方的行政组织。8世纪中叶，新罗仿效唐朝改革了行政组织，在中央设执事省（相当于唐朝的中书省），在地方设州、郡、县、乡。日本也是与唐朝有密切来往的东亚国家之一。仅在唐朝一代，日本就派遣了12批遣唐使团到中国学习，次数之多，规模之大，时间之久，学习内容之丰富，可谓空前，推动了中日文化交流的第一次高潮。通过与中国的不断交往，日本在政治、经济、军事、文化、生产技术以至生活风尚等方面都受到中国的深刻影响。其中，影响最大的是646年日本的大化改新。日本在这次革新中充分借鉴了唐朝经验，建立了以天皇为中心的中央集权国家，官吏任免权收归中央。这次改革还仿效唐朝的三省六部制，在中央设立相应机构，各司其职，置八省百官。从649年"冠位十九阶"的制定到701年《大宝律令》、718年《养老律令》的先后制定，全新的封建官僚体制取

代了贵族官僚体制（现在日本的中央部级还称作"省"）。同一时期，安南所推行的文教制度和选拔人才政策也与隋唐几乎相同。世界五大法系之一——"中华法系"的代表《唐律疏议》，对越南法制史有重大影响。中国政治制度对东亚、南亚国家的影响一直延续到宋明时期。

佛教传入中国，经过中国文化的滋养，再传入东亚各国，对东亚各国的宗教文化产生了深刻影响。鉴真先后 6 次东渡到达日本，留居日本 10 年，辛勤不懈地传播唐朝多方面的文化成就。唐代前期和中期以后，新罗留学生研习当时盛行的天台宗、法相宗、律宗、华严宗、密宗和禅宗。

唐朝时期，中国的典籍源源不断地传入东亚各国，形成了一个高潮。日本飞鸟、奈良时代甚至出现了当时举世罕见的汉书抄写事业。日本贵族是最早掌握汉字和汉文化的社会阶层。日本平安时代（794—1192）是贵族文化占主流的时代。这一时代的贵族，包括皇室在内，均以中国文明为榜样，嗜爱汉籍，对唐诗推崇备至。平安时代初期，嵯峨天皇敕令编撰了《凌云集》和《文华秀丽集》两部汉诗集，开启其后三百年间日本汉文化发达之先河。

唐代国学等汉籍传入东亚各国，形成了一条通畅的"书籍之路"。早期"书籍之路"航线从中国江南始发，经朝鲜半岛，再至日本列岛，这是与东亚海上丝绸之路相辅相成的文化传承之路，构建了东亚文化交流的新模式。

宋元时期中国海洋文明发展史在更广阔的范围展开。一方面，在传统"朝贡贸易"的刺激下，民间从事私人海上贸易的情况不断出现；另一方面，理学成为中国儒学的新形态，很快成为东亚各国的道德文化范本。中国禅宗的兴盛也深深地影响着周边各国。中国的"四大发明"进一步影响世界，中国与东南亚各国的往来日渐密切，与非洲的联系也日益紧密。

宋元时期，儒学向亚洲国家传播，对东亚及东南亚产生深远的影响。对东亚的影响主要是朱子学和文庙制度的东传。四书五经等儒家经典的思想和智慧传到朝鲜、日本和越南，这些教化中国民众的核心精神也深深影响着东亚各国。在朝鲜，高丽王朝的安珦于 1290 年将《朱子全书》抄回国内后，白颐正、禹倬等人开始不遗余力地在朝鲜发扬程朱理学。他们的后学李齐贤、李穑、郑梦周、郑道传等人，成了推动朝鲜朱子学发展的中流砥柱。日本的朱子学传播伴随着佛教的交流。日本僧人俊芿曾带回朱熹的《四书章句集注》等著作，日本僧人圆尔辩圆曾持朱熹的《大学或问》《中庸或问》《论语精义》《孟子精义》等著作回国。同时，宋朝僧人道隆禅师曾赴日以儒僧身份宣传理学，元朝僧人一宁禅师赴日宣传宋学，培养了一大批禅儒兼通的禅僧，如虎关师炼、中岩圆月、义堂周信等。15世纪末朱子学在日本形成三大学派：萨南学派、海南学派和博士公卿派。在越南，陈圣宗于绍隆十五年（1272）下诏求贤才，能讲四书五经之义者，入侍帷幄。于是，越南出现了一批积极传播朱子学的先驱，如朱文安、黎文休、陈时见、段汝谐、张汉超、黎括等。黎朝建立后，仍然大力提倡朱子学，将朱子学确立为正统的国家哲学。

宋元时期，除了朝鲜、日本、越南等经过海路与中国交往，并且产生文化影响力之外，东南亚各国也同中国产生了直接的联系。例如泰国，宋朝曾于1103年派人到罗斛国，1115年罗斛国的使者正式来到中国，罗斛国与中国建立友好关系。罗斛先后五次（分别于1289年、1291年、1296年、1297年和1299年）派遣使者出访元朝。1238年，泰族首领马哈柴柴查纳亲王后裔坤邦克郎刀创建了以素可泰为中心的素可泰王国（《元史》中称"暹罗"），历史上称作素可泰王朝。宋元时期，泰国医生使用的药物中，30％为中药。他们也采用中医望、闻、问、切的诊治方法。中国的针灸术也流行于泰国。再如缅甸。缅甸蒲甘国1106年第一次遣使由海路入宋，于1136年第二次遣使由陆路经大理国入宋。纵观整个元代，缅甸至少13次遣使至元朝，元朝向缅甸遣使约6次。1394年，明朝在阿瓦设缅中宣慰司，与阿瓦王朝关系密切。再如柬埔寨。真腊是7—16世纪柬埔寨的国名。公元616年2月24日，真腊国遣使贡方物。苏利耶跋摩二世在位时（1113—1150），曾两次遣使来中国访问。真腊国分别于1116年、1120年、1129年遣使入宋，宋朝廷将"检校司徒"称号赐予真腊国王。1200年，真腊遣使入宋赠送驯象等礼品。宋宁宗以厚礼回赠，并表示真腊"海道远涉，后勿再入贡"。1295年，元成宗

（铁穆耳）派遣使团访问真腊，周达观随行。回国后，他写下了《真腊风土记》。唐宋时期中国与老挝的交往在史书中几乎没有记载。元朝曾在云南边外设老丫、老告两个军民总管府。1400 年至 1613 年间，中、老两国互相遣使达 43 次，其中澜沧王国遣使入明 34 次，明朝向澜沧王国派遣使节共 9 次，并在澜沧王国设"军民宣慰使司"。960 年，占城国悉利胡大霞里檀遣使李遮帝入宋朝贡。982 年，摩逸国（今菲律宾群岛一带）载货至广州海岸。1003 年、1004 年、1007 年，蒲端王其陵遣使来华"贡方物"。1011 年，蒲端王悉离琶大遐至遣使入宋"贡方物"。1372 年，吕宋（位于菲律宾北部）遣使来贡。1003 年，三佛齐王思离朱罗无尼佛麻调华遣使入宋。宋元时期，随着中国海洋文明及海上丝绸之路的发展，中国与东南亚各国建立了比较稳定的联系。

15 世纪初叶，郑和船队开始了史诗般的航行；16 世纪之后，中国沿海贸易商人也拼搏于东西洋的广阔海域。世界东西方文明在这一时期产生了直接的碰撞与交流。中国文化在面对初步全球化格局的挑战时，演绎了许多可歌可泣的历史篇章；中华文明在新的碰撞交流中，将自身的影响力扩大到全球。中国海洋文明发展的历史又向前迈进一步。

中国明代前期郑和下西洋，体现了中国古代航海技术的最高水平。自永乐三年（1405）开始，一支由 200 余艘"巨舶"、27000 余人组成的庞大舰队在郑和的带领下踏上了海上征程。在近 30 年的航行中，郑和船队完成了人类史无前例的壮举：先后 7 次跨越三大洋，遍历世界 30 多个国家。这支当时世界上最强大的海上舰队的足迹，东达琉球、菲律宾和马鲁古海，西至莫桑比克海峡和南非沿海的广大地区，定期往返，到达越南、马来西亚、斯里兰卡、印度、沙特阿拉伯等 30 多个国家和地区，最远曾达非洲东部、红海、麦加，并有可能到过澳大利亚、新西兰和美洲。1904 年，郑和下西洋 500 年后，梁启超在《新民丛报》发表《祖国大航海家郑和传》，请国人记住这位"伟大的航海家"，说"郑君之初航海，当哥伦布发现亚美利加以前六十余年，当维哥达嘉马发现印度新航路以前七十余年"。而郑和与带给美洲、非洲血腥殖民主义的西欧航海家最大的不同，则是其宣扬"宣德化而柔远人"的和平贸易理念。这支秉持明太祖"不征"祖训的强大海军，不仅身负建立朝贡贸易的重任，也扮演了维持海洋秩序，使"海道清宁"的角色。在感慨这支强大的海军因明朝廷内外交困不得不中止使命，中国失去在15世纪开始联结世界市场的机会之余，我们还应思考郑和与他史诗般的跨洋航行留给我们的启示：是不是只有牺牲人性与和平的殖民主义才是"全球化"的唯一可行路径？我们的海洋、我们的世界，能否建立起一个以"仁爱""和平"的理念联结在一起的政治秩序？

15世纪中叶，肩负中国官方政治使命的郑和航行虽然画上了句号，但以中国为核心的东亚海洋贸易网络的勃兴与发展却从未停止。郑和船队对东亚、南亚海域的巡航，为中国历代沿海居民打开了通向大洋的窗口，而明朝海禁政策导致朝贡贸易的衰落，更刺激了民间海外贸易的大发展，最终迫使明朝廷做出"隆庆开关"的决定，民间私人海外贸易获得了合法的地位。东南沿海各地民间海外贸易进入了一个新时期。此时，中国沿海海商的足迹几乎遍及东亚和东南亚各国，其中日本、吕宋（今菲律宾）、暹罗（今泰国）、满剌加（今马六甲）等地为当时转口贸易的重要据点。他们把内地的各种商品，如生丝、丝织品、瓷器、白糖、果品、鹿皮及各种日用珍玩运销海外，换取大量白银及香料。由于当时欧洲商人已经染指东南亚各国及我国沿海地区，这一时期的海外贸易活动实际上也是一场东西方争夺东南亚贸易权的竞争。16世纪至17世纪上半叶，以闽粤商人为主的中国商人集团在与西方商人的竞争和抗衡中始终占有一定的优势，成为世界市场中非常活跃的贸易主体。随着国内外商品市场的发展，作为交换媒介的货币也发生了重要变化，自唐、五代以来一直流行于民间的白银，随着海外贸易中大量白银货币的入超，最终取代了明朝的法定钞币，成为通行的主要货币。

繁盛的海外贸易对增加明朝廷的财政收入具有无可替代的重要作用。实际上，明朝已经成为当时的世界金融中心。明代后期及清代前期，中国与世界已经紧密地联系在一起。中国商人奔走于东西洋之间，促进了中国与亚洲各国的经济和文化交流。公元15世纪之后，来自欧洲的商人及传教士群体，纷纷来到亚洲，更是与中国的商人发生了直接的交往。

万历时期，即16世纪末、17世纪初，欧洲陷入经济萧条，大西洋

贸易衰退，以转贩中国商品为主的太平洋贸易发展为世界市场中最活跃的部分。中国商品大量进入世界市场，在一定程度上缓和了世界市场贵金属相对过剩与生活必需品严重短缺的不平衡状态；因嗜好中国精美商品而掀起的"中国热"，刺激和影响了欧洲工业生产技艺的革新，促进了经济的发展。中国商品为17世纪西方资本主义的兴起作出了不可磨灭的贡献。

16至18世纪，"中国热"风靡西方世界，欧洲人沉浸在对东方文明古国心驰神往的迷恋之中。思想家们开始思索西方与东方、欧洲与中国之间的深层次交流。欧洲的启蒙运动思想家们正是在这样一种氛围中，援引儒家思想，赞美中国。中国悠久的历史和发达的文明令欧洲人欣羡不已。为欧洲带来有关中国的信息从而引发热潮的人，主要是16—18世纪持续不断地来到中国的耶稣会士。由于此时的陆上丝绸之路已经衰败，从陆路来到中国，交通相当不便，于是海上交通便成为15世纪以后西方人来到中国的主要通道。换言之，中国的海洋文明发展史，在15世纪以后开始逐渐向世界各地延伸。

明末清初时期，中西之间的文化交流达到了前所未有的深度与广度，呈现出第三次高峰。在此时期，来华天主教传教士，尤其是耶稣会士，充当了重要的文化交流桥梁。一方面，在传播天主教教义的动机的驱使下，西方传教士译介了大量的西方科学文化知识，使明清时期的中国知识界对"西学"有了初步的了解和认识；另一方面，通过定期撰写书信报告、翻译中国典籍等方式，传教士也将中国悠久灿烂的文化及中国现状介绍到欧洲，致使17—18世纪的欧洲"中国热"经久不衰。可以说，这一时期中西文化的接触和交流，对东西方社会的发展和进步都产生了重要的影响。这个时期中国文化比较系统地传入欧洲，对18世纪欧洲社会文化转型和正在兴起的启蒙运动产生了重大影响。18世纪中叶，启蒙运动在欧洲兴起。启蒙思想家在继承古希腊、古罗马以来西方理性主义精神遗产，尤其是近代实证论、经验论的同时，也把眼光投向了中国，他们发现了在2000年前（公元前5世纪时）就已清晰地阐述了他们想说的话的伟大哲人——孔子。在耶稣会士从中国带回的各种知识中，没有哪一样像孔子的思想那样引发欧洲知识界的热烈研究与讨论，而与之相关联的，对中国的理性主义、文官制度、科举制度和法律的探讨，更是直接成为欧洲启蒙运动的重要灵感。许多著名的启蒙思想家，对孔子及中华学说赞扬不已。如伏尔泰从儒学的"人道""仁爱"思想和儒家道德规范的可实践性看到了他所寻求的理想社会的道德理论和道德经验。莱布尼茨惊呼："东方的中国，竟然使我们觉醒了！"孟德斯鸠从中国的儒学中看到了伦理政治对君主立宪的必要性。百科全书派的代表人物曾经赞扬中国是世界上唯一把政治和伦理道德相结合的国家。

18世纪以来，西方的工业革命确立了资本主义制度的坚固基础，殖民化的欲望日益增强。传统的中华古国，在西方列强坚船利炮的冲击下，陷入了深重的危机。然而，富有包容性和创新性的中国海洋文化，在逆境中不断寻求变革之路，探索着文化的新生与重构。以鸦片战争为标志，在西方现代文明的冲击之下，中华文明遭遇空前危机，其主体性地位不断被质疑，中华文明向海外扩展的内在动力也大为减弱。然而，中华文化内在的包容性与创新性，激发了一代又一代的中国人，特别是知识分子群体。中国的仁人志士从未停止对中华民族复兴之路的探索。他们勇于直面危机，努力探索，求新求变，从而推动中华文化的自我调整和现代化嬗变。中华文明面对的是"三千年未有之大变局"，中国长期的文化优势和文化优越感被西方殖民主义的强势文化不断消解。因此，伴随着西方历次的殖民战争，许多中国人在阵痛之后开始了文化自觉和文化反思。这种文化自觉和文化反思最集中的表现即对西方先进科学技术和社会科学理论的引进传播，最终孕育了20世纪初的新文化运动，这成为中国近代名副其实的启蒙运动。

无论是林则徐、魏源等人的"师夷长技以制夷"，还是洋务派人士的"师夷长技以自强"；无论是维新派人士的"立宪救国"，还是资产阶级革命派的"民主共和"；无论是以"民主"和"科学"为旗帜的新文化运动，还是以马克思主义为旗帜的中国共产党领导的新民主主义革命，无不体现出中国传统文化勇于面对逆境的韧劲。当然，逆境中的复兴之路，是十分艰辛、曲折的。仁人志士在不断的探索及实践中，最终找到"只有社会主义才能救中国"的伟大真理。

近代中国文化在中外文化交流中虽然身处逆境，但是其顽强的生命

力，使这一时期中华文明的海外交流和传播从未间断，并且呈现出某些新的传播特征。从对外经济往来的层面说，西方的经济入侵，固然使中国传统经济受到了很大的冲击，但是善于求新求变的中国民众，特别是沿海一带的商民们，忍辱负重，敢于向西方学习，尝试改变传统的生产格局，发展工农业实业经济，拓展海外贸易，取得了良好的成效，从而为中国现当代社会经济的转型与发展奠定了不可忽视的基础。

从文化层面看，20 世纪初中国遭受的巨大浩劫，牵动东西方文明交流向更深入的方向走去。中国知识分子在吸收西方近代知识智慧的同时，深刻地反思中国传统文化的精髓与糟粕，继而为国家和民族的命运奋起反抗。在中学西传的过程中，以在传统海商聚居地出生的辜鸿铭、林语堂为代表的晚清知识分子的贡献很大。这一时期，中国古典文明的现代意义虽然在国内受到质疑和批判，但是在西方社会依然被广泛关注。中国传统的儒家经典、古典诗歌、明清小说在这一时期仍被大量译介到西方。许多汉学家如葛兰言、高本汉等对此都有专业的研究。

在近代中外文化交流中，海外华侨群体也作出了杰出贡献，如创办华文报刊、华文学校等，提倡华文教育。华文教育无形中扩大了中文社会的影响力，促进了中国文化与南洋本土文化的交流，同时也使南洋居民在一定程度上认识和了解了博大精深的中华文化。

随着明清时期特别是近代以来中国民间群众移民海外数量的增加，这一时期中国文化的对外传播形成了某些值得注意的新特征，这就是遍布世界各地的"唐人街"的形成与传播。近代中国文化在中外文化交流中虽然处于逆境，但中国商民在海外的发展从来没有停止，中国文化的海外交流和传播一直没有间断，中国的一些文化习惯，如中国茶文化传到西方之后，依然表现出强大的影响力，成为西方的一种流行文化。而华侨华人对世界各地经济发展的贡献，更是世界各国人民有目共睹的。

近代以来，中国人民的艰辛探索终于迎来了中华人民共和国的诞生。新中国成立之后，殖民主义文化被彻底抛弃，中华文明及其深厚的海洋文化发展潜力得到全面的复苏与拓展，中国与世界各地的经济交往以前所未有之势蓬勃发展，中华文化在中西文化交流中展现出前所未有的自觉和自信。特别是改革开放以来，随着中国综合国力和国际话语权

华风流芳：海外华侨华人的中华文化教育

的不断提升，中华文明及海洋事业在国际事务与中西文化交流中，表现出强大的拓展动力和趋势。中华海洋文化及中国海上丝绸之路，再次焕发出独特魅力，不断地延伸创新，影响世界，成为中国走向世界的最强音。

纵观中国海洋文明发展的历史过程，以及中华海洋文化与世界文化的交流历史，既有畅行的通途，也有布满艰辛的曲折之路。无论是唐宋时期由朝贡体系促成的政治制度、礼仪制度、文字文学、宗教信仰等的向外传播，还是宋明以来中国沿海商民的私人海上贸易和华侨移民，都对世界文明的进步与世界经济的发展作出了重要贡献。即使是在以往被人们忽视的科学技术领域，英国著名汉学家李约瑟（Joseph Needham）在其著作《中国科学技术史》一书中，对中国古代科学技术为世界所作的贡献作出了很高的评价。当然，近代以来，中华文明以及中国海洋文明的发展，备受压抑，历尽磨难，但始终葆有顽强的生命力、特有的文化魅力和世界影响力。当改革开放的春风吹遍神州大地的时候，中华文化更是在频繁的交流中不断丰富发展，体现出越来越鲜明的包容性格和进取精神。这一历史发展过程也充分证明，中华文明作为世界文明花坛中的一朵奇葩，必将在今后的历程中更加绚丽多彩。在全球化日益显著的今天，我们有责任也有义务让包括中国海洋文明在内的中华文明在继承中不断发扬光大，为整个世界文明的发展与和谐共存贡献力量。

二、对中国历代政府海洋政策的反思

中国历代政府所推行的海洋政策，无疑对各个时期海洋事业的发展与迟滞，产生了极为重要的作用。众所周知，欧洲中世纪以来，西方各国争相向海外发展势力，在全世界包括东方各地争夺势力范围。在这一系列的海外扩张过程中，国家的海洋政策起到了至关重要的推进作用。西方国家一直是海商、海盗寻求海外势力范围的坚强后盾。然而，中国历代政府的海洋政策与此截然不同。秦汉以来，中国历代政府关于海洋事务的政策基调，基本上围绕所谓的朝贡体系展开。到了近代，中国积贫积弱，朝贡体系因而备受海内外政治家与学者的非议乃至蔑视。

秦汉以来的朝贡体系无疑是中国历代对外关系的基石。近现代以来，人们诟病这一外交体系主要因为两个方面：第一，中国历代政府以朝贡体系为主的外交方式，把自身置于"天朝上国"或"宗主国"的地位，把交往的其他国家视为"附属国"；第二，中国历代朝贡体系下的外交，是一种在经济上得不偿失的活动，外国贡品的经济价值有限，而中国历代朝廷赏赐品的经济价值大大超出贡品的经济价值。

进入近现代时期，由于西方列强的侵略及中国自身发展的迟滞，中国沦为"落后挨打"的半封建半殖民地社会。在许多西方人和日本人的眼里，中国是一个可以随意宰割的无能国度。在这种观念的影响下，西方人和日本人探讨中国近现代以前，特别是中国历代的朝贡体系时，就不免带有某种先入为主的偏见，嘲笑中国历代的朝贡外交体系是一种自不量力、自以为是的"宗主国"虚幻政策。与此同时，20世纪中国学界普遍沉浸于向西方学习的文化氛围中，相当一部分学者也就自然而然地接受了这种带有蔑视和嘲笑意味的学术观点。因此，近现代以来国内外学者对明朝朝贡体系的批评，存在明显的殖民主义语境。与此形成鲜明对照的是，同时期大英帝国所谓"日不落帝国"及其后的美国霸权主义，却很少受到世人的蔑视与取笑。

中国历代朝贡体系之下的外交在经济上得不偿失的观点，很大程度上受20世纪四五十年代以来关于中国封建社会内部是否已经出现资本主义萌芽问题讨论的影响。由于受到西方学界的影响，中国大部分学者希望自己比较落后的祖国能够像西方的先进国家一样，走上资本主义社会这一有历史发展规律可循的道路。而发展资本主义社会的前提是商品经济、市场经济及对外贸易经济的高度发展。于是，在这样的学术背景下，20世纪五六十年代，中国历史学界探讨明清时期的商品经济、市场经济及海外贸易等领域，取得了不错的成绩。人们发现，西方国家在资本原始积累的过程中，对外关系、对外贸易以及海外掠夺，对这些国家的资本主义经济发展和社会变革起到了至关重要的助力作用，反观中国传统朝贡体系下的经济贸易，得不偿失，未能给中国资本主义的萌芽和发展提供丝毫的帮助。然而，从纯经济的角度来评判中国历代的朝贡体系，实际上严重混淆了明朝的国际外交关系与对外贸易的应有界限。

毋庸讳言，中国历代的朝贡外交体系是承继中国两千年来"华夷之别"的传统文化价值观而形成的。这种朝贡外交体系，显然带有某种程度的政治虚幻成分。同时，它又只是一种国与国之间的政治外交礼仪而已。这种朝贡式外交礼仪中的所谓"宗主国"与"附属国"，也只是一种名义上的表述，两者的关系并不像欧洲中世纪国家那样，必须以缴纳实质性的贡赋作为联系纽带。因此，我们评判一个国家或一个朝代的外交政策及其运作体系，并不能仅仅因为它的某些虚幻观念和经济上的得失，就武断地给予负面的历史判断。如果我们要比较客观和全面地评判中国历代的对外关系，就应该从确立这一体系的核心宗旨及其实施的实际情况出发，同时参照世界上其他国家对外关系的历史事实，进行综合分析，如此才能得出切合历史真相的结论。

中国历代对外朝贡体系的确立，是建立在国与国、地区与地区之间和平共处的核心宗旨上的。这一点我们在明朝开创者朱元璋及其儿子明成祖朱棣关于对外关系的一系列谕旨中就不难发现。朱元璋在《皇明祖训》中明确指出："四方诸夷，皆限山隔海，僻在一隅，得其地不足以供给，得其民不足以使令。若其自不揣量，来扰我边，则彼为不祥。彼既不为中国患，而我兴兵轻伐，亦不祥也。吾恐后世子孙，倚中国富强，贪一时战功，无故兴兵，致伤人命，切记不可。"① 洪武元年（1368），朱元璋颁诏于安南，宣称："昔帝王之治天下，凡日月所照，无有远迩，一视同仁，故中国尊安，四方得所，非有意于臣服之也。"从这个前提出发，中国对外关系的总方针就是要"与远迩相安于无事，以共享太平之福"②。永乐七年（1409）三月，明成祖朱棣命郑和下西洋，"敕谕四方海外诸番王及头目人等……祗顺天道，恪守（遵）朕言，循理（礼）安分，勿得违越；不可欺寡，不可凌弱，庶几共享太平之福"。③ 在这种对外关系的总方针下，明初政府开列了朝鲜、日本、大小琉球、安南、真腊、暹罗、占城、苏门答腊、西洋、爪哇、彭亨、百

①《皇明祖训》条章，载《四库全书存目丛书》，齐鲁书社，1996。
②《明太祖实录》卷三四。
③ 郑鹤声、郑一钧：《郑和下西洋资料汇编》上册，齐鲁书社，1980，第99页。

花、三佛齐、浡泥，以及琐里、西洋琐里、览邦、淡巴诸国，皆为"不征诸夷国"。① 在与周边各国的具体交往过程中，朱元璋本着中国自古以来的政策，主张厚往薄来。在一次与琐里的交往中，他说道："西洋诸国素称远番，涉海而来，难计岁月。其朝贡无论疏数，厚往薄来可也。"② 明初奉行的一系列对外政策和措施，充分体现了明朝政府在处理国际关系中所秉持的不用武力，努力寻求与周边国家和平共处之道的基本宗旨。

在寻求国与国之间和平共处的核心宗旨的前提下，明朝与周边的一些国家，如朝鲜、越南、琉球等，形成了宗主国与附属国的关系，这也是不争的事实。但这种宗主国与附属国关系的形成，更多是承继以往历朝的历史因素。纵观全世界中世纪以来宗主国与附属国的关系，就会发现，宗主国与附属国的关系基本上是通过三种途径形成的：一是通过武力征服强迫形成，二是通过宗教关系或是民意及议会的途径形成，三是在传承历史文化的条件下通过和平共处的途径形成。显然，在这三种宗主国与附属国关系中，只有第三种，即以和平共处方式形成的宗主国与附属国的关系，是最经得起历史检验和值得后世肯定的。中国历代建立起来的以和平共处为核心宗旨的宗主国与周边附属国的关系，正是这样一种经得起历史检验和值得后世肯定的对外关系。正因为如此，纵观历史，虽然这些附属国会不时发生内乱等极端事件，历经政权更替，但无不以得到明朝中央政府的册封为荣，即使是叛乱的一方，也都想方设法得到明朝中央政府的承认。可以说，当这些附属国发生内乱，明朝中央政府基本上采取充分尊重本国实际情况的原则，从道义上给予正统的一方支持，以稳定附属国的国内情势，维护区域和平局面。当遭遇外患陷入国家危机的时候，这些附属国也经常向明朝求援。其中最典型的例子，就是万历年间朝鲜遭到日本军阀丰臣秀吉侵略时，明朝政府应朝鲜王朝的求援，派出大量军队，帮助朝鲜王朝抵抗日本军队的进攻，最终把日本军队赶出朝鲜，维护了朝鲜王朝的领土完整和国家尊严。尤其值

---

① 郑一钧：《论郑和下西洋（修订本）》，海洋出版社，2005，第 9 页。
②《明史》卷三二五《外国六·琐里》，中华书局，1974，第 8424 页。

得一提的是，在这场规模不小的抗倭战争中，明朝政府不但派出军队参战，而且所有的战争经费都由明朝政府从财政规制中支出，"糜饷数百万"①。作为宗主国，明朝对附属国朝鲜的战争支援，完全是无偿的。

在历代对外朝贡体系中，中国对外国朝贡者优渥款待，赏赐良多。而这些朝贡者，来自东亚、南亚甚至中东的不同国家与地区，带来的所谓贡品，更多是作为求得明朝中央政府接待的见面礼，仅是"域外方物"而已。作为受贡者的明朝政府，对各国的所谓贡品并没有具体的规定。因此，明朝朝贡体系中的外国"贡品"，是不能与欧洲中世纪以来宗主国与附属国之间定期、定额的"贡赋"混为一谈的。明朝朝贡体系中的"贡品"，随意性、猎奇性的成分居多，缺乏实际经济价值。因此，如果单纯从经济效益衡量，当然是得不偿失。但是这种所谓的经济上的"得不偿失"，实际上被我们近现代时期的许多学者无端夸大了。明朝政府在接待来贡使者时，固然实行"厚往薄来"的原则，但无论是"来"还是"往"，其数量都是比较有限的，是有一定规制的，基本上仅限于礼尚往来的层面。迄今为止，除了郑和下西洋这种大型对外交往行为给国家财政造成一定的压力之外，我们还看不到中国历代正常朝贡往来中的"厚往薄来"对政府的财政产生过不良的影响。即使有，也是相当轻微的，因为所谓"厚往"，仅仅只是礼物和人员接待费用而已。明朝政府对一般来贡国国王的赏赐，基本上是按照本朝"准公侯大臣"的规格施行的。② 如果把这种"得不偿失"与万历年间援朝抗倭战争的军费相比，只能算是九牛一毛！万历年间支援朝鲜的抗倭战争，从根本上说，是为了维护地区的和平与稳定，而不是为了维持朝贡体系。

从更深的层面来思考，我们判断一个国家或一个时期的对外政策是否正确，不能仅仅以经济效益作为衡量得失的主要标准。国与国之间的外交关系和国与国之间的经济贸易关系，固然有必然的联系，但又不完全等同，外交关系与贸易往来必须有所区分，不能混为一谈。在 15 至16 世纪以前欧洲国家所谓的"大航海时代"尚未来临，在世界的东方，

①《明史》卷三二二《外国三·日本传》，第 8358 页。
② 郑一钧：《论郑和下西洋（修订本）》，第 13 页。

明朝可以说是这一广大区域中最大，也是最为核心的国家。作为这一广阔区域中的大国，对维护这一区域的和平稳定是负有国际责任的。假如这样一个核心国家，凭借自身的经济、军事优势，四处滥用武力，使用强权征服其他国家，那么这样的大国是不负责任的，区域的和平与稳定是不可能长久存在的。从这样的国际关系理念出发，明朝历代政府所奉行的安抚周边国家、厚往薄来，以和平共处为核心宗旨的对外朝贡体系，正是体现了明朝作为东方核心大国的责任担当。事实上，纵观世界历史，所有曾经或现在依然是区域核心大国的国家，在与周边弱小国家和平相处的过程中，由于肩负维护区域和平稳定的义务和责任，在经济上必须承担比其他周边弱小国家更多的负担，这几乎是一种必然的现象。换句话说，核心大国所承担的政治经济责任，同样是另外一种"得不偿失"。但是这种"得不偿失"，是作为区域大国承担区域和平稳定责任的重要前提。另一方面，明朝作为东亚区域最大、最核心的大国，在勇于承担国际义务与责任的同时，被周边国家视为"宗主国"或"中国"，因而自视为"天朝上国"，也是十分顺理成章的事情。如果我们时至今日依然目光短浅地纠缠在所谓"朝贡体系"贸易中"得不偿失"的偏颇命题，那就大大低估了中国历朝历代政府所奉行的和平共处的国际关系准则。这种国际关系准则，虽然带有某些"核心"与"周边"的"华夷之别"的虚幻成分，但对中国的历史延续性及其久远的历史意义，至今依然值得我们欣赏和思考。

我们若明白自秦汉以来中国历代政府所施行的"朝贡体系"，实质上只是一种政治上的外交礼仪，就不难想象中国历史上历代政府所认知的世界，仅局限在亚洲一带，应该是建立在一种和谐相处的氛围之内的。由于中国是这一时期亚洲最大又最有实力的国家，建立以中国为核心的亚洲世界，也就顺理成章地成为政策制定的依据了。

我们再从秦汉以来至明清时期中国海洋政策的纵向面来考察。秦汉以来至隋唐时期，中国与海外各地的经济贸易活动相对稀少，有限的贸易也基本上被局限在"朝贡贸易"的圈子之内。宋代之后，经济层面的活动，包括私人海外贸易活动，才逐渐兴盛起来。因此，宋代是中国历代政府执行对外海洋政策的一个重要转折期。从秦汉以迄隋唐，由于海上私人贸易活动比较罕见，政府制定的对外海洋政策基本着眼于政治与文化外交的层面。与周边许多国家政治与文化体制较为落后的情形相比，中国的政治与文化体制有较为突出的优势。政府把对外海洋政策着眼于政治与文化的层面，并不会对中国的政治与社会统治产生不良后果。因此，在这个时期内，国家政府对政治体制与文化形式的输出，往往采取鼓励的方式。而这种对外海洋政策，在一定程度上促进了隋唐时期中国政治制度向朝鲜、日本、越南等邻近国家的传播。以文化形式向外传播，扩散的范围将更为广阔。因此，我们可以说，宋代以前，中国政府的对外海洋政策与民间的对外联系基本上是吻合的。

但是到了宋代，情况有了很大的改变。一方面，随着与周边国家和地区经济交往的增多，沿海一带出现了不少私人海上贸易现象。这种私人海上贸易活动已经超出了"朝贡体系"所能约束的范围，政府自然把这种活动视为"违禁走私"活动，政府的主要思考点在于确保社会环境和政治统治的稳定。南宋时期著名学者兼名臣真德秀在泉州担任知州时有一项重要事务，就是布置海防，防范海上贸易活动，即所谓"海盗"活动，剿捕流窜于海上的"盗贼"。很显然，从宋代开始，政府的海洋政策出现了两种相互矛盾的走向：一方面继续维持以往的"朝贡体系"，另一方面对民间海上私人贸易活动严加禁止，阻挠打击。

宋朝廷禁止和打击民间私人海上贸易的做法，被后世的统治者们延续下来。特别是到了明代，这种做法对海洋贸易的阻碍作用愈加突显。从明代中叶开始，东南沿海商民从事海上私人贸易已经成为经济发展的趋势。特别是到了15世纪之后，世界局势发生了重大变化，处于资本主义原始积累阶段的欧洲人开始向世界的东方进发，"大航海时代"已经到来。这就使得15世纪之后的明朝社会，被迫进入一个前所未有的"世界史"的国际格局之中。① 从比较世界史的视角来观察，明初中国国力鼎盛的时期，正是欧洲"黑暗"的中世纪。西方出现资本主义的曙光，和明中叶以降中国社会经济与文化思潮新旧交替的冲动几乎同时到来。

① 陈支平：《从世界发展史的视野重新认识明代历史》，《学术月刊》2010年第6期。

总
序

随着欧洲资本主义原始积累的步步推进，早期殖民主义者跨越大海，来到亚洲东部的沿海，试图打开中国社会经济的大门，谋取资本原始积累的最大利润。差不多在同一时期，伴随中国明代中期社会经济特别是商品市场经济的发展，中国商人也开始尝试突破传统经济格局和官方朝贡贸易的限制，冒险走出国门，投身到海上贸易的浪潮之中。

16世纪初，西方的葡萄牙人、西班牙人相继东航，分别以满剌加、吕宋为根据地，逐渐扩张势力至中国的沿海。这些欧洲人的东来，刺激了东南沿海地区商人的海上贸易活动。嘉靖、万历时期，民间私人海上贸易活动冲破封建政府的重重阻碍，取代朝贡贸易，并迅速兴起。中国海商的足迹几乎遍及东亚、东南亚各国，其中尤以日本、吕宋、暹罗、满剌加等地作为转口贸易的重要据点。他们把内地的各种商品，如生丝、丝织品、瓷器、白糖、果品、鹿皮及各种日用珍玩等，运销海外，换取大量白银及香料等回国出售。由于当时欧洲商人已经染指东南亚各国及我国沿海地区，因此这一时期的海外贸易活动，实际上也是一场东西方争夺东南亚贸易权的竞争。中国沿海商人，以积极应对的姿态，扩展势力至海外各地。研究中国明代后期东南亚海上贸易的学者普遍认为，17世纪前后，中国的商船曾经遍布南海各地，从事各项贸易，执东西洋各国海上贸易的牛耳。

明代中后期不仅是中国商人积极进取，应对"东西方碰撞交融"的时期，而且随着这种碰撞交融的深化，中国的对外移民也成了常态。在唐宋时期，虽说中国的沿海居民中也有迁移海外者，但数量有限且非常态，尚不能在迁移的地方形成具有一定规模的华侨聚居地。而拥有真正意义上的海外移民并且形成华侨群体的年代，应是始于中国明朝时期。这种情况在福建民间的许多族谱中多有反映，譬如泉州安海的《颜氏族谱》记载，该族族人颜嗣祥、颜嗣良、颜森器、颜森礼及颜侃等五人，先后于成化、正德、嘉靖年间到暹罗经商并侨寓其地至死。《陈氏族谱》记载该族族人陈朝汉等人于正德、嘉靖年间到真腊经商且客居未归。再如同安汀溪的黄姓家族，成化年间有人去了南洋，繁衍族人甚众。永春县陈氏家族则有人于嘉靖年间到吕宋经商并定居于当地。类似的例子很多，举不胜举。① 到中国明代后期，福建、广东一带迁移国外的华人，已经逐渐向世界各地拓展。印度尼西亚的巴达维亚城是荷兰东印度公司所在地，1619 年前当地华侨不足四百人。不到十年，即截至 1627 年，该城华侨已达三千五百人，而其中大多数是来自福建漳州、泉州的移民。又据有关记载，从明代中后期始，中国的丝绸、瓷器等商品已由中外商人贩运到墨西哥等拉美地区，一些广东商民甚至在墨西哥的阿卡普尔科等地从事造船业或其他行业的生产经营活动。②

这些移居海外的华人，为侨居地早期的开发与经济繁荣作出了较大的贡献，如福建巡抚徐学聚所说："吕宋本一荒岛，魑魅龙蛇之区，徒以我海邦小民，行货转贩，外通各洋，市易诸夷，十数年来，致成大会。亦由我压冬之民，教其耕艺，治其城舍，遂为隩区，甲诸海国。"③ 对于这一点，即使是西班牙殖民者也不得不承认。如马尼拉总督摩加在 16 世纪末宣称："这个城市如果没有中国人确实不能存在，因为他们经营着所有的贸易、商业和工业。"一位当时的目击者胡安·科博神父（Father Juan Cobo）亦公正地说："来这里贸易的是商人、海员、渔民，他们大多数是劳动者，如果这个岛上没有华人，马尼拉将很悲惨，因为华人为我们的利益工作，他们用石头为我们建造房子，他们勤劳、坚强，在我们之中建起了最高的楼房。"④ 一些菲律宾史学家对此也作出了公正的评价，《菲律宾通史》的作者康塞乔恩（Joan de la Concepcion）在谈到 17 世纪初期的情况时写道："如果没有中国人的商业和贸易，这些领土就不可能存在。"如今仍屹立在马尼拉的许多老教堂、僧院及碉堡，大多是当时移居马尼拉的华人所建。约翰·福尔曼（John Foreman）在《菲律宾群岛》一书中亦谈道："华人给殖民地带来了恩惠，没有他们，生活将极端昂贵，商品及各种劳力将非常缺乏，进出口贸易将非常窘

① 王日根、陈支平：《福建商帮》，香港中华书局，1995，第 117—119 页。
② 黄国信、黄启臣、黄海妍：《货殖华洋的粤商》，浙江人民出版社，1997，第 144 页。
③ 徐学聚：《报取回吕宋囚商疏》，载《明经世文编》卷四三三《徐中丞奏疏》。
④ Teresita Ang See, *Chinese in the Philippines*, vol. 1, Manila, 2018, p. 137.

总
序

困。真正给当地土著带来贸易、工业和有效劳动等的是中国人，他们教给这些土著许多有用的东西，种植甘蔗、榨糖和炼铁，他们在殖民地建起了第一座糖厂。"①

移居印度尼西亚的华人同样为巴达维亚的发展与繁荣作出贡献。荷兰东印度公司在到来的第一个世纪里，不但使用了华人劳力和华人建筑技术建造巴达维亚的城堡，而且把城里的财政开支都转嫁到华人农民的税收上，凡城市的供应、贸易、房屋建筑，以及巴达维亚城外所有穷乡僻壤的垦荒工作都由华人来承担。② 荷兰东印度公司在 17 世纪下半叶才把糖蔗种植引进爪哇，在欧洲市场上它虽然不能与西印度的蔗糖竞争，但它取得了印度西北部和波斯的大部分市场，并且还出售到日本，而这些新引进的糖蔗的种植工作几乎是由华人承包的。③ 因此，英国学者博克瑟（C. R. Boxer）曾说："假如马尼拉的繁荣应归功于移居那里的华人的优秀品质，那么当时作为荷兰在亚洲总部的巴达维亚的情况亦一样。华人劳工大多数负责兴建这座城市，华人农民则负责清除城市周围的村庄并进行种植，华人店主和小商人与马尼拉的同胞一样，占据零售商的绝大部分。我们实事求是地说，荷兰东印度公司对其首府的迅速兴起应极大地感激这些勤劳、刻苦、守法的中国移民。"④ 到了清代以至民国时期，庞大的华侨华人群体，更是为世界各地的社会经济发展作出了不可磨灭的贡献。

15 世纪至 17 世纪，固然是西方殖民主义者向世界各地扩张的时期，但其时东方的中国社会，中国商人以积极进取的姿态，同样把自己的活动范围向海外延伸。这种双向碰撞交融的历史进程，无疑从另一个源头上促进了"世界史"大概念的形成与发展。因此可以说，15 世纪至 17

---

① John Foreman, *The Philippine Islands*, London, 1899, p. 118.

② J. C. Van Leur, *Indonesian Trade and Society*, The Hague, 1960, pp. 149, 194.

③ John F. Cady, *Southeast Asia: It's Historical Development*, New York, 1964, p. 225.

④ C. R. Boxer, Notes on Chinese Abroad in the Late Ming and Early Manchu Periods Compiled from Contemporary Sources（1500—1750）, in *Tien Hisa Monthly*, 1939 Dec., vol. 9, no. 5, pp. 460—461.

世纪的中国社会，同样是推进"世界史"格局形成的重要组成部分。

明代中后期，也就是 16—17 世纪，东西方的经济与文化碰撞，中国沿海商民积极应对西方所谓"大航海时代"的来临，这本来是中国海洋发展的绝佳时机。但遗憾的是，中国政府并未像西方政府那样，成为海洋商人寻求拓展海外势力范围的坚强后盾，而是采取了相反的政策措施——禁绝打击。由于受到政府禁海政策的压制，中国明代东南沿海地区的商人不得不采取亦盗亦商的经营行为。从中世纪世界海商发展史的角度来考察，亦商亦盗的武装贸易形式，也是中世纪以至近代西方殖民者海商集团所采取的普遍形式。不同的是，西方殖民者的海盗行径大多得到本国政府的支持。"大航海时代"的葡萄牙人、西班牙人、荷兰人，都以本国政府的支持和强大的武装为后盾，企图打开中国沿海的贸易之门。① 而中国海商集团的武装贸易形式，是在政府的压制下不得不采取的一种自我保护措施。在中国政府的压制下，东南海商的武装贸易形式虽然能够在中国明代后期这一特定的历史空间中得以发展，但最终不能长期延续并发展下去。终清之世，中国东南海商再也未能形成一支强大的武装力量。从国际贸易的角度看，这也是中国海商逐渐失去东南海上贸易控制权的重要原因之一。16 世纪至 19 世纪中叶，中国的海商只能在政治与社会的夹缝中艰难行进。

中国历代朝贡体系虽然奉行与周边国家地区和平共处的宗旨，但这种仅着眼于政治仪式层面的外交政策，忽略了文化层面的外交交流（这里的文化层面，主要指带有意识形态的宗教、信仰、教育及生活方式等）。而这种带有政治仪式意味的外交政策，将随着政治的变动而变动，缺乏长久的延续性。因此，到 17 世纪后东亚及中东的政治版图发生变化时，中国对南亚、西亚以至中东的政治影响力迅速衰退。

通过对中国历代政府对外海洋政策的分析，我们不难了解到，中国历代政府所制定的对外海洋政策，主要围绕政治稳定展开，海洋经济的发展，基本上不能进入政府决策者的考量之中。虽然说政府也在某些场

---

① 毛佩琦：《明代海洋观的变迁》，载中国航海日组委会办公室、上海海事大学编《中国航海文化论坛》（第一辑），海洋出版社，2011，第 268 页。

合、某些时段对民间海上私人贸易设立管理机构并予以课税等，但是这些行为大多是被动的，是为了更有效地管制民间的"违禁"贸易行为。这种"超经济"的对外海洋政策和"朝贡体系"维系了中国与周边地区，也就是亚洲地区近两千年和谐共存的国际关系，使亚洲不曾出现像欧洲中世纪那样国与国之间攻伐不断的混乱局面。另一方面，国家政府对民间海上私人贸易活动的禁绝压制，也在一定程度上阻碍了中国海洋文明发展史的顺利前进。

三、宋明以来中国海上丝绸之路发展的两种路径

正如前文所论述的，在中国的海洋文明发展史上，宋代是一个关键的转折期。宋代以前，中国的海洋事务基本上在政府的"朝贡体系"下施行。而宋代以后，特别是明代以来，民间从事海上私人贸易活动的现象日益增加，最终大大超出国家政府"朝贡体系"控制下的经济活动范围。从中国海洋活动的范围看，唐宋时期中国的海洋活动及文化的对外传播，主要局限在亚洲相邻国家以至中东地区，和欧洲等西方国家的联系及对其的影响，是间接的，且相对薄弱。但是到了明代，情况就不一样了。双方不但在贸易经济上产生了直接并带有一定对抗性的交往，而且由于西方大批耶稣会士的东来，双方在文化领域也产生了直接的交往。

明代中叶之后，伴随世界地理大发现和新航路的开通，西方的思想文化及科学技术也日渐向外传播。而明代嘉靖、万历时期社会经济发展，海外贸易引发对传统商品扩大再生产和改革工艺的要求，迫切需要科学技术的创新和总结。欧洲耶稣会士带来的西方科技，如天文、历算、火器铸造、机械制造、水利、建筑、地图测绘等知识，又以其新奇和实际的应用刺激了讲究实学的士大夫的求知欲望。在这双重因素的交互推动下，出现了一股追求科技知识的新潮，产生了一次小型的"科学

革命"①。这种思想文化与科学技术的变化，充分地体现了这一时期中国文化与西方文化直接碰撞和交融的初步成果，同时也折射出当时的中国社会在面对新的世界格局调整时，是以一种包容开放的心态来与西方展开交流的。

正因为如此，尽管当时西方耶稣会士是带着传教目的来的，而且对所谓"异教徒"文化往往怀有某种程度的蔑视心态，但是在较为开放的中国社会与文化面前，这批西方耶稣会士敏锐地意识到中国传统文化的博大精深，所以他们中很少有人用轻视的眼光看待中国文化。由于有了这种较为平等的文化比较心态，明代后期来华的耶稣会士们，在一部分中国上层知识分子的协助下，开始较为系统地从事向欧洲译介中国古代文化经典的工作，竭力把中国的政治、经济、社会的基本状态及文化的基本内涵，介绍到西方各国。在这种较为平等的中西文化交流与文化传播中，中国的文化在西方获得了应有的尊重。

到了清代中期，中国政府采取了较为保守封闭的对外政策，尤其是对思想文化领域的交流，逐渐采取压制的态势。在这种保守封闭的政策之下，中国文化的对外传播受到了一定的阻碍。更为重要的是，随着西方资本主义革命的不断胜利和工业革命的巨大成功，"欧洲中心论"的文化思维已经在西方社会牢固树立。欧洲的政治家和知识分子也逐渐失去了对中华文化的敬畏之心。直至近代，虽然说仍然有一小部分中外学人继续从事翻译介绍中国文化经典的工作，但是在绝大部分西方人士的眼里，所谓中华文化，只是落后民族的低等文化。尽管他们的先哲也许在不同的领域提及并赞美过中国的儒家思想，然而到了这个时候，大概也没有多少人肯承认他们的高度文明思想跟远在东方的中国儒家文化有什么瓜葛。时过境迁，18世纪以后，中国以儒家经典为核心的意识形态文化在世界文化整体格局中的影响力大大下降，对外传播的作用日益衰微。

但是我们还必须看到，随着宋元以来民间私人海上经济活动的不断

---

① 杨国桢、陈支平：《明史新编》，傅衣凌主编，人民出版社，1993，第427—432页。

加强，沿海一带的居民也随着这种海上活动的推进，不断地向海外移民。这就促使中国海洋文明发展与海上丝绸之路形成了两种不同的路径，一种是由政府主导的"朝贡体系"和由知识分子主导的以传播儒家经典为核心的意识形态文化，另一种是随沿海商民迁移海外而传播出去的与一般民众生活方式相关的基层文化。

据文献考察，宋明以来，特别是明代以来，中国迁居海外的移民基本上来自明代私人海上贸易最发达的地带，往往是父子、兄弟相互传带的家族式移民。1571 年，西班牙殖民者进抵菲律宾群岛并构建了以马尼拉城为中心的殖民据点，积极开展与东亚各国的贸易往来，采取吸引华商前来贸易的政策，前往菲律宾岛的华商日渐增多，其中不少人定居下来。明代福建官员描述："我民往贩吕宋，中多无赖之徒，因而流落彼地不下万人。"[①] 有的记载则称这些沿海商民"流寓土夷，筑庐舍，操佣贾杂作为生"，"或娶妇长子孙者有之，人口以数万计"。[②] 到了清代，中国东南沿海人民往海外的迁移活动，基本上呈不断递升的状态。随着国际交往的扩大和资本主义市场的网络化，中国海外移民的数量及所涉及的地域均比以往有所增长。到了近现代，中国东南沿海海外移民的足迹，已经遍布亚洲之外的欧洲和美洲各地，甚至到了非洲。

这种家族、乡族成员连带的海外移民方式，必然促使他们在海外新的聚居地较多地保留祖地的生活方式。于是，家族聚居、乡族聚居生活方式的延续，民间宗教信仰的传承，风尚习俗与方言的保存，文化教育与娱乐偏好的追求，都随着一代又一代移民的言传身教，顽强地延续下来。这种由民间传播至海外的一般民众的生活方式，逐渐在海外形成了富有中国特色的文化象征。因此，我们在回顾中国以儒家经典为核心的意识形态文化在明代后期向西方传播的同时，绝不能忽视明代中后期以来一般民众生活方式对外传播的文化作用及意义。当近代以来中国的意识形态文化在西方人眼里日益衰微的时候，以往被人们忽视的由沿海商

---

① 张燮：《东西洋考》卷五，载《东洋列国考》，中华书局，1981，第 91 页。

② 顾炎武：《天下郡国利病书》卷九三《福建三》，广雅书局光绪二十六年刊本，第 13 册。

民迁移海外而传播出去的一般民众的基层文化传播途径，实际上成了 18 世纪以后中华文化向海外传播的主流渠道。

虽然说从 16—17 世纪以来，中国东南沿海居民不断地、大批地向世界各地移民，形成华侨群体，并在自己的居住国形成具有中华文化特征的社会文化氛围，但是我们还必须看到，这种由下层民众传播到世界各地的中华文化，无论是宗教信仰、生活习俗，还是文化教育及艺术娱乐，基本上都是在华人的小圈子里打转，极少扩散到华人之外的族群当中去。也就是说，中华文化在海外的这种传播，不太可能对华人之外的群体乃至国家、地区产生重要的影响力。

中国历代的对外关系，基本上是遵循两条道路开展的：一是王朝政府的朝贡体系，一是宋代以来民间海外贸易与对外移民的系统。如前所述，王朝的朝贡体系，关注的是政治礼仪外交，宋代以后缺乏带有国家层面的文化输出和传播。而宋明以来的民间海洋活动，关注的是经济问题，民间文化输出的目的在于维系华人小群体和谐相处的稳定局面，极少往政治层面上去思索，因此这种民间文化的输出，影响力极其有限。也就是说，中国海上丝绸之路的发展模式，自宋代以来，严重缺失了国家层面的对外文化传播与输出。反观 15 世纪以来西方殖民者的东扩，在庞大的商业船队到来的同时，天主教的传教士也不断涌入，想方设法地在东方世界包括中国在内的广大民众之中传播西方的宗教信仰与意识形态。时至今日，西方天主教、基督教对中国社会的渗透，依然十分强大。有些东亚国家，如韩国，其民众对基督教的信仰大大超出了以往对东方佛教的信仰。起源于中东地区的伊斯兰教，同样也是如此。本来，华人移民率先进入东南亚地区，但是后来的伊斯兰教徒，充分利用和扩展与东南亚国家和地区上层阶层的交往，使伊斯兰教在东南亚地区得以迅速传播，如今东南亚地区的许多居民被伊斯兰教同化。伊斯兰教文化在这些地区后来居上，占据了统治地位。虽然有少部分中国学者一厢情愿地认为明代前期郑和下西洋对东南亚地区的伊斯兰教传播起到了重要作用，但是这种论点的历史依据，大多是属于现代的，很难得到东南亚

地区伊斯兰教系统文献的印证①，基本上属于自娱自乐、自说自话的范畴。

在中国历代海洋事业及海上丝绸之路的发展历程中，文化传播与输出的缺失，极大地限制了中国对周边国家特别是东南亚国家和地区的整体影响。尽管中国历代政府希望通过朝贡体系谋求与周边国家的和平共处，中国海外移民也对居住国社会经济的发展作出了重大的贡献，但是由于文化上的隔阂，使得无论是中国与周边国家、地区的关系，还是华侨华人与当地族群的关系，都处于比较尴尬的境地。就东南亚地区百余年的发展情况而言，华侨华人在经济上为当地的发展作出了重大的贡献，但是经济上越成功，对当地的贡献越大，往往越难与当地族群形成亲密和谐关系，二者之间的隔阂始终存在。一旦这些国家或地区出现政治上、经济上的波动，当地族群往往把社会、政治及经济上的怨恨发泄到华侨华人群体上。百余年来，东南亚地区是华侨华人人数最多的地区，同样居住在这些地区的其他外来族群，却很少受到血腥的排斥，唯独华侨华人，不时受到当地政府或当地民众的排斥、攻击与屠杀。这其中的原因当然是十分复杂的，但是我们不得不认识到，中国海上丝绸之路在发展历程中忽视了文化的传播与输出，造成不同国家与地区之间文化上的隔阂，无疑是其中一个重要的因素。

中国的海洋文明发展历史及中国海上丝绸之路历史的前进道路，虽然在18世纪之后受到一定的挫折，但是其整体发展趋势并没有发生明显的改变，中国通过海上丝绸之路与世界的联系，始终保持波浪式的前进态势。而随着中国改革开放的大踏步前进，到了21世纪，中国发展包括"海上丝绸之路"在内的"一带一路"重大倡议日益坚定。"建设丝绸之路经济带和21世纪海上丝绸之路的战略构想，兼顾陆地与海洋，是建立在中国既是一个陆地国家，又是一个海洋国家的历史土壤上，统筹陆海

---

① 如孔远志先生是主张郑和下西洋时向东南亚地区传播伊斯兰教的学者，但是他也承认："海外现有的关于郑和在海外传播伊斯兰教的记载，尚缺乏有力的佐证。"参见孔远志：《论郑和与东南亚的伊斯兰教》，载中国航海日组委会办公室、上海海事大学编《中国航海文化论坛》（第一辑），第81页。

大格局、全方位对外开放的大手笔。它秉承和平合作、开放包容、互学互鉴、互利共赢的精神，通过政策沟通、道路联通、贸易畅通、货币流通、民心相通等一系列规划项目和实践，促进沿线国家深化合作，建设成一个政治互信、经济融合、文化包容的利益共同体、命运共同体和责任共同体。这个构想本身就是对传统中华文明的传承和弘扬。21 世纪海上丝绸之路建设不是简单的经济过程、技术过程，而是文明的进步过程。仅仅靠资金的投入和技术的推广是不够的，需要正确的理论指导和历史经验教训的借鉴。因此，忽视基础研究并不可取，挖掘海洋文明史资源，深化中国海洋文明史研究，推动历史研究与当代研究的互通互补，不仅是提高讲好海洋故事能力的必要条件，更是推进中国文明的现代转型，建设海洋强国的内在诉求。"[1] 正因为如此，我们今天梳理中国海洋文明发展历史与中国海上丝绸之路历史的前进脉络，其现实意义是不言而喻的。

四、我们撰写"中国海上丝绸之路通史" 的基本思路

中国海洋文明的发展及由此形成的中国海上丝绸之路，不仅给中国的社会经济与文化增添了不断奋进的鲜活元素，同时也为世界文明注入了不可或缺的源头活水。自现代以来，中外学界的不少学者都对中国的海洋文明发展史及海上丝绸之路历史文化进行过诸多探讨解析。但是迄今为止，学界对中国海洋文明发展史及海上丝绸之路历史文化的研究，主要侧重中国对外交通史、中国海外贸易史和中外文化交流史等领域。而对中国海洋文明发展史及海上丝绸之路的另外一种发展路径，即上面论及的以往被人们忽视的由沿海商民从事的海洋事业，以及由此迁移海外并传播到世界各地的基层文化的传播途径的研究，是缺失的。中国的海洋文明发展史及海上丝绸之路历史文化，从根本上讲，是由从秦汉以来一代又一代的民众构筑起来的。我们今天探讨和解析中国海洋文明发

---

① 杨国桢、王鹏举：《中国传统海洋文明与海上丝绸之路的内涵》，《厦门大学学报（哲学社会科学版）》2015 年第 4 期。

展史及海上丝绸之路历史文化，理应将较多的关注点放在构筑这一光辉历史与文化的下层民众上。近年来，随着中国海洋意识的提升，学界对中国海洋文明发展史及海上丝绸之路历史文化的讨论和学术研究日益增多，涌现出诸多富有见识的学术论述，其中以杨国桢先生主编的"海洋与中国"丛书、"海洋中国与世界"丛书和"中国海洋文明专题研究"丛书最具规模。这三套丛书用很大篇幅探讨、剖析了海洋文明与海洋文化中一般民众的生活方式及基层文化，使中国海洋文明发展史和海洋社会经济史的研究更贴近海洋草根文化的本源真实。

近年来，学界还组织出版了一些以"海上丝绸之路"为主题的研究成果，这其中有清华大学出版社出版的《海南与海上丝绸之路》、厦门大学出版社出版的"海上丝绸之路研究丛书"、世界图书出版社出版的"海上丝绸之路断代史研究"丛书和安徽人民出版社出版的"南方丝绸之路研究丛书"。在这几种有关海上丝绸之路研究的图书中，《海南与海上丝绸之路》是地域性研究著作，而厦门大学出版社出版的"海上丝绸之路研究丛书"则是专题性研究成果的汇集。这些专题性研究成果的出版，将进一步推进对海上丝绸之路历史文化的研究，扩展我们对海上丝绸之路的考察视野，具有良好的学术意义。然而，这批著作过于注重专题性的叙述，因此也缺乏对中国海上丝绸之路历史文化的整体把握。世界图书出版社出版的"海上丝绸之路断代史研究"丛书，比较简要地概述了从秦汉至明清时期中国海上丝绸之路的演变历史。但是这一历史叙述基本建立在中国本土立场上展开，对海上丝绸之路涉及的其他区域及华侨华人在世界上的伟大贡献，基本上未涉及，这不得不说是一个很大的遗憾。因为海上丝绸之路是世界性的，我们无法忽视中国海上丝绸之路与沿路各地的相互联系。正是这种联系，使其成了真正意义上的海上丝绸之路。

回顾近 30 年中国学界对中国海洋文明发展史及海上丝绸之路历史文化的研究，不难发现以往对中国海洋文明发展史和海上丝绸之路历史文化的研究，更多是建立在宏观概念的探讨与专题性分析上。需要指出的是，在当前国家提倡"一带一路"重大倡议时，社会上乃至学界的一部分人，蹭着国家重视海洋意识的热度，赶着海上丝绸之路的时髦，提出了一些脱离中国海洋文明发展真实历史的观点，正如杨国桢先生所批评的："现在一些研究成果，对海洋的历史作用的认识存在分歧。一种认为传统中国是一个陆权国家，海洋并不重要，现代国家的发展要重建陆权。一种急于表达中华海洋文明是世界领跑者、优秀角色，提出中国或福建是世界海洋文明发源地，近代以前至少15世纪以前是海洋之王……这些现象的出现，是中国海洋史学发展不成熟的表现。一些声音很高的人本身对历史毫无素养，写的书是'非历史的历史研究'，他们看了一些历史论著就随意拔高观点，宏观架构出理论体系，当然会对社会产生误导。比如最近在海峡两岸引起轰动的南岛语族问题，考古学界、人类学界、语言学界的研究成果，把他们的一部分来源追溯到我国东南沿海或台湾地区。于是台湾有人说：'台湾是人类文明发源地。'福建有人说：'福建是世界海洋文明的发源地。'这是真的吗？我认为史学界应该重视，开展讨论，辨明是非。这类问题还有不少，不宜视而不见。"①

从这样的思考出发，我们认为有必要撰写一系列比较全面又清晰体现中国海洋文明发展史及海上丝绸之路历史文化的著作，尤其是能在一定程度上反映历代中国商民从事的海洋事业，以及由此迁移海外而传播到世界各地的一般民众基层文化传播途径。当然，要使我们的这系列著作能够达到这样一个目标，涉及三个方法论的问题，有必要在这里与大家逐一探讨。

首先，作为中国海洋文明发展的全史性著作，叙述书写的边界在哪里？所谓中国海洋文明发展通史，顾名思义，要叙述的是与海洋相关联的社会经济活动。但是我们不能赞同有些学者把中国的海洋文明发展史局限在海洋之中发生的历史事件。在本文的开章伊始，我们对中国的海洋历史形成这样的认识：中国海洋文明存在于"海—陆"一体的结构中。中国既是一个大陆国家，又是一个海洋国家，中华文明具有陆地与海洋的双重性格。中华文明以农业文明为主体，同时包容游牧文明和海洋文明，形成多元一体的文明共同体。中华民族拥有源远流长、辉煌灿

① 朱勤滨：《海洋史学与"一带一路"——访杨国桢教授》，《中国史研究动态》2017年第3期。

烂的海洋文化和勇于探索、崇尚和谐的海洋精神。中国海洋文明发展的这种"海—陆"一体的结构，决定了其与大陆文明的发展，具有天然的、不可分割的联系。从某种意义上讲，中国的陆地文明与海洋文明是相互促进、相互制约、相辅相成的。二者的发展历程，是无法断然割裂的。基于这样的思考，我们对叙述中国海洋文明发展历史边界的整体把握，并不仅限于发生在海洋当中的活动，而是从较为宏观的视野考察中国历代海洋活动中陆地与海洋的各方关系，从而更加全面地描述中国海洋文明发展的基本概貌。

其次，我们撰写的这部中国海洋文明发展通史，既然是基于中国海洋文明存在于"海—陆"一体结构的观点之上，那么这一极为宏观的审视所牵涉的领域又未免过于空泛和难于把握。为了更集中地体现中国历代海洋活动的主体核心部分，我们认为，在中国海洋文明发展历史的进程中，人的作用始终是第一位，海洋社会的核心是海洋活动中的人。"在海洋发展历史上，不同的海上群体和涉海群体塑造了不同的海洋社会模式，如古代的渔民社会、船员社会、海商社会、海盗社会、渔村社会、贸易口岸社会等等。他们有各自的身份特征、生计模式，通过互动结合，形成不同风格的群体意识和规范。海洋史就是要去研究海洋社会中的结构、经济方式，及其孕育的海洋人文。"① 我们只有更加深入与全面地反映历代人民在中国海洋文明发展进程中所发挥的无与伦比的历史作用，才能更加贴近中国海洋文明发展历史与文化的真实面貌，还原出一个由历代人民艰苦奋斗创造出来的历史本真。当然，要较为全面且如实地描述历代人民在中国海洋文明发展历程中所扮演的角色及其所发挥的作用，就必须深入地剖析历代人民所秉持的生活方式的方方面面，举凡社会、经济、精神、宗教信仰、文化教育、风俗习尚等，都是我们这部著作所要体现的重要内容。

再次，我们这部中国海洋文明发展史，虽然把论述的核心放在海洋活动中的"人"，但是中国自秦汉以来就是一个中央集权制国家，国家

---

① 朱勤滨：《海洋史学与"一带一路"——访杨国桢教授》，《中国史研究动态》2017 年第 3 期。

制度对政治、社会、经济、文化等各个方面都具有不可替代的强制力，而传承了两千多年的儒家文化等上层意识形态，同样也对中国历代的政治、社会、经济、文化等各个方面的发展起到不可忽视的影响作用。中国的海洋文明发展进程同样也是如此，无论是汉唐时期政府主导的"朝贡体系"，还是宋明以来民间私人海上贸易与海外移民的兴起，无不在相当程度上受到国家政府的制度设计和制度约束，从而在不同程度上影响着中国海洋文明发展的历史进程。特别是明清以后，国家政府对民间私人海上贸易活动及海外移民活动基本采取了压制的政策，对中国海洋文明的国际化进程产生了一定的阻碍作用。中国历代政府与中国海洋文明发展的这种复杂又多元的关系，以及中国传统儒家文化、道德观念对中国海洋文明发展历程所产生的影响力，无疑是我们在探讨中国海洋文明发展史及中国海上丝绸之路历史文化时应关注的内容。

最后，关于中国海洋文明发展历史，虽然最初海洋活动的产生是基于海岸线上的生产生活活动，如捕捞、养殖以及沿着海岸线的短途商业活动等，但随着海洋活动的扩展与进步，中国的海洋活动势必从海岸线走向大海，走向东南亚、南亚、中东以至欧洲、美洲各地。因此，中国海洋文明发展史，无疑是中国海洋活动不断向大海拓展活动空间的历史，而这一历史发展进程，就不单单涉及中国一个国家或地域的问题，而是涉及双向的国际问题。我们现在论述中国海洋文明发展史，总是脱离不了中国海上丝绸之路的话语，这正说明了中国的海洋文明发展史，是与中国海上丝绸之路的发展史紧密联系在一起的。海上丝绸之路是亚洲海洋文明的载体，不是中国一家独有的。从文化视角出发，海上丝绸之路可阐释为"以海洋中国、海洋东南亚、海洋印度、海洋伊斯兰等海洋亚洲国家和地区的互通互补、和谐共赢的海洋经济文化交流体系"。在某种意义上，海上丝绸之路是早于西方资本主义世界体系出现的海洋世界体系。这个世界体系以海洋亚洲各地的海港为节点，自由航海贸易为支柱，经济与文化交往为主流，包容了各地形态各异的海洋文化，形成和平、和谐的海洋秩序。中国利用这条海上大通道联通东西洋，既有主动的，也有被动的成分；沿途国家加入海上丝绸之路的运作，不是中国以武力强势和经济强势胁迫的。从南宋到明初，由于造船、航海技术

的发明和创新，中国具有绝对的海上优势，但中国并不利用这种优势追求海洋权力，称霸海洋。所以海上丝绸之路自开辟后一直是沿途国家交往的和平友善之路，直到近代早期欧洲向东扩张，打破了亚洲海洋秩序，才改变了海上丝绸之路的和平性质。海上丝绸之路作为历史的符号，覆盖了西太平洋和印度洋的地理空间，代表传统海洋时代和平、开放、包容的精神和文化。① 从这样的思路出发，我们对中国海洋文明发展史的认识，应该是具备国际视野的。从某种意义上或许可以说，中国的海洋文明发展史，也是我们海洋先民的足迹不断地向海外跋涉迈进的历史。这一点，同样是我们在这系列专著中力求表达的一个重要部分。

从以上的学术思路出发，我们撰写的"中国海上丝绸之路通史"丛书，应该是一套能充分体现中国历史上海洋事业与海上丝绸之路的纵向发展与横向发展的全方位的史学著作。也就是说，这批著作一方面较详尽地阐述了中国自先秦至民国时期海上事业与海上丝绸之路的发展概貌，另一方面也对各个历史时期中国海洋事业与海上丝绸之路发展阶段的主要特征进行专题性研究。其次，我们必须把研究的视野从中国本土逐渐向世界各地延伸，而不能局限于中国本土，不能仅仅以中国人的眼光来审视这一伟大的历程。我们必须追寻我们华侨先人的足迹，他们不惧汹涌的波涛，走向世界各地，从而为中华文化的对外传播，为世界各地的社会发展作出巨大的贡献，他们与祖籍家乡保持紧密联系、始终与祖籍家乡同呼吸共命运。中国海洋文明发展史与海上丝绸之路历史与文化的世界性，是该系列专著要表达的一项重要内容。其三，以往对中国海洋文明发展史及海上丝绸之路的研究都只关注社会经济活动，而事实上中国海洋事业与海上丝绸之路的发展演变过程除了包含社会经济活动，还包含文化、思想、教育、宗教等方方面面的上层建筑领域的内涵。因此，该系列专著还包括政治制度、文化精神等方面的内容，探索中国海洋社会经济发展的基本历程及其与文化等上层建筑领域的相互关系，寻找中国海上丝绸之路的文化意义及其对世界的重要贡献。

---

① 杨国桢、王鹏举：《中国传统海洋文明与海上丝绸之路的内涵》，《厦门大学学报（哲学社会科学版）》2015年第4期。

当然，要比较全面而清晰地反映中国海洋文明发展史及海上丝绸之路历史文化，并不是一件简单的事情，没有一定的篇幅，是不足以反映中国海洋文明发展史及海上丝绸之路历史文化的全貌的。因此，我们联络了厦门大学、中国人民大学、闽南师范大学、福建中医药大学、闽江学院等多所高等院校的研究学者，分工合作，组成撰写20卷作品的研究队伍。我们从中国海洋文明发展史及海上丝绸之路历史文化的纵向和横向两个方面，进行多视野、多层次的探讨，经过三年多的努力，终于完成了这套数百万字的著作。我们希望这套专著能把两千年来的中国海洋文明发展史及海上丝绸之路历史文化，特别是把从事海洋事业、构筑海上丝绸之路的一般民众艰辛奋斗的历史，以及把中国传统文化传播到世界各地，推动世界文明多元化前进的本真面貌，呈现给广大读者。

我们深切知道，要全面深入地呈现中国海洋文明发展史及海上丝绸之路历史文化，单凭这样一套专著是远远不够的。由于我们的学力有限，这部多人协作完成的专著一定还存在不少缺点和错误。我们希望借这套专著的出版问世之机，向各位方家学者求教，希望得到方家学者的批评指正，以促使我们改进，并与海内外有意于研究中国海洋文明发展史及海上丝绸之路历史文化的同仁们一道探索，一道前进，共同促进中国海洋文明发展史及海上丝绸之路历史文化的学术研究更上一层楼。

陈支平

2022 年 10 月

目录

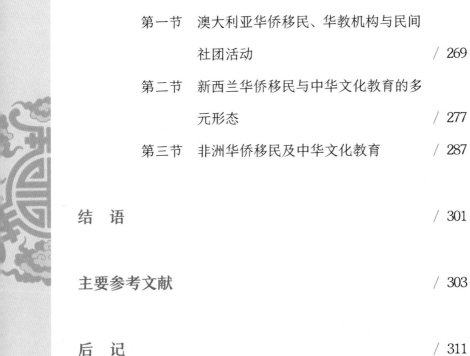

前　言

　　中国人移居世界各国的历史源远流长。作为勤劳、智慧且富有开拓精神的黄种人，中国人及其后裔早已分布全球各地，成为世界居民。在尚未加入居住国国籍之前，他们作为"华侨"旅居世界各地，是中国的海外公民。当正式成为居住国的国民，获得法律上的公民身份后，他们就转换为"华人"身份，成为所在国的少数族裔（新加坡例外，新加坡公民多数为华人）。以上是从法律身份上辨识"华侨""华人"的。从血统来看，凡是具有炎黄子孙血统的人，不管称呼是"华侨"还是"华人"，不管身在中国还是身在他国，都是"华人"，所以中国移民就是华人移民。由于地缘和其他历史原因，华人移民东南亚各国的居多。当然，随着航海技术的发展，华人移民的脚步遍布世界各国。进入航空时代，跨国迁徙更为便捷。1980年以来，华人"新移民"涌入世界各国，东北亚、美洲、欧洲、大洋洲、非洲等地都成为他们奋斗的天地。据国务院侨务办公室统计，目前海外华侨华人数量已达6000多万人，分布在世界约200个国家和地区。这些散播于中国境外的华侨华人，就是本书指称的"海外华侨华人"。

如果说，"有海水的地方就有华人，有华人的地方就有唐人街"，[①] 那么有华人聚集的地方就有华人文化，就有华文教育。国学大师钱穆说："只要我们中国人到哪里，便是中国文化到哪里。因为中国文化生命寄托在每一人身上。"[②] 的确，人是文化的载体，移民带去移民文化，中国各地的移民也带去中华各地的地域文化；移民也是能动的创造者，他们迁徙各地，在生存、奋斗的过程中，慢慢适应居住国文化环境，同时将中华文化与居住国文化进行调适，形成新的文化，这也可谓中华文化的"在地化"，是中华文化的异地生长形态。今天，全球各地的华人移民及其后代，依然接受中华文化的滋养，成为中华文化的传播者、传承者。当然，这种传播和传承的程度在各国有所不同。这个世界虽然自古至今都存在着纷争、战乱，但同时也是文化多元、各美其美、美美与共的存在体。人作为文化的符号，作为文化的接受者，当然会受到多种文化的影响。华人移民及其后代，也很自然地受到中华文化以外的其他居住国文化的影响，成为多元文化的载体。

本书围绕"中华文化教育"主题，依次叙述东南亚、东北亚、中亚、美洲、欧洲、大洋洲及非洲等地华人移民及其后代所接受的中华文化教育，避开他们在居住国接受的其他文化教育。在阐述"海外华侨华人的中华文化教育"时，本书主要涉及三方面内容：一是华侨华人子弟的华文教育，二是华侨华人所接触、感知的中华民俗文化，三是华侨华人所受到的文学艺术熏陶（教育）。清政府曾以"华侨学务"统称海外华侨开展的学校教育；中华民国时期，则以"华侨教育""侨民教育"加以称呼；中华人民共和国成立后的一段时间，大陆对于海外华侨华人的学校教育，广泛使用"华侨教育"的称谓，台湾则使用"侨民教育"。

---

① 施雪琴：《菲律宾华侨华人史话》，广东教育出版社，2019，第 2 页。
② 钱穆：《中国文化精神》，九州出版社，2012，第 91 页。

不过，20世纪50年代的新马地区，开始以"华文教育"指称华侨华人的中华语言文化教育。① 这个"华文教育"的称谓不胫而走，得到广泛认可，并被普遍使用。改革开放后，中国大陆也使用"华文教育"指称海外华侨华人的中华语言文化教育，台湾在1970年以后则多用"华语文教育"称呼这一教育现象。② 当然，华侨教育和华文教育两个概念，在学者们的见解中存在着教育性质的差异。前者被认为是中国教育的一部分，既包括华侨社会在侨居地为了子女们学习中华文化和科学知识而开设的教育，也包括中国开设的针对华侨子女的教育。后者被认为是华侨华人在居住国接受的"民族文化教育"，"华文教育的宗旨是继承和发扬中华民族文化，教授中国语文和科学文化知识，促进世界文化交流"。③笔者认为，华侨教育与华文教育虽然存在教育性质的差异，但本质上都是以汉语为教学媒介语、对华侨华人子弟进行中华语言文化的教育。当然，华文教育的对象也可能不是华人，譬如全球各地的孔子学院、孔子课堂，就有很多异族血统的人们在学习中华语言文化。无论如何，华侨教育、华文教育有着本质上的一致性，可以用"华文教育"这个包容力更大的概念来统一指称本书涉及的华侨学校、华文学校所开展的中华语言文化教育。

中华文化博大精深、源远流长。本书所说的中华民俗文化，是指原生于中国并随着华人移民的脚步而流播于他国的民俗文化，包括民间信俗、节庆习俗、人生礼仪等多方面内容。中华民俗文化反映了中国人民的生活方式、民众心理等，是中华文化中最"接地气"的部分，是既富

---

① 胡培安、陈旋波：《华文教育与中华文化传承》，社会科学文献出版社，2018，第5—6页。

② 同上书，第6页。

③ 姜兴山：《战后菲律宾华文教育研究（1945—1976）》，暨南大学出版社，2013，第12—13页。

于活力又具有相当稳定性的民间文化。至于本书中的中华文学艺术，指的是海外华侨华人所创作的文学及艺术，包括华文文学、戏曲、书法、美术等多方面内容，主要属于华侨华人居住国的民族文学艺术（当然它从根本上受到中国文学艺术的影响）。在实际中，很多暂时逗留异国的中国人在当地创作的文学艺术，自然也是中华文化艺术，也成为华侨华人接受中华文化教育的重要来源。也就是说，本书主要从学校（校园的华文教育）和民间（中华民俗文化教育、中华文学艺术教育）两个视角，梳理和阐述海外华侨华人所接受的中华文化教育。

第一章
新加坡、马来西亚华侨华人的中华文化教育

　　新马是指新加坡和马来西亚两个国家。在 1965 年新加坡独立建国之前的殖民地时代，新马在长时期内属于一个政治实体。在更早的古代（成为西方殖民地之前），新马地区在发展进程中存在的一些国家（有些疑为城市）——龙牙门（或译为"凌牙门"）、淡马锡（或译为"单马锡"）、柔佛王国、马六甲王国等，都有着或纵向或横向的政治、经济、文化方面的紧密联系。因此，我们将新马华人所接受的中华文化教育列为一章进行叙述。

　　新加坡由新加坡岛、乌敏岛、德光岛、圣约翰岛和龟屿等数十个岛屿组成，地处马来半岛南端，毗邻著名的马六甲海峡。新加坡国土面积不大，在马来西亚人看来，在新加坡开车"踩刹车的时间要比踩油门的时间还多"。马来西亚前首相马哈蒂尔甚至调侃道："在新加坡开法拉利，不到一下就会掉进海里。"[①]

马六甲海峡

　　相比小而精的"兄弟"新加坡，马来西亚大多了。马来西亚分为东马和西马两个不相连接的部分。马来西亚的 13 个州中，位于马来半岛南

---

① 李慧敏：《新加坡，原来如此！》，联经出版事业股份有限公司，2015，第 200 页。

部的西马就有 11 个州，即柔佛、马六甲、森美兰、雪兰莪、霹雳、吉打、玻璃市、槟城、吉兰丹、登嘉楼和彭亨，这也是马来西亚较早开发的地方。东马包括婆罗洲岛北部的砂拉越和沙巴两个州，这里相当原始的自然风貌和民族文化使它披上了一层神秘的面纱，引人遐想。

新加坡鱼尾狮公园

很早以前，新马地区就有华侨行迹。当地成熟华人社会的形成和运行，经历了一个比较漫长的过程。林远辉、张应龙在《新加坡马来西亚华侨史》一书中，将新马华侨社会的发展历史分为三个阶段——古代史、近代史、现代史。"第一个时期，从汉代至西方殖民主义入侵马来西亚、新加坡地区之前，约从公元前2 世纪至 1511 年，为古代史时期"，是马来西亚和新加坡华侨（社会）初步形成的时期。"第二个时期，从 1511 年葡萄牙侵占马六甲起到 1957 年 8 月 31 日马来亚

公园墙体上的马来西亚国徽

联合邦独立止，为近代史时期。""第三个时期，从 1957 年 8 月 31 日马来亚联合邦独立以后，为现代史时期。"① 这个分期以新马地区重大政治事件

---

① 林远辉、张应龙：《新加坡马来西亚华侨史》，广东高等教育出版社，2008，第12 页。

及社会性质的重大变动为划分依据。本书并非依据《新加坡马来西亚华侨史》对华侨社会发展史进行阶段划分，也并非据此对新马华人接受中华文化教育进行梳理和探讨。但这些重大政治事件的发生及新马社会性质的变动，确实直接影响到华人的移民、居住及发展，关系到华人社会的发展进程，也紧紧关系到中华文化在新马地区的生存发展。林远辉、张应龙所谓的"近代史"时期，也是大航海时代西方殖民者向世界各地拓展、殖民的时代，葡萄牙、荷兰、英国等国都曾经殖民统治新马地区。华人移民及其后代在与殖民者、当地民族共存的复杂环境中，争取、奋斗、创造、拓展华人种族生存发展的舞台，逐步形成比较成熟的华侨华人社会。在这些比较成熟的华侨华人社会，存在着寺庙、宗祠、会馆等各种华人组织或社团，还有私塾、义学、新式学校等各种形式的教育机构，到了19世纪，还出现了华文报刊等现代传媒。华人社团、华文学校、华文报刊的出现和运行，极大地推动了中华文化在东南亚的传播，成为新马华人接受中华文化教育的重要渠道。在这一时期，华侨及其后代在争取新马独立建国的伟大事业中，贡献了自己巨大的力量，成为新建国家（新加坡和马来西亚）的公民，成为居住国的主要族群之一。独立建国以后的新马华人社会，在中华文化传播方面获得了非常有利的条件，但并非一帆风顺。新加坡、马来西亚出于国家生存发展的考量，各种族之间的博弈以及优势种族对其他种的排挤，特别是国际形势的变动，都会影响新马国家执政者对华人和华人文化的态度，也影响到中华文化在当地的传承、传播和发展。

第一节　战前新加坡、马来西亚华侨华人移民及其中华文化教育

可以说，没有中国移民，就没有如今较为发达的东南亚文明。中国移民在开发东南亚的进程中承担了至关重要的历史任务。新马地区最早的华人移民主要是福建人和广东人，闽粤两省移民及其后裔均对新马社

会经济、文化等各方面的发展做出了巨大贡献。除了闽粤两省，海南、广西也是众多华人移民的祖籍地。到了华人移民大量南下的 19 世纪，新马地区的华人族群形成了多个方言群，他们结成帮派，以利于生存发展。"福建帮、广府帮、客家帮、潮州帮、海南帮五大帮占据着新加坡、马来西亚华侨人口的绝大多数，他们在华侨的经济中占据着主要的地位。福建帮不仅占整个新加坡、马来西亚华侨人口总数的最大比重，而且在经济上拥有最强大的势力。"① 福建帮在对外贸易、金融业、运输业、制造业等领域展现出突出的实力。这样的经济实力也使福建移民及其后裔能够在文化教育领域发力，起到"领头羊"的作用。他们修建会馆、宗祠、庙宇等，将祖居地中国故乡的地缘、血缘、神缘关系连接至东南亚，使华南宗乡文化随着移民迁居南洋，并得以繁衍生息。他们也设置义学、建立学校及其他文化机构，为宗族子弟及其他华人移民乃至非华族提供文化教育。他们从民间和校园两个舞台，推动新马地区的华人文化教育，这也是广府帮、客家帮、潮州帮、海南帮及其他帮群华人在文化领域的贡献。

一、"相招过番邦"

新加坡在中国史籍上的记载，首见于 1225 年南宋宗室赵汝适撰写的《诸蕃志》。《诸蕃志》是赵汝适在泉州担任福建路市舶提举时，利用职务之便采访外国商人完成的著作。在《诸蕃志》的记载中，新加坡被冠以中文名字"凌牙门"，第一次出现在中国（官方）的视野里。② 在元代大航海家汪大渊 1349 年撰写的《岛夷志略》中，单马锡（新加坡）已经是"男女兼中国人居之"。1819 年，英国殖民者莱佛士踌躇满志抵达新加坡之际，就发现华人已经捷足先登了。华人内部来自相同地域说同一方言的移民结合成最初主要的五大"帮群"，即"福建帮""潮州帮""广帮"

---

① 林远辉、张应龙：《新加坡马来西亚华侨史》，广东高等教育出版社，2008，第177 页。

② 林干：《新加坡华侨华人史话》，广东教育出版社，2018，第 3 页。

"客帮"和琼州"海南帮"等。[1] 可见，华人很早就已经在新马地区居住。"宋代陈元靓的《岛夷杂志》关于佛啰安有着'唐人'居住的记载，可以说是迄今发现的马来西亚居住着华侨的最早记录。"[2] 较早前往新马的华人大概是经商谋生者。清代蔡永蒹所著的《西山杂志》载："唐开元八年（720年）东石林知祥之子林銮，字安东，曾祖林智慧航海群蛮，熟知海路。林銮试舟至勃泥，往来有利，沿海畲家人，俱从之去，引来番舟，晋江商人竞相率渡海。"[3] 有学者据此认为闽南人林銮等，是中国民间到勃泥（即文莱）经商贸易首批有名有姓的商人。可见，当时中国东南沿海的民众呼朋引伴、成群结队前往南洋。"相招过番邦"的现象早已存在，并且源源不绝。

由于国内外各种原因，中国历史上既有过多次大规模的移民，也有过多种性质、多种形式的"过番"。其中，明朝以郑和七下西洋为契机，越来越多的中国人移民新马地区。从明永乐三年（1405年）到宣德八年（1433年），郑和在二十八年间七下西洋，重要目的是炫耀国威和发展中外贸易，实现政治外交、经济外交和文化外交。意想不到的是，郑和下西洋又为华人移民新马创造了条件，也由此加强了中华文化在新马地区的传播。当时兴盛的马六甲王朝（中国史籍称为满剌加国），是15世纪著名的国际市场。曾有西方人描述当时的满剌加"'争相迎'中国人民前来贸易和侨居"，对于中国运来的货物"甚至不用征税"。"因此，在满剌加时期，中国东南沿海，特别是福建和广东的人民，前往满剌加进行经济活动和侨居的很多。"[4] 曾跟随郑和下西洋的费信在其《星槎胜览》一书中谈到马六甲的居民，"男女椎髻，身肤黑漆，间有白者，唐人种也"[5]。这表明在郑和下西洋之前，早已经有中国人侨居马六甲，因此有了峇峇娘惹。郑和下西洋成为华人移民的契机，明政府也借此契机将中

① 曾玲：《新加坡华人宗乡文化研究》，中国社会科学出版社，2019，第213页。

② 林远辉、张应龙：《新加坡马来西亚华侨史》，广东高等教育出版社，2008，第27页。

③ 同上书，第21页。

④ 同上书，第42—43页。

⑤ 同上书，第43页。

华文明传播到东南亚地区，比如慷慨赠送中国历法和书籍《古今列女传》、《资治通鉴》、"四书"、"五经"、《诗学大成》、《左传》、《唐书》、《汉书》、《三国志》等，[①] 这对郑和船队所抵达国家的文化结构产生了或深或浅的影响。对早已居住当地的华人移民及其后代，郑和船队带去的文明也使他们得以继续沐浴中华文化的福泽。

在自恃强大的明政府积极发展海外关系的时代，继郑和下西洋之后，西方殖民者则积极向东方寻求资源、拓展殖民地。可以说，哥伦布、达·伽马、麦哲伦等西方著名航海家，其实是葡萄牙、西班牙等西方国家积极寻求殖民地的开路先锋。1511 年，马六甲被葡萄牙侵占；1641 年，又遭荷兰攻陷。葡萄牙人埃雷迪亚于 1613 年绘制的马六甲城市图，标记有中国村、漳州门和中国溪等地名，[②] 也说明马六甲当时已经居住着华人，并形成了华人居住区。城市里的华人居住区类似于今天我们所说的"唐人街"。

随着华人居住区的形成和华人族群的扩大，源自故国原乡的中华文化得以在当地传播，并获得生存发展的土壤。马来西亚学者廖文辉在考察当地华人文化时，重视对碑铭的考察。在华人社会，寺庙、宗祠、会馆的落成常有碑铭记载其事，华人义山也存有大量碑铭，这些都是极具史料价值的在地文献。从对碑铭的考察中，廖文辉发现它们"透露了流寓马六甲的志士奉行中国立法，采行正朔的信息。由于马六甲在王朝时期已经有华人居住，并有华人聚落，马六甲成为华人文化最早发源地，渐次影响及槟城、新加坡等地，而槟城五大姓也源自马六甲"[③]。

英国殖民统治新马地区之后，新马地区华人移民有较快的增长，也带动了华人社会的发展。1786 年莱特船长强占槟榔屿，1819 年新加坡开埠。"1819 年 1 月 30 日，当地的酋长——柔佛的天猛公（Temenggong of

① 马骏杰：《郑和下西洋》，中国财政经济出版社，2017，第 241 页。

② 林远辉、张应龙：《新加坡马来西亚华侨史》，广东高等教育出版社，2008，第 45 页。

③ 伍燕翎、黄斗主编《东南亚华人华文学术论集》，新纪元大学学院，2018，第 34 页。

Johor）与东印度公司的代表斯坦福·莱佛士（Stamford Raffles）签订了一项初步协议，允许英国在当地建立一个贸易站点，现代新加坡的历史由此拉开帷幕。"[1] 1826 年，英国人将槟榔屿、马六甲、新加坡等地组建成海峡殖民地。后来，英国人又侵占半岛马来亚，[2] 按照其殖民意图组建马来联邦和马来属邦。之后，英国进一步吞并婆罗洲北部，使其成为英属婆罗洲，由此完成了完全占有整个新马地区的计划。[3]

英国人要开发新马地区，必须要有大量劳工，而华人被认为是非常吃苦耐劳的优秀劳工。有市场需求就有供应链。因此，进入 19 世纪以后，华人的跨国移民源源不绝。这个时期华人移民进入新马地区的方式也呈现出多样化——经商、亲属移民、苦力贸易，甚至还有私会党徒的海外逃亡，等等。日本学者村上卫研究"海洋史上的近代中国"，涉及近代福建人的海外移民和英国人的作用。他在研究中讲述了清代福建人的几种跨国移民方式。其一是政治逃亡。1853 年发生于闽南的小刀会（又称天地会）之乱，"与海峡殖民地关系密切"。当年年底，小刀会被清政府镇压，次年往新加坡的华人移民暴增两万人以上，"可推测有些小刀会的势力最后移到了新加坡"[4]。这是政治逃亡式移民。其二是苦力贸易。村上卫指出厦门是"苦力贸易开始得最早"的地方，之后扩展到广

① （英）康斯坦丝·玛丽·藤布尔：《新加坡史》，欧阳敏译，东方出版中心，2016，第 1 页。

② "马来亚"（Malaya）是地理名词，也是政治版图名词。在地理上，指马来半岛整个地理区域，包括今天马来西亚联合邦位于马来半岛上的 10 个州（玻璃市、吉打、霹雳、雪兰莪、森美兰、马六甲、柔佛、吉兰丹、登嘉楼、彭亨）及槟榔屿、新加坡。在政治上，随着二战后英国殖民势力的淡出，马来半岛及槟榔屿于 1948 年成立马来亚联合邦，1957 年马来亚联合邦脱离英国殖民统治，"马来亚"一词遂带着政治意义，范围只有今日马来西亚联合邦位于马来半岛上的 10 个州及槟榔屿，不包括新加坡。参见曹淑瑶《国家建构与民族认同：马来西亚华文大专院校之探讨（1965—2005）》（厦门大学出版社，2010 年）"绪论"第 2 页。

③ 林远辉、张应龙：《新加坡马来西亚华侨史》，广东高等教育出版社，2008，第 93—94 页。

④ （日）村上卫：《海洋史上的近代中国：福建人的活动与英国、清朝的因应》，王诗伦译，社会科学文献出版社，2016，第 324 页。

东和澳门等地。厦门港也是中国人向东南亚移民的主要港口，"19世纪中叶厦门的贸易大半是英国资本，由英国商人经营，苦力贸易亦是以英国商人为中心进行的"①。厦门的德记洋行、和记洋行就是英商经营的涉及苦力贸易的机构。近代中国东南沿海出现的大量苦力贸易，可以供给殖民者开发东南亚所急需的劳动力。为了获得大量华工，苦力招募者将坑蒙拐骗乃至绑架的手段都用上了。其三是自愿移民。这些人也非常多。组织移民的广东、福建籍"客头"多是"归国的东南亚华人"。移民者出于谋生需要或其他考虑，主动下南洋。

不管是何种形式的移民，都为西方殖民者开发东南亚带来了利益，在19世纪英国殖民统治新马地区时，满足了英国殖民者在当地攫取资源的劳力需要。因此，英国殖民者为了吸引华人移民，甚至给出了比较优惠的政策，这也是华人移民（包括从中国南下和东南亚其他地方"再移民"新马的华人移民）较多聚集新马地区的原因。华人移民带去了华人文化，各方言群移民带去了各方言地区的地域文化。对于东南亚包括新马地区而言，移民主要来自中国华南地区。由于华人移民多数为文化程度非常低的平民百姓，所以他们定居的南洋各地往往中华民间文化（尤其是华南宗族文化）更为兴盛发达。当然，华人移民获得生存资源，站稳脚跟后，也都有意识地发展华文教育事业。在发展华校华文教育方面，闽籍华人起到了引领风潮的推手作用。

二、寺庙与神明： 新马华侨华人社会的民间信俗

中华民间文化是中华文化的重要组成部分，包括民间信俗、民俗文化、宗乡文化、民间艺术、民间文学等。中华民间文化主要发源于中国民间，也可能被统治阶级或主流意识形态吸收、利用，但民间始终是它得以生存发展的丰厚土壤。由于清代及以前新马社会的华人移民主要为中国东南沿海的普通百姓，大多出于谋生的需要而下南洋。他们在南洋

---

① （日）村上卫：《海洋史上的近代中国：福建人的活动与英国、清朝的因应》，王诗伦译，社会科学文献出版社，2016，第332页。

站稳脚跟之后，往往又带动故国的乡邻南下求生。这种因亲属、宗族关系实现跨国移民的形式，容易使他们聚族而居，形成方言族群。这些普通百姓在故国原乡接受的正规教育非常有限，日常耳闻的多属于民间文化。随着他们在他国的播散及落地生根，故国原乡的民间信俗、民俗文化，往往也同步迁移到异国异乡，从而出现跨国"移神""移俗"现象。

其中，"移神"现象尤其突出。关于东南亚华侨的神灵崇拜对象，其实是非常庞杂的。有的方言族群崇拜原乡的祖神，祖神名称各式各样。"一般来说，大慈大悲、救苦救难、普度众生的观音菩萨，作为航海保护神的妈祖，扶正压邪、保境安民和保佑发财的关公，是所有地籍、所有族群的华侨都崇拜和供奉的'显神'，也是东南亚华侨心目中至高无上的'完神'。"① 当然，无论是华侨的故国原乡，还是侨居地新马地区，民间都普遍存在着众神共祭的现象，往往佛教、道教等信奉的各类神明都供奉于同一个庙宇。

我们以马六甲古老的华人庙宇青云亭为例。"葡、荷占领时期的马六甲华侨，已开始有了自己的社会和宗教活动中心。由华侨甲必丹郑芳扬与李为经在 1673 年创立的青云亭，就起着这样一个中心的作用。"② 闽南人郑芳扬（祖籍福建漳州）、李为经（祖籍福建厦门）分别为马六甲华人社会第一任、第二任甲必丹（侨民首领）。在殖民者于 1828 年废除甲必丹制度后，③ 马六甲青云亭实行"亭主制"，首任亭主为福建南安人梁美吉，继任亭主为薛佛记。"之所以叫'青云亭'，是因为'青云'有'通货积财、青云直上'之意。"④ "青云亭"寓意神明"保佑平安发财、平步青云"。它被认为是马六甲现存最古老（最早见诸史册）的华

① 高伟浓：《清代华侨在东南亚：跨国迁移、经济开发、社团沿衍与文化传承新探》，暨南大学出版社，2014，第 7 页。

② 林远辉、张应龙：《新加坡马来西亚华侨史》，广东高等教育出版社，2008，第 77 页。

③ 也有人认为郑芳扬、李为经为马六甲华人社会的第二任、第三任甲必丹。甲必丹制度于 1824 年废除。参见林远辉、张应龙《新加坡马来西亚华侨史》第 78—79 页。

④ 胡波：《马来西亚华侨华人史话》，广东教育出版社，2019，第 139 页。

人庙宇，供奉着观音菩萨、妈祖、关帝、福德正神等多尊神明，也供奉着郑和的神像。多种神明共同祭祀，具有明显的中国民间信俗的特点。青云亭是由两位福建华人侨领郑芳扬与李为经凝聚华人族群的力量，集资兴建而成的，"作为乡侨在异国他乡举行各种宗教仪式（丧事、普度祭祀等）的场所，以及济困扶危、举行民生福利活动和排解纠纷的地方"。① 所以，青云亭是马六甲华人社会重要的公共文化场域，不仅是组织华人族群的社会权力机构，也是凝聚华人族群、传播中华民俗文化的文化场所。学者高伟浓认为它"实际上是一个福建乡侨的地缘性总社团"。作为供奉郑和神像的庙宇，青云亭显然也已经具有中华民间信俗"在地化"特征。郑和由"人"升华为"神"，乃至在东南亚形成"郑和崇拜"，是华人及当地的马来人、泰国人等各族群共同的信俗建构，"那些至今仍存在于东南亚各地的三宝庙（宫）以及祭祀郑和的宗教仪式和庆典，已经构成东南亚民间文化的一个组成部分"②。这些民间文化也是东南亚（包括新马）华人接受中华文化教育的重要渠道。

古代华人移民下南洋走的主要是海路。为了旅途安全，他们往往会祈求海神保佑。于是，发源于福建湄洲岛的"海上和平女神"妈祖，成为沿海渔民的保护神，并发展为中国大陆东南沿海、台湾等地最兴盛的海神信俗。妈祖信俗后来在世界各地传播，拥有两亿以上的信众，正是中国民

妈祖祭典

众的跨国移民所造就的。有一则闽南民间故事《妈祖娘娘救番客》很能说明中国历史上发生的跨国移民与"移神"的关系。它叙述了一批闽南人乘坐大帆船往南洋谋生、海上遇险的故事。他们从泉州港起航，在七

---

① 高伟浓：《清代华侨在东南亚：跨国迁移、经济开发、社团沿衍与文化传承新探》，暨南大学出版社，2014，第314页。

② 曾玲：《新加坡华人宗乡文化研究》，中国社会科学出版社，2019，第309页。

洲洋突遇恶劣天气。狂风暴雨打得整条船向一边倾斜，船帆的绳索又被风刮得缠绕在一起了，船帆降不下来，眼看船就要翻了。船老板一直祈求妈祖娘娘护佑。在经历劫难之后，帆船终于脱离危险，在一个小岛上靠岸。得救的番客们修好船，继续南行，抵达南洋就在各地修起了妈祖娘娘庙。这则故事从民间文学的角度叙述了妈祖香火南传和妈祖文化跟随移民远播东南亚的历史史迹。① 随着中国东南沿海移民下南洋的脚步，被视为"海上保护神"的妈祖成为一种跨国籍的民间信俗。

关于新马地区妈祖信俗的起源，曾玲教授如此描述："根据保留下来的庙宇楹联、匾额、碑文等文物资料，在新加坡最早出现供奉妈祖的庙宇可能是潮州移民社群所建的粤海清庙。该庙是在潮州移民林泮搭建于1820年的亚答小屋基础上建立起来的。1839年福建移民社群也在直落亚逸祭拜妈祖小庙的基础上修建天福宫。"②

湄洲岛的妈祖神像

1820年是西方殖民者莱佛士抵达新加坡开埠的第二年，潮州移民已经将妈祖信俗带到居住地。粤海清庙的命名，可以看出其地缘和神缘关系。1857年，海南移民社群建立起馆（琼州会馆）宫（天后宫）合一的"天后宫"，作为祭祀妈祖的场所。无论在故国原乡还是新马地区，天后宫、天妃宫这一类庙宇，往往都是主祀妈祖的庙宇。除了建有气势非凡的宫殿庙宇，新马地区还举行多种形式的妈祖祭祀礼仪。又如设置于华人社团宗亲会馆及海运行业社团的妈祖神龛，有些华人家庭也供奉妈祖神像，这些都表明妈祖信俗在许多华人生活中无处不在。据湄洲妈

① 向忆秋：《闽南民间文学研究》，社会科学文献出版社，2018，第135页。
② 曾玲：《新加坡华人宗乡文化研究》，中国社会科学出版社，2019，第214页。

祖祖庙董事会编的《妈祖故事》，妈祖，原名林默，于宋建隆元年（960年）农历三月二十三日晚上出生，父亲是莆田湄洲屿上林村村民林惟悫。妈祖在被封为海神之前，因俗姓林，被林氏宗亲尊为祖先神，新加坡林氏宗亲社团都称妈祖为"祖姑"。在新加坡林氏宗亲会总机构九龙堂会所内，"设置有金碧辉煌的妈祖神龛，神龛前刻有两副对联'祥发湄洲渤海安澜歌圣德，炉分星岛黎民乐园颂神功''坤仪媲美千秋显耀尊天后，圣德仁慈万世流芳祀祖姑'"①。第一副对联连接了历史（故国原乡）与现实（华人侨居地），从时间和空间两个维度体现了妈祖信俗是华人所接受的非常重要的中华民俗文化教育，对海内外的华人生活产生了久远、深厚的影响。第二副对联从官方的推崇（封妈祖为天后）和民间的亲切认同（林氏宗亲尊妈祖为"祖姑"）两方面表彰了万世流芳的妈祖信俗，这表明妈祖既是庇护亿万百姓的显神，也是福荫林氏子孙的祖先神。在中国传统节日——清明节这天，林氏大宗祠往往先祭拜"祖姑"妈祖，然后再给祖先上坟，这体现了妈祖在维系林氏宗亲祖德文化认同上占有极其重要的地位。在妈祖诞辰日，林氏宗亲遵循祖宗遗训，"以完整的仪式祭拜妈祖。仪式的内容包括：祭拜天公（玉皇大帝）、祭拜妈祖、祭拜祖先，其间须先请出神明并向各位神明敬茶、敬酒、献花、献果、献宝等。隆重的祭拜仪式强化了林氏社群所共有的'祖姑认同'"②。这些富于中国文化特色的仪式感，在新马地区得以传承，是新马华人所接受的重要的中国民俗文化。此外，福建社群总机构天福宫，也有隆重的礼仪表达对妈祖的深切认同和敬爱。天福宫三年一次的迎神赛会，会邀请其他神明到天福宫做客、看戏，人神同乐，热闹非凡。曾玲教授在研究中提及1901年农历十月初八的迎神赛会，天福宫邀请了恒山亭的大伯公、凤山寺的广泽尊王、金兰庙的清水祖师，到天福宫做客近两个月，再由五股头的台阁鼓乐车马热热闹闹地将三位神明送回家。③

① 曾玲：《新加坡华人宗乡文化研究》，中国社会科学出版社，2019，第220—221页。
② 同上书，第221页。
③ 同上书，第217页。

可以说，从妈祖原乡到南洋各地，几亿华人接受妈祖信俗，妈祖文化以各种形式在民间普及，成为新马华人所接受的重要的中华民间文化教育。

三、1900 年之前：私塾、义学的出现及左秉隆等人的贡献

新马地区是华人移民的主要目的地，在西方殖民者尚未抵达南洋进行开埠之前，早已有华人在新马地区生息繁衍。有华人的地方就有华人文化，就有华文教育。所谓华文教育，综合林蒲田、贾益民、李方等多位学者的见解，它主要体现为两种形式：一是世界各地（中国以外）出现的教育机构，对华侨华人及外国人士开展中华文化教育；二是中国国内教育机构开设的面向世界各地（中国以外）华侨华人及外国人士的中华文化教育。华文教育既有重视汉语教学的技术层面，更有重视中华文化教化的文化内涵。华校一直是推广中华文化教化的重要教育机构。新马地区的华校形式是多样化的，在不同历史阶段体现为不同的存在形式。最早是私塾、义学，进入 20 世纪之后才有新式学校的出现。所以，1900 年之前新马华人受到的中华文化教育，来自私塾、义学。

从各种资料来看，在华文教育领域，新马地区福建移民及其后裔引领了华校华文教育的风潮。1993 年马来西亚福建社团联合会出版的《马来西亚福建人兴学办教史料集》，对福建移民及其后裔发展马来西亚华人教育做了较为详细的叙述。著名学者颜清湟对福建人在马来西亚华文教育领域的贡献有过总结：第一，"福建人曾以方言群的力量首创义学，开新马区创办学校的先河，对华族其他方言群兴学办教的方向有很大的影响"；第二，福建人"首先采用华语（普通话）教学和淡化华社的帮派观念"；第三，福建人首创新马地区华文学校会考制度，"对统一华校学术水准和提高华文教育的质量做出贡献"。① 这是福建人在马来西亚华文教育领域的创举，但他们及其后裔对华文教育的贡献和推动作用远不止于此。广东、海南等省的移民及其后裔，同样在中华文化传播和传承

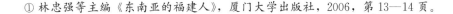

① 林忠强等主编《东南亚的福建人》，厦门大学出版社，2006，第 13—14 页。

方面做出了重大贡献。

1900年之前，新马华人接受的华校（或其他文化机构）华文教育，主要由华人社会（社团）自主办学开设，同时也有清政府的支持。

首先，华人社会或华人社团是自主办学兴教最大的一股力量。福建人较早到达新马，并且拥有雄厚的经济实力。在解决生存问题之后，他们考虑到子弟读书识字的重要性，便热心推进华校华文教育。据有关学者介绍，18世纪末19世纪初海峡殖民地已经有私塾存在。早在1815年，

《新加坡风土志》

马六甲已经有9间华侨创办的私塾，其中8间专供福建籍的华侨子弟就读。到了1829年，新加坡也有3间华侨创办的私塾。[①] 不过，马来西亚华校教师会总会（教总）认为，马来西亚可考据的最早学校是槟城在1819年创建的五福书院，当时使用《三字经》《千字文》《百家姓》、"四书"等教材，进行私塾教育。在新加坡，有碑铭可考的第一间私塾，是1849年永春籍商业巨子陈金声带头创办的崇文阁。5年后，陈金声又在闽籍富商的支持下创办萃英书院。上述基本属于华侨私塾教育，这是19世纪以前华人华校教育的普遍形式，也是海外整个华文教育历史进程中的初级形式。私塾教育大抵可分为三种，"一是'自请儒师'，即由富裕的华侨延请儒师至家教育子弟的家塾；一是'自设讲帐'，即由教师假借庙堂或临时场所开设的私塾；一是'义塾'，即由华侨公同设立以招

---

① 林远辉、张应龙：《新加坡马来西亚华侨史》，广东高等教育出版社，2008，第522页。

收贫穷子弟的学塾。崇文阁、萃英书院、南华义学等都属于后一种的学塾"[1]。

新加坡开埠以来，华校华文教育在东南亚引领风潮。崇文阁坐落于新加坡直落亚逸街福建会馆原址天福宫西边，1849年由福建社群领袖陈金声联合其他闽籍富商洪浚成、黄崇文等捐资兴建。这间启蒙学馆被认为是新加坡华人设立的第一所书院式学校。据《兴建崇文阁碑记》记录，它是教学场所，也是华人祭祀场所所在。[2] 这其实非常符合早期华校的办学特点。因为由华人社会集资创办，华校应属于具有公共性的义学，所以基本上设置在公共文化场域。这些公共场域尤其以各类会馆的条件最适宜。萃英书院坐落于新加坡厦门街，也由陈金声带头捐资，集合华侨华社的公共力量创建，时间约为1854年。陈育崧在《马华教育近百年史绪论》中阐述到萃英书院创办的缘起、目的等。"新加坡自开创以来，土俗民风，虽英酋之管辖，而贸迁之有无，实唐人之寄旅，迄于今越四十有年矣。山川钟灵，文物华美，我闽省之人，生于斯、聚于斯，亦实繁有徒矣。苟不教之以学，则圣城贤关之正途，何由知所向往乎。于是陈君巨川，存兴贤劝学之盛心，捐金买地……因颜其院曰萃英。盖萃者聚也，英者英才也，谓乐得英才而教之。"[3] 于此可见，萃英书院的创建乃缘于新马华人（闽籍华人）对中华文化的坚守及在异国他乡传承中华文化的执着，希望子弟继承故国的"周孔之道"，希望"使荒陬遐域，化为礼仪之邦"。当年的私塾所念的仍沿袭中国传统，教的不外是《三字经》《千字文》《幼学琼林》《百家姓》和"四书""五经"之类。[4] 由于福建帮的强大实力和福建籍华侨华人对中华传统文化传承的不懈努力，萃英书院开办百年之久，直至1957年停办。

---

① 林远辉、张应龙：《新加坡马来西亚华侨史》，广东高等教育出版社，2008，第525—526页。

② 高伟浓：《清代华侨在东南亚：跨国迁移、经济开发、社团沿衍与文化传承新探》，暨南大学出版社，2014，第388页。

③ 胡波：《马来西亚华侨华人史话》，广东教育出版社，2019，第180页。

④ 吴彦鸿：《新加坡风土志》（增订版），新加坡宏砚工作厅，1997年初版（2012年增订版），第90页。

第一章 新加坡、马来西亚华侨华人的中华文化教育

15

槟榔屿在 15 世纪就成为郑和船队的贸易目的地，可以推测华侨华人较早来到此地，并且以闽、粤籍两省的华人移民居多。它也较早被西方殖民，1826 年英国建立的海峡殖民地就包括马六甲、槟榔屿、新加坡等地，所以殖民者在槟榔屿建校兴教的时间，与新加坡、马六甲等地差不多。19 世纪早期，英国就在新马地区设立了 4 所英语学校和学院，即英华书院、槟榔屿自由学校、新加坡工学院（1867 年改称莱佛士工学院）、马六甲自由学校（1878 年改称马六甲高级学校）。① 但现有研究中提及的槟榔屿华人进行的华校华文教育，似乎弱于马六甲、新加坡两地。不过，马来西亚"教总"认为，在槟城建立的五福书院，作为马来西亚华文教育发祥地的意义十分重大。五福书院原为地处槟榔屿的一间私塾，经过多次重修，如今容身于一栋三进式的岭南传统街屋建筑。这栋建筑融书院、会馆（广州府会馆）、宗祠于一体。除了私塾，19 世纪槟榔屿华人自主办学的形式还有义塾。据学者介绍，闽粤华侨华人兴办的义塾，有一所借平章会馆进行教学。清代有笔记记载："学生初来，先读孝经，次读四书。每逢朔望日，则宣讲'圣谕'及孝悌忠信诸故事。"② 而反复被研究者讲述的则是槟榔屿的南华义学（南华书院）。1889 年借南华医院名义创办的南华义学，由闽粤侨商集资所建，迄今仍保留着一些珍贵资料，从中可窥见当时的教学宗旨和教学内容。在南华义学的 15 条条议中，第 13 条为："来义学读书者，大半非为科名起见。如资质平常者，先读孝经，次读四书……"第 15 条为："每逢朔望日，业师须将圣谕十六条款，并忠君孝亲敬长诸事，明白宣讲，令其身体力行。"③ 孝经、四书、皇帝圣谕等，成为华人子弟接受中华文化教育的内容。《倡举南华义学小引》曰："兴养必先兴教，圣朝所以宏乐育之才，而学礼更进以学诗，圣训所以贵率循之准，况诗书为用世之楷，则父兄之教宜

① 高伟浓：《清代华侨在东南亚：跨国迁移、经济开发、社团沿衍与文化传承新探》，暨南大学出版社，2014，第 312 页。

② 福建师范大学历史系华侨史资料选辑组：《晚清海外笔记选》，海洋出版社，1983，第 52—53 页。

③ 林远辉、张应龙：《新加坡马来西亚华侨史》，广东高等教育出版社，2008，第 525 页。

早，笔墨亦持身之具，而子弟之学可弛乎?"① 从这个"小引"也可见南华义学对传承儒家诗书礼乐等中华传统文化的用心。当然，出于谋生需要，南华义学也会教给学生一些技能（"教以信札"）。槟榔屿出现的义塾或书院，与海峡殖民地其他同类的教育机构一样，往往设置于宗祠或会馆内，主要从中国聘请塾师，用方言讲授《三字经》《百家姓》《千字文》和四书五经。② 这些教学内容，正体现了槟榔屿华侨华人对中华传统文化的坚守和传承。

可以说，在新马地区，福建籍华侨华人引领了办学兴教风潮，其中不少是由海峡侨生开创的文教事业。"在陈金声及陈明水等峇峇侨生的带动之下，福建人掀起了一阵兴学办校的浪潮，甚至于影响了其他方言群的人士，纷纷响应办学兴校，为自己方言群内的子女提供教育的机会。"③ 新马华侨华人兴办学校，推行华文教育，既在居住国传承中华文化，也增强了华人族群的文化认同感。

顺便提及的是，西方人士尤其是教会也开办华文学校，如 1842 年戴雅牧师夫妇创办的华文女子日校和女子寄宿学校圣玛格烈学校等。当然，这些西方人士创办的学校，主要是为了向华侨华人输灌西方的宗教文化及价值观等。它们虽然与本书主旨无关，但毕竟开阔了华侨华人的文化视野，对反观中华文化自身也有一定的益处。

其次，清政府对海外华侨华人的文化教育十分重视，推动"劝学"、督学等举措。清政府的支持对他们的中华文化教育起到重要的推动作用。

清政府一开始比较敌视海外华侨华人，认为他们背弃祖国故乡，不服"王化"。清政府一度"禁海"，不允许人们出海谋生，也对外国人来华访问、贸易等加以各种管理、限制。"那时的通商制度也特别，西洋的商人都限于广州一口。在明末清初的时候，西洋人曾到过漳州、泉州、福州、厦门、宁波、定海各处。后来一则因为事实的不方便，二则

---

① 胡波：《马来西亚华侨华人史话》，广东教育出版社，2019，第 181 页。

② 高伟浓：《清代华侨在东南亚：跨国迁移、经济开发、社团沿衍与文化传承新探》，暨南大学出版社，2014，第 404 页。

③ 林忠强等主编《东南亚的福建人》，厦门大学出版社，2006，第 49 页。

第一章 新加坡、马来西亚华侨华人的中华文化教育

17

因为清廷法令的禁止，就成立了所谓一口通商制度。"① 外国人在广州的自由度，仅限于可以在夏、秋两季做买卖，并允许住在广州的"十三行"，但到了冬天必须离开，去澳门过冬。清政府的固执己见，让外国人特别头痛。在今天看来，这种行为或许出于清政府的自大，不屑于平等对待西方人；或许由于清政府的不自信，害怕与西方人过多接触交往。回观历史，清政府对待出海谋生的华侨华人，似乎与对待外国人差不多，甚至还不如外国人。因为清政府不仅不管海外华侨华人的生死，甚至憎恨他们自弃祖国，华侨华人回国都有一定的政治风险。但后来，清政府对

Yap Ah Loy, Capitan Cina from 1868 - 1885
Yap Ah Loy, Kapitan Cina dari 1868 - 1885
1868 - 1885年的甲必丹，叶亚来

穿戴清朝官服的甲必丹叶亚来

待侨民的态度发生了巨大转变。近代中国被列强欺辱的事实教育了清政府，使其慢慢看到天下大势，这个"天下"不是清政府可以掌控的中国，而是列强并雄、中国势弱的世界。于是，一波波自强救国运动兴起。除了民间的救国力量，清政府内部也在试图革新图强。恭亲王奕䜣、文祥、曾国藩、李鸿章、左宗棠等政府中流砥柱引领了近代中国自强运动的风潮。连西太后慈禧，都变成了令人难以置信的"改革者"。中国官员、留学生开始睁眼"看"世界。中国官员的海外考察使清政府开始了解海外侨民侨情。据有关研究资料介绍，1901年醇亲王载沣经过新加坡时，当地侨贤林文庆、宋旺相、阮添筹等，趁机表达对故国"时深忠爱"的感情，"亦深望朝廷不忘海外华民，因民等祖宗父母，俱系

---

① 蒋廷黻：《蒋廷黻中国近代史》，江苏人民出版社，2017，第21页。

中国之民，前来海外谋生，所有教化、风俗、正朔，咸遵中朝制度，'民虽英籍，而水源木本，谱种来自中华，则此心自无敢或忘中国'"。①这些侨贤与中国官员的交往，大大促进了清政府与海外华侨华人的"和解"。东南亚华侨华人雄厚的经济实力也引起清政府的关注，清政府鼓励他们回国投资，给他们政治荣誉（政治身份）。时下在东南亚，还能看到清代华人侨领穿戴清朝官服的老照片，这是清政府为了鼓励华人而给予他们的政治身份（当然，有些是华人侨领捐官而得）。为了与华侨华人保持长久的关系，清政府鼓励且督促他们办学兴教，使华人子弟得以传承中华文化，从而加强其文化认同。

清政府驻新马外交官左秉隆（1850—1924）、黄遵宪（1848—1905）等人，就是支持华侨华人办学兴教的力量。他们通过组织文化社团等举措，推动中华文化在南洋的传播。新加坡是清政府首次派驻领事的地方，1877年中英双方商定由华商胡璇泽担第一任领事，这当然有利于英国殖民者。而清政府并没有停止争取直接派出驻外领事的努力。经过驻英公使曾纪泽在伦敦的谈判，1881年英国同意中国直接外派领事到其殖民地开展外交工作。"首任直接由中国派出的领事官为原驻英使馆翻译左秉隆。""直至1890年12月，英国才同意清政府驻新加坡领事馆升为总领事馆，兼辖槟榔屿、马六甲及英属附近各岛交涉事宜，并在槟榔屿设置领事馆。首任总领事为著名外交家、诗人黄遵宪。"② 左秉隆几次出任清政府驻新加坡领事，第一次担任此职务是从光绪七年（1881）到十七年（1891）。有学者认为，左秉隆对华侨社会的最大贡献在"文化教育方面"，"他认为'保侨之道，莫过于振兴文教，来提高他们的文化水平'"。③ 左秉隆的朋友李钟钰认为身为外交官的他，之所以很难在华人华侨事务方面开展更多的工作，是因为英国殖民者设置的华民政务司侵权掣肘，左领事无可奈何，"故除发给船牌外，惟劝兴义学，讲圣谕，

---

① 林远辉、张应龙：《新加坡马来西亚华侨史》，广东高等教育出版社，2008，第280页。

② 同上书，第196页。

③ 同上书，第202页。

开文会，以行教化而已"①。那么，左秉隆在推动华文教育和中华文化传播方面，做了哪些具体的工作呢？其一是倡设义塾。"他一上任，马上推广华文教育和倡导中华文化，以便中华文化得以在马新传承，并藉此维系海外华人对清朝的情感。同时他也积极鼓励土生华人学习中文，以免沦为夷狄。"② 在左秉隆的积极倡导下，当地华人社会兴办义塾取得了较好成绩。据1890年3月13日的《叻报》报道，当时有萃英书院、培兰书室、毓兰书室、养正书屋、乐英书室等义塾。③ 这些义塾无疑为华人子弟接受华文教育提供了便利，积极推动了中华文化在新加坡的传播。其二是开办文会。左秉隆创办的"会贤社"，被认为是新马华社第一个文化社团。左秉隆借"会贤社"平台"出月课以课士"，所出的文题中有很多关涉儒家文化，"且多源自儒家经典的四书五经，内容不外乎仁义礼智信，旨在教人遵循儒家规范，怎样为人处世"。④ 左秉隆还推动了"乐善社"的成立，每月农历初一、十五，邀请人演讲，"实际上乐善社以康熙十六圣谕等传统价值为宣导内容，其目的不外在抑止任何足以影响华人行为西化或峇峇化的邪说，但取得推导中华文化的作用，却也不容质疑"⑤。可见左秉隆创建或推动成立的会贤社、乐善社等文化社团，在传承、推广中华文化上取得良好成效。黄遵宪于1891年担任新加坡总领事。在这之前，他已经在日本、美国、英国等多国从事过外交工作。在新加坡三年多，黄遵宪维护华侨利益，在推动华侨教育方面做出了一定的成绩。

毋庸置疑，来自中国的支持力量，对生活于多种族、多元文化共存的新马社会华侨华人来说，确实极大地增强了他们的国家认同感与民族

---

① 林远辉、张应龙：《新加坡马来西亚华侨史》，广东高等教育出版社，2008，第199页。

② 伍燕翎、黄斗主编《东南亚华人华文学术论集》，新纪元大学学院，2018，第35页。

③ 林远辉、张应龙：《新加坡马来西亚华侨史》，广东高等教育出版社，2008，第523页。

④ 陈曦：《左秉隆在新加坡推广中华文化研究》，硕士学位论文，广西大学，2016，第43—44页。

⑤ 伍燕翎、黄斗主编《东南亚华人华文学术论集》，新纪元大学学院，2018，第36页。

凝聚力。这与华侨社会自主办学兴教一样，有利于中华文化在南洋的传播，对新马华侨华人接受中华文化教育起到了重要的保障作用。

四、1900—1941 年：新式华校的中华文化教育

在 19 世纪末期（大约 1890 年之后），华人社会清楚地意识到自主办学的教育内容与现实社会之间存在落差，于是出现了整顿、改革华文私塾、义学的意愿。华人社会既要重视中华文化教育，又要顾及华人子弟将来的生活和工作，再加上世界科学技术等领域的发展，华人华教势必要出现新面貌。这样，新式学校于 20 世纪初出现在新马华人社会的教育领域。在中国国内维新派、革命派与新马当地华侨华人等各方面力量的推动下，新式学堂（学校）的创办和运转如火如荼。在 1901—1941 年间，战前新马华文教育以 1920 年英国殖民政府颁布的《学校注册法令》为界，分为两个时间段。"在 1920 年以前，英国殖民政府对华文教育采取'自由放任'的政策，对华文教育不闻不问，任其自生自灭。当时，马来西亚华文教育的学制、教学和课程目标都直接受到中国教育制度的影响，教科书和教师大部分也都来自中国。"[1]《学校注册法令》的颁布是殖民者开始管控华文教育的开始，法令要求满 10 名学生的华文学校必须办理注册手续，课程、行政、卫生等要符合殖民当局的法规，这实际上赋予殖民者干涉华人教育乃至取缔华校的法律权力。

在前一个时间段，华人社会得到各方力量的支持，华教发展令人欣慰。这个阶段，华人社会自主创办的华校是华人子弟接受华文教育的主要平台。与 19 世纪一样，华人社会自主办学大多来自华人社团（如会馆、商会）的强力支持。可想而知，华人移民聚集越多的地方，也是各方言族群或地域会馆出现得越多的地方。"在 19 世纪末，马来亚华侨共有 41 万人……1941 年增加到 238 万人，占总人口的 43%，超过马来人的 41% 而居首位。华侨主要集中居住在海峡殖民地和半岛西部的'锡和橡胶地带'，这个锡胶地带居住着半岛马来西亚 90% 以上的华侨，其中

① 马艳：《东南亚汉语教育概述》，世界图书出版广东有限公司，2015，第 148 页。

约 70％居住在霹雳、雪兰莪、森美兰和柔佛四邦。"① 可以想象，海峡殖民地及"锡胶地带"的华人社团云集，华文教育得到良好的发展环境。

20 世纪初，新马地区的新式学校应运而生。这既有来自世界各国教育的发展对新马华人社会的影响，也有来自故国政府及民间党派的声援。"新加坡、马来西亚的第一间新式华侨学校，是创办于 1904 年的槟榔屿中华学校。中华学校初借平章会馆为校舍。清政府特派考察外埠商务大臣兼南洋学务大臣、原驻新加坡总领事张弼士管理中华学校事务，光绪皇帝御赐'声教南暨'匾额及《图书集成》全部。"② 可见清政府极其重视这所中华学校，清朝皇帝也对海外侨民的中华文化教育产生特别的期待，又是赐匾额，又是大赠图书，还刻"中华两等学校校印"钤印相赠，显得极其隆重。清朝皇帝的重视，自然大大提高了海外华侨华人对中华文化教育的热情。

此后新马地区华侨华人就读的新式学校不断出现。在新加坡，客属团体应和会馆侨领黄云辉、钟小亭等人重视"百年树人"的教育大业。"1905 年，应和会馆创办了应新学堂（其后更名为'应新小学'）。据说应新学堂是新加坡最早创设的新式学堂，肩负传授新知识给同乡子弟的重任。"③ 1905 年创办崇正学校，1907 年（也有资料记载为 1906 年）创设道南学校，1912 年创设爱同学校，1915 年创立崇文学校和崇福女校，1917 年创建兴亚学校，1919 年则创建光洋学校以及华南学校等。20 世纪 20 年代末期，陈嘉庚主持福建会馆时，这些学校都得到会馆资助。④ 20 世纪早期，新加坡的新式华文教育主要由闽籍华人、闽籍会馆主导。2010 年由福建会馆发布的《阮的学堂——新加坡福建人创办的学校》

---

① 林远辉、张应龙：《新加坡马来西亚华侨史》，广东高等教育出版社，2008，第369—370 页。

② 同上书，第 528 页。

③ 高伟浓：《清代华侨在东南亚：跨国迁移、经济开发、社团沿衍与文化传承新探》，暨南大学出版社，2014，第 401 页。

④ 林忠强等主编《东南亚的福建人》，厦门大学出版社，2006，第 49 页。

（梁秉赋主编），收集了闽属会馆于 20 世纪初创办的 58 所学校资料。[1]

在 20 世纪初闽侨创建的新式学堂中，道南学校颇为著名。1906 年 4 月，110 位福建籍商人在天福宫商讨建校计划，初名道南学堂，并于当年如期开学，有 100 多名学生。道南学堂的原址，在旧霸打鞋公司与中华总商会之间，授课时以福建话教学。由于学生越来越多，1910 年黄仲涵捐出土地，1911 年陈嘉庚发动劝捐，并兴建新校舍，改名道南学校，改用当时的国语进行教学，开启新风气。二战后，福建会馆主席陈嘉庚聘请陶行知的学生林居仁担任道南学校校长，提倡知行合一理念，消除帮派隔阂，兼收其他籍贯学生，又开新风气。道南学校发展为新加坡著名华校，1958 年成为政府全额津贴学校。[2]

此外，在吉隆坡，1907 年创办有著名的尊孔学校、坤成女校，1911 年又出现大同学校；在槟榔屿，1906 年创办邱氏新江学校，1908 年创办时中学校；在霹雳州，先后创办有育才学校（1908）、文明学校（1910）等；在彭亨，1908 年创办育华学校；在森美兰，1909 年成立中华小学校。[3] 新马地区华文教育的发展，显然主要集中于海峡殖民地和华人密集的“锡胶地带”。华文学校如雨后春笋般出现，大大扩大了华侨华人的中西文化视野，提升了华人子弟的文化水平。在新式学校中，华侨华人子弟获得了相应的中华文化教育。而这些新式学校应着时代发展，也带来中华文化新元素。在课程安排上，“新式学堂所授课程包括修身、读经、国文（华文）、外国语（英语）、历史、地理、算术、物理学、体操等，而新马当地的传统私塾也开始竞相仿效新式学堂的教学模式”[4]。辛亥革命之后，新马地区“开始改用中华民国政府所订的教育纲领；教

① 高伟浓：《清代华侨在东南亚：跨国迁移、经济开发、社团沿衍与文化传承新探》，暨南大学出版社，2014，第 402 页。

② 吴彦鸿：《新加坡风土志》（增订版），新加坡宏砚工作厅，1997 年初版（2012 年增订版），第 274 页。

③ 林远辉、张应龙：《新加坡马来西亚华侨史》，广东高等教育出版社，2008，第 528 页。

④ 黎翰辉：《马来西亚华文独立中学的发展研究》，硕士学位论文，天津大学，2010，第 7 页。

科书大多选用中国商务印书馆及中华书局出版（的版本），内容着重中国的文化、人物、地理、历史及党国意识"①。可见，20世纪初以来，自强、"新民"、民族革命、"民生"等新观念，连同中国传统的修身齐家思想，融入新马华校的校园文化中，成为华侨华人子弟在新式学校接受的新中华文化。

最值得欣喜的是，在新马地区践行新式华文小学的过程中，华人社会不断反思民族教育，并不断追求提升教育境界，出现了建立华文中学的现象。"陈嘉庚首先于1919年在新加坡倡办了南洋华侨中学，这也是东南亚的第一间华侨中学。"② 出生于同安县集美社（今厦门集美区）的陈嘉庚，在青年时代就投身于华人文化教育，一生矢志不渝。在其家乡，陈嘉庚创办集美小学、集美中学、集美师范学校等，后来又创办厦门大学。陈嘉庚将其办学理念推及侨居的新马地区，希望建设从华文小学到中学等相对完整的华侨教育系统。在新中国成立之前，长期侨居南洋的陈嘉庚在新马地区华侨华文教育上不遗余力，不断支持华校的建立和发展。后来，南洋大学在新加坡成功创办，仍深受陈嘉庚办学理念的影响，并继承了陈嘉庚为民族未来而兴学的教育精神。

在1920年英国殖民政府颁发《学校注册法令》之后，华文学校华文教育的自由发展时代结束了。一战结束后，英国人有较多精力关注殖民地人民的意识形态。英国殖民当局发现其管辖地的华侨华人积极响应中国的爱国思潮（譬如响应"五四运动"），对于殖民当局庆祝第一次世界大战胜利却无动于衷，英国殖民者不禁陷入忧虑、畏惧之中。英国殖民当局觉得必须采取措施，改变殖民地华侨华人的意识形态。为此，管控华侨华人办学兴教成为重要举措之一。1920年《学校注册法令》的推行，使许多华校被迫关闭。"在该法令颁布后，先后有315所华校被以各种理由取消注册。接着于1923年开始委任华校督学官执行监督华校的

---

① 黎翰辉：《马来西亚华文独立中学的发展研究》，硕士学位论文，天津大学，2010，第7—8页。

② 林远辉、张应龙：《新加坡马来西亚华侨史》，广东高等教育出版社，2008，第533页。

任务。1924年起，当局颁布了《学校注册津贴条例》，宣布华校可以向当局申请津贴，但必须使用指定的教科书和接受所指派的教师。"[1] 华文教育受到强力干预，殖民当局还通过学校补助这种方式，加强对华人学校的监督。黎翰辉在其硕士学位论文中指出，这些政策和法令表明，"殖民地政府的主要目的并不是阻碍华文教育发展，而是担心华校的教学内容散播反殖民思想而监控华校的发展。所以，马来亚殖民地的华文学校数量就从1921年的252间增加到1925年的643间"[2]。透过华文学校数量增加的表象，能发现在英殖民政府管控之下，华人社会创办华校得付出更大的努力，并且其传承中华文化的目的、宗旨受到一定的压制。

1929年，自陈嘉庚担任福建会馆主席后，福建会馆在兴办教育、完善组织、发展产业、增加收入、改革劣俗与丧仪、推动文化事业等方面，都取得较大进展。而福建会馆属下的六所华校（道南学校、爱同学校、崇福学校、南侨中学、南侨小学和光华学校），在当时自然能得到福建会馆强有力的支持，这得益于福建会馆受到殖民政府的信任。福建会馆大约成立于1860年前，1915年"天福宫福建会馆"（因设于天福宫内）获得英国殖民政府"华民政务司署"批准，成为豁免注册的社团，可见它得到殖民政府的支持。缘此，福建会馆署下的华校容易得到殖民政府的认可而获得生存发展的空间。1920年以后，又有新的华人学校创立。陆续成立的华文中学，有南华女子学校、静芳女子学校、公教华英中学、中正中学、南洋华侨师范学校，第二次世界大战后成立的有新加坡新民中学。二战前后，日本人为了其战略目标，曾对东南亚华侨的经济、教育、社团（包括抗日组织）、侨领等各方面，做过仔细的调查。关于英属马来亚的华文教育，日本人也收集了非常详细的数据。从他们的资料中得知，1932年到1937年海峡殖民地的华校和生源呈现递增趋势，华校从325所增加到477所，学生数从22028人增加到40293人。就

① 黎翰辉：《马来西亚华文独立中学的发展研究》，硕士学位论文，天津大学，2010，第8页。
② 同上书，第8页。

1937 年来看，将海峡殖民地、马来亚联邦、马来亚属邦三个英殖民地的华校数量综合起来，海峡殖民地有 477 所、马来亚联邦 456 所、马来亚属邦 256 所，共计 1189 所。① 可见，20 世纪 30 年代马来亚华校华文教育是富于活力的，这与陈嘉庚等华侨华人对兴教办学的重视是分不开的。

在这些华校中，影响力较大的是新加坡中正中学，该校于 1939 年由庄竹林博士创立，由于办学质量高，生源好，原金炎路 60 号校舍不敷使用，董事会主席林师万在战后购置月眠路地段，并建立新校舍。月眠路的新校舍称为中正中学总校，老校舍称为中正中学分校。在新加坡教育系统改革过程中，1979 年中正总校成为"特选中学"，接收新加坡教育体系中最优秀的学子，提供英文与华文皆为第一语文的课程教育。中正中学校训"好学、力行、知耻、自强"，体现了中华民族最宝贵的精神传统，是对中正学子最好的中华文化教育。其校歌——"曰吾中正，至大至刚。矗立星洲，巍巍昂昂。华夏声教，广披炎荒。欧印文明，他山之长。好学力行，知耻是倡。日新月异，不息自强。止于至善，万国同光。大哉中正，悠久无疆！"同样表达了传承中华文化的情感，并规划使"华夏声教，广披炎荒"的远景。当然，作为在多元文化格局中求发展的华文中学，该校不仅传承和传播"好学、力行、知耻、自强"的中华优秀文化精神，而且有容纳异文化的宽阔胸襟，有借鉴"欧印文明"的谦虚胸怀。在变动的新时代，中正中学体现了新马华侨华人办学兴教既面对现实，又不忘初心，坚定发展中华文化教育的新姿态。19 世纪及 20 世纪早期，依赖故国文化资源，一味地给华人子弟传授《千字文》《三字经》《百家姓》《孝经》和"四书""五经"的时代过去了。中正中学的变化也代表了新马华人华文教育的新变化。这种变化的产生，实际上也是新马华校因应时代思潮、容纳中西文化的结果。晚清以来，自强、革新的思潮已经在中国开始传播。无论是维新派还是革命派，都在顺应时代的变革。维新派虽然有强烈的"保皇"意识和行动，但仍然是

①《日本对南洋华侨调查资料选编（1925—1945）：第二辑》，孙承译，广东高等教育出版社，2011，第 282—285 页。

自强、革新的那股力量。新马华校在中国思潮的影响和西方思潮的冲击下，处于中西文化的交会带，其进行中华文化教育必然是与时俱进的。

此外，就在日军南侵新加坡前夕，陈嘉庚还在积极地向华商劝捐兴学，从李光前那里劝募建校，在 1941 年 10 月创办南洋师范学校。战后该校复办并更名为南侨女子中学校。[①] 可见，虽然在 1920 年之后，新马华人办学兴教受到英殖民政府的管制，但中国对侨民教育日渐重视，加上 20 世纪 30 年代以后华侨华人在支援祖国抗战的过程中激发了强烈的爱国热情、民族感情及发扬中华文化的热情，也促进了华文学校的发展。据有关资料介绍，1929 年新加坡有华校 204 所，在 1941 年太平洋战争爆发前，增至 370 所，[②] 接受华校教育的学生增加了 2 倍多。这一切表明在日本占领新马地区之前，当地华校的华文教育取得了较快的发展。

第二节　战后新加坡的华文教育与华人民间文化形态

1941 年 12 月 8 日，日本正式发动对新马地区的军事攻击。一个月之后，新加坡华侨义勇军成立，司令部设在南洋华侨师范学校。不久这支队伍被英当局解散，不少战士加入马来亚人民抗日军，开展游击战争。当时，活动在新马一带的马来亚人民抗日军有 8 支独立队，达上万人，他们为南洋战线的抗日战争做出了重要贡献。日本占领新马地区后，敌视、大肆杀害华侨华人，甚至制造了新加坡大屠杀。自然，华侨华人推行的华文教育受到重大挫折。二战结束后，英国重返其南洋殖民地。但经历过战火淬炼的新马地区人民，见识了在真刀真枪真炮中软弱无力的英国人，已经不愿意再忍受英国的殖民统治，反抗斗争此起彼

① 林干：《新加坡华侨华人史话》，广东教育出版社，2018，第 225 页。
② 同上书，第 279 页。

第一章　新加坡、马来西亚华侨华人的中华文化教育

27

伏。新马地区人民在与英国殖民者的一次次较量、谈判中，渐渐迎来了独立的曙光。

不过，殖民者不愿轻易放弃对新马地区的掌控，于是开始了新的政治布局，并不断颁布新政策以影响其殖民地。1946 年，英国成立"马来亚联邦"，并将新加坡从"马来亚联邦"分离出来，作为其直辖殖民地。但新加坡人民不甘被继续殖民。1954 年，新加坡人民行动党成立，成为新加坡历史上一个重大事件。这个政党不仅力争独立，而且后来真的成为新加坡强大的执政党。令新加坡人敬佩的李光耀，当时担任秘书长。新加坡此起彼伏的工人运动、学生运动，令英国殖民者防不胜防。1958 年，英国被迫签订新加坡自治协定。1959 年，新加坡自治邦成立，人民行动党也在自治邦的首次选举中大获全胜，李光耀担任自治邦政府总理。1963 年，马来西亚联邦成立时，新加坡也作为它的组成部分。但不到两年，新加坡在 1965 年 8 月 9 日宣布独立建国。

新加坡建国以后，使用四种官方语言，即英语、华语、马来语和淡米尔语。从实用角度出发，新加坡采用英语作为行政用语，这一方面是为了种族和谐，因为对于新加坡三大族群华人、马来人和印度人而言，"英语是一个独立的语言，跟这三个民族丝毫没关系"；另一方面，新加坡人要在世界舞台上谋生存，英语被认为是最重要的语言和"新加坡人谋生的工具"。① 新加坡多种族、多语种的环境决定了新加坡教育的特殊性——既要顾及国情又要顾及民族感情。因此，新加坡采取了双语教育国策。对拥有最多人口的华人来说，华人要掌握英语，也得保有母语（华语），正如李光耀所说，这关系到华人"保持民族特性和传统的价值观"，"新加坡的双语教育'实现了工具语言与文化语言的兼顾'"。②

---

① 贾益民主编《世界华文教学（第二辑）》，社会科学文献出版社，2016，第 8 页。
② 伍燕翎、黄斗主编《东南亚华人华文学术论集》，新纪元大学学院，2018，第 50 页。

一、1945—1965 年：华文学校的复校与兴学

从 1945 年二战结束到 1965 年新加坡独立建国，这二十年时间许多华文学校得以复校。一方面，日本战败，新加坡华人办学兴教的艰苦环境有所缓解，不少华校纷纷复办。但日本三年多的暴虐统治，导致战后华校复兴困难。然而另一方面，英国殖民者接踵而来，重新恢复其在新加坡殖民地的权力，继续遏制华人的文化教育。事实上，战后初期殖民者的《教育政策白皮书》（1946 年），对各民族母语教育是宽容的，在"免费的小学教育"中，要求所有学校教授英文，但同时允许各民族学校使用母语为教学语言。1952 年，殖民者通过了以《巴恩报告书》为基础的国民教育法令，"宣布要'将各籍学生聚集于'以英、巫文为教学媒介语的'国民学校内'，并规定儿童的家长必须把其子女送入指定的国民学校"①。1954 年的教育白皮书提出具体措施，限六年内将华侨学校变为国民学校。殖民者意图强力遏制华校教育，虽然表面是因为有华校学生常常搞运动对抗殖民者，但深层原因是出于殖民统治的需要。殖民者的态度，引起深爱中华文化的华侨华人的强烈反弹。马来亚联合邦华校教师总会发表马来亚华侨教育三大原则的诉求——各民族教育平等、母语教育权利、华文列为官方语文。但是，1956 年发布的教育报告书，较少顾及华侨华人社会的诉求。不过，"在 1956 年出台的《新加坡立法议会各党派华文教育委员会报告书》中明确指出：各语文源流学校应当以英文、马来文、华文和淡米尔文这四种语文中的至少两种作为学校的教学媒介语"②。也就是说，殖民当局还是顾及华文、英文、马来文、淡米尔文四种不同语文源流学校的实际状况。"所谓'源流'学校，就是

---

① 林远辉、张应龙：《新加坡马来西亚华侨史》，广东高等教育出版社，2008，第545 页。

② 刘振平：《新加坡华文教学研究》，南京大学出版社，2014，第 4 页。

指以何种语言为第一语文进行教学的学校，其中华文学校人数最多。"①
这也是后来新加坡自治乃至独立建国后，推行双语教育的原因。"非单
一语文教育"给华校华文教育留下了生存空间。

在二战之前，马来亚的华文学校多为小学，战后华文小学、中学复
校，并创立许多新的华文中学。例如，新加坡华侨中学于 1945 年 10 月
复校，次月南洋女中复校。新加坡华侨中学原名新加坡南洋华侨中学，
于 1919 年由陈嘉庚发起，华人社会踊跃捐款创办，为新马华人社会第一
所超越帮派的华文中学。华侨中学自谓其使命为："扎根传统，继往开
来，陶育具仁义诚信、热忱睿智之科研与政企英杰；秉持思源立新、惠
民报国之信念驰骋国际舞台。"自 1919 年建立到 20 世纪 70 年代，作为
传统华校，华侨中学一直使用中国课本，用中文教学。由此可见，新加
坡华侨中学从创立到战后复校，在创新求进的同时，一直秉承饮水思源
而发扬中华之光的信念，并且在实际教学中实践着其信念。由于日军三
年八个月的残酷殖民统治，华侨社会遭到严重迫害。部分失学华人儿童
在暴虐统治下养成了一些恶习。华校被严重破坏，基本上关闭。所以，
战后那些力图复校的华教工作者与支持者百般努力，也难以使华文教育
达到 20 世纪二三十年代那般的盛况。马来西亚学者郑良树指出："据统
计，能够复办的学校不及战前总数的一半，可见这工程的艰巨和苦
难。"② 华文教师面对的是不同年龄的学童（因为很多适龄学童在日军侵
占时期失学），而不少学童又在日军侵占时期恶劣的生存环境中形成了
顽劣品性，教学难度可想而知。除了华文中学复校，战后也有新的华文
中学创办。例如，华义、德明、德能、立化、黄埔等中学，以及教会创
办的圣公会中学、天主教海星中学等，都是华文中学。③ 这些华文中学
的存在，为华侨华人子弟接受中华文化教育提供了良好平台。

---

① 黄淑琴：《新加坡中学华文新课程研究：基于中国基础教育语文课程改革》，暨
　南大学出版社，2018，第 1 页。
② 郑良树：《战后马来亚华文教育的恢复与重建》，《汕头大学学报（人文社会科学
　版）》2001 年第 2 期。
③ 马艳：《东南亚汉语教育概述》，世界图书出版广东有限公司，2015，第 173 页。

在新加坡独立建国之前，在华侨华人文教事业发展中，实业家、慈善家李光前做出了重要贡献。从 1934 年起，李光前就担任新加坡华侨中学董事会主席，长达 22 年。华侨中学在战后成长为新加坡顶尖华文中学，李光前贡献良多。李光前还兼任南益学校、道南学校、光华学校等九所学校的董事，积极支持华侨华文教育。1952 年，李光前成立"李氏基金会"，捐助文教及公益事业，将其对教育事业的支持拓展到其他民族学校。1962 年，李光前成为新加坡大学首任校长，掀开他发展文教事业的光荣一页。

二、陈六使与南洋大学

新加坡华校华文教育最光辉的篇章，乃南洋大学的创办。从此，新加坡建立了从小学、中学到大学完整的华文教育体系，这是中国境外最早形成完备华文教育体系的城市（南洋大学成立时，新加坡尚未独立建国）。

南洋大学创立的背景之一，是新中国成立之后英国殖民政府持反华立场，阻止两地人员往来。这不仅造成华人移民南下困难，还阻碍了华人子弟北上中国读大学。新马地区大学不多，中学毕业生继续深造变得非常不易。华人社会需要设立高等学府，为中学毕业生寻找出路，南洋大学应运而生，它得以成功创建，闽南籍华人先贤陈六使（1897—1972）功不可没。陈六使在南洋经营橡胶业致富，之后积极参与华人社团组织，支持华人社会文教事业的发展。1950 年，陈六使继陈嘉庚之后，担任福建会馆主席，并兼任新加坡中华总商会会长等职务。此时的陈六使既不忘故国的中华文化，又产生了将马来亚视为"吾人之故乡"的新认同。陈六使"为吾人马来亚之子孙计"，满怀文化抱负，呼吁华人社会设立华文大学，为马来亚的华人子孙深造求学及传承中华文化作出贡献。1953 年，在福建会馆召开的会议上，陈六使旧话重提，再度呼吁创立华文大学，并表示："余当倾余之财产与侨众合作，完成吾中华文化

在海外继往开来之使命。"① 陈六使的倡议获得华侨华人社会的热烈响应。陈六使宣布捐出福建会馆名下位于新加坡西端裕廊云南园 212 公顷的土地，作为南洋大学的建设用地。新加坡两百多名华人社团代表举行了筹备华文大学的会议，"会上选出了中华总商会、福建会馆、广东会馆、客属会馆、三江会馆、潮州八邑会馆、漳州总会、琼州会馆、福州会馆、广惠肇公会、马华公会星洲分会和树胶公会共 12 个社团组织，为大学筹备委员，陈六使任筹委会主席"②。南洋大学之创建，不仅得到华人社会华商巨富、侨生精英（比如时任马华公会总会长、祖籍漳州的土生华人陈祯禄）的大力支持，还凝聚着整个新马华人社会的心血，牵动着所有华人的感情。"那些慷慨解囊者来自各个阶层，包括富商、三轮车夫、割胶工人、小贩、吧女等，甚至还有千多名三轮车夫'义踏'、舞女'义舞'，饿着肚子为学校筹款。"③ 由此可见，新加坡华人对于创办属于华人的大学、传承中华文化的热情。在南洋大学动土典礼上，执委会主席陈六使再度满怀深情地说："吾人已在此播下文化种子……各位今日看到此地带系一片荒野，但此地实系中华文化在此生根之处，永远存在，永不消失。"④ 由此可见，陈六使对于南洋大学传承中华文化的厚望。当然，如前所述，陈六使在南洋发家致富并认同那片热土，他对于马来亚的责任意识也是清晰的。陈六使表示，南洋大学招生"不限于华人"，"教学媒介也不限于华文华语"。创立南洋大学，不仅是为了华校中学生的升学深造着想，也是为了马来亚社会的人才培育。《南洋大学创校十周年纪念特刊》如此表达建校目的："（1）为本地区华文中学毕业生提供深造之机会；（2）为华文中学培育师资；（3）为本地造就专门人才；（4）适应人口增加之需要。"⑤ 南洋大学传承中华文化丹心可鉴，但立足南洋、服务马来亚的用心也是明显的。南洋大学立足南洋、面向中

---

① 胡兴荣：《记忆南洋大学》，广西师范大学出版社，2006，第 8—10 页。

② 同上书，第 13 页。

③ 李慧敏：《新加坡，原来如此！》，联经出版事业股份有限公司，2015，第 101 页。

④ 胡兴荣：《记忆南洋大学》，广西师范大学出版社，2006，第 20 页。

⑤ 林忠强等主编《东南亚的福建人》，厦门大学出版社，2006，第 83 页。

国，对于其传承中华文化的作用和意义，马来西亚新纪元大学学院校长莫顺宗有这样的表述："其实中华文化在南大创办那一刻起，早已全面走向海外，并稳固立足海外。陈六使和南大诸公当年充满自信与自我期许，把南大定位为海外的中华文教中心，并融入本土，贯通中西。本土华人文化绝对也是中华文化的一部分，并且经过一二百年的在地化，已在海外落地生根。"①

但英国殖民政府不愿看到南洋大学成立。英国驻东南亚最高专员麦唐纳几次接见陈六使、李光前、陈锡九、连瀛洲、黄奕欢、陈祯禄等华人先贤，②找借口推迟创建南洋大学。但在陈六使等人的推动下，华人社会以"南洋大学有限公司"名义，将南洋大学以私人公司性质完成注册手续。1956年3月15日，南洋大学举行了升旗仪式，无数观礼者高呼"南大万岁"！主持仪式的陈六使更是难抑激动之情，宣告"今日为海外华侨最光荣的日子"，数百年来华侨筚路蓝缕，艰苦奋斗，终于创立一间华文大学，"而且这间大学就在今天开学了"。③南洋大学起初只有文、理、商等三个学院。"文学院设中国语言文学、现代语言文学、史地、政治经济及教育5系。"④在后来的发展过程中，南洋大学虽然历经磨难——学校的学位多年不被承认；一度被政府指责由一群精明商人办学；初期主持学校工作的秘书长潘受饱受非议；1962年学校理事会主席陈六使被剥夺公民权，后由刘玉水替代陈六使职务；20世纪70年代，学校全面"英化"，直至1980年被关闭，并入新加坡国立大学。虽然命途多舛，但南洋大学为马来亚培养了上万青年才俊，对马来亚的发展做出了不可磨灭的贡献，足见南洋大学创办的非凡意义。

① 莫顺宗、伍燕翎主编《新的纪元：东南亚华人新编》，马来西亚华总东南亚华人研究中心，2017，第8页。

② 胡兴荣：《记忆南洋大学》，广西师范大学出版社，2006，第13页。

③ 同上书，第37页。

④ 林忠强等主编《东南亚的福建人》，厦门大学出版社，2006，第84页。

三、1965 年以后：新加坡教育政策与华校生存、华文教学

1965 年，新加坡独立建国。建国初期，新加坡处于特别复杂的多元文化环境中，有华人、马来人、印度人等不同的种族，有不同的语言文化和宗教信俗。华人占据优势又使新加坡疑虑自身在冷战时期的处境。为了国家稳定发展，新加坡特意压制华人民族文化，强调国家意识（新加坡意识）。为此，新加坡创作了不少爱国歌曲，以唤醒民众的国家意识。例如，歌曲 *We are Singapore* 的副歌："This is my country, this is my flag. This is my future, This is my life. This is my family, these are my friends…（这是我的国家，这是我的国旗。这是我的未来，这是我的人生。这是我的家人，这些是我的朋友……）"[①] 强调个体与国家的同一性，强调国家的未来、幸福与个人未来、幸福的统一性，强化各民族居民的新加坡意识（即国家意识，而非民族意识），这些正是这首歌的深层用意。曾玲教授在谈及新加坡建国初期的政策导向时指出："新加坡全力运作塑造新加坡人的国家认同。受制于种种历史与地缘政治的局限，这一时期新加坡政府的基本做法是置种族认同于国家认同之下，通过社会、经济、教育、文化等一系列政策的制定与实施，试图建立超越种族和帮派的社会文化形态，将各种族各族群团结在国家旗帜之下，特别是淡化与抑制占人口绝大多数的华人族群的文化认同与民族认同，以此来强调新加坡人的国民意识与对国家的认同感。"[②] 新加坡建国初期强烈的国家意识和政策导向，势必对华侨华人社会的中华文化教育产生一定的抑制作用。为了建构国家认同，在西方文化处于强势地位的世界文化格局中求发展，新加坡甚至不顾华侨华人社会的意愿和南洋大学师生的感情，强行将当时中国境外唯一的华文大学南洋大学与新加坡大学合并，转型为英文学校。

新加坡政府推行的教育体系政策，也不利于华校的发展。其实在新

---

① 李慧敏：《新加坡，原来如此！》，联经出版事业股份有限公司，2015，第 172 页。
② 曾玲：《新加坡华人宗乡文化研究》，中国社会科学出版社，2019，第 11 页。

加坡建国之前，英国殖民者就根据教育状况的调查，做出了如何解决新加坡教育局面的决策。在《新加坡立法议会各党派华文教育委员会报告书》（1956 年）中，执政者提出非单一语文教育的策略，各源流学校可选择两种以上的语言作为教学语言，这肯定了华文学校以母语教学的权利。新加坡建国后，人民行动党表态"我们不可能为教育而教育"，要根据政治和现实需要确定教育政策，在新加坡全面推行双语教育政策。"新加坡政府的双语政策包括：一、以英文为谋生工具；二、通过母语以保留传统文化价值观。"① 虽然双语教育给予各源流学校以母语为教学语言的权利，但实际上，政府是倾向英文的，李光耀就非常重视英文教育。在"李光耀治国模式"下成长起来的新加坡时事评论员李慧敏，在其著作中评述建国初全面推出的双语政策时指出："我们所谓的双语并非两种语言并重，非常陌生的英语成了我的第一语文，而华语则退居为第二语文的地位。"② 这大体是李慧敏所就读学校及新加坡其他华校的实际运作情况。在官方政策层面，1979 年《吴庆瑞报告书》出台之后，"才确定了英文为主、母语为辅的双语教育比重"③。这样的政策导向，使得新加坡华人家庭更重视英文教育。有些新加坡华人子弟也以接受英文教育为荣，觉得接受英文教育会高人一等。李慧敏对此类华人颇有微词，那些"只会说英语"而自觉高人一等的新加坡华人，反而会以"不会华文"为傲。"当你用华语跟他们交谈时，他们会很客气，但也会很骄傲地回应：'Sorry，I can't speak Mandarin.'（对不起，我不会说中文）。"④ 这样的社会氛围，对华校发展华文教育极为不利。

执政的人民行动党苦心推行的双语教育政策，不仅不利于华校的生存发展，所取得的成效也没能使新加坡政府满意。1975 年，新加坡国防部对服役者的英文识字水平进行调查，结果发现能熟练使用英语的受调

① 黄淑琴：《新加坡中学华文新课程研究：基于中国基础教育语文课程改革》，暨南大学出版社，2018，第 3 页。
② 李慧敏：《新加坡，原来如此！》，联经出版事业股份有限公司，2015，第 40 页。
③ 黄淑琴：《新加坡中学华文新课程研究：基于中国基础教育语文课程改革》，暨南大学出版社，2018，第 4 页。
④ 李慧敏：《新加坡，原来如此！》，联经出版事业股份有限公司，2015，第 42 页。

查者比重极低。时任新加坡副总理吴庆瑞对新加坡教育体系进行了调查与总结。吴庆瑞在调查中发现，没有考虑学生语言背景、学习能力而进行"一刀切"的教育政策，造成了严重后果，比如多数受教育者双语学习不合格、识字率偏低等。1979 年出台的《吴庆瑞报告书》，还"提出了教育分流制度"，"其基础是承认个人之间的智力差异"。① 这种分流教育制度虽然实践了中国自古提倡的"因材施教"理念，政府的出发点也是好的，但在实际上却给很多新加坡华人学生造成了伤害。除了进入"普通双语源流"的学子之外，那些在小学四年级就被分入"延长双语源流""单语源流"的学子，等于被政府和学校看作智力不够的人，大多忍受自卑的折磨而成长。所谓"普通双语源流"，就是让那些学习足够优秀的学子，同时学习英文和华文两种语文，正常毕业；"延长双语源流"的学子延迟两年毕业；进入"单语源流"的学子则被认为没有能力学习双语，在小学延长单语学习时间，也难有升学的机会。

根据分流教育制度，新加坡华文小学学生在参加毕业离校考试之后，还会根据成绩进入不同的中学。"《吴庆瑞报告书》出台的当年，政府宣布九所华文中学成为'特选中学'，鼓励小学离校考试中成绩前 8% 的学生进入特选中学，把英语和华语都作为第一语文来学习，最终成为保留优秀传统文化的双语人才。"② 这种特选华文中学的出现及保留优秀传统文化的用心，为华校的中华文化教育延续命脉提供了些许"护心丸"。但终因大势所趋，华校的走向令人担忧。

1980 年，接受英文教育的李光耀，宣布将南洋大学与新加坡大学合并为新加坡国立大学，新组合的大学以英文为教学语言。华人社会呕心沥血创建的南洋大学成为历史。1981 年，新加坡政府在南洋大学校址成立南洋理工学院。1991 年，南洋理工学院升为南洋理工大学。南洋大学的关闭，是对新加坡华校华文教育体系的极大摧毁，意味着原先从华文小学、华文中学到华文大学的完整华文教育体系被破坏了，可以说动摇了华侨华人社会的教育根基。

---

① 刘振平：《新加坡华文教学研究》，南京大学出版社，2014，第 7 页。
② 同上书，第 8 页。

"1986 年，华文教育体系的最后一批学生毕业以后，以华文学校为标志的新加坡华文教育自此走入历史。然而，'以华文为主要教学媒介语'的华校虽然不再存在，但'对学生进行有关中国语言、文化、历史知识的教授，以及华族的思想和价值观之灌输'的教育并没有中断，这一历史任务继由学校里的华文教学肩负起来。"① 其实，1987 年全国学校统一语文源流（以英文为第一语文和教学语言）之后，新加坡还是有寥寥可数的几所华文特选中学和特选小学，即圣公会中学、公教中学、华侨中学、中正中学（总校）、圣尼各拉女校、南洋女中、海星中学、德明政府中学、立化政府中学（2000 年增加南华中学为特选华文中学），以及南洋小学、圣尼各拉女校附小、公教中学附小、海星中学附小。② 在这些学校中，华语依然可以作为第一语文和教学媒介语，为双语学习成绩优异的学子提供平台，也为新加坡培养了优秀的双语人才。

无论如何，1987 年之前，新加坡相对传统的华校教育对中华传统文化依然保持着敬重之心，如校歌中就有所体现。德明政府中学的校歌中，有"树模楷 教诚信 吾学兮博通 吾德兮高崇"；新加坡南华中学的校歌中，有"礼义廉耻　忠孝仁爱　好校训""容忍谦让　热诚负责　相勉励"。这些校歌校训，推崇诚信、厚德、博学、礼义廉耻、忠孝仁爱等，都是教育学子传承优秀中华传统文化的精神。

对新加坡独立建国后的校园中华文化教育而言，1987 年是一个节点。1987 年之前，新加坡存在着相对较多的传统华校；1987 年之后，新加坡统一了各源流学校的教学媒介语，传统意义的华校发展被限制，只有不多的华文特选中学和华文特选小学例外。对于新加坡长久的华文教育历史来说，至少在中华文化教育的形式上，华文教育已经发生了重大变化。除了英语、母语（华语）都为第一语文的特选华文学校，"华校全部消失，变成了英校，教学媒介语全部为英语，即'新加坡型学校'。

① 林干：《新加坡华侨华人史话》，广东教育出版社，2018，第 286 页。
② 黄淑琴：《新加坡中学华文新课程研究：基于中国基础教育语文课程改革》，暨南大学出版社，2018，第 5 页。

这标志着英语为主、母语为辅的双语教育制度在新加坡的全面实施"①。1987 年新加坡出台的教育措施，对华校的伤害无疑很大。自此，中华文化教育在学校的发展，主要依靠华文课程来支撑了。

后来，新加坡教育部又在华文小学制定出 EM1、EM2、EM3 的分流体制，EM 是 English（英语）和 Mother Tongue（母语）的英文缩写。进入 EM1 的学生"修读母语为第一语言课程"，"EM2 学生则以母语为第二语言"，EM3 的学生被认为不能"兼顾两种语言"，"必须专心学好英语"。② 新加坡学者、著名作家陈志锐指出，新加坡的华文学习者就可以分出三类："以华文作为母语或第一语言学习""以华文作为第二语言学习""以华文作为外语学习"。③ EM 分流体制也根据学生双语学习的能力，将其分成三类，对于进入 EM3 源流的学生来说，英语被置于母语的地位，母语华语反倒好像成为外语。这样的分流体制，当然增加了华人学习母语及传承中华文化的困难。

1992 年出台的《王鼎昌报告书》建议在小学四年级进行分流考试，"该报告书将'华文第一语文'改为'高级华文'，将'华文第二语文'改为'华文'，并放宽了对修读高级华文的限制"。该报告指明，不仅小学 EM1 的学生都修读高级华文，而且在中学允许快捷班华文成绩好的学生修读高级华文和中华文学，不再仅限于九所特选中学，以此希望华人学子通过学习母语，加强灌输优秀的传统价值观。七年之后出现的《李显龙副总理声明》，提议放宽修读高级华文及进入特选中学的限制条件，给予母语出色的学生一直有"更多机会修读高级华文"。《李显龙副总理声明》还为中学华文教学定下"工具性"及"思想性与文化性"两大目标，前者在于培养语文能力，后者在于"传授华族文化与灌输传统价值观"。从《王鼎昌报告书》和《李显龙副总理声明》来看，进入 20 世纪 90 年代，新加坡教育体制显然有所转变——对华人母语和中华传

① 黄淑琴：《新加坡中学华文新课程研究：基于中国基础教育语文课程改革》，暨南大学出版社，2018，第 5 页。

② 李慧敏：《新加坡，原来如此！》，联经出版事业股份有限公司，2015，第 62 页。

③ 陈志锐：《新加坡华文及文学教学》，浙江大学出版社，2011，第 5 页。

统文化的态度变得友好了一些，政府开始重视华人母语教育，重视华文教育，更重视中华传统文化的传承了。新加坡政府的这个转变，始于特别的国际背景，1990 年新加坡与中国建交；20 世纪 90 年代以后，中国在国际舞台上的重要性日益凸显。新加坡华族知道自己的根是中华文明，需要守住自己的根。华族为什么要学习母语？政府为什么要重视华文教育？新加坡总理李显龙说得很透彻："其实，学习华语不单能够帮助我们更好地了解我们的根和文化，这也能帮助大家和博大精深的中华文化建立起一种深层次的情感联系。此外，还能够为我们和中国沟通时带来实际的好处。"①

2002 年，新加坡颁布《中学华文课程标准》。几年后，新加坡推出的《中学华文课程标准 2011》，将"加强语言交际能力""提高人文素养""提高通用能力"列为华文教学的三大目标。在"加强语言交际能力"部分，对应五个不同源流设置的课程——华文（基础）、华文（B）、华文（普通学术）、华文（快捷）与华文（高级），对学习者有不同要求。华文（高级）课程要求有较高的文学欣赏能力及简单的文学创作能力。在"人文素养"目标方面，包括"培养正确的价值观与积极的人生态度""认识并传承优秀的华族文化""关爱家人，关心社会，热爱国家，关怀世界""培养审美情趣，学习感受和理解不同文化"。② 这份中学华文"新课标"（相对 2002 年《中学华文课程标准》而言），可以说兼顾到了各类华文学习者的不同背景和学习能力，让不同家庭、不同语言背景、不同学习能力的学子都能在华文学习中得到信心、鼓励，也使一些在讲英语家庭中成长的学子对华文不会畏难而退，从而有效地推广华文学习，这也有利于中华文化在新加坡的推广。同时，"人文素养"目标的确立，也体现了新加坡华文课程教学对中华传统文化精神的继承和发扬。

在实际教学中，自 2004 年出台《黄庆新报告书》之后，新加坡小学就进一步改革华文课程教学，教材采用极具特色的单元教学模式。"课

---

① 李显龙：《新加坡要坚持不懈地推广华语》，观察者网，2019 年 10 月 26 日，访问日期：2023 年 12 月 5 日。

② 黄淑琴：《新加坡中学华文新课程研究：基于中国基础教育语文课程改革》，暨南大学出版社，2018，第 14 页。

程分'核心单元'（core modules）、'导入单元'（bridging modules）、'强化单元'（reinforcement modules）和'深广单元'（enrichment modules）。小学阶段，每个学生都必须修读'核心单元'。"① 这显然有利于新加坡教育部意图的实现——激发全体华族学习华文的热忱。华文学习较弱者在低年级先学习"导入单元"，高年级再修读"强化单元"。一般来说，"深广单元"的学习是在"核心单元"的基础上，进一步提升华文学习难度。对比 2007 年教育部课程规划与发展司推荐用书《小学华文》（一年级上册）第 69 页"核心单元"的《上学校》与该书第 72 页"深广单元"的《上学歌》，即可明了。《上学校》："太阳照，花儿笑/我背着书包上学校/见了老师说声早，见了同学问个好。"② 《上学歌》："太阳出来了/花儿对我笑/小鸟说：'早，早，早/你为什么背着小书包？'/我要上学校/天天不迟到/爱学习，爱运动/老师说我是个好宝宝。"③《上学校》与《上学歌》的难易程度明显不同。这两篇课文均来自中国的小学教材，可见新加坡小学华文课程的教学与中国语文的教学有共同点。新加坡中学华文教学大量涉及中国文学与历史，努力传承中华文化。自 1990 年开始，老舍的话剧名篇《茶馆》就是新加坡高中课程的指定教学内容。新加坡高中"华文与文学"课程中的古文篇章，是华文课程里最为艰深的部分，这些课文包括欧阳修的《醉翁亭记》、范仲淹的《岳阳楼记》、龚自珍的《病梅馆记》、苏东坡的《赤壁赋》，等等，这些都是中国优秀的文学作品，它们所绽放的中华文学之美，早已融入历代中国学子的血液里。新加坡华文教学使用这些中国文学名篇，无疑是对中国文学、中华传统文化的传承。

四、宗乡文化社团及族谱：新加坡华侨华人的民间文化形态

新加坡独立建国以来，华校在中华文化教育方面做出了极大的贡

---

① 刘振平：《新加坡华文教学研究》，南京大学出版社，2014，第 15 页。
② 陈志锐：《新加坡华文及文学教学》，浙江大学出版社，2011，第 61 页。
③ 同上书，第 63 页。

献。20 世纪 90 年代以来，新加坡的华文课程教学经几次改革，朝着唤起新加坡华人重视母语和华族文化教育的方向发展。校园教育之外，民间社会也继承和弘扬中华文化，如华侨华人从古代就组建华人社团、宗亲会馆，修建庙宇给中华神明安家落户。这些华人宗祠、会馆、庙宇的运作一直延续到当下。这是最深广、最坚韧的中华民间文化，一直被华侨华人所传承。新加坡独立建国以来，民间的中华文化教育主要体现在华人宗乡社团的中华文化推广、民间信俗的异国传承、华人族谱编撰等方面。

（一）宗乡文化社团

新加坡民间大量存在的中华文化符号（包括物质符号和精神符号），主要以宗乡文化形态存在。何谓"宗乡文化"？曾玲教授指出："指源自中国华南地域的传统民间乡土文化，在新加坡从殖民地时代到本土社会的时空变迁中，伴随华人社会的建构与演化的历史进程而发展起来的，作为华人文化乃至新加坡文化重要组成部分的文化形态。""'宗'与'乡'的原意，前者与宗亲血缘相关，后者则与乡亲地缘相连。而结合'宗''乡'形成'宗乡'概念以及由此概念形成的社团形态'宗乡社团'，则出现在当代新加坡华人社会。"[①] 其实，有华人社会的世界各国，都存在着来自中国原乡的宗乡文化（不限于来自华南原乡）。从根本上而言，海外的宗乡文化是关联着中国原乡，具有血缘、地缘属性的民间文化形态，它是一种深具中华文化特质的在地文化。

新加坡的宗乡文化社团以会馆、宗祠、庙宇等多种形态存在。从殖民地时代到 21 世纪，新加坡宗乡文化社团不断壮大。在殖民地时代，新加坡宗乡社团一般属于血缘或方言族群性质的社团组织，具有界定族群边界，助于同乡同宗之间守望相助的功能。新加坡独立建国以后有了较大变化。建国初期，政府强调新加坡意识、国家意识，压制华侨华人的民族意识和族群意识，宗乡文化发展也受到一定程度的抑制。因此，华人社会出现了更多跨族群的社团组织。

---

① 曾玲：《新加坡华人宗乡文化研究》，中国社会科学出版社，2019，第 2 页。

第一章 新加坡、马来西亚华侨华人的中华文化教育

1. 新加坡宗乡会馆联合总会

1986 年 1 月 27 日，福建会馆、广东会馆、潮州八邑会馆、海南会馆、南洋客属总会、三江会馆、福州会馆等，联合发起了新加坡宗乡会馆联合总会（新加坡宗乡总会）。起初，会所设在直落亚逸街 137 号的福建会馆二楼；1997 年 5 月 1 日迁入大巴窑新会所，会员团体有 70 个，后来发展到 200 多个。作为"华人宗乡会馆的最高领导机构"，宗乡总会的主要宗旨是加强华人宗乡会馆的密切合作，主办或资助有关教育、文化、社会等方面的活动，提高公众对华族语文、文化和传统的认识。这不仅是一个跨方言族群且极其重要的华人社团组织，而且是超越了原有的乡邑地缘和宗族血缘属性的宗乡文化，将各省籍、各方言族群、各姓氏宗族等联结起来，是具有大中华地缘（大地缘）和炎黄子孙血脉（大血缘）性质的大宗乡文化，具有重大意义。

宗乡总会成立以后，即积极开展各种活动推广中华文化教育。该会不仅成立"海外华人研究中心""华文课外读物理事会"等机构弘扬中华文化，还举办各种传统文化展览（特别是反映新加坡华人传统行业、习俗与生活面貌的图片展）、主办各类文艺演出等，对民众进行中华文化教育。例如，"春到河畔迎新年"已成为宗乡总会一年一度的新年庆典活动。2013 年，"春到河畔"活动邀请了 11 间会馆参与演出。广东会馆的广东粤曲、南洋客属总会的华乐合奏、丰顺会馆的《客家五句板》、张氏总会的武术表演、永定会馆的魔术表演和客家童谣等，都给新加坡华人带来了中华传统文化的熏陶。

2. 福建会馆

宗乡总会旗下的福建会馆，是新加坡福建社群最重要的社团组织。1916 年，殖民地政府批准"天福宫福建会馆"为豁免注册的社团。"福建会馆根据新章程选举新一届领导，选出薛中华担任福建会馆新主席，由陈笃生、陈金钟、陈武烈祖孙三代主持长达 75 年的闽帮总机构发生转变。从天福宫转变为福建会馆，这是传统社团模式向现代社团模式的转型。"[1] 1929 年，陈嘉庚当选福建会馆主席，在支持中国、推动华教事业

---

[1] 林干：《新加坡华侨华人史话》，广东教育出版社，2018，第 146 页。

和中华文化教育等方面，做出了重要贡献。新加坡独立建国以后，福建会馆在推广中华文化教育方面，顺应时代变化，做出了更积极的贡献。

1986年，福建会馆成立文化艺术团，为少儿和成人开办各类文化课程及工作坊，包括演艺班、书画班、语文班以及闽南语会话班等。"福建会馆艺术团已成为新加坡最大的以传承中华文化为主要内容的民间团体。"①

2006年11月，福建会馆举办首届"新加坡福建文化节"。时任福建会馆会长的黄祖耀宣布将来两年举办一次文化节，通过该形式实现福建传统文化在新加坡华人社会的传承。"新加坡福建文化节的一个重要内容，是展示具有悠久历史的中国闽南地方戏剧。在文化节上，主办单位邀请包括中国在内的海内外著名的艺术团体，在新加坡戏剧中心联合演出莆仙戏、芗剧、闽剧、梨园戏、高甲戏、掌中戏及提线木偶等七大福建地方戏剧。"②

这些地方戏剧，都是富于福建地域文化特色的传统艺术。有些剧种保留着自己传统的经典剧本，比如梨园戏，分为大梨园、小梨园，它们都有各自的"十八棚头"（保留剧目）、唱腔和曲牌，各有千秋。"小梨园"经典剧目《陈三五娘》，自古以来深受民众喜爱。剧作中，泉州人陈三（陈伯卿）在元宵佳节的灯会上，与潮州富家小姐黄五娘一见钟情。为了追求爱情、争取婚姻自主，陈三和五娘坚持反抗封建礼制，最后终成眷属。《陈三五娘》剧作表达的爱情婚姻观，时至今日依然能打动人心。闽南高甲戏也保留了《龙虎斗》《困河东》《斩黄袍》《郭子仪拜寿》《收水母》《太极楼斩子》《两国王》《国母走》《樱桃会》《倒铜旗》《郑恩闹房》等优秀剧目。至于歌仔戏（又称芗剧），发源于漳州芗江流域，传入台湾，在台湾得到发展完善。该戏可以说是闽台两地共同孕育的戏剧品种，深受闽台民众的喜爱。

福建会馆举办的展演，无疑是对中国戏曲艺术在新加坡传播的大力支持。另外，福建会馆舞蹈剧场积极推广华族舞蹈，其舞蹈演出和培训

① 曾玲：《新加坡华人宗乡文化研究》，中国社会科学出版社，2019，第122页。
② 同上书，第123页。

侧重于中国古典舞、民族舞、民间舞。

不仅如此，为进一步推广华文教育，弘扬传统价值观，福建会馆积极开设华文课程，设立文化学院。2007 年，在福建会馆主导与全力资助下，双文化华文优选课程在福建会馆属下的五所小学正式展开。开设这个课程的目的是让学生探索亚洲历史文化，深入了解中华文化和传统价值观。2012 年福建会馆文化学院成立，为各年龄层华人提供学前教育、语言及文化课程。可以说，当代新加坡福建会馆在推广中华文化教育方面不遗余力，体现了炎黄子孙对自己祖根的维护和热爱。

3. 华人社团推动方言文化再振兴

除了福建会馆在推广中华文化教育方面做出了重大贡献，其他华人宗乡社团也各尽所能，做出了各种努力。华人社团积极态度的背后，其实都有一个"时势"在推动。中国自改革开放之后影响力日渐增强，中国与东盟各国的合作，新加坡与中国的建交，这些都是"时势"。新加坡建国初期，一度压抑华族的民族意识，这一现象也在大"时势"下有所改变。1979 年，新加坡总理李光耀曾发起"讲华语言运动"，这导致新加坡华人社会各方言文化的衰落。进入 20 世纪 90 年代，新加坡政府积极呼吁各华人社团保留方言群特色文化，推广和弘扬中华文化，传承中华民族积极的精神文化遗产和价值观。在那个时代环境下成长的李慧敏，讲述小时候亲历的那场运动。她说，建国初期新加坡语言环境纷繁复杂，华族的语言更是南腔北调，福建话、广东话（粤语）、海南话、上海话等遍地开花。新加坡民众常收听的港台电视剧，演员也都讲方言。政府推动"多讲华语，少讲方言"，方言成为洪水猛兽。"一九八三年还是八四年的某一天，我们守在电视机旁等着熟悉的港剧播出。那天，港剧按时登场，只见周润发和郑裕玲字正腔圆讲着流利的华语，让人感到不可思议。记得那时我更专注看着他们总是对不上的嘴型。"[1]

时势的变化富于戏剧性，时势比人强。在大的时势背景下，新加坡政府加强对中华文化的推广，号召华人宗乡社团承担起传承和弘扬中华文化的责任。各宗乡社团积极响应，纷纷开办各种形式的文化活动，为

---

① 李慧敏：《新加坡，原来如此！》，联经出版事业股份有限公司，2015，第 35 页。

推广中华文化教育尽心尽力。各方言群社团开设方言学习班，以方言讲授中国文化、历史，用方言诵读诗词等。各种富于地方文化特色的活动特别吸引人，尤其是各方言社群举办的文化节，对振兴华族方言文化起到重要作用。对此，曾玲教授反复叙述过："各方言社群纷纷举办各种文化活动，重振传承自祖籍地的南音、粤剧、国术、龙狮、客家山歌、潮州大锣鼓等民间文艺、民间音乐以及方言社群独特的民间信仰、节庆文化等内容。"[1] "在新加坡，福建社群有南音等，潮州社群有潮州大锣鼓等，客家社群有客家山歌等，琼州社群有琼剧，广府社群则有粤剧和狮团。在粤剧方面，东安会馆和冈州会馆成就最大。鹤山会馆、三水会馆、冈州会馆的狮团则在新加坡享有盛誉。2004年新加坡戏曲学院联合禾山公会、厦门公会、同安公会、南安公会、安溪会馆等五社团，携手开班'学歌仔戏，了解闽南文化'。"[2] 此外，很多华人社团常年举行中华传统节庆活动，例如新春团拜、春秋二祭、七月中元、中秋节提灯笼、猜谜语等，这些最典型的中华民俗节庆活动，成为华人社团"制度化"的运作内容。可以说，华人社会的方言文化重焕生机、中华民俗文化的复兴和"在地化"运作，得益于时势发展、政府倡导和各华人宗乡社团的积极推广。在多方合力下，新加坡华人接受精彩纷呈的中华文化教育。

4. 华人庙宇与宗祠

在海外华人社会，民间信俗也是中华民间文化的重要组成部分，而且是最容易被华侨华人吸收的中华文化。民间信俗的载体往往是中华庙宇、宗祠等。不过，在新马华人社会，庙宇、宗祠不仅是祭祀之地（民间信俗传播场所），也是公共的议事机构，甚至是教学场所（尤其在殖民地时代，义塾常设置于宗祠或庙宇内）。所以，华人庙宇、宗祠具有多方面的功能。

先说庙宇。凡有华人处，往往有华人庙宇。随着移民的步伐，神明也走向海外。就新加坡来说，庙宇极多，各方言族群都有自己的庙宇。

---

① 曾玲：《新加坡华人宗乡文化研究》，中国社会科学出版社，2019，第16页。
② 同上书，第99页。

以福建帮为例，天福宫是闽帮创建的最著名的华人庙宇，由祖籍福建海澄的陈笃生创办。陈笃生是第一位获得殖民政府颁授"太平局绅"的华人先贤。他生于马六甲，21 岁到

龙海白礁慈济宫匾额

新加坡谋生，先在新加坡河畔贩卖鸡鸭、蔬菜等，稍有积蓄后创办经营土产的商行，后来与欧洲商人合作经营房地产、做进出口贸易，得以发迹。发迹之后，陈笃生回报社会，于 1844 年开办平民医院，并于 1839 年带头捐资兴建天福宫。天福宫主祭妈祖，并供奉关圣帝、保生大帝、观世音菩萨等神明，这些都是闽南民间普遍尊崇的神明。天福宫还在后殿供奉释迦牟尼佛祖像和孔子坐像，可见这是一座集儒、释、道为一体的华人庙宇。1907 年，光绪皇帝御赐天福宫"波靖南溟"匾额。"天福宫的祭祀活动也和中国传统一致，例如，从农历正月初一至正月十五举行迎新年活动（除夕夜开始）；在清明节、中元节举办祭祀、盂兰盛会等，在观音、孔子、妈祖、关帝、保生大帝等圣贤、神明诞日举办南音演出等庆祝活动。"① 于此可见，富于闽南建筑风格的天福宫，作为殖民地时代闽帮华人的重要活动场所，在传承中华民间文化上具有突出的作用。新加坡独立建国以后，天福宫传播中华文化的作用不减当年，并且还扩大了功能，突出了对富于地域特色的福建文化的传承。1973 年，天福宫被新加坡列为国家古迹。1998 年开始，天福宫再度重修。"重修后的天福宫的一项新功能，是为保留、传承与发展新加坡闽南方言文化艺术提供表演舞台。根据《传灯》的记载，天福宫举办的与新加坡闽南文化相关的内容丰富多彩，既有祖籍地福建闽南的节日、婚庆等习俗与民间信仰等的展示，亦有传承自原乡且具有在地特色的福建歌谣、南音、歌仔戏、提线木偶等的表演，以及庙宇建筑的呈现等内容。"② 无疑，作

---

① 林干：《新加坡华侨华人史话》，广东教育出版社，2018，第 93 页。

② 曾玲：《新加坡华人宗乡文化研究》，中国社会科学出版社，2019，第 134 页。

为闽帮华人同心协力创办的社团组织，在新加坡与中国建交之后，在强调华人宗乡社团应大力弘扬族群文化、中华文化的新时期，天福宫顺应时代潮流，积极传播和传承祖籍地的中华文化。

在新加坡福建社群的庙宇中，1951 年建造的蓬莱寺比较特殊。它由安溪会馆（1922 年成立）管理，原本供奉清水祖师。1985 年蓬莱寺重建，"祥福亭""水口宫""名山宫""普庵宫""慈济堂""中亭庙"等 6 个庙宇加入，组成新的蓬莱寺，1991 年落成于新加坡后港。"6 个庙宇内供奉的周府大人、章三相公、董公真人等神明亦都来自这些姓氏宗亲社群的祖籍地安溪蓬莱。所供奉的是来自原乡的'祖神'。"① 可见，蓬莱寺的建造及重修，使其不仅能继续供奉具有闽南地域文化特色的神明清水祖师，而且扩展了信俗，还同时供奉了多位来自福建安溪蓬莱原乡的祖神，说明新加坡华人庙宇中的血缘、地缘特征明显。通过神明祭祀，安溪移民不仅唤起自身对故乡的记忆和情感，而且将中华民俗文化在异国他乡传承下去。

广东移民主要有潮州帮、广府帮和客家帮。对于粤帮而言，坐落于新加坡中央商业区菲利普街的粤海清庙是非常著名的庙宇。它也获得清朝光绪帝颁赠的"曙海祥云"匾额。这是除天福宫之外，又一座获得此殊荣的华人庙宇。曾玲教授认为，潮州移民所建的粤海清庙可能是"新加坡最早出现供奉妈祖的庙宇"。"该庙是在潮州移民林泮搭建于 1820 年的亚答小屋基础上建立起来的。"② 林干所著的《新加坡华侨华人史话》则指出，1735 年移民新加坡的潮州人林泮搭建亚答屋作为妈祖庙，19 世纪 20 年代潮州人王钦、王丰顺等改建为庙宇。③ 1826 年，潮州人俗称的"大老爷宫"粤海清庙被重建为双殿庙宇，"左边是供奉玄天上帝的上帝宫，右边是供奉天后圣母妈祖的天后宫，成为新加坡最古老的玄天上帝庙和妈祖庙"④。粤海清庙主祀妈祖和玄天上帝，此外还供奉各路神明，

① 曾玲：《新加坡华人宗乡文化研究》，中国社会科学出版社，2019，第 227 页。

② 同上书，第 214 页。

③ 林干：《新加坡华侨华人史话》，广东教育出版社，2018，第 108 页。

④ 同上书，第 110 页。

如关帝、四大天王、城隍爷、大伯公、观音菩萨等，还有传说、文学及历史人物，如八仙、齐天大圣、济公、包青天、华佗等。① 1845 年，余有进等人创办的义安公司接管粤海清庙。新加坡独立建国之后，粤海清庙继续发挥作用，成为中华民间信俗得以在新加坡传承的又一典范。2014 年，粤海清庙获得联合国亚太文化资产保存优异奖。

就宗祠来说，新加坡华人宗祠极多。宗祠是具有血缘性质的宗族机构，多数由同一姓氏的华人共同建造。东南亚华人宗祠往往与祖居地宗祠的风格一致，通常也是由来自原乡的工匠所建造。华人宗祠往往祭祀着"祖神"。新加坡比较著名的保赤宫陈氏宗祠，于 1876 年正式创立，创建者是两位闽南人（漳州籍陈金钟与永春籍陈明水），起初只是闽籍陈氏宗祠，后来接纳了新加坡各省籍的陈氏宗亲。"保赤宫陈氏宗祠以开漳圣王陈元光为共同的始祖，为新加坡华人各方言群以及马来西亚柔佛、蔴坡华人陈氏宗族的联宗组织。他们都以开漳圣王陈元光为祖神。"② 这种祖神信俗也是民间信俗的一部分，具有鲜明的中华文化特质。

（二）族谱

在新加坡民间社会，族谱编撰被视为华侨华人接受中华文化教育及传承中华文化的一种形式。中国人自古就有编撰族谱的传统。随着闽粤等地移民下南洋，这种传统传入南洋各地。新加坡独立建国之后，华人依然不忘重修、完善、编撰族谱。例如，1965 年（新加坡）杨大金主编《杨氏宗谱》，1980 年（新加坡）赖炼杰主编《赖氏渊源考》，1988 年（新加坡）王作民编《漳州开闽王氏族谱》，1989 年新加坡白氏公会编撰《福建省安溪县榜头白氏族谱》，1989 年（新加坡）南洋沈氏公会宗谱编印委员会编撰《沈氏宗谱》等。

华人为什么要编撰族谱？其目的与中国原乡的家族是一致的，主要

---

① 林干：《新加坡华侨华人史话》，广东教育出版社，2018，第 111 页。

② （新加坡）吴华：《新嘉坡华族会馆志》第 2 册，载刘云：《新加坡华人宗族社会研究》，新加坡国立大学访问报告，2014，第 29 页。

是"追溯宗族源流"，包括"追溯远祖、得姓始祖、支派（分省）始祖（或本地开基始祖）"。① 对于跨国移民而言，编撰族谱更有保存中华文化和民族根性的特殊意义。正如南洋《许氏宗谱》（1963 年，许教正编，新加坡星洲许氏总会）"序一"所言："乃者星洲宗亲，既感乎海外羁旅，失所荫庇，组会以通声气；复虑其逾淮为枳，数典忘祖，修谱以存本真。"的确，海外华人族谱是强化宗族认同和华族认同的重要符号。从族谱中，华人得以明确自己"龙的传人"的身份和炎黄子孙的根性。中华文化也潜藏在族谱中默默地教育着流散的华人。从新加坡白氏公会常务主席白志勇为《福建省安溪县榜头白氏族谱》所作的《谱序》中，也可看出海外华人对编撰族谱保存中华根性的执着。"白氏始祖，肇自炎黄，溯自白阜公开基，一脉相承，藩衍绵殖，遍布中原，已有五千余年历史。历代名贤辈出，创业垂统，名扬中外，史不绝书。迨至有明初业，播迁安溪榜头，历时五百余载，凡廿四世。近年以来，族人散居海外，代远年湮，对本族世系，每多散佚，故编纂族谱，旨在报本寻源，追念祖德，且由此而敦宗睦族，贤其贤而亲其亲，出入相友，守望相助，患难相扶，则宗人相亲相睦，千派万支，归于一宗。"② 《谱序》中的这段文字告诉白氏族人，他们的始祖"肇自炎黄"，从中原到明初南迁闽南安溪，再移民新加坡，无论"千派万支"，都"归于一宗"，其根源和文化"一脉相承"。可以说，新加坡华人族谱的大量存在，是他们延续血脉亲情的见证，体现了华人传承中华文化的执着与热情。族谱可视为新加坡华侨华人于民间接受中华文化教育的一种形式。

---

① 刘云：《新加坡华人宗族社会研究》，新加坡国立大学访问报告，2014，第 83 页。
② 新加坡白氏公会：《福建省安溪县榜头白氏族谱》，载刘云：《新加坡华人宗族社会研究》，新加坡国立大学访问报告，2014，第 74 页。

第三节　"董教总"与战后马来西亚华校教育体系及马华文学艺术

　　战后英国重返殖民地，成立军政府，试图重新掌控殖民地。为了大英帝国的利益，1946 年英国殖民者推动"马来亚联邦"计划，联邦包括19 世纪成立的马来联邦、马来属邦及海峡殖民地中的马六甲、槟榔屿，由英国委任联邦总督统治，新加坡单独成为英国的直辖殖民地。但新马地区人民对英国殖民者失去了忍耐力，要求自治和独立建国。这个"马来亚联邦"更是因为触动了马来人的特殊利益（它限制苏丹权利，给予居住和出生于马来亚地区的人以自然的公民权），从而遭到马来社会从苏丹到民众的强烈反对。为此，马来社会与殖民者发生了激烈斗争。1946 年 5 月，一个属于马来人的政党"马来民族全国统一机构"（简称"巫统"）诞生，它发动各地民众示威，英国人不得不妥协。1948 年 1月，英国人与各州的苏丹签订协议，成立"马来亚联合邦"，马来亚联合邦恢复苏丹主权，给予马来族群在各方面的特权，"一种'马来亚为马来人的'（Malaya for the Malays）概念于焉成型"[①]。而马来亚共产党也卷入与英国殖民者的斗争。1948 年，英国殖民者宣布进入"紧急状态"，殖民侵略与反殖民战争重新打响。除了马来亚共产党领导的战争，新马地区政党与英国的谈判，也是新马人民争取独立的有效手段。此外，新马地区政党的成立与合作，对其独立建国发挥了重要的推动作用。1949 年 2 月 27 日，以受英文教育的海峡侨生为主要成员的"马华公会"（会长陈祯禄）宣告成立，这是非常重要的华人组织。4 年后，它与巫统达成政治合作协议，结成巫华联盟。1955 年，巫华联盟又与马来亚印度国大党结成政治合作体，成立马华印联盟。1957 年 8 月 31 日，

---

① 曹淑瑶：《国家建构与民族认同：马来西亚华文大专院校之探讨（1965—2005）》，厦门大学出版社，2010，第 20 页。

经过马华印联盟组成的新政府与英国殖民者谈判，马来亚联合邦独立。"1961 年 5 月 27 日，马来亚联合邦首席部长拉赫曼提出了建立包括新加坡、沙捞越、沙巴、马来亚联合邦在内的马来西亚的政治主张……马来西亚于 1963 年 9 月 16 日正式宣告成立，沙捞越和沙巴终于摆脱了英国的殖民统治。"①

　　马来西亚成立之后，华族地位如何？华文教育将发生怎样的变化？这都是马来西亚华人关注的切身问题。马来西亚学者张锦忠发现，独立后的马来西亚并非华人的乐土。"土著/非土著""马来人/外来者"的二分法割裂着马来西亚居民，种族化政策将华人推到边缘的客属的位置，即使马来西亚华人为独立建国做出了重大贡献和牺牲。张锦忠说，虽然建立多元文化的马来西亚是不少人的理想，"但是独立后马来人主导的政府推行本土化与种族化政策，定伊斯兰教为国教，立马来语为国语，以马来文化为国家文化，后来更将马来人、半岛的原住民、东马的卡达山—杜顺、达雅克—伊班合称为'土著'（马来文为 Bumiputra，意谓'土地王子'，简称'卜米'）"②。马来西亚在"五一三事件"之后，"政经文化教育政策更是一面倒向'卜米主义'。华裔、印度裔等离散族裔则被归为非土著，视之为外来客或寄居者（penumpang）"③。这样的现实环境，必然对中华文化教育的传播有着重大的负面影响。

一、战后十八年：政策压制与华校的奋力求存

　　从 1945 年二战结束，到 1963 年马来西亚宣布成立，这期间是马来亚历史上比较复杂的 18 年——各族人民与英国殖民者展开斗争，马来亚各政党纷纷建立与重组。1957 年 8 月，"马来亚联合邦"获得独立自治后各种力量的博弈等因素，都对华族和华文教育产生了重要影响。

---

① 林远辉、张应龙：《新加坡马来西亚华侨史》，广东高等教育出版社，2008，第520—521 页。

② 张锦忠：《关于马华文学》，台湾中山大学文学院，2009，第 28 页。

③ 同上书，第 29 页。

　　对于马来西亚的华文教育史，学者们做出了分期探讨，许云樵、王秀南、陈绿漪、廖文辉等人都有过描述。1960 年，陈育崧在《马华教育近百年史绪论》中，将马华教育分为启蒙期、勃兴期、动荡期、转型期四个时期。廖文辉从华教运动的视角，将 180 余年华教史分为三个阶段——"兴学办教期"（直至 1920 年殖民政府实行《学校注册条例》）、"过渡期"（直至 1951 年教总的成立，这阶段华人社会在兴学办教的同时，各地教师会、董事会纷纷成立，华教人士组织起来与压制华文教育的殖民者进行斗争）、"捍卫斗争期"（1951 年教总成立以后，教总、董总领导全国性大规模的华教运动，捍卫母语教育权利，维护母语教育体系）。陈育崧所谓的"转型期"始于马来亚独立，廖文辉的三阶段划分法的划分时间点都在殖民地时代，而殖民时期的华文教育与马来西亚独立建国之后的华文教育，必然是不一样的。

　　在二战之前，马来亚的华文学校多数为华文小学。战后华文中学复校，并创立许多新的华文中学。二战结束之初，英国殖民者重返马来亚，殖民政府一度立法表示支持华文教育。1946 年，《教育政策白皮书》显示殖民政府支持英、巫、华、印各源流学校的母语教育，华文学校自然可以使用母语华语作为教学媒介语。但这个殖民政府"恩典"的"幸福时光"极其短暂。1949 年新中国的成立，深深刺痛了英美等西方阵营的心。国家之间意识形态的隔膜甚至对立，使英国站在敌视新中国的立场上。马来亚共产党（华人居多）的活跃与反抗，同样加深了英殖民者对马来亚华侨华人及其文化的敌意。这种敌意直接反映在教育政策上。1950 年，一个以前英国殖民官员巴恩为主席、专为调查马来亚学校教育设备的委员会成立，次年便提出《巴恩报告书》，并建议在马来亚"废除各语文源流学校"，"而以采用英文与马来文为教学媒介的国民型学校体制取代之"。[1] 战后英殖民政府成立马来亚联合邦，主要根据《巴恩报告书》制定《1952 年教育法令》，确定英文和马来文为马来西亚教育体系的教学媒介语。这意味着英殖民政府加强了对华文源流学校的控制和压迫，阻止华侨华人学习自己的母语和华族文化。在冷战格局下，反华

---

① 林忠强等主编《东南亚的福建人》，厦门大学出版社，2006，第 98 页。

的英殖民政府更视马来亚地区的中华文化为"眼中钉""肉中刺"。但无论如何，较之日本于二战时期残暴殖民统治下三年多的萧条，华侨学校在战后初期的满目疮痍中仍略有发展。马来西亚华校教师会总会（教总）曾经调查过二战后到马来亚获得自治这个时间段的华校和华校生情况（见下表），就能说明这一现象。

1946 —1957 马来亚联合邦华校数目和学生人数[①]

年份	学校数目	学生人数
1946	1,105	172,101
1947	1,338	193,340
1948	1,364	189,230
1949	1,338	202,769
1950	1,319	216,465
1951	1,171	206,343
1952	1,203	239,356
1953	1,214	250,881
1954	1,236	252,312
1955	1,276	277,454
1956	1,325	320,168
1957	1,347	391,667

数据显示，二战后马来亚联合邦华校的数目每年虽有波动，但总体保持上千所，数量并不少。华校学生数量从 1946 年的 172,101 人，到 1957 年达到 391,667 人。1948 年到 1950 年，华校数量有递减趋势，但学生数量却并未如此。1951 年到 1957 年马来亚获得独立期间，华校数量和学生数量都呈现出可喜的正向增长。这表明即使英殖民者不希望华文教育在其殖民地顺利发展，但华侨华人发展华文教育、传承中华文化

---

① 林水檺、骆静山：《马来西亚华人史》，马来西亚留台校友会联合总会，1984，第309页。

的意志非常坚定。

就华文中学来说，1957 年马来亚有 83 间华文中学，1961 年约有 150 间。① 这些华文学校，还是基本由华侨华人社会（或社团）自行创办。比如槟榔屿的潮州人，像中国其他族群移民一样，重视子弟的教育。1919 年潮州人社团"韩江家庙"（1864 年创设）创建韩江学校，该校为华文小学。1933 年，他们将"韩江家庙"更名为槟榔屿潮州会馆，1950 年又筹建了韩江中学，首任校长为庄泽宣博士。韩江中学的筹建、开学，掀起了槟榔屿潮州人推进华文中学教育的热潮，这也表明华文教育存在着生存的空间。

但是，华文教育发展的现实处境是艰难的。曾经巫、华、印联盟为了在马来亚第一次大选的政党竞争中获得华人社会的支持，允诺"华校拥有其自然发展的机会"。但联盟获胜之后，联盟政府成立了以教育部部长阿都·拉萨为首的委员会，审查现行教育政策，又根据出台的《拉萨报告书》，制定并推行《1957 年教育法令》。这条教育法令虽然表示维护马来西亚境内各族群的语言与文化，但又规定"政府所举办的公共考试将只用官方语文来进行"②。这个官方语文中，并没有华语，这实际上是对华校华文教育的一种遏制。为此，华教人士开始了为争取华语成为马来西亚官方语言的不懈努力。

新马分治之后，马来亚政府又根据《达立报告书》制定了《1961 年教育法令》。《达立报告书》是时任教育部部长拉曼达立为了实现"马来化"民族政策而在教育领域出台的一份所谓"教育政策检讨报告书"。它建议在国民学校以马来语为教学语言，英文为必修科；在国民型学校以英语为教学语言，马来文为必修科。无论国民学校还是国民型学校，它们都将华语完全边缘化。《1961 年教育法令》无疑给了华校华文教育沉重的打击。虽然华文小学尚能得到政策支持，但华文中学要保持自身的特质和传统并继续运作，不得不依靠华人社会坚强苦撑，并设法应对来自各种教育政策的压力。《1961 年教育法令》的出台，"迫使大部分华

---

① 林忠强等主编《东南亚的福建人》，厦门大学出版社，2006，第 83 页。
② 同上书，第 87 页。

文中学接受政府的条件成为'国民型中学'，少数不愿改制则成为'独立中学'"①。"该法令强调'马来亚必须发展一个以国语为主要教学媒介的教育制度'。"② 这是《1961 年教育法令》的终极目标。国民型中学按照马来亚联合邦政府的政策和意志运行，以英语为教学媒介语。1977年以后，这种"完全津贴中学"（国民型中学）进一步改为以国语（马来语）为教学媒介语的国民中学，意图将多民族、多文化的马来西亚社会改造为仅有一种语文、一种文化的社会。华文独立中学没有政府的经济支持，仅依靠华侨华人社会的力量自力更生，实则举步维艰。这样的环境，无疑对华校的华文教育造成了巨大的打击。

　　无论是华文小学还是华文中学，都得在巫族文化主导的社会缝隙中求生存、求发展。具有历史意义的是，位于马来西亚南部城市新山的宽柔中学，在董事会领导下首先宣布成为"独立中学"。"在华文中学面临改制的情况下，新山宽柔中学董事会在郭鹤尧、黄庆云及叶金福支持下决定自 1958 年起，为'维护中华文化及马来亚华校董事部之权益与优秀传统之组织'，自动改为非津贴学校，黄庆云且被选为建校委员会主任。宽柔中学成为马来亚地区在《1957 年教育法令》通过后的第一间不接受政府'任何一分钱津贴之华文中学'，也就是一间华文独立中学。"③ 在马来亚政府实施《1961 年教育法令》之后，前述韩江小学（原名韩江学校）转为国民型小学；韩江中学则选择不同的道路，不接受政府津贴，独立发展民族教育，成为"独立中学"。20 世纪 70 年代，韩江中学灵活且务实地改变纯华文独立中学的发展路线，兼顾政府考试和独立中学统考的双轨课程，兼顾升学与就业，改善学校招生疲软的状态。韩江中学的这些策略，代表了部分马来西亚华文独立中学的态度。可以说，华文独立中学的诞生是马来西亚教育历史上发生的重要事件，是马来西亚"董教总"[即"马来（西）亚华校教师会总会"和"马来（西）亚华校董事联合会总会"的简称，为马来西亚民间华教界的领导机构]及其他

① 林忠强等主编《东南亚的福建人》，厦门大学出版社，2006，第 80 页。

② 同上书，第 87 页。

③ 同上书，第 88 页。

华教人士为了应对马来西亚恶劣教育环境而实施的举措，这不仅维系了从华文小学到华文中学教育体系的完整，保持了其中华文化特质，也体现出马来亚华人保护民族文化传统的坚强意志。

二、"华教族魂"林连玉

从二战结束到马来西亚正式建国的十八年，可谓华文教育的"动荡期"或"过渡期"。在这个特殊时期，闽南移民林连玉对推动华文教育的发展贡献极大，被马来西亚华人社会誉为"华教族魂"。马来西亚年轻学者廖文辉指出："陈嘉庚、陈六使、林连玉三人是近百年来华教史上最具影响力的人物，他们皆首开先河，承先启后，成为一代典范。"[1]陈嘉庚（1874—1961）、陈六使（1897—1972）与林连玉（1901—1985）三位华文教育推手的祖籍都在闽南。陈嘉庚生于同安县集美社（今厦门市集美区）。陈六使的祖籍也是集美，他19岁时来到马来亚，起先在陈嘉庚的谦益橡胶公司属下的橡胶园工作，后来开创自己的事业。林连玉原籍永春，19岁考入陈嘉庚创办的集美师范学校，以优异的成绩毕业并留校任教，几年后南渡，先后在印度尼西亚、马来亚执教。在推动华文教育上，他们三人贡献巨大。陈嘉庚20岁首次捐资办学，此后矢志不移推动教育事业，尤其为祖国的教育事业奉献一生。厦门大学和集美学村，都受益于陈嘉庚的投资兴学。新中国成立后，陈嘉庚回国定居。陈六使在经商和办学这两条路上，与陈嘉庚极其相似。继陈嘉庚创办厦门大学后，陈六使倡办了南洋大学。南洋大学的创办是陈六使对维护中华文化和发展教育事业的突出贡献，也体现了他对马来亚本土文化的关怀。

林连玉自1925年南渡之后，在印度尼西亚东爪哇及巴生、加影等多地的多所华校任教。1935年，林连玉担任吉隆坡尊孔中学教师一职，从教生涯稳定下来。1949年，他创办了吉隆坡华校教师公会。1951年，林连玉召集华教人士成立马来亚联合邦华校教师会总会（1963年马来西亚成立以后，改称"马来西亚华校教师会总会"，简称"教总"）。自此，

---

① 林忠强等主编《东南亚的福建人》，厦门大学出版社，2006，第115页。

林连玉以个人声望和更加强大的组织力量，在华文教育领域披甲奋战。马来西亚南方学院华人族群与华人文化研究所所长郑良树说，全马华校教师会总会（即"教总"）的成立，"是马来西亚华文教育运动的重要里程碑，标志着大马华教运动进入有组织、有步骤、有计划及有领导的全新时代；而这个里程碑的竖立者以及这个全新时代的塑造者就是林连玉了"[1]，这是对林连玉非常崇高的评价。林连玉为华文教育奋斗一生，一方面获得了华人社会的高度肯定，而另一方面也屡屡令马来亚自治政府（"马来亚联合邦"）深感不快。1961年，林连玉被政府吊销教师注册证，1964年被正式剥夺公民权。失去教师资格证的林连玉虽不能直接奔赴华教一线跃马横刀，但仍继续参与"教总"的各种活动，为华文教育发力、发光。

　　"教总"首任主席陈从恩在1951年"教总"成立大会上说："我们要借这个伟大的组织来发扬中国固有的文化。马来亚本身无所谓文化，而所有的文化，是东西合璧的混合文化，而所谓一半东方文化，其中中国文化占据着最大部分，现在是如此，将来也必定是如此。中国的文化在马来亚不但是不能消灭，也是不应当企图去消灭的，只有助长和发扬中国文化，才能产生优秀的马来亚文化。"[2] 传承和发扬中国文化，既能保持华人族群母语文化的教育权利，也能促成"优秀的马来亚文化"的产生，这也成为陈从恩、林连玉、沈慕羽等先后继任的"教总"领袖的共同文化使命。当华文中学被迫改制之际，中华文化传承再度面临巨大困境，林连玉呼吁："我们认为传统相承已经数千年的文化，不但要加以保存，还要发扬光大，因此我们必须不惜任何代价，维护下来。这就是说，津贴金可以被剥夺，独立中学不能不办……我们的学校，是我们的文化堡垒，我们的先贤不惜以自身的血汗，创建下来，如果我们不能继承，不但对不起祖宗，而且也对不起子孙。"[3] 这样的坚守和宣誓，凡我

第一章　新加坡、马来西亚华侨华人的中华文化教育

---

① 林忠强等主编《东南亚的福建人》，厦门大学出版社，2006，第54—55页。

② 胡培安、陈旋波：《华文教育与中华文化传承》，社会科学文献出版社，2018，第153页。

③ 林忠强等主编《东南亚的福建人》，厦门大学出版社，2006，第88页。

华人，皆深受激励。大马华人社会在这样的精神感召下，在传承、弘扬中华文化使命的激励下，努力保持着华文学校的特质，抵制不良环境对华文教育的破坏。林连玉担任"教总"主席长达 8 年，忠实地实践着"教总"的使命，"即发扬中华文化、谋求教师福利、争取华文教育权利及华裔国民地位"，这点他做到了。在这个号称华教运动的"林连玉时代"，林连玉的巨大贡献，郑良树将其总结为十三项。

第一，创组教总，促成"三大机构"，作为争取华教的最高领导机构。

第二，力主教总参与及协助当局改编华校教科书的计划。

第三，反对 1952 年教育法令，成功地促成雪州董联会召开全国华校董教代表大会，间接促成"董总"的成立。

第四，在全国华校董教代表大会上，提出"文化是民族的灵魂"的口号。

第五，粉碎 1954 年教育白皮书。

第六，提出列华语华文为官方语文之一的诉求。

第七，1954 年与东姑在马六甲会谈，奠定董教总代表华教的领导地位。

第八，争取公民权。

第九，反对拉萨报告书，取得拉萨的承诺，在法令中不列入"最后目标"的字眼。

第十，粉碎"火炬运动"。

第十一，粉碎教师特别检定考试的措施。

第十二，解决超龄生问题，使他们不至于马上失学。

第十三，坚决反对达立报告书及华文中学改制。①

郑良树的上述总结，说明了林连玉对华人社会发展华文教育的贡献巨大，对马华社会坚持中华文化传承的贡献巨大。学者郑良树感叹：

---

① 林忠强等主编《东南亚的福建人》，厦门大学出版社，2006，第 55 页。

"我们没有摩西，没有人会带领我们出海；我们也没有诺亚方舟，没有客观环境会作为我们的避难所；我们有的是前辈们留下来的精神遗产和人格感召，我们就凭着他们的精神和人格，要在这块土地上使中华文化成长，为着整个马来西亚文化。"① 事实诚如此言。

三、1963 年以后："董教总"与马来西亚华校教育体系

1951 年 12 月 25 日，马来亚联合邦华校教师会总会（教总）成立，1954 年 8 月 22 日马来西亚华校董事联合会总会（董总）成立，它们被马来亚华人社会合称为"董教总"。"董教总"成为马来西亚华文教育民间最高领导机构。这两大机构成立之后，一直与英国殖民者及马来亚自治政府抗争，坚持不懈地争取华文教育的发展，争取母语教育的权利。"保卫华小，支持独中，发展高等教育"，成为 20 世纪 50 年代以来"董教总"及整个华人社会的奋斗目标。

1963 年，"马来西亚联合邦"（简称"马来西亚"）成立。不久，新加坡脱离马来西亚而独立建国，马来西亚继续踏在以马来人为特权民族、马来文化为主流文化的道路上前行。在教育政策上，马来西亚虽摆脱了英国的控制，但继续采用英国殖民者压制华文教育的做法。霹雳州怡保育才独立中学董事麦翔就曾指出，在现实面前，华人改变了"过番揾食"的心态，开始重视华文教育并为之奋斗。但 1920 年英国殖民者颁布《学校注册条例》之后，华文教育受到压制。华人社会面对被压迫的华教环境，激发出抗争意识，开始为争取华文教育而努力。在英国殖民统治下，教育政策是"重英、轻巫、抑华"；马来西亚成立以后，"重英、轻巫、抑华"换位，"变成'巫主、英辅'，而'华'却被压得更深了！华教史是一部反对种族压迫史"。②

1955 年大选后新成立的"联盟政府"（巫统、马华公会、印度国大党的结盟）已经对境内的教育政策有较明确的单元化发展规划。根据出

① 林忠强等主编《东南亚的福建人》，厦门大学出版社，2006，第 279 页。
②（马来西亚）麦翔：《育才独中草创期史话》，《马来西亚华文教育》2008 年第 8 期。

台的《拉萨报告书》（这份报告书"提出马来亚联合邦教育的最终目的在建立一个以'国家语文'为主要教学媒介的全国性教育制度"）制定的《1957年教育法令》（这一法令在"马来亚联合邦"获得自治之前发布）规定，"'订马来语文为本邦之国语'，并规定政府所举办的公共考试将只用官方语文来进行"。① 当时的初中入学考试（小学会考）、"初级教育文凭"考试（读完初中第三年的升学考试）、"马来亚教育文凭"考试（读完整个五年制中学教育的统考，1963年之后改称"马来西亚教育文凭"考试）等关键性官方考试，② 均采用官方语文，显然对于华文学校的发展极为不利。1960年，《达立报告书》宣示中学公共考试不再使用华文，而用马来文、英文。根据这份报告书而形成的《1961年教育法令》，在"前言"中明确了教育"单元化"发展的方向，即教育的最终目标是逐步发展成一个以国语（马来文）为主要教学媒介语的教育制度。这一教育法令将小学分为国民小学（马来文教学）和国民型小学（母语教学，但英文、马来文为必修课）；中学分为国民中学（马来语为教学媒介语）、国民型中学（英语为教学媒介语）和独立中学（自筹经费的私立学校）。根据1960年的《达立报告书》，政府给予补助的"全津贴中学"只有国民中学、国民型中学。

槟城钟灵中学首先接受改制，接着50多所华文中学接受改制并接受政府的条件。"马来亚联合邦境内的70多所华文中学，在1961年仅存16所未接受改制成为独立中学。"③ "1964年，马来西亚联合邦政府废除西马地区的小学毕业生升中学的会考（MSSEE），华文独立中学面临招生困难的处境，不少学校因而停办。"④ 华文小学毕业生不必参加会考而直接进入国民型中学就读，这给因为语言有困难的华裔家庭选择国民型中学提供了条件。1967年，教育部部长佐哈励在柔佛宣称，将请外国使馆

---

① 曹淑瑶：《国家建构与民族认同：马来西亚华文大专院校之探讨（1965—2005）》，厦门大学出版社，2010，第27—28页。

② 同上书，第28页。

③ 同上书，第31页。

④ 同上书，第31—32页。

只给那些获得马来西亚教育部准许出国深造的学生签证，且那些拥有剑桥普通教育文凭和马来西亚教育文凭的学生才能得到教育部批准，[①] 华文独立中学的文凭不在此列。马来西亚出台的多种教育法及官方表态，都不利于华文教育的生存发展。从小学升学会考和中学生出国留学两种途径遏制华文独立中学的生源从而阻碍华文教育的做法，给马来西亚华文教育带来了极大的困难，令维护母语教育和中华文化的许多华人心寒，同时也激发了马来西亚华教人士的斗志。马来西亚华文教育领导机构教总、董总为了冲破困境，带领华教人士进行了不屈不挠的抗争。在教总主席林连玉被剥夺公民权后，1965年新任教总主席沈慕羽发动了要求官方列华文为官方语文的运动。次年，马华公会会长陈修信在会议上表示不支持态度，并将沈慕羽开除出马华公会。此时，突破华文教育困境势在必行。

1972年，霹雳州华教人士为9所华文独立中学募捐发展基金100万马币的行动，鼓励和启发了马来西亚华人社会。人们纷纷以"义捐、义卖、义踏、义捕、义剪、义唱"等方式助力华文教育，遂发展为全马来西亚华文独立中学的复兴运动。"董教总"、全国华校校友会及热心华教人士积极行动，齐心协力挽救华文独立中学濒临绝境的局面。1973年"董教总"发布《华文独立中学联合建议书》，"强调十二年的中小学教育是基本教育"，华文独立中学是完成华文学校教育的母语基础教育，是衔接从小学到大学教育的"必要之桥梁"。"此外，华文独中不但是维护及发扬博大精深的中华文化的堡垒，而且其兼授三种语文的特色，'实为塑造马来西亚文化的重要熔炉'"，其办学方针的第一条即为"坚持以华语文为主要教学媒介，传承中华文化"。[②] 为此，"董教总"在当年成立"全国华文独中工委会"，以领导华文独立中学的发展事务，并在华文独立中学的教育系统统一课程（统一编撰教材）、统一考试（可以统一且科学地评估华文独立中学的教育质量）。师资、经费、生源和学

① 曹淑瑶：《国家建构与民族认同：马来西亚华文大专院校之探讨（1965—2005）》，厦门大学出版社，2010，第32—33页。
② 同上书，第80页。

生出路（升学与就业）等问题，也都得到较仔细的考虑，并被贯彻到华文独立中学的教育实践中去。比如华、巫、英三语教学及独立中学统考与政府考试并重的"双轨教学制"政策，就是华文独立中学为学生将来谋出路的考虑，也成为吸引华人子弟进华文独立中学求学的政策。加上在教学质量、校风等各方面的良好口碑，华文独立中学依然能够在困难的马来西亚教育环境中继续前行。1995 年大选之后，马来西亚出台《1996 年教育法令》，推行"单元化"教育策略，无视马来西亚作为多元族群、多元文化的社会结构，此教育政策深深刺激了华人社会的神经。

新纪元大学学院副校长文平强在描述马来西亚华文教育的结构（模式）时指出：马来西亚华文小学教育"被容纳在国家体系里"，"华文中学有'改革'的和独立的中学。改革后的华文中学只实行华文教学，其他的科目以国语（即马来语）为媒介语。华社付出高代价来坚持 60 所独立华文中学的生存，确保其自主权、统一课本和考试制度"，从而在马来西亚"建立起一个从小学到大学的华文教育体系"。[①] 可以说，马华小学、华文独立中学（"改制"后的华文中学，被很多人认为不属于"华文学校"性质）和民间创办的华文高等教育院校，构成了当代马来西亚华文教育的完整体系，对马华社会发展华文教育，传承中华文化具有至关重要的意义。

（一）华文小学

1963 年以后，马来西亚华文小学教育被纳进国家教育体系，生存状况尚可，但也存在着不少困难。马来西亚存在为数不少的华文微型小学就是华文教育面临困境的一个体现。马来西亚教育部规定，学生人数少于 150 人的学校为微型学校。在"教总"的调查中，马来西亚华文微型小学数量在 1978 年到 2007 年之间是呈递增趋势的，但华文小学的总数却减少了，2007 年比 1978 年减少了 23 所。

---

① 伍燕翎、黄斗主编《东南亚华人华文学术论集》，新纪元大学学院，2018，第 50 页。

1978—2007 年马来西亚华文微型小学和华文小学数量变动情况表[①]

年份	1978 年	1989 年	1999 年	2007 年
华文微型小学	236 所	443 所	482 所	524 所
全国华文小学	1312 所	1282 所	1284 所	1289 所

　　在"教总"的调查中，从 1970 年到 2007 年马来西亚华文小学的学生人数增加了 203998 人，但华文小学减少了 57 所（1970 年马来西亚有华文小学 1346 所）。相反，从 1978 年到 2007 年，马来西亚国民小学的总数量一直呈增长趋势。2007 年，学生数量在 30 人及以下的微型华文小学有 106 所，占全国华文小学总数的 8％，[②] 其中，77 所华文微型小学拥有一定数量的非华裔学生，甚至森美兰波德申东华华小、森美兰乌鲁干中华华小、彭亨文冬竞智华小，在当年及后来三年都没有华裔学生登记入学。[③] 华人社会尽力"守"着华小，为此或者迁校（教育部可能不会批准），或"引进"学生使其继续生存下去。因为华文学校关闭一所就少了一所——马来西亚教育部批准成立华文学校是极其困难的。

　　华文学校的发展面临诸多问题，一是乡村或僻远地区学生数量减少导致华文学校面临关闭的问题，一是新山、雪隆巴生河流域等学生数量爆满却不能增建华小的问题。"微型华小的课题可说是实际反映了当前的国家教育政策继续走向单元化的事实。政府从来就没有放弃要落实单一源流学校，并以马来文为教学媒介的'教育最终目标'。单元化教育政策已经破坏了华小根据人口需求而增建的原则，在现有的教育政策里，新华小根本无法顺利兴建。"[④] 2003 年，政府在各源流小学强硬推行"英语教数理政策"，华文小学被迫同时使用华语和英语进行教学，这带来了逐步弱化华文学校特质的危险。2007 年 10 月底，首相和教育部部

---

① 教总调查研究及资讯组：《全国学生人数 30 人或 30 人以下的微型华小调查报告》，《马来西亚华文教育》2008 年第 8 期。

② 同上书，第 24 页。

③ 同上书，第 27 页。

④ 教总调查研究及资讯组：《全国学生人数 30 人或 30 人以下的微型华小调查报告》，《马来西亚华文教育》2008 年第 8 期。

长都表示 2008 年小学评估考试数理科以双语出题。2007 年 11 月 27 日，"董教总等 11 个文教团体向首相提呈《还我母语教育备忘录》和 10 万张'要求各源流学校恢复母语教导数理科'明信片"①。而当年教育部发布的《2006 年—2010 年教育发展大蓝图》，则"提出'强化国民学校'作为核心策略"。上述马来西亚教育部和华人社会就华文小学教育政策的这些较量，都反映了新世纪以来马来西亚的华文教育环境依然不容乐观。马来西亚依然在执着地推行单元化教育策略，从教育方面淡化华人族群的民族文化认同。马来西亚的华文教育从来都不是单纯的教育问题，而是深刻的华人族群的生存问题、国家政治问题。虽然教育部部长希山慕丁在 2007 年重申："华小是我国的强项和优势；马来西亚是中国以外，拥有最好华文教育体系的国家；政府保证不关闭华小，绝非大选前的政治说辞。"② 但华文小学的华校性质是否会改变？即便华小保持华校性质，华人子弟要进一步升学接受母语教育，也一直受到国家制度的阻遏。

（二）华文独立中学

华文小学毕业生中，大约 10％会升入华文独立中学就读。所谓华文独立中学，是那些不接受政府津贴、拒绝教学媒介语和教学内容改制、依靠华人社会的经费和意志自行运作的华文中学。

1. 20 世纪 70 年代以来华文独立中学的状况

在 20 世纪五六十年代，马来西亚华文中学曾经有 50 多所改制成国民型中学。华校变质，引发华人社会对母语教育和传承华族文化的深刻危机感。又由于"马来亚联合邦"独立自治以来推行偏颇的教育政策，马来西亚继续并强化其教育的单元化道路，采取多种措施抑制华文教育发展，这给不愿意改制的华文独立中学带来在生源和经济等各方面的问题。

为了争取母语教育的神圣权利，20 世纪 70 年代马来西亚掀起复兴

---

①《马来西亚华文教育》编辑部编《马来西亚华文教育大事记》，《马来西亚华文教育》2008 年第 8 期。

② 同上。

华文独立中学的热潮。1973年"董教总全国发展华文独立中学工委会"成立，对华文独立中学的使命、办学方针、统一课程、统一考试、生源、师资、经济问题等，进行了有效应对的考虑和践行。"董教总"拟定"华文独立中学联合建议书"，提出六点办学方针，其中第一点是"坚持以华文为主要教学媒介，传授与发扬优秀的中华文化，为创造我国多元种族社会新文化而做出贡献"。[①] 可见保持母语教育、传承和发扬优秀中华文化，是"董教总"念兹在兹的情结，也是华人社会推行华文教育的神圣使命。但"董教总"及马华人士的心其实是理性且实在的，他们将发扬优秀中华文化视为创造马来西亚文化的重要一环，而不是简单地将其视为中国传统文化的海外分支。

"董教总全国发展华文独立中学工委会"还着手进行独立中学初高中统一考试（独中统考）及编纂统一课本的工作。第一届独中统考于1975年12月8日举行，第一套统一课本于1977年出版，对马来西亚华文教育而言，这都是极富历史意义的重大事情。"独中统考的成功举办，也意味着马来西亚华文教育的发展已迈入了一个新的里程，因为独中统考不但象征全马的华文独立中学有着同一的办学方针，同时在'不能以政府考试为主要办学目标'的前提下，就读于华文独立中学的学生们尚有另一管道来取得统一的学习评鉴，不但有助于提高学生的素质，而且也可作为学生申请到国外深造的依据。"[②] 在"董教总全国发展华文独立中学工委会"的领导和华教人士坚持不懈的努力下，马来西亚华文独立中学得以幸存，并有所发展。

马来西亚华文教育机构"董总""教总"，都调查、统计过1973年以来华文独立中学的学生数，制成表格如下。

————————————
① 林忠强等主编《东南亚的福建人》，厦门大学出版社，2006，第103页。
② 同上书，第92页。

1973 年—2012 年全国华文独立中学学生数概况①

年份	学校人数
1973	28,318
1978	35,930
1983	45,890
1988	49,567
1993	59,383
1999	54,152
2002	54,048
2004	53,005
2006	54,755
2008	58,212
2009	60,481
2010	63,833
2011	66,968
2012	70,266

从 1973 年到 1993 年，华文独立中学的入学学生数一直呈递增趋势。随后虽然有回落，但都保持在五万以上。于此可见，董教总和华教人士的努力是有回报的，他们在华文独立中学教育上设置的举措，深受家长的肯定与认同。华文独中教育不仅传承中华文化，保持母语教育，满足华人的民族感情，也积极地为毕业生的前景着想，以三语教育和双轨教育策略为毕业生在国内就业创造条件，并积极拓展与世界各国的合作关系，为毕业生出国深造创造条件。这一切，都使得越来越多的家长乐意把孩子送进独中就读。这从 60 所华文独立中学学生人数由 1973 年的 28318 人增至 2012 年的 70266 人，可资证明。但在马来西亚的国家教育体制下，华文独立中学教育一直深陷困境，这主要是因为华文独立中学的合法地位得不到教育法令的明文肯定。2007 年 10 月 22 日，"教育部

---

① 陈丽娟：《马来西亚马六甲培风中学经典班实施的现状、问题与对策研究》，硕士学位论文，华中师范大学，2016 年，第 13 页。

（部）长希山慕丁表示，政府无意承认独中统考文凭，因为它不符合国家教育体系和政策"①。对此文告，"董教总"深感失望。但无论如何，华文教育之路应该走下去。已经"在地化"的中华文化也理当在马来西亚传承下去，因为它是华人的根，是华人血脉中流淌千年的文化基因。这一点，马来西亚华人极其明白，所以一直坚守，不抛弃、不放弃。

现如今，马来西亚全国保持着约 60 所华文独立中学，其中柔佛 8 所，马六甲 1 所，森美兰 2 所，吉隆坡 4 所，雪兰莪 4 所，霹雳 9 所，吉兰丹 1 所，吉打 3 所，槟城 5 所，砂拉越 14 所，沙巴 9 所。这些独立中学有巴生兴华独中、巴生中华独中、巴生滨华独中、巴生光华独中、吉隆坡尊孔独中、吉隆坡坤成中学、吉隆坡循人中学、吉隆坡中华独中、槟城日新独中、槟城菩提独中、槟城槟华独中、槟城韩江中学等。各州华文独中数量多寡不一，东马两州（砂拉越、沙巴）

日新中学

华文独中多，这是西马各州比不上的。但各州的华校数量与学生比并非都成正比。就 2006—2007 学年来看，马来西亚首都吉隆坡 4 所华文独中有 9288 名学生，却比东马砂拉越 14 所华文独中的学生（5132 名）多出 4000 多人。② 可见各地经济发展程度、人口密度、社会资源等情况不同，各州的华文教育程度也会有差异。

---

① 《马来西亚华文教育》编辑部编《马来西亚华文教育大事记》，《马来西亚华文教育》2008 年第 8 期。

② 沈天奇：《马来西亚教育统计数据系列》，《马来西亚华文教育》2008 年第 8 期。

2. 郭鹤尧与"新山华教模式"

在马来西亚华文独中的发展中，宽柔中学的经验值得借鉴。20 世纪 50 年代宽柔学校设立中学部，郭鹤尧加入宽柔学校的董事会。在政府要求华文中学改制时，宽柔中学董事部首先宣布拒绝改制，表示要自筹经费办学，成为马来西亚第一间华文独立中学。董事部的决议，"在马来西亚华教史上是意义深远的。它不仅使宽柔摆脱了许多纠缠，坚决留在华教阵营，同时也增强了其他华文中学'独立'的决心"①。它也是马来西亚最大的拥有 7000 名学生的华文独立中学。20 世纪 80 年代以来郭鹤尧担任宽柔中学董事长。后来，宽柔分校（宽柔中学古来分校）建设成功，成为马来西亚"第一间获准（以校园扩充）兴建'分校'的华文独立中学"，郭鹤尧担任分校筹款委员会主席。宽柔独立中学及其分校的成功设立，与郭鹤尧积极同政府部门交涉，走务实发展华文教育的路线有关。马来西亚南方学院安焕然指出，大马华文教育除了"抗争史"，还有郭鹤尧这一类协商发展华文教育的人士推动华文教育前进的"发展史"。

郭鹤尧是著名郭氏兄弟有限公司创始人、"糖王"郭鹤年的堂兄。父辈创立杂货店"东升号"，后来家族生意扩张到糖业、酒店业、房地产等，在亚太地区做得非常成功。作为郭氏家族的一员，郭鹤尧曾是马华公会元老、新山民选市议员，后来成为新山宽柔中学及宽柔五校董事长、柔佛州华校董教联合会主席、南方学院发起人之一。在华教方面，郭鹤尧也将家族经商模式运用到发展新山的华文教育上，积极与新山的执政部门沟通以争取华教发展空间。在郭鹤尧及其同仁的努力下，马来半岛的边陲城市新山，"如今它竟能拥有全国第一间华社民办的大专高等学府（南方学院），以及拥有一间全国最大（人数最多）的华文独立中学（宽柔中学），同时还拥有一间全国最大（人数最多）的小学（国光华小），而且近年来国光二校的建立，以及宽中分校的获准兴建，均开启了本地华社兴学办校的先例。而这种格局，大抵是从（20 世纪）70

---

① 林忠强等主编《东南亚的福建人》，厦门大学出版社，2006，第 140 页。

年代以后开始发展出来的"①。20 世纪 70 年代以来这种具有"协商"方式的"新山华教模式",不能不说是使新山华文教育在整个马来西亚占据一席之地的重要原因。

3. 华文独立中学在教学及管理上体现的中华文化元素

在马来西亚华文独立中学的教育体系中,大家坚持通过各种方式对学生进行中华文化教育。在华文独中任教多年的陈丽娟〔曾担任"经典班"班主任并执教国文科(即马来西亚文)多年〕,曾经在其硕士学位论文中专门解析马六甲培风华文独立中学(培风中学)"经典班"的教学及管理方式。培风中学是马六甲州唯一的华文独立中学,创立于 1913年,初名为培风两等小学。培风中学曾五迁校址,二战期间停办,1950年在"万金油大王"胡文虎捐献的五亩校地上再次建校。在 1961 年以后的华文中学改制浪潮中,董事会总务张雅山先生表示极力反对培风中学改制,因为学校接受改制不仅会使教学媒介语变质,而且不可收容小学会考落第生和超龄生,有违先贤创办学校"有教无类"的宗旨。张先生提出:"为了让后代子孙能够接受优秀的母语教育、继承博大精深的中华文化,培风中学坚决不接受改制,培风中学要走独立自主的母语教育办学路线。"② 2006 年,"培风中学董事会秉持有教无类,因材施教,学静兼学动,有为且有容,先成人后成才的办学理念开办经典班。其办学宗旨是创造经典文化的教育环境,开发学生的灵性慧根,并透过大量的经典背诵,让学习能力较弱的学生提升学习意愿,培养自学能力"③。这种为学习基础差的学生开设的"经典班",不仅注重经典背诵,也"特别着重在德育,即行为教育"。也可以说,校方意图借助"经典"教育,既提升学生的学习意愿和能力,也熏陶他们的品德,培养他们良好的行为和积极心态,从而为那些在马来西亚教育体制下被视为弱势者的学子,提供可能的出路和前景。培风中学经典班没有特别编订的教材,但

---

① 林忠强等主编《东南亚的福建人》,厦门大学出版社,2006,第 134 页。

② 陈丽娟:《马来西亚马六甲培风中学经典班实施的现状、问题与对策研究》,硕士学位论文,华中师范大学,2016,第 16 页。

③ 同上书,第 21 页。

经典班与普通班在华文这一科授课上最大的不同点就是，经典班有经典背诵课程，如背诵《论语》《弟子规》等。此外，经典班还有特殊的"社会教育课"，教材由教师自编，主要以"主题"形式设计和呈现，如剪报、影片欣赏、名人传记、社会新闻等。这门课程向学生传达爱与善的价值观，教导他们珍惜生命、学会感恩、懂得回馈，并力图激发学生的斗志与毅力。[①] 这些价值观和传达的精神，实际上也是中华民族的价值观和民族精神，属于中华文化教育的内容。

从结构上区分，中华文化可分为物质文化、制度文化、精神文化等。华文独立中学的校风校纪管理，从制度文化层面凸显了优秀中华文化元素。砂拉越古晋中华一中教师李志鹏，曾经撰文将华文独立中学的"学生的义务"列出若干条：

1. 爱护国家——维护华文教育
2. 遵守校规——服从团体纪律
3. 孝顺父母——重视伦理观念
4. 敬爱师友——弘扬传统美德
5. 服膺真理——学会明辨是非
6. 言行自律——崇尚名誉品德
7. 谦让有礼——培养高尚气质
8. 互助合作——发挥团队精神
9. 热心公益——乐为大众服务
10. 自动自发——养成自我教育
11. 作息定时——养成良好习惯
12. 知过能改——虚心接受检讨[②]

上述12条"学生的义务"中，"孝顺父母——重视伦理观念""敬爱

---

① 陈丽娟：《马来西亚马六甲培风中学经典班实施的现状、问题与对策研究》，硕士学位论文，华中师范大学，2016，第30页。

② 李志鹏：《马来西亚华文独立中学校园纪律管理》，《马来西亚华文教育》2008年第8期。

师友——弘扬传统美德""谦让有礼——培养高尚气质"等，实乃用中华传统文化的基本精神教育华文独中学子。"爱护国家""服膺真理""互助合作""热心公益"等，也是 20 世纪以来比较突出的中华文化元素。可以说，华文独立中学不仅强调"智育"，重视对学子进行文化知识（包括中西方文化知识）的教育，也特别强调"德育"，从思想品德、立身处世等方面教导学生"成人"，继而服务社会、服务国家，这也是将中国儒家思想中的"修身、齐家、治国、平天下"融贯到现代、当下的华文独立中学教育中，从而使传承中华文化精神成为马来西亚华文独立中学教育的内核。

（三）南方学院、新纪元大学学院、韩江学院

马来西亚民办华文高等学院的成功创建，使华文独立中学毕业生有了继续升学接受华文教育的大好环境，从而完善了马来西亚华文教育体系。马来西亚主要有南方学院、新纪元大学学院、韩江学院等多所华文高等学府，它们为传承中华文化教育不懈努力。

1965 年新马"分家"之后，南洋大学被新加坡政府要求进行教学改革，开始转变为以英文教学为主的大学。马来西亚华人子弟失去了进本国华文高校深造的大好环境。"1967 年 9 月 21 日，马来西亚教育部（部）长公开表示，以后只准拥有剑桥文凭或马来西亚教育文凭的学生出国留学。"[1] 这表明华校中学毕业生也将失去出国深造的机会。为了使华人子弟能够进入大学继续深造，马来西亚华人社会在 20 世纪 60 年代萌生了创建华文高等教育学府的心愿。"马来西亚高师职总于 1967 年 12 月 7 日提出设立华文大学的建议，教总于次日所召开之常年大会接纳该提案，董总随后表示支持。"[2] 1968 年"董教总"呼吁全马华人社团支持创办华文大学。新纪元大学学院校长指出，建立华文大学是新马华人社会无法割舍的情结，马来西亚华校董教总无惧无畏地在严峻的政治形势和教育环境下，倡议兴办华人独立大学（简称"独大"），虽壮志难酬，却也

① 林忠强等主编《东南亚的福建人》，厦门大学出版社，2006，第 89 页。
② 同上书，第 89 页。

成功地掀起筹建高等教育学府的风潮。

"南大之志，终究不断。1981 年独大官司的败诉，对董教总而言，只是政治层面的挫败，华人社会并没有因此退缩。1990 年代始，时势又再转变，马来西亚私立大专风气大开，南方、新纪元和韩江 3 所华人社会民办学院于是趁机先后成立，使得兴办华文大学的理想再露曙光，南大、独大的奋斗因而有所延续。"① 莫校长满怀深情地阐述马来西亚华人社会创办大学的艰辛和坚持不懈，高度肯定了三所华文高等学府成立的重大意义——它们不仅是马来西亚华侨华人继承南洋大学精神的体现，也是华人社会追求兴办华文大学理想的实现。莫校长所谓的"时势"，主要是指 20 世纪 90 年代以后，马哈蒂尔首相提出"2020 年宏愿"，力图提高国民教育水平的时代背景，开办私立大专院校因此得到政府的支持。

可以说，进入 20 世纪 90 年代，马来西亚华文教育迎来了设立高等教育学府的生机，南方学院、新纪元大学学院和韩江学院的成功创建，都得益于这个好的时代。这三所学府都开设中文系，推广华语华文教育，这是中华文化立足马来西亚的重要阵地，是马来西亚"董教总"带领华教人士不懈奋斗的伟大成果。

位于柔佛州新山的南方学院，是马来西亚第一所华社创办的高等教育机构，1990 年开学。它是在宽柔中学专科部的基础上发展而来的。这个专科部由福建云霄移民、宽柔中学董事会正总务黄复生提议设立，1975 年商学系开课，1976 年马来学系开课，这两个系都没有着意于中华文化教育。1988 年，新山中华公会会长刘南辉在马哈蒂尔首相到访新山时，恳请其支持华社创办宽柔学院。经教育部指示，新山华社满足创办学院的条件，同年教育部原则上批准南方学院办学。南方学院担负教育使命，其中一项使命为"为华文独立中学毕业生开拓升学管道"。它的创办，对于华文独立中学教育的发展无疑是一针"强心剂"，有利于华文教育在马来西亚的发展。其六大办学方针中，第一条即为"配合国家

---

① 莫顺宗：《一脉相承：南大与三院》，载莫顺宗、伍燕翎主编《新的纪元：东南亚华人新编》，马来西亚华总东南亚华人研究中心，2017，第 4 页。

发展及延续民族教育，提供相关学系和课程，以保持民族教育与理工科系的优越传统"[1]。南方学院的创立是为国家的发展而储备和培养人才，强调马来西亚国家意识，重视多元民族、多元文化教育，但"依民族教育模式"的母语教学及传承中华文化教育，是南方学院的根本底色。

1997 年获得教育部原则上批准设立的新纪元学院（现升格为新纪元大学学院），对于马来西亚华文教育来说，极富意义。它是四十多年来一直为华文教育执着努力并领导马来西亚华教运动的董教总一手创办的，附属于董教总教育中心有限公司（非营利），建校于原先努力申办却未获成功的"独立大学"的旧址（雪兰莪加影）上。对于董教总和其他坚持不懈的华教人士来说，这是莫大的安慰。1998 年，正式开学的新纪元学院最初只有中文、商学、资讯工艺与社会研究四个科系。其中，中文系的第一届学生有 30 人，首任和继任院长为洪天赐博士、柯嘉逊博士。以"多元开放、成人成才"为办学理念的新纪元学院，以"完善华教体系，拓展学术研究；提升人文素养，推动全人教育；培养现代人才，建设国家社会"为办学宗旨。[2] 可见董教总及其他华教人士对创办这所高等教育机构的用心，它"背负着特殊的民族文化使命"，担当着提升学子人文素养、"培训马来西亚的中文师资与学术研究人才"、"承

新纪元大学学院教师林嘉莹（左）与本书作者的合影

---

① 曹淑瑶：《国家建构与民族认同：马来西亚华文大专院校之探讨（1965—2005）》，厦门大学出版社，2010，第 91 页。

② 同上书，第 145 页。

继与发扬华族优良传统的责任"①。无论是培育中文师资、还是发扬中华传统，都是中华传统文化在异国播撒的体现，尤其体现在中文系的发展历程上。中文系开设的课程比较多样化，但中国文化方面的课程总是最突出，如中国学术导读、中国通史（后来改为中国古代史、中国近代史两门课）、中国文学史、台湾小说选读、历代文选、文字学、中国艺术文化、先秦两汉文学史、墨子研究、戏剧鉴赏等。20 世纪以来，中文系的教学内容更加明确，移出历史、新闻方面的科目，以汉语语言学和文学类的科目为教学内容，突出了中文系的精神内涵。近年来，中文系（后来升级为文学院）在伍燕翎博士的带领下阔步前进，这位有魄力的负责人，不仅积极拓展与中国高校的交流与合作，而且推动了有关华人文化史料馆在新纪元大学学院的落成（比如"李锦宗马华文学史料馆"），还促成了"方修书库""落户"于学院的"陈六使图书馆"。

在这三所华文高等教育学府中，韩江学院的特殊之处在于，它是全马来西亚三所华人民办学院中，第一家被政府批准以"独中统考"作为主要招生资格的华文高等教育学校。在这之前，韩江学院的成立经历了曲折过程，它建基于韩江中学。1974 年马来西亚与中国建交，之后政府批准韩江中学开办"后期中学教育"（大学先修班）。韩江中学因此成为全马来西亚唯一一所拥有新闻专科班（后来改称"韩江新闻系"）的华文独中，著名华文作家方北方讲授中文课程。1998 年，韩江中学新闻专科班升级为新闻传播学院，并开课，韩江华文学校董事长陈国平宣布它将是"迈向'韩江学院'的第一步"。同年，韩江董事会向马来西亚教育部申请开办韩江学院，并参考南方学院和新纪元学院的运作方式，同样定为非营利性教育机构。1999 年 7 月 15 日，马来西亚教育部副部长冯镇安将批准函交给陈国平，并在致辞中提及韩江学院非常照顾华裔子弟，是第一所将独中统考作为首位入学资格的学院，"证明政府已非常注重独中及华文教育"②。在 2000 年 5 月 8 日的开学典礼上，代院长王

---

① 曹淑瑶：《国家建构与民族认同：马来西亚华文大专院校之探讨（1965—2005）》，厦门大学出版社，2010，第 148 页。

② 同上书，第 182 页。

云霞表示要向学生"教导孔孟儒家学说",并设立华文研究中心,下设中国语言文学系。韩江学院还与南京大学紧密合作,不仅使马来西亚学生能够完成本科大学学业,获得南京大学的学士和硕士学位,而且帮助他们打开了国际视野。对于马来西亚华文教育体系而言,这不仅给马来西亚华校生提供了从华文小学到华文独立中学再到华文大学的完整教育,而且将马来西亚华文教育提升到国际水准。对于中华文化传播而言,这样的合作也是典范,它为马来西亚华人子弟接受中华文化教育提供了绝佳的平台。在课程设置上,除了马来西亚语、马来西亚研究和道德教育三门必修课,韩江学院采取的是更加灵活实用的操作。就中国语言文学系来说,其成立宗旨乃是"提供给学生'系统化的中华语文与文化的专业训练'",以"提高本地文教工作者之语言及文化水平"。课程有中国文学史、中国现当代文学、中国文化概论、唐诗宋词、语言学概论、文艺理论、马华文学、马华社会与文化、港台文学、世界文学等必修课程,也有中国民族音乐概论、敦煌学概论、道家哲学等选修课。[1]韩江学院具有传承华文教育的华文高等学院特质,同时又采取多样的教学语言,以适应马来西亚多元化的工作与生活需求。

四、马华文学及话剧艺术

文学艺术教育,是海外华人接受中华文化教育的重要渠道。作为中华文学艺术创作的重镇马来西亚,尤其如此。马来西亚华人所接受的中华文学艺术教育的内容,主要来源于中国南来的作家、艺术家(艺术团体)及马来西亚本土成长的作家、艺术家(艺术团体)。

(一)马华文学

马来西亚华文文学(以下简称马华文学)对马来西亚华人接受中华文化教育起到了关键作用。20 世纪上半叶的马华文学深受中国文学的影

---

[1] 曹淑瑶:《国家建构与民族认同:马来西亚华文大专院校之探讨(1965—2005)》,厦门大学出版社,2010,第 191 页。

响，同时也追随中国文学思潮的步伐。黄万华教授指出，马华新文学"很自然地视五四新文学为母体，各种文体的发展也基本上以五四新文学成果为载体。以华文小说为例，便是从'问题小说'起步，随后有南洋乡土色彩的倡导、'新兴小说'的兴盛、抗日小说的蜂起（战前马华作家结集出版的四本小说集，即王哥空的《面包及其他》、丘士珍的《峇峇与娘惹》、林参天的《浓烟》、铁抗的《义卖》便有着这种发展脉络），其发展轨迹明显呈现出中国新文学的辐射影响"①。1927年南来华校执教、被誉为20世纪30年代"最活跃且成就最大的马华作家"林参天创作的《浓烟》（1935年），以厚实的生活底蕴"表现了地道的南洋华文教育的生活长卷"，以文学的形式展现了马来西亚华侨华人对中华文化教育的接受。黄万华教授所称的"马华现实主义文坛三剑客"——姚紫、苗秀和韦晕，以及马华文学最高奖"马华文学奖"四届得主——方北方、韦晕、姚拓、云里风等，都是二战后活跃于马华文坛的重量级作家。方北方的鸿篇巨作《风云三部曲》（《迟亮的早晨》《刹那的正午》《幻灭的黄昏》）与《马来亚三部曲》（《头家门下》《树大根深》《花飘果堕》），尤其具有史诗性，展现了跨国移民的马华族群在异国土地上求生存、求发展乃至落地生根、开枝散叶的历史进程。教育家方北方长期执教于槟城韩江中学（担任主任、校长等职务），他的小说创作总是离不开对教育问题的思考。其中篇小说《娘惹与峇峇》（1954年）就表现出他对华族华文教育的思考。"娘惹""峇峇"属于土生土长的华人，许多为中外混血儿，前者指女性，后者指男性，他们接受了多种文化的影响。马来西亚的"娘惹""峇峇"深受英国殖民文化和居住地马来文化的影响。然而，无论如何，"娘惹""峇峇"的文化基因根深蒂固，他们身上有着中华文化的深刻痕迹。黄万华教授指出："在马来亚这样多元种族的国家里，各族群的文化及其认同是渗透、交错而呈现出复杂形态的，峇峇华人文化应该是华人文化的生存形态之一……方北方始终钟情于中华文化，他自然主要从维护华族文化的基点来审视'峇峇'社

---

① 黄万华：《新马百年华文小说史》，山东文艺出版社，1999，第15页。

会。"① "峇峇华人文化"虽然与中华文化产生了差距，但在一定程度上，也是中华文化在东南亚传播过程中与异国文化碰撞、杂糅之后产生的"文化变体"，仍保有中华文化的基因。在实际生活中，像林文庆这样的峇峇华人，就深受中华文化的影响。

1963 年马来西亚独立建国，1965 年新马分治。在政治氛围上，马来西亚社会日渐呈现出"马来化"状态，马华文学的发展空间及华人接受华文教育的空间都受到一定程度的抑制。马华文学被排除在国家文学体系之外，只是作为华人族裔文学的一支，在马来西亚的文学边缘披荆斩棘。马来西亚学者张锦忠指出，"独立后马来人主导的政府推行本土化与种族化政策，定伊斯兰教为国教，立马来语为国语，以马来文化为国家文化，后来更将马来人、半岛的原住民、东马的卡达山-杜顺、达雅克-伊班合称为'土著'（马来文为 Bumiputra，意谓'土地王子'，简称'卜米'）"②。1969 年"五一三事件"（主要发生于华人与马来人之间的种族冲突）之后的 40 年，马来西亚利用国家机器推动着"一个马来人的马来西亚"社会的形成，"政经文化教育政策更是一面倒向'卜米主义'"。这一方面造成了马华文学在马来西亚的身份困境，继而促使马华作家对文化认同的深度思考；另一方面，反而促进了马华文学对中华文化的依归。

张锦忠说："马来西亚在'后五一三时代'塑造以马来—伊斯兰为主的国家文化，各级学校强力执行马来文教育，定马来文学为国家文学。面对这样一个'后五一三时代'的强势非母语语境，马华文学书写者觉得自己所处的位置是一个'家国、社群、语言及文化面临存亡绝续危机的悲剧'舞台。抱着这种书写的悲剧情怀与文化情结，他们追寻民族文化根源，以方块字言情抒怀，思考马华文学在'一个马来人的马来西亚'的存在意义——华裔作家用华文书写，除了抒情写意载道，更是维系民族身份与文化属性的一种姿态。这也是为什么'感时忧族'成为

① 黄万华：《新马百年华文小说史》，山东文艺出版社，1999，第 128 页。
② 张锦忠：《关于马华文学》，台湾中山大学文学院，2009，第 28 页。

七○年代以降离散马华文学的主要叙事与论述。"① 也可以说，马来西亚独立建国以来，马华文学在日渐"马来化"的马来西亚社会受到压抑，马华文学创作也便成了抒情写志及维系文化身份的一种重要方式。而且在马来西亚独立建国以后，由于中马两国意识形态的差距，两国文人的双向流动也遇到了巨大的困难。

渐渐地，马华本土作家成长起来，不少人到中国台湾学习或访问，形成了一个马华旅台作家群体，如张贵兴、李永平、温瑞安、方娥真、黄锦树、陈大为、钟怡雯、林辛谦等；有些人在中国改革开放以后，前往中国学习、访问，如陈政欣、辛金顺、戴小华、朵拉、陈焕仪等，亲身感受中国文化的魅力，对自身的创作也产生了新的影响。神州诗社的温瑞安、方娥真等人，除了出版《神州诗刊》，也在时报、皇冠等出版社出版《神州文集》等。这些马华旅台作家笔下的"神州"，体现了深厚的中华文化情结。温瑞安更是借武侠小说神游"文化中国"，他的武侠小说"四大名捕"系列，将中华文化、中华武术融为一体，自成风格。张锦忠说："马来西亚对非马来人的种族分化政策，对华人文化、教育与文学的漠视或边缘化，造成华人文化危机意识。温瑞安在散文与诗中对华人的这种困境颇多譬喻与叙述。他在第一本诗集《将军令》跋文写道：'我们总不能、总不能看见这头受伤的苍龙，绝灭在我们这一代的手里'……但是在'龙哭千里'的马来西亚，要以华文文学实现'文化中国'的理想，温瑞安认为'此乃是非地，而非风云密布之中原，在此只有金剑沉埋'……这是温方等人决心在一九七三年离马赴台的原因。"② 温瑞安、陈大为等人将对文化中国的追寻付诸笔下，也付诸实际的神州行。陈大为《治洪前书》《再鸿门》等诗集中有许多中国文化意象及神话，他借助诗歌与中国古人（司马迁、张良等）对话，真切地表现了自身对中华文化的关切和身体力行的传承。李永平的小说也体现了对中华文化发自肺腑的关怀。他的《雨雪霏霏：婆罗洲童年记事》这本书，由九篇追忆婆罗洲的童年故事组成。在"追忆一：雨雪霏霏，四牡

---

① 张锦忠：《关于马华文学》，台湾中山大学文学院，2009，第 31—32 页。
② 同上书，第 47 页。

骓骓”中，叙事者追忆在台北罗斯福路古亭小学门口的水泥台阶上，第一次遇见朱鸰丫头，她正用粉笔使劲刻画八个方块字。"'雨雪霏霏，四牡骓骓。这是《诗经·小雅》的两句诗！你懂得它的意思吗？'/'我可以猜呀。'"① 朱鸰丫头说她从小喜欢看字典上排列的四四方方的中国字："雨雪霏霏，四牡骓骓。一个中国字若是一幅小小的图画，两万个中国字就是两万幅小图画，合起来不就是一幅大图画吗？全世界最大、最美、最古老的一幅画呢。/这幅巨画的名字就叫作'中国'，对不对？"② 在"追忆六"部分，叙事者"我"与朱鸰并肩站在华江桥上，在满江霓虹灯火下眺望新店溪的月色，并向朱鸰诉说在那千里之外的婆罗洲的童年故事。"喂，你看招牌上那一个个五光十色千姿百态的中国字，倒映在台北的河流中，变得多婀娜妖娇，蓦一看，不就像敦煌千佛洞中那群飞天姑娘？"③ 中国字、中国，在李永平心中有着特别的分量，他的华文文学创作、他的生命与之血脉相连。他的《雨雪霏霏：婆罗洲童年记事》中的那些小说，虽然是叙事者身在台北回望婆罗洲故乡，但脚下的神州（中国）却是作者回望婆罗洲的文化底蕴。书名将"雨雪霏霏"这一（远古）经典的中国文学意象与"婆罗洲"这个切实的东马故乡连接起来，就显示了李永平对文化中国的深厚认同。李永平又以武侠小说表达了他对神州最后的敬意，他的遗作《新侠女图》通过一个广东南蛮小子李鹊追随侠女白玉钗北上京师的传奇旅程，实实在在表达了自己这位来自更遥远的南洋婆罗洲的"南蛮"，对北方神州（文化中国）的仰慕之情。《新侠女图》中那些地道的中国古地名（采石矶、雷州、涿州、徽州）、水陆古道（京杭大运河、大庾岭、梅关等），那些最富中国传统文化色彩的意象（京师、剑、箫、书箧、驿道、古渡、客栈）等，都使得《新侠女图》具有地地道道的中国文化色彩。尤其是驿道、古渡、客栈等彰显流散意味的中国文化意象，给人以想象，与作者李永平作为中国后裔却生于他国的"文化游子"身份形成了一种呼应。作者以武侠小

① 李永平：《雨雪霏霏：婆罗洲童年记事》，上海人民出版社，2014，第 17 页。

② 同上书，第 19 页。

③ 同上书，第 97 页。

第一章　新加坡、马来西亚华侨华人的中华文化教育

说的形式，将中国文化、文化中国铭刻于生命中的用心于此可见。"二十世纪马华文学的一个句号，便是马华文学经典构建的课题。1995 年福建鹭江出版社推出《东南亚华文文学大系·马来西亚卷》，包括云里风、碧澄、孟沙、马仑、马汉、驼铃、曾沛、李忆莙、甄供、陈政欣等十二人的文集。与此同时，大马华文作协又成立阵容强大的编委会，编纂马来西亚建国以来的《马华当代文学大系》。这使马华文学经典化的话题成为马华文学史研究的一个焦点，其中种种歧见反映出了马华文学世纪末的一种面貌。"①

综观 20 世纪马华文学，现实主义创作思潮也好，现代主义创作思潮也好，南下作家深厚的中国意识也好，本土作家试图突破、创新乃至与母体文化"断奶"也好，无论如何，马华文学都无法脱离中华文化的滋养。它本身就是中华文化在马来西亚土地上以文学形式存在的表征。马华文学在马来西亚虽然至今没有获得国家文学的地位，但它深厚绵远的创作传统和精彩的创作成果，早已获得世界华文文学这个更大舞台的认可和尊重。马来西亚华侨华人执着于马华文学创作，马华文学在马来西亚乃至世界范围内的传播，都体现了华侨华人对中华文化教育的接受与传承。

（二）马华戏剧

马来西亚华侨华人所接受的中华文化艺术教育是多方面的，来自中国或华人社会生发的各类中华文化艺术——书法、音乐、绘画、戏剧等，都给马来西亚华侨华人以艺术的熏陶。马来西亚华语戏剧（以下简称马华戏剧）有戏曲、话剧、歌舞剧、木偶戏、南音等，在马来西亚有较长的存在历史。随着中国移民南下，戏剧就慢慢流播于华人移民的侨居地。

在娱乐还未多元化的古代和近现代，戏曲在马来西亚华侨华人社会颇受欢迎，成为华侨华人接受中华文化艺术教育的重要方式。后来，随着科技的进步，电视、电影、网络等各种娱乐形式的多样化，戏曲也走

---

① 黄万华：《新马百年华文小说史》，山东文艺出版社，1999，第 31 页。

向没落。在马来西亚和世界其他地方，戏曲主要成为娱神的一种方式。但在各类庙宇神明的诞辰或华人社会民俗节庆时，戏曲艺术表演同样起到了传播中华文化艺术的作用。由于马来西亚华人移民的祖居地主要为中国福建、广东两省，所以闽粤的宗教信俗、民间文化艺术也较多地传播到马来西亚。厦门大学周宁教授指出，"马来西亚华语戏曲剧种主要来自广东、福建，当地华人习惯称之为广府戏和福建戏。广府戏指的是粤剧、潮剧、琼剧、广东汉剧等。福建戏指的是高甲戏、莆仙戏、闽剧、歌仔戏、梨园戏、闽西汉剧等。此外还有北方的京剧与台湾的南管戏和歌仔戏""华语戏曲在马来西亚有酬神与娱人的双重功能"①。戏曲发挥酬神与娱人双重功能，主要发生于古代和近现代马来西亚华侨华人社会。

据有关资料介绍，广东最大的地方戏曲剧种粤剧，在清朝传入马来西亚。清朝粤剧艺人李文茂率领梨园子弟响应太平天国起义，起义失败后被清政府追捕，粤剧艺人被迫逃亡东南亚一带（包括马来西亚等地）。② 可以说，清代李文茂等粤剧艺人对现实斗争的高度参与，一定程度上影响了这个剧种的发展。辛亥革命前，爱国粤剧艺人到吉隆坡、霹雳州等地演出革命剧《秋瑾》，著名粤剧艺人马师曾、靓元亨、新华等人也曾在马来西亚走埠演出，这一切都推动了马来西亚的粤剧向着"反映现实斗争"的路子发展。③ 20 世纪二三十年代，粤剧在马来西亚获得热捧，其演出的频次更胜于其他剧种。马六甲、太平、吉隆坡、槟城、怡保等地，都有演出粤剧的戏院；中国的"胜寿年粤剧团""觉先声旅行剧团"，也来到马来西亚出演《血染热河》《龙虎渡姜公》《关公古城会》《霸王别姬》等传统或反映现实斗争的剧目；④ 新加坡的万年青班等也来马来西亚演出。粤剧演出场地的增多，粤剧演出团体和粤剧艺人的敬业表演，都推动了马来西亚粤剧艺术的繁荣。潮剧也在马来西亚占据

① 周宁主编《东南亚华语戏剧史》，厦门大学出版社，2007，第 10 页。
② 同上书，第 193 页。
③ 同上书，第 201—202 页。
④ 同上书，第 208 页。

重要地位。潮剧著名艺人洪妙擅长嗫声（真假结合），唱功独运，"尤擅长老旦，机巧灵活，妙趣横生，'他扮演《杨令婆辩本》中的杨令婆，饮誉泰国潮剧剧坛，他到新、马等地演出，同样轰动当地剧坛。'……在京剧《百岁挂帅》里，勇敢的佘太君带领杨门女将驰骋沙场，所向披靡，是一出沸腾的群戏，而潮剧戏曲家编的折子戏《杨令婆辩本》却别出心裁，让大义凛然的杨令婆只带着一根'上打昏君，下打奸臣'的龙头拐杖唱了一曲精湛的独角戏，轰动了马来西亚的戏曲舞台。杨令婆形象是洪妙在唱做过程中逐步塑造定型的，戏台上主唱演员洪妙就是活着的杨令婆，其惟妙惟肖的表演及滔滔不绝的辩才赢得了经久不衰的笑声和掌声，洪妙的名字成了海外潮剧经典的代名词"。①

在马来西亚剧坛，除了广府戏，福建戏也分享着中国表演艺术的荣光。早期抵达马来西亚的移民中，漳州府、泉州府人数较多，福建闽南一带盛行的戏剧自然也随之传入马来西亚。"高甲戏是最早到达马来西亚并得到移植的福建戏曲剧种。"② 清代中国戏班"三合兴""福金兴"等前往马来西亚献艺，演出《三气周瑜》《白蛇传》《长坂坡》等传统剧目。闽南的戏班"福兴荣"也在清末民初到新马等地长期演出，《过五关》《鸿门宴》《龙虎斗》等是反复演出的剧目。③ 20世纪早期，福和兴、福美兴、福庆兴等高甲戏戏班也来到马来西亚献艺演出。上述这些戏班艺人展示出最富中国文化特色的表演艺术，不仅慰藉着马来西亚华侨移民的思乡之情，也将中华文化艺术传播马来西亚，意义重大。此外，梨园戏、莆仙戏、歌仔戏等福建剧种也传播到马来西亚，演出《陈三五娘》《昭君和番》《封神榜》《山伯英台》等剧目，深受马来西亚华侨华人社会的喜爱，中国传统文化艺术至此落地生根。

1965年新马分治，在"马来化"日渐严重的马来西亚，华语戏曲的发展受到一定程度的抑制。而且随着全球科技的发展和人们娱乐、交流平台的增多，戏曲这种传统艺术也开始没落，观众越来越少，其"娱

---

① 周宁主编《东南亚华语戏剧史》，厦门大学出版社，2007，第211—212页。

② 同上书，第195页。

③ 同上书，第196页。

神"的功能反而增强。在广府戏中，曾经在戏曲领域风光多年的粤剧也遭遇困境，演出场地、专业剧团都不复从前。尚且活跃的专业剧团有八和会馆属下的艳阳天粤剧团。1971 年 10 月，该团在吉隆坡中华游艺场连续演了十多晚，演出的主要剧目有《虎将蛮花》《胭脂巷口故人来》《枭雄虎将美人威》《牡丹亭惊梦》等。[1] 20 世纪 80 年代以来，吉隆坡艳阳天粤剧团在团长蔡艳香的带领下，在各种神诞日及中元节演出，《樊梨花与薛丁山》《白蛇新传》《春风笑六郎》等是常演出的剧目。[2] 而潮剧由于有着与时代相呼应的传统，在粤剧没落时，尚常有演出。威省的大山脚和槟城的天德园是槟州两个著名的潮州村，每年普度都有十余天或数十天的潮剧演出；于 1989 年复办的柔佛颍川陈氏公会儒乐团，是马来西亚业余潮剧团，也常演出《京城会》《桃花搭渡》《回窑》《真假驸马》《辩十本》《一门三进士》等剧目；2000 年以后，中国云霄青年潮剧团也来到马来西亚为神诞做戏娱神，演出《宝剑恩仇》《鸳鸯榜》等剧目，汕头新春潮剧团则带来了《六国封相》《八仙贺寿》《霸王别姬》等剧目，亮丽的青年演员功夫精进，深受马来西亚华人热捧。[3] 潮剧团的演出虽然主要发挥的是娱神功能，但在客观上也慰藉了老一辈潮籍华侨的情感，促进了潮剧艺术的传播。

　　由于槟城是福建移民的聚集地，祖籍闽南的华侨华人很多，"槟城五大姓"（邱、谢、杨、林、陈）中，有四姓（陈氏以外）的祖籍地都是漳州府海澄县三都（今厦门海沧）境内的村社。马来西亚建国以后，在华语戏曲普遍衰落的情况下，槟城仍旧时有福建戏曲的演出。其中，南艺闽剧团的艺术表演比较引人注目。出于现实考量，这个剧团主要演出高甲戏、歌仔戏、木偶戏等多种戏曲艺术。20 世纪 90 年代以后，福建歌仔戏团纷纷前往东南亚演出。歌仔戏是闽台两地培育出来的剧种，相传它由漳州民间小调"锦歌"、车鼓小戏及台湾土地上的艺术元素糅合发展而成。歌仔戏传回漳州后，被老艺人邵江海加以改良，称为"改

① 赖伯疆：《东南亚华文戏剧概观》，中国戏剧出版社，1993，第 248 页。
② 周宁主编《东南亚华语戏剧史》，厦门大学出版社，2007，第 240 页。
③ 同上书，第 236—239 页。

良戏"。由于"改良戏"主要流传于九龙江中下游的芗江一带，后来人们又称之为"芗剧"。① 厦门歌仔戏剧团、漳州芗剧团等国营专业剧团，主要以文化交流为目的前往东南亚国家进行访演，亦有众多民间芗剧团受邀往东南亚进行酬神演出。漳州芳苑芗剧团于 1997 年应邀赴马来西亚演出《金童玉女》《日月双凤钗》等剧目；漳州华安县丽华歌仔戏剧团从 2003 年至 2007 年多次赴马来西亚演出；漳浦金凤芗剧团从 2005 年至 2007 年三次应邀赴马来西亚表演技艺；漳州慧群歌仔戏剧团于 2006 年至 2008 年三度赴马来西亚献艺；② 2005 年厦门艺玲歌仔戏剧团在马来西亚演出了《六国封相》《鲤鱼跳龙门》《八仙贺寿》《罗成挂帅》《包公案》《认母》等剧目，③ 它与漳州新顺钦歌仔戏团等多个中国南下剧团一起，有力地催活了马来西亚的戏曲舞台。

此外，木偶戏（古代称傀儡戏）也受到马来西亚华侨华人社会的欢迎，其中福建木偶戏源自漳、泉两地，泉州地区的木偶戏被民间称为"南派布袋戏"，有别于漳州地区的"北派布袋戏"。南派布袋戏，其乐调以古雅的南乐为主，其道白、唱词带有浓厚的闽南乡音，所唱皆为南词。④ 20 世纪初期，泉州提线木偶戏艺人蔡庆元南下演出，一定程度上促进了马来西亚木偶戏的发展。辛亥革命前，广东湛江著名木偶艺人郑万楷也带领戏班南下新马献艺，其子郑寿山堪称表演奇才，他在祖传的艺术技巧上进行创新，给木偶戏设计多种富于表现力的动作，⑤ 对马来西亚木偶戏的发展起到积极的推动作用。家族式经营的"潮音金玉楼春团"是马来西亚"影响最大的木偶戏团"，团长杜爱花是第三代传人，两子两女都是剧团重要成员。吴慧婷、吴慧玲两姐妹常担纲戏曲的男女主角，担任女主角的吴慧婷声音圆润，"颇具潮州韵味"，两姐妹还能"在台上同时操纵七个木偶"，令人惊叹。吴历山是扬琴行家，吴历达能

---

① 向忆秋：《闽南民间文学研究》，社会科学文献出版社，2018，274—275 页。

② 潘培忠，王汉民：《福建歌仔戏向东南亚传播的历史回顾与探析》，《东南亚纵横》2012 年第 4 期，第 59—63 页。

③ 周宁主编《东南亚华语戏剧史》，厦门大学出版社，2007，第 240 页。

④ 同上书，第 245 页。

⑤ 同上书，第 246 页。

演奏每一种乐器。剧团的特别演员苏巴马廉是印度人，负责敲击铜锣，还能演戏，他的潮州音也相当的纯正。剧团常演出的剧目有《春草闯堂》《赵氏孤儿》《孟姜女过关》《三驸马》《十五贯》《一门三进士》等，内容多是中国的宫廷故事、民间故事，① 可谓具有浓厚的中华文化特色。第四代传人吴慧玲，于1989年在马来西亚槟州成立金玉楼春潮剧团（原名金玉楼春潮音木偶团），成为马来西亚唯一的职业潮剧团，演出《孙悟空巧斗蜘蛛精》《包公赔情》等剧目，在马来西亚及其他国家献艺，继续践行以优秀戏曲文化传承、传播中华文化的艺术使命。

马来西亚华语话剧也是马华戏剧的重要组成部分，因富于时代特色，更具有现实性。相比马华戏曲的大起大落，它的命运要平顺一些。早期的话剧被称为"新剧""白话剧""文明戏"。赖伯疆指出，20世纪早期新马的新剧有三种情况：其一，"是中国戏曲戏班受到辛亥革命和'五四'新文化运动，以及上海文明戏的影响，演出了一批'新剧'"；其二，是上海的剧团到新马演出了一批"文明戏"，如金星歌舞团和银月歌舞团到新马演出了许多剧目；其三，"是当地华侨组织的话剧团演出的新剧，他们的演出剧目除了引进中国的文明戏剧目和西洋话剧剧目外，还有由当地的编剧和演员就地取材编写的本地剧本……1922年以后，本地剧团演出的新剧就比较活跃而密集了"。② 《买婚书》《在咖啡馆里》等20世纪20年代的话剧作品都具有针砭时弊、批判现实的特色。中华民族抗日战争时期，马华话剧呼应中国的时势，为"抗战"欢呼鼓舞，将中华民族"天下兴亡，匹夫有责"的守土爱国精神贯穿于话剧的创作与演出中。当时，剧作家创作和剧团活动都颇为活跃，比如，叶尼的《伤兵医院》反响很大，王秋田导演了上百个剧本，朱绪领导马华巡回剧团到全马西海岸各地演出。由于英国殖民者不承认华侨是居住地的国民，所以这时期马来亚的抗日救亡话剧是"典型的侨民文艺"。1942年，新马沦为日本殖民地，华侨与当地居民一起"抗日卫马"，抗战话

① 周宁主编《东南亚华语戏剧史》，厦门大学出版社，2007，第247—249页。
② 赖伯疆：《东南亚华文戏剧概观》，中国戏剧出版社，1993，第34—36页。

剧也进入地下状态。① 战后，马华剧坛的学生戏剧运动，以及外来剧团和本地剧团联合演出，显示了新马剧坛的活跃状态。特别是中国香港的"中国歌舞剧艺社"到新、马、泰等地巡回演出，并且创作和演出《风雨牛车水》《风雨三条石》《海外寻夫》《中马票记》等剧目。《风雨牛车水》《风雨三条石》都是岳野的作品，前者对新加坡牛车水一带华人社会的困境有比较朴实真切的反映；后者则反映马来西亚吉隆坡底层人民的生活状态，广府方言的使用增强了中华地域文化特色。这些剧作及表演，"深刻地反映了新、马社会各阶层人民，特别是下层人民的苦难生活和斗争，表达了他们的心声"②。它们被载入新马华文文学史，成为两地颇为珍贵的文艺财富。除了话剧演出，战后中国艺人给新马泰所带来的中国民族民间舞蹈、民歌等艺术，不仅将中华艺术的种子播种于新马泰地区，使新马泰华人获得中华艺术的熏陶，也深深启发了当地歌舞艺术，一定程度上促进了当地艺术的进步。

1965 年 8 月 9 日，新加坡独立建国。新马分治使得马华剧坛备受考验。在马华剧坛退出戏剧创作与演出活跃的新加坡舞台后，如何推动与发展马华戏剧艺术成为戏剧界人士认真思考和践行的课题。"从 1965 年至今，马华话剧的演变和发展主要经历了两个阶段：即保守话剧阶段（1965—1988）和新生代话剧阶段（1988 年至今）。"③ 1963 年 5 月成立的剧艺研究会，是马华剧坛推动话剧艺术发展过程中创办的民办表演艺术团体。20 世纪 60 年代后半期，剧艺研究会的戏剧活动并不多，公演过《全家福》，也推出《憩园》等剧作表演。20 世纪 70 年代开始，剧艺研究会开展了对华侨华人进行艺术教育的活动，推广剧艺研究班的培训学习，在授课之余也推进学员的戏剧公演。《母与子》《乔迁之喜》《悔不当初》等都是剧艺研究班学员表演的作品。剧艺研究会也致力于演绎大型中国名剧，如表演曹禺的《雷雨》《原野》等。这两部作品既有西方艺术元素，也体现了旧时中国城乡社会的家庭观、人生观等，在马来西亚

---

① 周宁主编《东南亚华语戏剧史》，厦门大学出版社，2007，第 288 页。

② 赖伯疆：《东南亚华文戏剧概观》，中国戏剧出版社，1993，第 110 页。

③ 周宁主编《东南亚华语戏剧史》，厦门大学出版社，2007，第 394 页。

传播了中国话剧艺术，令马来西亚华侨华人社会感受到 20 世纪以来故国原乡的文化气息。1977 年至 1979 年剧艺研究会举办了三届戏剧节活动，公演了《春风化雨》《风雨故人来》《原野》等剧作，活跃了马华剧坛。"戏剧节既宣传了华语话剧，同时也点燃了各地戏剧爱好者及观众的热情，马华话剧逐渐走上了专业化的道路。"① 1980 年，剧艺研究会公演了拿手好戏《春晖普照》《雷雨》及《爱的踪影》等剧作。1990 年，剧艺研究会继续推出"戏剧节"（后易名为"国庆戏剧节"）活动，研究班学员则保持剧作演出并加强戏剧界的艺术探索。2003 年，在剧艺研究会的努力下，吉隆坡终于建成一座专门用于戏剧表演、讲座、研讨、交流的华人剧场——剧艺文化剧场，这对新世纪以来马来西亚戏剧的推动及戏剧艺术的融合创新，提供了更好的条件。

1988 年马来西亚艺术学院创办戏剧系，新生代力量给马来西亚戏剧界增添了光彩，推动了戏剧艺术的创新。这个戏剧系是马来西亚"第一个以中文作为教育媒介语的戏剧学系"，该系创办人梁志成，少年时从福建南渡而来，毕业于吉隆坡尊孔中学，心中存有传承中华文化的使命感。该系副主任孙春美，曾留学中国台湾，深受台湾小剧场理念与表演艺术的影响，并将这种戏剧理念用于戏剧系的教学与实践中。"戏剧系的创办，同时也带动了剧场的新风气。一时小剧场演出盛行，出现了非主流的戏剧生态面貌。这种非主流是相对于剧艺研究会的'主流'而言。该系的办学原则是'艺术与道德平衡发展，理论与实践并重'。这对于整个华语戏剧史而言，是一个非同小可的转捩点。他们对现代、经典、前卫做了各种尝试，强调新剧场的开发，认为任何空间都可以成为剧场，努力改变以往演员与观众的观演关系，试图寻找演员与观众的互动关系，还想改变以往着重叙事的剧场，而强调意念的传达。在语言面貌方面，他们允许马来西亚腔的华语出现在舞台上。"② 戏剧系历届毕业公演基本上都是中外名剧，如《感天动地窦娥冤》《仲夏夜之梦》《爱丽丝之梦游记》《推销员之死》等。其中，中国名剧的公演也是对马来西

---

① 周宁主编《东南亚华语戏剧史》，厦门大学出版社，2007，第 397 页。
② 同上书，第 406 页。

亚华侨华人进行中国艺术教育的一种形式。"新生代话剧崛起，众多剧团和表演艺术制作团体涌现，一改马华剧坛 1980 年代的低潮局面，呈现出勃勃的生机。特别是吉隆坡和槟城，在 1990 年代迎来了新生代话剧的黄金时代。"① 1991 年成立于槟城的造心厂青年剧坊，奉献了诸多剧作，槟城大会堂、街头剧场等都是造心厂同仁发挥表演艺术才能的地方。1992 年由孙春美、杨国忠、吴国萏、唐翠芬等人创建的单单表演工程，体现了四个人"热爱戏剧，就从事戏剧"的单纯意念，他们的"三八男人"系列——《请不要问我做什么》《从最初的开始到结束》《何家老爷爷的神话》等，以及"三个男人"系列——《心边扣》《说书》《去看一场现代实验舞展》等，② 都给马来西亚华语剧坛带来了新思想、新气象。

可以说，马来西亚独立建国以后，剧艺研究会对马华戏剧的发展做出了重大贡献。马来西亚华语戏剧的艺术创新与技术融合，则更多得益于新生代话剧队伍的扩展。无论是剧艺研究会对马华戏剧的持续推动，还是新生代话剧探索对马华剧坛的艺术贡献，都为马来西亚华语戏剧在马来西亚艺术界的开枝散叶奉献了力量，这对于中华文化艺术在马来西亚的传播、深耕（在地化）都是功不可没的，也极大地提升了马来西亚华侨华人戏剧观众的艺术素养。

---

① 周宁主编《东南亚华语戏剧史》，厦门大学出版社，2007，第 410 页。
② 同上书，第 412—413 页。

第二章
泰国、菲律宾、印度尼西亚等国华侨华人的中华文化教育

在东南亚国家中，泰国、菲律宾、印度尼西亚等多个国家的华人移民和华文教育也有着久远的历史。

第一节 泰国华文教育、华人民俗文化与泰华文学

在今天的泰国地理范围内，曾经存在着多个古国。素可泰王朝（1238—1438）、阿瑜陀耶王朝（1350—1767）、吞武里王朝（1769—1782）和曼谷王朝（1782 至今）是历史比较清晰的四个泰国王朝。现在的泰王国，简称泰国①，国土面积约 51.3 万平方千米，首都曼谷除外，共计 76 府，其中甘烹碧府、素可泰府、大城府、佛统府等都是著名的历史古城。湄南河、湄公河是泰国境内最重要的两条河，位于清迈府的因他暖山是泰国最高的山峰，泰国南部的宋卡湖是全国最大的湖泊。泰国主要民族有泰族（占 40%）、佬族（占 35%）、华族（占 10%）、马来族（占 3.5%）、高棉族（占 2%）。② 泰国以佛教为国教，有"黄袍佛国"之称，

① 泰国人曾将其国家称为"北大年泰国"，在二战前后，泰国的正式名字叫"暹罗"，现在称为"泰国"，见施坚雅的《泰国华人社会：历史的分析》之"前言"。
② 田禾、周方冶：《泰国》，社会科学文献出版社，2016，第 24 页。叶曙明的《泰国华侨华人史话》叙述华人在泰国总人口中的比例有所不同。

僧王在泰国的地位非同一般，并以佛历纪年，"佛历的计算方法以释迦牟尼涅槃后一年为纪元元年，比国际通用的公历早 543 年，公历 2000 年即佛历的 2543 年"①。

在世界各国国旗中，泰国很罕见地将宗教的象征意义郑重地体现于国旗中。1917 年启用的泰国国旗由"红—白—蓝—白—红"三色五条横带构成，居中的蓝色最宽大，代表泰国王室，上、下的白色和红色，分别象征宗教的纯洁、人民的力量及献身精神，各族人民与宗教力量拥戴着泰国王室。② 1910 年启用的泰国国徽，"其构图是名为'Garuda'（迦楼罗）的半人半鸟图腾……两臂弯向头部，手指内侧，呈泰国民间舞蹈经典造型。在印度神话中，迦楼罗是保护神毗湿奴的坐骑。泰国深受印度文化影响，曼谷王朝国王被尊称为拉玛（Rama）王系，其名源于印度神话罗摩衍那（Ramayana）中由毗湿奴转世的英雄罗摩（Rama）。因此，迦楼罗徽章也象征着'受皇室任命和指派'"③。国旗、国徽的含义鲜明地体现了泰国的政治和文化特色。

一、"拜别阿母往暹罗"

古泰国很早就进入中国人的视野。元朝成宗皇帝于 1296 年派遣访问真腊（中南半岛古国）的使团成员周达观著有《真腊风土记》，书中把真腊西边的邻邦素可泰王朝称为"暹罗"，称那里的人为"暹人"。这是中国史籍中首次用"暹罗"来称呼今天泰国地区的古国。④ 在明代龙溪人（今福建漳州）张燮于万历年间著述的《东西洋考》中，明确指出暹罗在南海，"古赤土及婆罗刹地也"。

那么，中国人是何时踏足古泰国的呢？中国人移民泰国的影响因素有哪些？他们在泰国定居后，又是在何时形成相对成熟的华侨华人社

---

① 田禾、周方冶：《泰国》，社会科学文献出版社，2016，第 51 页。

② 同上书，第 25 页。

③ 同上书，第 25—26 页。

④ 叶曙明：《泰国华侨华人史话》，广东教育出版社，2018，第 3 页。

会？有学者认为，在汉武帝开辟海上丝绸之路时，古泰国已经成为"中国海贸航线上一个重要的停泊港和商品集散地"[1]。可见，汉武帝时代的中国人已经涉足古泰国。后来，随着中国航海技术的成熟和中外交流的频繁，中国人不断前往泰国经商、访问或避难，华人移民源源不断。泰国成为东南亚国家中华侨华人定居众多的国家之一。他们移民泰国的原因是多种多样的。

其一是经商。特别是宋代以来，随着中国经济中心的南移，华南从早先的南蛮之地，因为海洋优势反而变为经济相对发达的地方。闽粤两省历来与东南亚联系紧密，商贸往来也自古频繁。福建的泉州港、漳州月港、厦门港以及广东的广州港等地发展起来的对外贸易，促进了闽粤移民前往东南亚国家（包括泰国）经商、旅居。潮州出海的商船"红头船"（船头漆成红色）及福建的"绿头船"，穿梭于汪洋大海中，紧密连接着中国东南沿海与东南亚的经贸、人员往来。为人熟知的闽南海商集团，更是成为历史上影响中国数百年的对外经贸活动的重要群体。

其二是泰国政策对中国人的吸引。历史上，泰国善待华人，华人在泰国得到了比西方人更好的发展机会。"华人之所以能顺利发展，仅仅是因为他们从未被泰国人视为外国人。"[2] 早在素可泰王朝时，华人就得到泰国政府特别的厚待。"西方人、印度人不得与本地妇女通婚，但华人可以；华人入境不受限制，可以在境内自由旅行、自由活动、自由经商和居住，享受当地人的一切权利，甚至华人缴纳的人头税，只是当地人的三分之一。"[3] 这些政策上的优惠、引力，使很多中国沿海居民投奔素可泰王朝求发展。在大城时代（即阿瑜陀耶王朝），华人依然得到泰国政府的优待。华人被重用乃至被封爵的事例屡见于记载。在吞武里王朝，国王郑信为潮州人后裔，泰国的政策自然有利于华人移民。访问过吞武里王朝的欧洲人克罗福指出，"达信的同乡们是在他大力鼓励下才

① 叶曙明：《泰国华侨华人史话》，广东教育出版社，2018，第5页。

②（美）施坚雅：《泰国华人社会：历史的分析》，许华等译，厦门大学出版社，2010，第13页。

③ 叶曙明：《泰国华侨华人史话》，广东教育出版社，2018，第13页。

这么大批地被吸引到暹罗来定居的。华人人口的这一异常扩张，几乎可以说是该王国数百年中所发生的唯一重大变化"①。在泰国的方言群体中，潮州人迄今为止依然属于优势群体，这恐怕正是与吞武里王朝郑昭王的籍贯背景及推行的政策有关。曼谷王朝依然鼓励华人移民，所以19世纪华人移民依然呈上升趋势。据有关文献记载，在19世纪上半叶，华人人口在曼谷总人口中占据着相对大的优势（见下表）。可见，曼谷王朝对于华人移民依然具有很大的吸引力，从这个人口比重也可推测泰国华人对推动19世纪泰国社会进步、经济发展的作用是重大的。

华人人口占曼谷地区人口比例表②

年份	华人人口数	总人口数
1822	31，000	50，000
1826	60，700	134，090
1828	36，000	77，300
1839	60，000	100，000
1843	70，000	350，000
1849	81，000	160，154
1854	200，000	404，000
1855	200，000	300，000

　　其三是避难。在中国历朝历代的战乱中，都有华人为了避难而移民泰国。在曼谷的华人传说中，为了逃避清朝统治而到达泰国的主要有两个群体——集中于万佛岁（今泰国春武里）的潮州人和南部宋卡的闽南人。③ 在鸦片战争、太平天国起义、19世纪中叶闽南小刀会起义，以及20世纪的军阀混战、民族战争、解放战争时期，都有华人为了避难而移民东南亚。

<hr />

① （美）施坚雅：《泰国华人社会：历史的分析》，许华等译，厦门大学出版社，2010，第26页。

② 同上书，第87页。

③ 同上书，第13页。

其四是从军而流落异国。元朝曾经多次派出远征军，那时泉州港和诏安梅岭港是元军远征南洋的军港。漳州、泉州及潮州多有从军者，后来流落南洋各国，包括暹罗（今泰国）。[1] 在第二次世界大战中，中国也曾经派出远征军到东南亚与盟军合作抗日，部分远征军的将士因此流落异国。后来国民党第三军、第五军从缅甸撤退到泰国北部定居，成为今天泰北华人村的原始村民。

各种各样的原因使得华人移民泰国的脚步自古至今都没有停止过。大城时代，泰国已经有了较为成熟的华侨华人社会。明万历年间，广东海盗林道乾招募潮州人逃亡暹罗，定居北大年，在北大年出现了"唐人街"。广东人黄衷于明嘉靖年间著述的《海语》卷一叙述了暹罗风情，"其中提及大城王朝时代的国都之中，有华人聚居的地方，名曰'奶街'"[2]。这个"中国城"颇为引人注目，热闹非凡。大城时代的"米线街"，有不少云南移民生息繁衍着。1892 年拉玛五世谕令开辟的"耀华力路"，是因褒扬一位爵名为"坤耀华力陀那勒"的林姓华人而命名的，[3] 它如今仍是曼谷著名的"唐人街"。

可以说，自古至今源源不断移民泰国的华侨华人，有不少已经融入泰国社会，甚至成为泰国上层社会的成员。在吞武里王朝、曼谷王朝时期的王室中，被认为有华人血统的皇室成员大有人在。在泰国各地，也有许多华人担任地方大员，他们归化入籍泰国，使用泰国名，融入泰国上层社会。例如，祖籍福建漳州的许泗漳在暹缅边境的拉廊开采锡矿成为巨富，并因开发拉廊的功绩受到曼谷王朝的封赏，成为拉廊府最高行政官职的监察官，后代世袭爵位。曼谷王朝拉玛六世又将"那·拉廊"赐给许泗漳家族作泰国姓氏，"那·拉廊"成为泰国的贵族姓氏。泰国的爵位分为昭披耶、披耶、帕、銮、坤等多种等级，许泗漳家族中"共有十人受封为'披耶'，五人受封为'帕'，五人受封为'銮'，三人受封为'坤'，一人受封为'扎门'。许氏家族是暹罗华人中受封官爵最多的

① 叶曙明：《泰国华侨华人史话》，广东教育出版社，2018，第 11 页。
② 同上书，第 29 页。
③ 同上书，第 266 页。

家族，威权隆重，门庭赫奕"①。又如泰国南部的宋卡府，从吞武里王朝开始，由祖籍福建漳州的吴让家族成员担任"城主"，其家族在曼谷王朝又继续得到宠信，在宋卡长期世袭统治地位。宋卡甚至有自己的军队，发行货币，有高度的自治权。② 在东南亚以其他民族为主体的诸国中，华人最容易融入的国家当属泰国。当然，华人即便归化入籍，泰国华侨华人社会依然生生不息。据统计，19 世纪 30 年代在曼谷主城的 40 万居民中，约有一半是华侨华人。第一次世界大战后，泰国华侨华人总数已达百万。第二次世界大战期间，大批中国人再度涌入泰国。1983 年，泰国政府公布在泰的华侨华人总数为 630 万，占泰国总人口的 13%。目前，在泰华侨华人估计约有 700 万，约占全国总人口的 12%。③ 泰国华侨华人社会的存续发展，必然产生文化需求。由于华侨华人社会内部的差异，华人的文化接受必然也是多元化的。其中，中华文化在泰国华侨华人社会的传播、落地生根，值得关注。

二、泰国华校华文教育发展简史

泰国华校的华文教育发展状况与新马地区大致相似，都深受政治、种族、战争、外交等国内外各种因素的影响，呈现为起伏不定的状态。作为华人移民的重要居住国，泰国华侨华人社会创办了诸多华校，有力地推动了中华文化在泰国的传播。"如今泰国的华文教育已经覆盖了华文民校、泰文中小学、国际学校、专科学校、大学、语言学校、语言中心、远程教育、语言补习班、家庭教育等各个方面。根据泰国华文民校协会公布的数据，泰国现有华文民校 118 所……绝大多数华校都同时拥有小学部和中学部。泰国政府的《促进汉语教学，增强国家竞争力的战

---

① 叶曙明：《泰国华侨华人史话》，广东教育出版社，2018，第 71 页。

② 同上书，第 79 页。

③ 叶曙明：《泰国华侨华人史话》，广东教育出版社，2018，第 2 页。不过泰国华人江白潮在论文《论泰国华侨社会非实质存在》（《汕头大学学报》1990 年第 2 期）中指出，在 20 世纪 90 年代，泰国华侨大约剩下 24 万人。

略规划（2006—2010）》政策出台以后，泰国已有 1610 所中小学开设汉语课程，学习汉语的人数已超过 50 万。"①

泰国华校的华文教育始于何时？"追溯最早的华文学校，很可能是 1785 年前后在阿瑜陀耶府一个小岛上创办的一所学校，是教授华文的，大约有两百名学生，结果却无疾而终。1852 年，美国传教士在吞武里河畔的越亚仑寺附近创办了一所学校，初期也是教授华文的，还聘了一名中国老师。但后来中国老师去世了，华文教学后继无人，学校便改请泰人老师教授泰文了。"② 这些早期创办教授华文的学校，所能传授给学生的人文知识也与新马等地一样，多是传统的儒家文化经典。这可以从泰国的私塾教育得到印证。在华文学校相对缺乏之际，私塾或家庭教师的教授，是常见的华人子弟接受中华文化教育的模式。祖籍福建南靖的萧佛成便是如此。萧佛成，1863 年生于暹罗，其家族世代想要反清复明，祖先因反清失败而逃亡东南亚，年轻的萧佛成也加入秘密组织——三合会。萧佛成幼年时，就是通过家长聘请中国塾师来学习《三字经》《千字文》等中国文化典籍，接受传统的儒家文化教育。③ 可见，在经济情况允许（不必为谋生操劳）的华人家庭，或者聘请家庭教师，或者多家联合延请塾师进行私塾教育，为子弟接受中华文化教育创造条件，这也成为中华文化传播于古代泰国的有效形式。由于泰国是以佛教为国教的国度，寺庙遍地，泰国男子出家进行或长或短时间的修行是人生必经之事，所以"寺庙教育"也是泰国人（包括华人子弟）接受文化教育的形式。借助寺庙这个平台进行文化传播，充当教师的往往是"庙祝"或"香公"。

进入 20 世纪初，随着中国政治思潮对泰国的冲击，保皇党、革命党也纷纷在泰国创办学校，这些学校既成为意识形态教育的平台，也直接促进了泰国华文教育的发展。如，1909 年同盟会在泰国创办华益学堂

① 胡鹏程：《泰国华文教育的发展历程及分析——以泰国春府大众学校为例》，硕士学位论文，广西师范大学，2013，第 6 页。
② 叶曙明：《泰国华侨华人史话》，广东教育出版社，2018，第 225 页。
③ 同上书，第 226 页。

（中华会馆主办），呼应了中国的办学新潮，也启动了泰国的新式华文教育。泰国中华会馆内的两家书报社——联合书报社、振兴书报社，分别由保皇党、革命党主持，并且均进一步创办学校——中华学堂、新民学堂，两所书报社、两所学堂成为两派宣传各自意识形态的阵地。萧佛成主持的新民学堂以闽南方言授课，同时刺激了其他方言族群创办华校，推动了华文教育。[①] 不过，美籍学者施坚雅在其著作中指出，新民学校（指的是李曙明著作中的新民学堂）由福建人、广东人、潮州人、客家人、海南人五个语系集团发起，但由于以潮州语授课，因此刺激了其他语系集团创办学校，以各自方言授课。[②] 同样，客属会馆的进德学校（1913 年）、福建会馆（1912 年成立）首届主席萧佛成等人创办的培元学校（1914 年）、广东会馆的民达学校（1914 年）、广东人创办的坤德女校（1917 年）、海南人筹建的育民学校（1921 年），[③] 都对 20 世纪早期泰国的华文教育起了推动作用。

纵观历史，泰国乃至整个东南亚地区的华校华文教育，主要依托华侨华人社团（会馆、宗亲会）创办。华侨华人社团的运转及发展，也与华人富商的强力支持有着莫大的关系，它们之间本来也是相互依存的关系。华人移民及其后裔往往在创业致富后成为侨领，主持着华侨华人社团的创建、运转。而中国文化中"达则兼济天下"的精神，又深深影响着华商。办学兴教从来都是"兼济天下"的事业，是传播和传承中华文化的宏业，也是华侨华人心底不变的情结。

20 世纪初，华人富商办学兴教的热情不减。从航运业起步的陈氏家族，第一代陈焕荣经营"红头船"，后来子辈到泰国发展。到了第三代陈立梅，生意扩张到金融业、房地产，财源兴隆。陈立梅继承父祖辈办学兴教的善举，与高学修、郑智勇等潮州籍巨商在曼谷创办潮州公立学

① 叶曙明：《泰国华侨华人史话》，广东教育出版社，2018，第 225 页。

②（美）施坚雅：《泰国华人社会：历史的分析》，许华等译，厦门大学出版社，2010，第 179 页。

③ 叶曙明：《泰国华侨华人史话》，广东教育出版社，2018，第 225—226 页。施坚雅的《泰国华人社会：历史的分析》认为培元学校创建于 1916 年。

校（1916 年）。到了第四代陈守明，他重在创办银行、经营保险业，陈氏家族"富甲南洋"。陈守明也与父辈一样，担任暹罗中华总商会主席，同样创办华校，促进华人子弟对中华文化的亲近和认同。20 世纪 30 年代陈守明在曼谷创办中华中学，出资建设黄魂学校、黄魂中学，担任多所华校的校董会主席。广东梅县客家人伍淼源，乘坐"红头船"前往暹罗谋生，靠经营木材生意起步，成为富商。他与几位华人富商创办了中医院——曼谷天华慈善医院，从中国聘请中医师，所用的中药，也全部是购自中国的地道药材。① 曼谷天华慈善医院不仅为泰国民众的生命安全提供保障，也将中华医学传播于泰国。中华医学可谓中华传统文化的精华，伍淼源等华商通过慈善医疗服务方式，将中华传统文化传播到泰国。泰国国王褒奖伍淼源为社会做出的贡献，赐予其"蓝三"姓氏。伍淼源的长子伍佐南连任暹罗客属总会六届会长，在继承父辈商业、慈善事业的同时，继续弘扬中华文化。"而最令暹罗客属华人称道的是，1913 年伍佐南与李兰舫、陈秉棠及龙莲寺住持等人，共同创办进德学校。"② 次年，客属华人兴建关帝庙，又将最方便的一楼留作校舍，随着学生数量的增多，二楼的客属会所搬离，又将二楼当作校舍，顶层三楼祭祀关帝。中华文化通过学校教育与民俗文化教育等多元方式，得以在泰国社会传承。进德学校历经各时代风潮，进入 21 世纪后虽然使用中、泰、英三种语言教学，但依然发挥着弘扬中华文化的作用。广东潮安人郑礼裕也是跟着"红头船"到了暹罗，混迹三聘街，为人豪爽重义，得到洪门"大哥莽"的栽培，江湖地位极高，人称"二哥丰"。孙中山先生访问曼谷时，二哥丰以洪门大礼厚待，"孙中山赞誉二哥丰为'革命座山'，并书'智勇'大字赠之，二哥丰遂改名'郑智勇'"③。郑智勇因自己欠缺学校教育，所以更重视华校的发展。1916 年，他与高晖石等华商捐资创建培英学校。次年，清迈的华英学校也在郑智勇的倡议下得以创建。祖籍福建平和县的吴学濂，到泰国接过兄长生意，成为富商后也不忘自己

① 叶曙明：《泰国华侨华人史话》，广东教育出版社，2018，第 117 页。
② 同上书，第 121 页。
③ 同上书，第 147 页。

少年读书的初衷，并将此愿景传递给其他华侨子弟，联络华商在北大年创办中华学校。接着，吴学濂又创办也拉平民学校、增民中学等。① 陈氏家族、伍佐南、郑智勇、吴学濂等泰国华人富商在赢得经济、社会地位的同时，不忘回报祖籍国和居住国，以各种方式回馈社会。他们努力办学兴教，在泰国推动华校发展，为中华文化的海外传播做出了贡献。

泰国华校在发展进程中经历种种变化，主要原因是 1911 年拉玛六世加冕以后对华人态度的变化。1914 年出版的《东方的犹太人》（有些学者认为是拉玛六世的著作），将华人指斥为"东方的犹太人""不能同化""机会主义和两面派的人""缺乏公民道德""所崇拜的只是财神""泰国经济的寄生虫"，② 这些负面评价抹杀了华人开发泰国等各方面的功绩，掀起了民族主义思潮。尤其是泰国颁布的《民校条例》（1919 年）及《强迫教育条例》（1921 年），引起了泰国华文教育的巨大波澜。《民校条例》（1919 年）要求华校每周必须教授泰文三小时以上；《强迫教育条例》（1921 年）规定 7 岁到 14 岁儿童"只能进入政府学校或按照正规泰校课程进行教学，并采用教育部批准的课本的私立学校"。③ 也就是说，泰国从法律规定上强制华人子弟接受泰文教育。泰国历史上那些名副其实的华校变质了。这两个教育条例颁布后（但并没有严苛地实行），泰国华校被法律层层限制，华文成为华校的部分教学课程。

到了拉玛七世统治时期（1925—1935 年），他对华人非常友善。拉玛七世在 1927 年莅临曼谷的进德、育民、培英、民达等四所华校，发表讲话并表达对泰国华侨华人的厚望："……朕没有任何奢求，只希望暹罗人民与华人之间能永远亲密友好……诸位无疑会教育自己的子孙热爱自己的故乡——中国，这是很自然和很应该的事情。但是，除了教育他们热爱中国之外，朕尚希望诸位也能教育他们热爱暹罗……"④ 拉玛七

---

① 叶曙明：《泰国华侨华人史话》，广东教育出版社，2018，第 237 页。

②（美）施坚雅：《泰国华人社会：历史的分析》，许华等译，厦门大学出版社，2010，第 175 页。

③ 同上书，第 237 页。

④ 叶曙明：《泰国华侨华人史话》，广东教育出版社，2018，第 234—235 页。

世对华人的友善，在某种程度上对华文教育起了一定的保护作用。他在位期间，华校的创建呈现上升趋势。"1925年，这类学校在全暹罗已发展到48间；1928年，188间；1933年，271间。"①

　　1933年之后，泰国华文教育迎来考验。1932年的泰国革命引发泰国政治体制的变革（推翻君主专制，建立君主立宪制），此后泰国频繁的政变也引发泰国教育政策的不稳定。"1933年3月颁布的《教育政策》强调爱国的意义，《强迫教育条例》的条文第一次在曼谷实行，并且对华校的监督突然变得非常严厉和强硬。这些举动意味着全泰国的华校只能将中文当作一门外国语来教授，并且每周最多不能超过7小时。"② 这之后的两年之间，大约有79间华校被关闭。不过在1936年，泰国对华文教育的管制有所放松，华校又逐渐增多了一些，但难以恢复到1933年的271间，1937年至1938年，泰国华校为233间。不过20世纪30年代泰国华文教育也出现喜人的现象，那就是华文中学的创办以及新式女子教育的扩展。中华总商会于1934年创办的中华学校，是当时泰国曼谷最大的一间华文中学。20世纪30年代中期，华校中的女生比重也达到了近40%。然而，1938年到1944年之间，是宣扬大泰主义思想及亲日思想的军人銮披汶·颂堪在泰国历史上的第一次执政时期，亲日与排华的举动使得泰国华人社会及华文教育受到了沉重的伤害。

　　1938年至1940年泰国的华校全部被封闭后，表面上看此时的华教进入了真空的状态，但实际上，此时却进入了由"校教"转为"家教"的阶段。"泰国的法律规定，组成不超过七人的家庭学习小组不算违法，所以就有些家庭教师与华人家庭合作，几个华人家庭组成一个小组。一个家庭教师一般一天上午、下午及晚上要奔走于三个地方或者三个家庭小组……可以说正是由于这些华人在如此困难的环境下的不懈努力，才

①（美）施坚雅：《泰国华人社会：历史的分析》，许华等译，厦门大学出版社，2010，第235页。
②同上书，第237页。

使华文教育得以延续下去。"[1] 华人社会为了传承中华文化，灵活地在泰国教育法律的缝隙中求华文教育的生存，为保存中华文化命脉坚持不懈。到 1941 年，泰国只剩下曼谷地区的两间华校仍支撑着以学校形式继续华文教育。然而，它们被严重"泰化"了。1942 年以后，日本殖民统治东南亚各地。泰国政府对日亲善，迎合日本殖民者。当时，日本人虽没有像在马来亚那样屠杀泰国华侨华人，但对华人社会、华人社团做出的伤害也是非常大的。泰国华侨华人社会的侨领有的逃亡，有的被捕。整个泰国都在压制华文教育，这使华文教育遭遇巨大灾难。

战后的"自由泰"政府对华人相对友善。其中的重要原因是，中国作为战胜国，声望和地位提高了，使得泰国政府必须从现实的角度考量，力求改善中泰关系。1946 年两国签订了《中暹友好条约》，李铁铮作为中国政府代表团团长（也是中国驻泰国第一任大使）在签约过程中付出了很多努力。在有关华校教育问题上，条约第六条规定："缔约国一方的国民……按照所在国的法律……有建立学校来教育他们子女的自由。"泰国外交部部长社尼·巴莫发表声明："暹罗华校可以享受泰国政府给予其他外侨学校的同等待遇。暹罗的初等教育，是强迫教育，所有初等教育学校的儿童必须学习暹罗语文，但是王国政府愿意为这一类学校提供教授外文的适当机会和必须的时数。王国政府无意对中等学校教授外文施加限制。"[2]《中暹友好条约》的签订，给泰国华人社会复办或新建华校提供了法律依据。培英学校（潮州会馆）、进德学校（客属会馆）、广肇公学（广肇会馆）、育民学校（海南会馆）、育才中学（琼属会馆）、黄魂中学（琼属会馆），还有中华学校（中华总商会）等由各会馆或社团创建的学校，纷纷在战后（1946 年）复办兴学。进德学校和育民学校等华校还开设了初中部，这是华校办学层次的提高，更有利于华文教育。从战后泰国华校的复苏来看，工人阶级有了创办华校给子弟提供

---

① 李晚月：《泰国华文教育发展史》，硕士学位论文，哈尔滨师范大学，2016，第 34 页。

② （美）施坚雅：《泰国华人社会：历史的分析》，许华等译，厦门大学出版社，2010，第 289 页。

中华文化教育的主体意识，打破了过去依靠华人富商或华人族群、会馆创建华校的情形。中华公学（火锯工会）、益群学校（纺织工会）、育侨学校（理发工会）等工会创办的华校，都显示了复兴华文教育已经成为华侨华人社会普遍的共识。此外，建中夜学（建国救乡总会）、致用女校（妇女会）、平民学校（华侨青年总会）、南洋中学（华侨教育协会）、育华学校（洋务工会）等华校的复办或新兴，[①] 都显示战后泰国华文教育重新获得了发展的契机，甚至被废除了八年之久的华文重新成为泰国国立学校的选修科目。

1948 年，銮披汶·颂堪第二次执政，担任泰国总理，华文教育又一次遭受打击。他推出政策限制、控制华人活动。在华文教育领域，1948年的五六月间，銮披汶政府对华校采取查抄或取缔行动。"中华中学、潮州中学相继被封，黄魂中学也把办学层次降低到了小学，并宣称其余的各所华校，如果不按照规定注册，则一律予以取缔关闭。""据统计此时被下令封闭的华校有五百多所。"[②] 1948 年以后，泰国政府颁发了相关的教育限制政策，这体现在下列各个方面。其一，之前未依法注册的华校不得继续开办，并拒绝华文中学申请注册。其二，之前已注册的华校，必须严守"民校条例"的每一条规定。其三，新任教育部部长挽功·蓬裕提上将宣布泰国华校总数减少到 152 所。[③] 其四，"从 1951 年起，教育部部长开始制订使用泰人校长的制度（按照法律一切民立学校必须雇用泰人校长），借以在校内实行思想控制"[④]。其五，委派督学（主要由警察担任）监督华校师生的思想和行动。1953 年 3 月，民校局增加督学以便视察华校。其六，"泰化"华校的课程和管理。1951 年，教育部部长要求全国华校采用强调"效忠泰国"的新中文教科书，课时数计划减少到一天一小时（后来遭到抗议），泰人校长负责学校管理，

① 李晚月：《泰国华文教育发展史》，硕士学位论文，哈尔滨师范大学，2016，第39 页。

② 同上书，第 42 页。

③（美）施坚雅：《泰国华人社会：历史的分析》，许华等译，厦门大学出版社，2010，第 357 页。

④ 同上书，第 358 页。

华人校长和校董的决策权几乎被取消。华教界人士为华校的募捐被视为非法行为，致使华校经费来源匮乏，无数华校因在财政上难以为继而自动关闭。① 华校大量缩减，相应地华校学生也大幅减少。1948 年至 1955 年，华校生"由 17.5 万多人下降到不及 5 万人"。"八年以来没有任何正式的中文中学教育，已意味着现在进入成年时期的当地出生华人中极少人会有一点感觉到中国文化的丰富及其光辉的传统。"② 20 世纪 50 年代中期，在印度尼西亚召开的万隆会议上，中国发出的声音使得銮披汶政府对改善两国关系有所心动。但 1958 年泰国发生的又一次军人政变，使亲美的泰国政府中断了与中国刚开始的外交破冰。在这个极其特殊的时期，泰国华文教育的平台及形式也具有特殊性，那些属于非民校体系的职业院校、"夜学"和高等院校，由于不受民校条例的约束，反而得到了发展的转机。陈东集商业学校、吞武里商业学校、拍那空商业学校及大城商业学校等四家职业学校，把华文定为必修科目。在 20 世纪 60 年代，泰国最著名的两所大学——法政大学和朱拉隆功大学开始着手准备开办华文课程，并且在 1973 年，朱拉隆功大学在文学系成功开设了华文选修课。③ "夜学"的特殊教学形式也在特殊时期推动了泰国华文教育的发展。

1975 年泰国与中国建交。进入 20 世纪 80 年代，随着中国经济的发展，以及世界影响力的增强，泰国出于发展经济和大局的现实考虑，开始热衷于推广华文教育。进入 20 世纪 90 年代，中国经济获得较快发展，在世界舞台上的话语权继续提升，泰国政府也慢慢消除了对中国的政治偏见，泰国华侨华人大量归化入籍，并建立了政治认同。估计至 20 世纪 90 年代，"泰国华侨人口约有 24 万人。其中 90％是五十岁以上人口，六

---

① （美）施坚雅：《泰国华人社会：历史的分析》，许华等译，厦门大学出版社，2010，第 359—360 页。

② 同上书，第 361 页。

③ 李晚月：《泰国华文教育发展史》，硕士学位论文，哈尔滨师范大学，2016，第 52—54 页。

七十岁者尤多；10％是五十岁以下至三十岁人口"①。由于泰国政府1956年修订的《国籍法》，在外侨入籍条件上有所放宽，并依据国际上常见的地缘原则，规定在泰国出生的人自动获得泰国国籍，这有利于外侨（包括华人）的归化，更有利于泰国社会的民族融合。大量的华侨归化也有利于泰国政府消除疑虑。中泰两国各种良好互动等因素改善了彼此的关系，进而也改善了泰国华侨华人接受华文教育的环境。1991年，阿南·班耶拉春受命担任总理，组成临时政府。应民间要求，1992年政府宣布放松华文教育的管制。之后，泰国的政权依旧更替频繁，但各界政府对华文教育均持支持、鼓励的政策，华文教育迎来新生。② 阿南政府将华文授课年限加以延长，并且开放幼儿园、高中华文教学，使幼儿园、小学、中学到大学的华文教育具有完整性。泰国的华文中学教育提升了华侨华人的中华文化涵养，后来甚至出现了华人自己创办的高等教育机构。

1991年，郑午楼等多位华人发起成立华侨崇圣大学，如今它已经是拥有研究生学位的泰国著名大学，受到时任泰国国王普密蓬国王（御赐校名并主持揭幕典礼）和诗琳通公主的重视。它与北京大学等多所中国高校交流合作，为传承中华文化、推动中泰交流做出了重要贡献。此外，泰国的多所高校都设置了中文系，如泰国农业大学、东方大学、易三仓大学、博仁大学等，"泰国最高学府朱拉隆功大学不仅有中文系，还有中国研究中心，是泰国唯一有中文专业硕士研究生学位授予资格的大学"③。还应该提及的是，中华人民共和国国家汉语国际推广领导小组办公室与泰国教育部门合作，在泰国各高校及中学设置了孔子学院、孔子课堂，比如有朱拉隆功大学孔子学院、孔敬大学孔子学院、皇太后大学孔子学院、清迈大学孔子学院、宋卡王子大学孔子学院、农业大学孔

① （泰）江白潮：《论泰国华侨社会非实质存在》，《汕头大学学报（人文科学版）》1990年第2期。

② 李晚月：《泰国华文教育发展史》，硕士学位论文，哈尔滨师范大学，2016，第57页。

③ 叶曙明：《泰国华侨华人史话》，广东教育出版社，2018，第247页。

子学院和东方大学孔子学院等十余所孔子学院，以及吉拉达学校孔子课堂、岱密中学孔子课堂、国光中学孔子课堂、明满学校孔子课堂、罗勇中学孔子课堂、普吉中学孔子课堂等十余所孔子课堂。[①] 这些孔子学院、孔子课堂遍及泰国，成为中华文化传播至泰国的重要平台。

华侨崇圣大学和各家孔子学院、孔子课堂，以及设置中文系的泰国大学，使得泰国像新马地区一样，建设了相对系统、完善的华文教育体系，对于培养具有中华文化气质的泰国华人、推动中华文化在泰国的传播，具有深远的意义。当然，如今泰国的华文教育在功能、目标上有了较大的变化。"在泰国，华文教育已经被纳入泰国的国民教育体系，华文成为一门外语被教授，所以在教学中更加突出其作为语言交流工具的实用性以及文化的传播功能。所以，当今泰国华文教育的功能一方面是作为国民教育体系下的一门外语，一方面是多元文化下的中国文化的传播工具。"[②]

三、春武里、泰北地区、董里府的华校华文教育

（一）春武里府的华校教育

泰国分中部、南部、东北部、东部、北部等几个地区。其中，东部地区有北柳府、尖竹汶府、春武里府、巴真府、罗勇府、沙缴府、桐艾府等7个府，共有14所华文民校，即北榄公立培华学校、北柳南侨学校、挽巧思源公学、晚县振华学校、晚县兴华学校、旧岡公立文益学校、春府大众学校、春府公立东方中学、芭提雅明满学校、罗勇公立光华学校、尖竹汶东英学校、坤西育联华学校、甲民嘉明学校、巴真中民学校。[③]

---

① 胡鹏程：《泰国华文教育的发展历程及分析——以泰国春府大众学校为例》，硕士学位论文，广西师范大学，2013，第6页。

② 李晚月：《泰国华文教育发展史》，硕士学位论文，哈尔滨师范大学，2016，第82页。

③ 黄莹：《战后泰国华文教育的演变与现状考察——以东部地区华校为例》，硕士学位论文，福建师范大学，2017，第31页。

位于春武里府市中心的春府大众学校创立于 1947 年，培华学校创立于 1950 年，位于芭提雅的明满学校，乃是明满善坛（华人慈善团体）于 2001 年组建的华校。泰国东部的这几所华校都设有幼儿园、小学和初中。位于泰国罗勇府的光华学校（原名"培光学校"，创建于 1926 年，1975 年更名为光华学校），设有幼儿园、小学部、中学部（初中和高中），是泰国东部地区唯一设置高中部的华校。[①] 当地华校学生学习汉语的动机颇为强烈，一方面源于他们的华人族裔背景，"华校学生出生于华人家庭，从小或多或少地受中华传统文化的熏陶，对中国文化和汉语有着天然的亲近感"，这是华校生学习汉语的内部、情感型动机；一方面出于现实的功利考量，"由于中国高速发展，父母意识到学习中文不论对孩子升学还是找工作都是十分有利的"。[②] 华校学生在情感（认同）动机和功利（工具）动机的双重驱动下，对华文学习保持着一定的积极性。泰国东部华校使用的教材《汉语》《华文》中也多有中国文化元素，甚至部分课文话题就与中国的语文教材一致。《汉语》《中文》除了注重华校生在语言交流方面的培养，"两部教材在文学与艺术方面都有所涉及，将具有中国特色的动物寓言故事融入到话题中，通过动物之间的故事来传达中国传统的文化思想。且好几篇课文都十分贴近国内的小学语文教材，如《汉语》教材中的《狼来了》《司马光砸缸》《乌鸦和狐狸》《骆驼和羊》，《中文》教材中的《狐狸与葡萄》《闻鸡起舞》《曹冲称象》《李时珍》"[③]。泰国华校教材选择贴近中国语文教材的做法，当然对华校生吸收故国的中华传统文化非常有益，对于传承中华文化、培养具有中华文化气质的华人，也是有积极意义的。

在泰国东部的华校中，大众学校具有代表性。它是泰国东部春武里府杨德隆、张海、吴其寿、刘绍权、陈俊明等一批力求传承中华文化的华人，倡议创办的华文学校。在中华文化传播及传承方面，大众学校的

① 黄莹：《战后泰国华文教育的演变与现状考察——以东部地区华校为例》，硕士学位论文，福建师范大学，2017，第 32—33 页。

② 同上书，第 40 页。

③ 同上书，第 59 页。

运作可圈可点。该校不仅参与其他教育机构举办的中华文化活动，如派学生参与泰国东部地区举办的中文歌曲比赛、泰华青少年华语演讲比赛等活动。而且本校主创自己的文化品牌，如2004年举办"讲华语和朗诵诗歌比赛"和"校园毛笔书法比赛"，由汉语教师志愿者全面负责中文兴趣班，以及与东方大学附属学校联办"中英文化营"活动（2012年开创），这些都是大众学校在推进该校学生接受中华文化教育方面的努力。在"讲华语和朗诵诗歌比赛"中，从小学一年级到初中三年级的学生都有代表参与其中，他们或讲述中国成语故事、寓言故事，或以朗诵的方式"演绎中国古典或现代诗歌的唯美意境"。在中文兴趣班上，常进行剪纸、书法、太极拳、画脸谱等中华传统才艺教学。在"中英文化营"活动上，东方大学附属学校发挥英文优势，大众学校则展示中文优势。"活动分为中文部分和英文部分。中文部分由大众学校的中国籍老师全权负责，有中文歌舞表演、太极拳教学、剪纸教学、书法教学等等。学生在轻松愉悦的氛围中交流了感情，也直观地体验到了中国文化的魅力所在。"①

（二）泰北地区华校华文教育

在泰国北部清莱、清迈、夜丰颂三府，沿泰国、缅甸、老挝边境400多公里，散落约108个华人村，居住着近20万华人。其中，大部分为云南华人，还有部分傣族、佤族等中国少数民族。② 世界各国凡是有华人群居的地方往往会有华文教育，有中华文化传播。

20世纪五六十年代，台湾当局遵从联合国决议，自滇缅边区撤军。但原国民党第三、五军抗命留在异域，后来又非法入居泰国北部，第三军定居于清莱府的满塘村，第五军定居于清莱府的美斯乐山区。③ 在原

---

① 胡鹏程：《泰国华文教育的发展历程及分析——以泰国春府大众学校为例》，硕士学位论文，广西师范大学，2013，第12页。

②（泰）段彩云：《泰国泰北忠贞中学华校的个案调查研究》，硕士学位论文，云南大学，2016，第9页。

③ 林明丽：《泰北美斯乐原国民党孤军后代华文教育发展研究》，硕士学位论文，华侨大学，2019，第2页。

国民党孤军定居的美斯乐地区，这些流离在外的中国人于 1963 年创办了第一所华文学校——兴华中学，1964 年创办了原芒岗文明小学，后来（1982—1983）又开办了两所华文小学，即成功小学和美华小学。这些华文学校与泰国其他华校一样，经历了泰国波动的教育政策和"泰化"行动（"泰化"政策）所带来的各种磨难，也曾经被关闭。"1985 年，泰国政府施行教育泰化政策，泰北 70 多所华文学校都遭泰方关闭。自 1985 年全泰北难民村的华文学校皆被泰国政府没收并改为泰文学校后，直到今日学校依然保持泰文教育。"[①] 1992 年以后，泰国华文教育迎来了难得的发展机遇，这是整个国际环境的变化带给东南亚华文教育的春天。尤其是 1992 年中国正式成为东盟对话伙伴，以及近年来中国倡导的"一带一路"倡议，越来越多中国商人到东南亚各国寻找合作与投资机会，中国对东南亚地区的影响也越来越大，因此各国各领域都急需大量中文人才。此外，中国经济持续快速发展，人民收入水平不断增长，生活质量也稳步提高，越来越多的人开始出境旅游，而泰国拥有丰富的自然人文景观，已成为中国人首选的出境游目的地之一。[②] "冷战"国际格局的"破冰"，国际环境的重大变化使泰国开始正视"华文"。1992 年，泰国政府将汉语列入外文教育行列，着重从语言的工具属性出发，高度认同汉语（华文）在加强中泰经贸与文化交流、繁荣泰国社会经济等方面的重大作用。在变动的新时代，美斯乐地区的华校又得以复办兴学。1993 年，泰北的蒋家寨村也创办了华校——华兴小学。2001 年，华文被泰国政府纳入国家教育体系，成为教学大纲中的外语选修课之一。这给泰国各种性质的学校（华文学校、泰文学校、公立学校、私立民校）及各种教育程度的学校（小学、中学、大学）提供了积极发展华文教育的有利条件。

美斯乐地区的村民及华校生"宁愿讲中文，不肯学泰语"，这源于他们的民族认同、身份认同。有人说，泰文老师的课虽然也有人专心

---

① 林明丽：《泰北美斯乐原国民党孤军后代华文教育发展研究》，硕士学位论文，华侨大学，2019，第 27 页。

② 同上书，第 36 页。

听，但很多人也不去上课，其中的重要原因是——"大部分人认为我们是中国人，他们是泰国人"①。"那时候教我们的泰文老师是泰缅边境的边防警察……大家都说，我们都没有泰国身份证，泰文又不是我们的母语，为什么要学？像我们这一代大概都有这样的思想，尤其是长辈更是如此。"② 正由于具有较为强烈的民族认同，所以泰北原国民党孤军及后代对中国、中华文化有着真诚的认同，希望积极传承中华文化，希望子孙后代不忘他们的"根系"和文化"血脉"。泰北美斯乐地区的华校华文教育在曲折中发展，正是源于当地华侨华人的这份热血丹心。当然，部分泰北华人的文化认同也呈现双重认同的态势，而且随着华人的归化入籍，华人移民的后代对泰国的认同感会加深。"在泰北虽然没有双语学校，但这里的学生都是'双母语学子'。当人们夸奖从华文学校毕业的学生'你中文说得真好！'他们会回答你：'你别忘了，我是中国人。'当泰国人夸奖他们泰语说得好时，他们会回答说：'我是泰国长大的泰国人。'"③ 对中国和泰国的双重认同，是居住海外多年的华侨华人必然会有的现象。众多的泰籍华人还是难忘他们"中华儿女"的根脉，在泰国保留着地道的中华文化生活模式，"润物细无声"地传递着中华文化。泰北云南商会监事长吴南江曾说："要吃最地道的传统云南菜，你一定要到泰北来，要感受最原汁原味的中华传统文化习俗，你也要到泰北来。朴实的民风和浓郁的中华传统文化氛围在这里得到了传承。"④

泰北三府96所华文学校一般开设有汉语、数学、英语和常识（其中包括中国历史、地理、文化等内容）等4门课程。也就是说，这些华校生对中华文化的学习，既有作为交流工具的华语的学习，也有中华文化常识的习得，从中华语言和人文历史、价值观等多个方面传播和传承中华文化。泰北地区历史相对悠久的忠贞中学（建校于1953年），可视为

---

① 林明丽：《泰北美斯乐原国民党孤军后代华文教育发展研究》，硕士学位论文，华侨大学，2019，第34页。

② 同上，第34页。

③ （泰）段彩云：《泰国泰北忠贞中学华校的个案调查研究》，硕士学位论文，云南大学，2016，第10页。

④ 同上。

泰北地区的华校代表。该校及泰北地区其他华校对中华文化坚持不懈的传承，云南会馆清莱分会名誉会长马应光有过阐述。他说，泰北的中华文化传承"要归功于遍布于各个村庄的华文学校"，华校不仅教会华人子弟"说中文"，更重要的是它成为中华传统文化传承的重要平台，"'首孝悌，次谨信。泛爱众，而亲仁。有余力，则学文'，每天清晨每个华文学校都会传出学生们的琅琅读书声。《弟子规》是每个学生都必须背诵的课文"。[①] 可见，对于中华传统文化的传承，今天泰北地区的华人依然保持着热情，这一点颇为难得。

（三）泰国南部董里府华校及华文教育

在董里府开发史上，祖籍福建漳州的许泗漳家族贡献巨大。许泗漳因为在拉廊开矿致富，许氏家族被泰国封官赐爵的成员众多，整个家族在泰国声望极高。开发董里府的是许泗漳的六子许心美。1891 年，拉玛五世将许心美调任董里府府尹，许心美从修路开始盘活董里府经济，他主持修建从董里到春蓬的公路，是暹罗第一条穿过大山的隧道公路，打通了泰南与泰北的地理经络，盘活了泰国经济发展之路。[②] 许心美从马来亚引进并加以推广种植的橡胶树，也极大地带动了泰国南部乃至整个泰国的经济发展。随着董里府的开发和繁荣，华人更多地迁居于董里府，在什田镇等地形成了华人聚居地。董里府华人在整个泰国南部占据着重要分量，也占董里府总人口数的 31%，华人后裔已经繁衍到了第五代。[③] "有海水的地方就有华人"，有华人的地方就有华人文化的传播，董里府也不例外。为了使中华传统文化在董里府得以传承，为了子孙后代饮水思源不忘文化之"根"，董里府华侨华人社会也开始了办学兴教之路，华校在董里府应运而生。

---

① （泰）段彩云：《泰国泰北忠贞中学华校的个案调查研究》，硕士学位论文，云南大学，2016，第 10 页。

② 叶曙明：《泰国华侨华人史话》，广东教育出版社，2018，第 73 页。

③ 包伦田：《泰国南部董里府华文教育发展研究》，硕士学位论文，华侨大学，2019，第 1 页。

第二章　泰国、菲律宾、印度尼西亚等国华侨华人的中华文化教育

董里府华文教育历史可分为三个阶段，"第一个时期为 1940 年日本占据董里府之前，早期董里华校华文教育时期。第二个时期 1945 年二战结束至 1978 年，二战后恢复华校华文教育时期。第三个时期为 1978 年至今，汉语作为一门外语发展时期"。① 董里府较早的华校记载，有建于董里什田的新华学校（1921 年）。② 二战后，董里府的华校有复办，也有新建。这类学校有那打廊华侨男子夜学校、董里华侨女子夜学（这两所学校原注册名为"华侨学校夜学部"，后来分流）及董里江东中华学校、董里华侨学校等。"夜学"这种特殊课堂的兴起，其实与泰国压制华文教育的政策和社会环境有关。泰国政府尽量压缩华文课程时间，甚至多次强行关闭华校。在特殊的历史时期，泰国即便设有华文课程，往往也只是在一年级到四年级的小学阶段。华人学生在中学阶段的华文学习成了难题。为了延续中华文化命脉，华侨华人社会便采取开设"夜学"课堂的形式，将中华文化传承下去。战后，董里府的华文教育也随着泰国教育政策的一波三折而曲折发展。

20 世纪 90 年代以来，在形势向好的泰国文化环境中，董里府的华文教育也全面开花，覆盖各阶段（从幼儿园到大学）、各类属（公立、民办）的教育机构。当下董里府的华文教育结构也与泰国其他地方差不多。"董里府华文教育构成分为五大块：市政公立学校、民办私立学校（含华校）、政府公立学校、语言培训机构、华文教育推广机构。"③ 市政公立学校由董里市政府统一经营和管理，董里府 8 所市政公立学校中，有两所开设了汉语课程。民办私立学校由董里府民校管理委员会监管，董里府 35 所民办私立学校中，有 11 所开设汉语课程。隶属于教育部的28 所政府公立学校中，有 11 所开设了汉语课程。泰国的华文教育推广机构既有中泰合办的孔子学院、孔子课堂，如宋卡王子大学孔子学院、宋卡王子大学普吉孔子学院董里分部、合艾国光孔子课堂等，也有泰国

---

① 包伦田：《泰国南部董里府华文教育发展研究》，硕士学位论文，华侨大学，2019，第 4 页。

② 同上。

③ 同上书，第 9 页。

设立的服务机构，包括泰国教育部基础教育委员会设立在各府的汉语中心（如董里府汉语中心）和泰南侨团联合会注册成立的泰国南部华文民校联谊会。①

在这些华文教育服务机构中，泰南华文民校联谊会贡献极大，它致力于为泰国南部14府的华文民校服务。同时，它也是14府的华文教育联合组织，包容53所华校、培训学校或补习机构，其中有9所华校获中国国侨办颁布的"海外华文教育示范学校"称号。② 在当今世界各国的华校华文教育中，培养华文师资及学生的语言能力是重要目标，各华校传承中华文化的使命也体现于方方面面的运作中。在董里府，隶属泰南华文民校联谊会的董里华侨学校与董里江东中华学校，都将语言学习和文化传承相结合。董里华侨学校在小学高年级（4—6年级）增加了中华文化课，注重中华文化知识传授，培养学生的中华文化素养。此外，学生还有接触中华文化的各种契机，"学校每年会组织优秀学生参加合艾国光孔子课堂的'国光杯'汉语技能大赛、泰南政府华文才艺大赛。全校师生都会在每年的春节活动上，表演舞蹈和唱华文歌等节目"③。董里江东中华学校在中华文化传承方面的表现也不俗，"每年会在不同时间举办Open-House华文推广活动、组织学生在董里府市区一年一度的春节庆祝活动现场进行华文文艺节目表演，同时学校的初、高中生中华舞狮队是董里府唯一一个能够表演的狮队"④。可以说，泰南董里府华校与泰国其他地方的华校一样，在推动泰国华文教育水平的不断提升及培养具有中华气质的泰国公民方面贡献巨大。

四、泰华社会的民俗节庆文化

人是文化的载体，是文化的创造者和传播者。中国具有五千年历史

---

① 包伦田：《泰国南部董里府华文教育发展研究》，硕士学位论文，华侨大学，2019，第11页。

② 同上书，第19页。

③ 同上书，第13页。

④ 同上。

文化底蕴，中国人和中国文化也是不同于世界其他国家的民众和文化。华人千年的跨国移民史也将中华文化带入居住地（居住国）。泰国华人文化保持着原汁原味的一面（泰北华人村较少有外族进入，保持比较原生的中国文化），更多的是随着华侨归化及华人后代的本土化，中华文化与泰国文化有所融合，从而产生富于泰国特色的中华文化。相较于华校的华文教育容易被泰国教育政策所左右，从而波动起伏，在泰国民间传播的中华民俗节庆文化，在日常生活中被华侨华人习以为常地遵守践行，具有生生不息的活力，反而更具稳定性，也是更容易被泰国华人社会感受到的中华文化教育。

泰国华人民俗及节庆文化与东南亚许多国家大同小异，因为华人移民的原乡多是福建、广东、海南等地，在泰国也有较多祖籍云南的华人。而春节、端午、中秋等中国传统节日的节庆文化，在中国各地原本也是差别不大。春节期间随处可见的

侨批

喜气洋洋的大红福字、春联、中国结、红灯笼，以及端午节的粽子、中秋的月饼，都是东南亚华侨华人抹不掉的文化记忆。泰南华人社会在过中国节庆时，具有浓郁的中国风味。

泰国南部董里府的中华文化传承得非常好，举办的节庆活动丰富多彩，如董里华侨公会每年联合政府举办的春节游园活动，三法师善堂和万德善堂一年一度的九皇盛会，同绕镇潮州人的拜月节、中秋佳节活动，董里华侨学校的元宵节庆祝活动……①可见中国节庆文化在泰南得到了较好的传承及发扬。泰国东部也是如此。有研究者曾对泰东几所华

---

① 包伦田：《泰国南部董里府华文教育发展研究》，硕士学位论文，华侨大学，2019，第 1 页。

校学生就中华节庆文化的认知度做过问卷调查，"春节的认知率最高，达 88.8%；其次是除夕，达 77.59%；第三是中秋节，达 62.39%；第四位是元宵节，达 41.49%；第五名是端午节，达 22.2%。因为大部分学生为福建、广东的华人后裔，这两个地方的华人移民对祭祖和鬼节是十分重视的，因此对中元节（泰国又称盂兰节）、清明节的认知率也较高，分别为 9.33%、11.2%"①。

中国传统节日的庆祝方式在泰国也依然得到较好的传承。泰国华校学生庆祝春节的各种活动及方式也与国内相差无几。各种庆祝方式的所占比例从高到低如下：吃年夜饭占 92.1%、给长辈拜年占 82.4%、收压岁钱占 52.6%、贴春联占 37.3%、祭拜祖先占 35.5%、放鞭炮占 12.8%、拜天公占 8.3%、守岁占 8%……选择"拜天公"这一庆祝活动的学生大多数为福建移民的后裔，因为福建地区自古就有在正月期间拜天公的习俗，这也被华校学生完整地继承下来。② 可见中华节庆文化具有生生不息的生命力。在当下世界各国的华人社会，中国传统节日依然被华人及后裔过得热热闹闹，这一方面当然是华侨华人对中华文化的热爱和坚守，另一方面也有商业社会操作的因素所致。

在泰国华人社会的中华节庆文化中，九皇胜会显得颇为特别。这是中国清代盛行于梨园界的节日，从九月初一到初九，梨园艺人茹素斋戒。九皇胜会在中国日渐式微，少有人知，然而华人移民将之带入泰国，流传至今。泰国华人从九月初一开始举行九皇胜会（泰国也称"食斋节"），大街小巷悬挂写有"斋"字的黄色纸旗，直至重阳节才结束盛会。③ 关于"九皇盛会"民俗文化，在泰国华人社会还流传着多种说法。可见在传承中华节庆民俗文化方面，泰国华人社会有其特殊贡献。

泰国华人祭拜的庙宇、神明也与东南亚其他国家差不多，天福宫（天后宫）、观音庙、关圣帝庙、城隍庙等，在泰国和其他东南亚国家都

① 黄莹：《战后泰国华文教育的演变与现状考察——以东部地区华校为例》，硕士学位论文，福建师范大学，2017，第 49—50 页。

② 同上书，第 49—50 页。

③ 叶曙明：《泰国华侨华人史话》，广东教育出版社，2018，第 282 页。

是常见的华人庙宇。

华人家庭除信奉佛教（其实这也是泰国民众的普遍信仰）之外，他们的信仰也具有多神崇拜的特点，关公、财神、妈祖、观音、天公等，都是华人家庭常供奉的神明。① 而泰国常见的本头公庙，有泰国华人常拜的"本头公"。关于神明"本头公"的起源，在泰国华人社会至少流传着三种说法。有一种民间传说，认为"本头公"原是一只"本头鸟"，两次以啼叫声"刻苦！刻苦！"震醒一位走投无路、意图轻生的华人移民，促使他"'立实心肠去挨世界'（指下定决心努力奋斗）"，终于事业有成。人们认为他得到"本头鸟"的保佑，于是民众为"本头鸟"雕塑金身，盖庙供奉。② 另一种说法认为本头公是郑和下西洋时随行的舟师，在菲律宾上岸观光而误了归队时间，郑和船队远去无影踪。他流落贺洛岛，并与摩罗族姑娘婚配，担任地方长官，被当地人称为本头公。后来定居贺洛岛的闽南人及各地华人便拜祭本头公。本头公传到泰国后，便被当地华人奉为神灵。③ 还有一种说法认为，"本头公就是潮汕地区的土地爷，潮汕人称其为'本土公'。到了海外，以讹传讹，慢慢变成了'本头公'"④。无论哪一种传说，泰国华人敬奉的神明"本头公"，都与华人移民史有关，刻有中华民俗文化南传泰国的印记。泰国各地的本头公庙宇也具有鲜明的中国风格。

五、泰华文学

泰华文学主要是指泰国华侨华人用华语创作的文学，当然他们用其他语言创作的文学也可以视为泰华文学。也就是说，泰华文学包括泰国华文文学和泰国华人文学，前者以语言为界定的尺度，后者以血缘为界

① 黄莹：《战后泰国华文教育的演变与现状考察——以东部地区华校为例》，硕士学位论文，福建师范大学，2017，第 50 页。

② 叶曙明：《泰国华侨华人史话》，广东教育出版社，2018，第 284 页。

③ 同上书，第 284—285 页。

④ 同上书，第 285 页。

定的尺度。泰华文学是泰国华侨华人文化的重要组成部分，而华侨华人文化是中华文化的海外"变体"，保持着中华文化的血脉和根性，因此泰华文学也在潜移默化中给予泰国华侨华人以中华文化教育。

作为一个佛教国家，泰国在历史上对种族关系的处理相对比较温和，没有像菲律宾历史上屡次对华侨的大屠杀，也没有像印度尼西亚历史上那般极端的排华现象。一个相对和平的华侨华人社会有利于华文文学的成长。事实也是如此。在东南亚诸国中，20世纪以来新马泰三国的华文文学创作都非常有分量。中山大学张国培教授，曾以萌芽期（1903—1929）、勃兴与沉寂（1930—1945）、复苏与好景不长（1946—1960）、沉寂中求发展（1961—1980）、生机勃发初见繁荣（1981—1990）及多样化发展花团锦簇（1991—2000）等，将20世纪泰华文学发展进程分为六个阶段，上迄泰国第一份华文日报《汉境日报》（1903年）的创刊，下达20世纪末泰国华文文学创作的丰富面貌，呈现近百年泰国华文文学的历史发展脉络，这是中国学者对泰华文学的一次总体性回顾。

泰国的华侨华人作家已经繁衍了几代人，这几代人的文学创作在主题、艺术技巧等方面，有传承也有差异。如果将20世纪上半叶出生的泰华作家视为老一辈作家（不少人是移民），那么这份名单是耀眼的。20世纪初出生的吴继岳（1905年）、林蝶衣（1907年）等，20世纪10年代出生的阿谁，20世纪20年代出生的陈仃、谭真、陈博文、姚宗伟、李少儒等，20世纪30年代出生的曾心、司马攻、老羊、岭南人等，以及20世纪40年代出生的子帆等，都在文学创作上为人称道。

祖籍广东澄海的林蝶衣在泰华文学创作上有"首开鸿蒙之功"。他先后在华文学校、报馆供职，有着丰富的人生经验。20世纪30年代，他参加的文学社团"彷徨学社"聚集了一批著名报人、作家，如方修畅、郑开修、黄病佛、丘心婴等，"他们在《国民日报》编辑出版副刊《彷徨》《平芜》等文艺专刊，还开辟理论专刊《天野》"。林蝶衣的《破梦集》（诗集）和《扁豆花》（小说集）、方修畅的《回风》（小说集）、郑开修的《梅子集》（散文集）、黄病佛的《涂鸦集》（散文集）等，[1] 是那

---

① 叶曙明：《泰国华侨华人史话》，广东教育出版社，2018，第269—270页。

个时代突出的泰华文学作品。

从文学体裁来看，20世纪泰华小说创作一直是泰华文坛的主角，而且现实主义题材长盛不衰，在五六十年代达到一个创作的高峰。知名海外华文文学研究专家陈贤茂（《华文文学》创刊主编）曾指出：20世纪50年代的泰华文坛，"曾相继出现了两部长篇小说，一部是陈仃的《三聘姑娘》，一部是谭真的《座山成之家》。由于这两部长篇的成功，因而引发了一股小说创作的热潮"……20世纪60年代初，"又有两部长篇接龙小说《破毕舍歪传》《风雨耀华力》，分别连载于《曼谷新闻》和《华风周报》，十分引人注目"。20世纪五六十年代，"可说是泰华小说的黄金时代"。① 陈仃的长篇小说《三聘姑娘》，以泰国曼谷古老的三聘街为背景，以"兴记号"头家三个女儿的婚恋故事为线索，在大姑娘宝珠与黄勉、二姑娘秀珠与李大荣等人物的悲欢离合中，展示了三聘街华人在西化思潮、中国传统思想等各种思想潮流影响下的商场角逐及生活习俗。《三聘姑娘》成为20世纪50年代初期泰国华侨华人社会的绝妙缩影。在创作模式上，这部小说具有受中国现代文学影响的深刻痕迹，尤其是巴金的长篇小说《家》，与《三聘姑娘》形成了高度的对应。特别是在人物塑造上，兴记头与高老太爷、大姑娘宝珠与梅表姐、四姑娘佩珠与琴，都非常相似。兴记头在家庭中的专制和浓厚的封建思想，与高老太爷十分相像。只不过兴记头在三聘街这条古老的商业街谋生，又逢"西风"（西化思潮）渐起，他不得不顺应时势，因此身上带上了资本家的精明算计。大姑娘宝珠是"兴记头"原配所生，母亲早逝，在父亲的冷落及其二奶的苛待中成长，宝珠伤感自怜的性格与《家》中的梅表姐颇为相似。四姑娘佩珠是朝气蓬勃的学生，敢冲敢为，鼓励大姐、劝勉二姐向往未来，具有《家》中琴、觉慧两位人物的精神气质。《三聘姑娘》与《家》的高度契合，反映了泰华文学对中国文学的高度接受，体现了泰国华人作家对中国传统文化及五四新文化的深度把握。《风雨耀华力》《破毕舍歪传》这两部著名的接龙小说，在形式上发挥了泰国华

---

① 陈贤茂：《五十年代泰华社会的一幅缩影——读〈三聘姑娘〉》，见陈仃《三聘姑娘》，鹭江出版社，1987，第186页。

人作家的集体智慧，不同作家撰写不同章节而又节节相通、连成"长龙"、浑然一体，令人赞叹。《风雨耀华力》由方思若策划，邀请了许静华、李栩、陈琼、沈逸文、亦非、白翎、红缨、亦舍等八位作家联袂创作，以李俊、鸭脯两位小人物在著名的"唐人街"耀华力路的遭遇为线索，描绘了泰国华人社会的人情风俗画。小说既在形式上传承了中国古代章回体小说风格和民国以来中国小说以描画民间社会风俗民情见长的传统，又有"接龙"方式的创新，反映了泰国华人社会的市井风情，别具风味。

20世纪末以来，泰国华人作家在小说创作上又有了亮点，那就是微型小说创作的勃兴。21世纪以来泰华小诗亮丽展颜，它与微型小说一道，体现了泰华文学由"微"向"小"的创作趋势。老作家司马攻被泰华文坛视作微型小说的领头人，1991年就出版了微型小说集《演员》，是泰华文坛微型小说开放的第一朵鲜花。他的微型小说题材其实非常多样化，比较动人的是那些传达中华文化、怀乡思亲的作品。试看司马攻的微型小说《有备而去》：

> 五年前，他和在泰国出生的妻子回故乡探亲，许多亲人高高兴兴地前来会晤。他的妻子潮州话讲得不太流利，一些方言听不懂。背后有人说："阿光的妻子是个番婆。"她听后很伤心。
>
> 整整五年没有回乡了，阿光对故乡的怀念与日俱增，他想邀妻子再次同往，但就是因为"番婆"这句话使他难以启口。
>
> 最苦是思念。他终于开口了："芳，很久没有回乡了，四月份有近十天的长假，我们回乡去看看吧！"
>
> "去年就该回了。光，我们到家乡住几天后，再到北京去。五年来我学中文，不单潮州话有进步，华语也懂了一些，到北京买东西再不用你当翻译了。"[1]

在《有备而去》中，阿光是潮汕移民，在泰国娶妻。妻子芳为土生

---

[1] 司马攻：《我也要学中文》，四川文艺出版社，2013，第1页。

华人，并不熟悉潮汕话，被阿光的乡亲笑话为"番婆"，导致了阿光回乡有顾虑。但妻子却深知阿光怀乡思亲的感情，默默努力学潮汕方言，学华语（普通话），这份用心不仅是对阿光的贴心，也是源于华人后裔对故国文化的热爱。与司马攻年岁相差无几的泰华作家陈博文，其创作的微型小说也有异曲同工之处。试看他的《棋先一着》，这篇颇有意味的小说，从父亲的视角看儿女的感情生活，从老华侨的眼光审视新一代土生华人的生活方式，从中传达出两代华人对于中华文化的感情。在小说中，儿子阿越五官端正，拥有硕士学位和高收入的职业，成为多位女孩子"想得之而甘心"的理想伴侣。有三位娇憨的"唐人"女孩，却都只会讲一口暹罗话。阿越周旋于女孩们之间，举棋不定。"这一天傍晚，刚好是中秋前夕，阿莉忽然推门进来，手中还携着一袋东西。她把东西安放在桌上，然后合十对我说：'莎耶里！阿伯，明天是中秋节，阿莉买两盒月饼来，莲蓉双月，我知道阿伯喜欢莲蓉。'她从袋里拿出两盒月饼，笑容可掬，说话有点调皮。说真的，我一向就较喜欢这个颇懂世故的孩子，她每次来家，都懂得与二老打关系，搞得二老心花怒放。"①阿莉并且请"我"转交一包东西给阿越。两天后，阿越表示要与阿莉订婚了。原来阿莉给阿越的是一包"朋友们历年来送给她的喜帖"，阿莉留言说"她希望收回这些应酬费"，这个"很有意思"的举动最终收服了阿越。在小说中，中秋节的月饼在老一代华人和新一代土生华人的心中，都是富于中国节庆意味的，所以这份礼物打动了长辈的心。那一包喜帖，也是华人社会在举行婚礼时的必备品，富于中华文化韵味，加之阿莉灵活调皮的表白，终于深深打动了阿越。中华民俗文化的传承，就这样隐而不显地流灌全文。

中生代泰国华人作家杨玲，也以微型小说创作来传播华人民俗文化。杨玲的《九皇盛会》叙述泰国九皇盛会的习俗及来历。"每年农历九月初一到初九，是泰国华裔的'九皇盛会'……这段时间整个曼谷城，到处有'斋'字的小黄旗，满街都是卖素食的摊子，还有一些餐室

---

① （泰）陈博文：《书魂》，四川文艺出版社，2013，第5页。

也改卖斋菜，大门上拉开黄色布幔，斗大的'斋'字在正中。"① 在描述了泰国华人社会"九皇盛会"的状况后，杨玲接着叙述了它与中国文化的渊源。"'九皇盛会'又称'九皇斋节'，相传发源于中国，来历有几种说法，一种说法是：在三百年前，清兵入关，明朝灭亡，反清复明人士逃往东南亚，借各种礼佛拜神活动，白衣素食祭拜明朝九代先皇，久而久之，相沿成俗，就有了九皇盛会。"② 另一种说法是相约于福建某地计划举事的反清复明志士，遭到清廷围剿，明朝九皇子为保住万民而舍身就义。"九皇盛会"就是人们"素服持斋"纪念九皇子而相沿成习的中国民俗。在福建人南渡泰国之际，他们也将家乡的这种民俗传到泰国。居住泰国南部的福建移民及华裔极多，泰南的"九皇盛会"也极其隆重。"九皇盛会"抬神游行的中华风情吸引了众多异族围观。杨玲将华人民俗文化融汇于微小的文学体裁中，比之简单的旅游简介或社会民俗文化书籍，自然更容易引起华人社会读者的兴趣，更容易使人们在文学阅读中获得对中华民俗文化的认知。

　　泰国华人作家的散文、诗歌创作，也富有成就。在散文创作方面，司马攻被誉为"泰华数一数二的散文家"。他散文创作中的那些"怀乡忆旧"题材，特别打动人心。梦莉、姚宗伟、老羊等人的散文，也备受泰国华文文坛关注。曾心、子帆、岭南人、李少儒等诗人的诗歌创作，也颇有影响力。特别是曾心推动的小诗创作，成为新世纪靓丽的文学招牌。相对于老一辈作家倾向于中国文化认同，中生代及新生代泰国华人作家的文化认同变得多元化。泰国华人黄莹指出："华人的文化认同可以说从移民至今都是倾向于中国的，即使是第三、四代的华人后代，他们大多对中华文化抱有好感。但这种文化认同并不是一成不变的，从第一代移民到现在的移民后代，其华人文化认同的内涵发生了巨大的变化。"③ 泰国华人作家的文学创作常常不自觉地流露出作家自身的文化认

---

① （泰）杨玲：《曼谷奇遇》，四川文艺出版社，2013，第136页。

② 同上书，第137页。

③ 黄莹：《战后泰国华文教育的演变与现状考察——以东部地区华校为例》，硕士学位论文，福建师范大学，2017，第27页。

同，诗歌创作亦然。诗人黄水遥宣称："把象的传人和龙的传人/结成一对孪生兄弟/千年来同根苗长/守着这片圣洁的净土。"（《湄水永无干涸时》）"象的传人""龙的传人"分别喻指泰族和中华民族，两个民族在泰国这片土地上"同根苗长"，体现了诗人对种族和谐共处的深情期待，对泰国文化和中华文化的双重认同。在林太深的诗歌《梦韩江》中，中国的韩江与泰国的湄南河都被比喻为自己的"母亲"。"为什么，梦里的韩江总有湄南河的影子/……/今晨醒来我顿觉迷惘/一个是我的生母/一个是我的奶娘/韩江和湄南河两个母亲的形象/我中有你你中有我/两个母亲的乳汁/一样的白腻香甜。""母亲"是最富于深情的血缘认同，是一个人的生命根源。诗人将韩江与湄南河同比为"母亲"，你中有我，我中有你，最能体现新一代泰华诗人的双重文化认同，以及对中泰两国的文化依恋。这样的诗歌创作，不仅传达了新一代泰国华人对赖以生存繁衍的泰国土地的爱恋，也传达着他们对中华文化的热爱之情，无疑是打动人心的。

第二节　菲律宾华侨移民与中华文化教育

菲律宾共和国，简称菲律宾，素称千岛之国，全国由 7000 多个大小岛屿和露出水面的石礁组成，"两个最大的岛屿吕宋岛和棉兰老岛雄踞国土的北、南两端，中部的米沙鄢群岛为国土的躯干，巴拉望群岛和苏禄群岛构成国土的双腿"[①]。菲律宾政体为总统共和制，采用三权分立的政治体制。在宗教信仰上，菲律宾是信仰罗马天主教、基督新教、伊斯兰教、佛教和本土的原始宗教等的多宗教国家。

这种多宗教信仰与菲律宾群岛的开拓史有着紧密关系。15 世纪西方国家积极向远洋拓展，1521 年麦哲伦抵达菲律宾。麦哲伦登陆之地宿务及附近岛屿的一些居民，首先被迫受洗成为天主教徒。1565 年，黎加实

---

① 庄国土、陈华岳等：《菲律宾华人通史》，厦门大学出版社，2012，第 20 页。

比开始在宿务建立第一个殖民地。① 随着殖民统治的巩固，西班牙政府有强烈意愿要将菲律宾居民（包括华人）"天主教化"，奥古斯丁会、方济各会、耶稣会、多明我会等几个教派，受命实施殖民政府的宗教意图。因此在西班牙数百年的殖民统治中，无数菲律宾人受洗入教，天主教实为菲律宾第一大宗教。大乘佛教在古代就传入菲律宾，"近代汉传佛教的传入，始自 1937 年厦门的性愿法师赴菲弘法"②。起初信徒都为闽南人，所以法师以闽南语弘法。与东南亚诸多国家一样，菲律宾历史上也遭受西方多国殖民统治。西班牙殖民菲律宾群岛数百年，美国殖民统治也有四十余年，所以天主教文化、基督新教文化对菲律宾群岛都有或深或浅的影响。伊斯兰文化也是菲律宾文化的一个组成部分。再加上千百年来华人移民带来的中华文化和菲律宾土著文化，使菲律宾成为多元文化、多种族人口并存的国家。

菲律宾史学泰斗科斯塔神父指出，菲律宾文化"是一种发展中的文化"，对文化发展可以持"削减式"或"附加式"观点，用削减式观点来看，"菲律宾文化就像一颗洋葱，是由不同文化层次构成的，如果逐层剥去，最终根本找不到核心"。他认为"承认和保存外来的文化成分，将它和菲律宾原有的文化融合，这个附加而成的结合体便是菲律宾文化"③。科斯塔神父对菲律宾文化的阐述是深刻合理的。由华人移民

黎刹广场的拉普拉普雕塑

① 庄国土、陈华岳等：《菲律宾华人通史》，厦门大学出版社，2012，第104—105页。
② 同上书，第35页。
③ 姜兴山：《战后菲律宾华文教育研究（1945—1976）》，暨南大学出版社，2013，第211页。

携带而至的中华文化也是菲律宾文化的重要组成部分，理当受到菲律宾政府和各族人民的认可。

一、"一条水路到番邦"

"多数学者认为，中国典籍中有关菲律宾的明确记载，出现于宋代。"[1] 麻逸、三屿、吕宋、苏禄国等都是菲律宾群岛存在过的古国，并且保存着与宋、明时代中国人的贸易、人员往来记录。其中，苏禄国在中文典籍中出现较多，元代大旅行家汪大渊的《岛夷志略》（1349 年成书）首次记载了苏禄国的民情风俗。苏禄国国王与大明朝的关系也被记载并流传下来，成为中菲友好往来的有力证明。明朝永乐年间苏禄岛三位酋长到访，被大明朝封为苏禄国东王、西王、峒王。最尊贵的苏禄国东王却在返国途中病故于山东德州，大明朝厚葬苏禄国东王，并由苏禄国王妃及王子守墓。后来，德州的温、安姓氏便是苏禄东王的后裔。华人南渡菲律宾群岛的时间，当然远早于苏禄国几位酋长及随从北访大明朝。华人移民南渡菲律宾的时间持续了千百年之久，原因也各种各样。

其一是经商（贸易）。这包括大帆船时代及郑和七下西洋的中菲贸易时期，也包括各个历史时期中国移民前往菲律宾经商谋生的活动。在大帆船时代，中国—菲律宾—墨西哥几个国家，形成了"海上丝绸之路"的循环贸易圈。中国的生丝、瓷器、茶叶等被运往马尼拉，又由商人转售墨西哥，然后墨西哥的白银被运载至马尼拉，又多数流向中国。这种大帆船贸易一直持续到 19 世纪初。直到 1810 年墨西哥独立战争爆发，西班牙在当地的殖民统治难以为继，五年之后大帆船贸易终结。在这绵延了两百多年的大帆船贸易时代，中国商船主要来自漳州、厦门，月港是大帆船贸易的终点之一。[2] 所以，闽南人是当时菲律宾华人移民的主要来源。在 1521 年麦哲伦抵达菲律宾之际，就听闻中国商船年年往来菲律宾吕宋岛。据中国古籍记载，"漳人以彼为市，父兄久住，子弟

---

① 庄国土、陈华岳等：《菲律宾华人通史》，厦门大学出版社，2012，第 37 页。
② 同上书，第 112 页。

往返，见留吕宋者盖不下数千人"①。"吕宋居南海中，去漳州甚近……先是，闽人以其地近，且饶富，商贩者至数万人，往往久居不返，至长子孙。"② 这些古籍佐证了古代闽南人与菲律宾之间因为经商、贸易而发生的关系，闽南人跨国移民的重要原因之一就是经商、贸易。郑和七下西洋的重要目的之一也是贸易，以国家的名义与世界各国进行外贸活动。在郑和下西洋的数十年间，船队也有人员就此居留世界各国，包括菲律宾群岛。一直到20世纪末，甚至到当下，中国人移民菲律宾也总是因为经商、贸易。为什么菲律宾以祖籍闽南的华侨华人居多？为什么菲律宾华人社会的商业气息这么浓厚？为什么华人甚至能影响菲律宾的经济命脉……这些都是有历史和现实原因的。直到今天，菲律宾华人仍然以从事商业者居多，依然是祖籍闽南者居多。在2018年菲律宾富豪榜中，前十位中有八位为华人企业家。著名的华人"六大班"（菲律宾人称亿万富豪为"大班"）陈永栽、施至成、吴奕辉、杨应琳、吴天恩、郑少坚，都是闽南移民或闽南人后裔。③ 这在东南亚各国都是少见的。菲律宾前总统菲德尔·拉莫斯访华时，华人"六大班"随行，可见菲律宾政府对华商推动国家经济发展的期待。

其二是避难、逃亡。中国历史上发生过许多次的改朝换代。有些人不愿意在新政权下生活，从而避居东南亚（包括菲律宾群岛）。例如，蒙古人入主中原，清军入关，于是有人举事反抗（如打着"反清复明"旗号的各种军事行动和秘密会社起义），兵败后被迫逃亡他国，部分人就到了菲律宾群岛。16世纪，林凤集团也曾经避居菲律宾。林凤是广东人，他率领着一个海上武装走私集团（这样的海上武装集团是中国历史上的一个突出现象，闽南的郑芝龙集团也是如此）活跃于东南沿海，与明政府时有对抗，因此被政府军围剿。林凤听说菲律宾防务不强，于是

① 许孚远：《疏通海禁疏》，转引自庄国土、陈华岳等《菲律宾华人通史》，厦门大学出版社，2012，第117—118页。

② 张廷玉等：《明史》卷323《外国四·吕宋》，转引自庄国土、陈华岳等《菲律宾华人通史》，厦门大学出版社，2012，第118页。

③ 施雪琴：《菲律宾华侨华人史话》，广东教育出版社，2019，第299—300页。

在 1574 年率领 62 艘战舰，载着士兵、工匠、农人、妇幼及各种用具，奔赴菲律宾。这是一次集体移民事件，也是不得已的逃亡、避难。

其三是由于开发菲律宾群岛、发展菲律宾经济的需要，当地执政者推出某些政策，招引华人移民。比如 1850 年菲律宾总督所颁布的法令——鼓励农业领域进口华工，华人移民不受限制；20 世纪 70 年代执政的马科斯总统、1986 年执政的科拉松·阿基诺总统等，在外侨归化入籍方面推出了一些较好的政策；进入 20 世纪 90 年代，菲律宾政府又推出退休移民、投资移民政策，这些都是吸引中国"新移民"沿着历史因缘继续南渡菲律宾的重要原因。此外，某些中菲条约也有利于华人移民菲律宾。19 世纪上半叶，因为英美等国开始禁止非洲黑奴贸易，但工业革命及其他领域的经济活动需要大量劳工，所以西方国家开始打中国的主意。如英法等国与清政府在战后产生的各种条约，有些就约定清政府不得阻拦华工出国。西班牙殖民者也效仿他们，与清政府签订类似条约。"1864 年，西班牙为西属美洲招工，沿英法北京条约之例，与清廷正式签约。"条约约定"华民"可以"由通商各口前往""西班牙所属各处承工"。① 可以说，出于经商（外贸）、投资、投亲、避难等各种原因，千百年来华人移民源源不断南渡菲律宾（在某些特殊时期，有过数十年的移民中断），并在菲律宾发展出了成熟的华侨华人社会。

菲律宾马尼拉最早的华人生活区是西班牙王城附近的八连，这是西班牙殖民者为了集中管理漳州、泉州等地南来的华侨、华商而规划的"唐人街"。由于殖民者对华人的疑虑，故将"唐人街"设于八

马尼拉唐人街

---

① 庄国土、陈华岳等：《菲律宾华人通史》，厦门大学出版社，2012，第 225 页。

连，因八连处于军事要塞大炮的射程之内。虽然处在西班牙殖民者的军事威慑之下，但华侨依然热热闹闹地经营着他们的生意。1590 年马尼拉大主教曾给西班牙君主菲利普二世报告八连的状况："八连市区内，百业皆备，居住在市内的华侨，皆有业栖身，没有一个游手好闲的人。"①华人移民的勤劳能干，深得大主教的认可。西班牙殖民者又采用宗教同化华人的策略，许多华人因此受洗成为天主教徒。1594 年，西班牙驻马尼拉总督特意在巴石河北岸划出一块供华人天主教徒居住之地。慢慢地，八连衰落，岷伦洛区取代八连成为新的华人居住区。至今，岷伦洛区依然是马尼拉繁荣的华人区，有许多著名的商业街，还有极其著名的岷伦洛教堂以及王彬街。岷伦洛教堂里供奉着"菲律宾历史上第一位天主教圣徒"罗仁树的圣灵，这是一位华菲混血儿。他于 1636 年在日本殉道（当时日本政府迫害天主教徒），三百年后被罗马教皇圣约翰·保罗二世封圣。王彬街的命名也来自华人英雄、菲律宾革命先贤罗曼·王彬，这是一位在中菲两国都深具影响力和声誉的华人。

在西班牙殖民统治时期，由于华人天主教徒可享受居留（不被驱逐出境）、自由迁徙（可以离开八连到外地生活）、与当地女子通婚、免税（免除额外税收）等各种特权，大量华人因此移民受洗。得到自由迁徙权利的天主教徒，从马尼拉奔赴菲律宾各岛屿谋生，渐渐地在各地形成了华人居住区。到 17 世纪，华人足迹遍布菲律宾群岛。苏禄、棉兰老、班乃岛等地，都有华人生活区。同历史上一样，现在的菲律宾华人仍以闽南人居多，主要居住于大马尼拉地区和维萨亚地区、棉兰老岛等地。祖籍泉州的华人多居住吕宋岛，尤其是大马尼拉地区；祖籍漳州、厦门的菲律宾华人多居住于维萨亚地区的宿务和棉兰老岛等地。② 在不同历史时期，菲律宾的华侨华人人口是浮动不定的。虽然中国农业社会有安土重迁的文化基因，但闽南人却在生活环境中培养了出洋冒险求生存、求发展的人文传统。"至少在宋元以降，闽南男儿就视出洋为正途。明

① 施雪琴：《菲律宾华侨华人史话》，广东教育出版社，2019，第 4 页。
② 庄国土、陈华岳等：《菲律宾华人通史》，厦门大学出版社，2012，第 674 页。

清时期，闽南人移民海外络绎于途。"① 他们跨国移民的重要目标国就是菲律宾。"自 1571 年漳州月港与马尼拉之间的帆船贸易开始后的 30 年里，大约有 630 艘帆船从月港出航到马尼拉，每艘船载运的人数约 300 人……至 16 世纪末，马尼拉逐渐形成了中国最早的海外华人社会。"② "17 世纪初，马尼拉华人近 3 万人，绝大多数是漳州人。"③ 在 17 世纪前期，菲律宾一度是东南亚华人最多的地区，华人总数超过三万五千人。

然而，西班牙殖民政府出于各种原因（比如，报复华人伤害了西班牙殖民者，或报复华侨协助英国人攻打马尼拉；担心华人移民起义，或担心华人移民做中国政府的内应；或华人过多影响了西班牙人的利益等等），在 17 世纪多次大规模屠杀华人，其中于 1603 年、1639 年、1662 年屠杀了成千上万的华侨，使得华侨人口大量减少。有学者将 17 世纪的菲律宾称为"屠杀时代"，将 18 世纪的菲律宾称为"驱逐时代"。18 世纪 60 年代西班牙殖民者对菲律宾华侨华人进行了第五次大屠杀，同时伴随着驱逐出境的惩罚。"1766 年西班牙国王发布全面驱逐华人的命令……1769 年，驱逐令开始生效，在 1761—1764 屠杀中幸存下来的华人被集中驱逐。此次驱逐一直持续到 1778 年，华人被驱逐的数量甚众，留在菲岛的华人数量一直维持在殖民当局所限制的范围内，甚至可能少于 1790 年殖民当局所认为'必需的'4000 人。"④ 这恐怕是菲律宾华侨史上华侨社会最脆弱的时代。

华人移民虽然比西方殖民者更早抵达东南亚各国，但他们带去的是技术，是勤劳的品质，很多人是出于谋生的需要，或者寻求商业机会，或者避难才来到东南亚各国。中国移民来到东南亚各国，与西方殖民者有着本质上的不同。西方殖民者乃是出于开拓海外殖民地的图谋，以政府的力量、军事的力量，强力侵占东南亚各国。那些赫赫有名的航海家，如麦哲伦、哥伦布等，都是与西班牙国王签订协议进行航海的航海

---

① 庄国土、陈华岳等：《菲律宾华人通史》，厦门大学出版社，2012，第 126 页。
② 同上书，第 120—121 页。
③ 同上书，第 134 页。
④ 同上书，第 208—209 页。

家。本质上而言，他们是西班牙政府开拓海外殖民地的"急先锋"。而中国移民前往海外，绝大多数缺乏政府的支持，政府甚至非常嫌恶这些抛弃祖宗庐墓的人，将他们视为"天朝弃民"，对于西班牙殖民者屡次屠杀华侨华人，甚至无动于衷。虽然明朝时郑和七下西洋的壮举是由政府促成，郑和船队也有武装人员、锦衣卫，但这支船队是和平的使者，除非不得已才会应战。明朝的和平外交源于洪武皇帝朱元璋的祖训。洪武元年（1368），朱元璋就在诏书中安抚安南："'昔帝王之治天下，凡日月所照，无有远近，一视同仁，故中国奠安，四方得所，非有意于臣服之也。'从这一思想出发，他明确了中国对外的总方针，那就是'与远迩相安于无事，以共享太平之福'。（《明太祖实录》卷三十四）"[1] 在人数庞大的郑和船队中，难免有人留在东南亚，繁衍生息，汇聚成华人社会的成员。

进入 19 世纪以来，华人移民菲律宾又有所增多。1804 年，查理四世发布的敕令允许华人工匠、务农者留居菲律宾群岛；并且在 1850 年，西班牙殖民政府又发布一项特殊移民法令，"即允许华人以农民的身份进入菲律宾"，此后又进一步放宽限制华人移民入境的政策。[2] 在中国，一方面由于战乱、天灾人祸等原因，东南沿海民众将谋生、发展的希望寄托在海外；一方面是清政府与列强有签订条约，不得不准许华工出洋以满足西方殖民者开发殖民地的需要。菲律宾、中国两方面的因素，有利于 19 世纪的华人移民菲律宾群岛，大量华人涌入菲律宾成为现实。"1870 年以降，厦门、香港和马尼拉之间建立的三角航线定期汽轮开辟，月开 2 班，用于菲外国商行往来及运载苦力……1876 年，菲律宾登记华人激增至 30797 人。"[3] 光绪九年（1883）到十年（1884），华人在菲律宾净增 22036 人。20 世纪以降，特别是 20 世纪上半叶，中国战乱频繁，辛亥革命、北伐战争、军阀混战、抗日战争……百姓生活于水深火热中，他们避难的一种方式，就是出国。于是，东南沿海民众沿着历史因缘南

---

① 马骏杰：《郑和下西洋》，中国财政经济出版社，2017，第 40 页。

② 庄国土、陈华岳等：《菲律宾华人通史》，厦门大学出版社，2012，第 199 页。

③ 同上书，第 226 页。

渡，其中抵达菲律宾的华人移民为数不少。1949 年中华人民共和国成立后，菲律宾政府站在反共立场上，禁止中国人民移居菲律宾。直到 1975 年两国建交，新移民沿着历史因缘来到南洋。华人移民再度踏上菲律宾的土地。"至 2007 年，菲律宾华侨华人的数量可能在 150 万左右"，占菲律宾总人口的 1.7％。[1] 当然，菲律宾尚有一个数量庞大的华菲混血儿群体，菲律宾的许多政要，甚至有些总统，都有华人血统。这些华菲混血儿对中国和中华文化的态度不一，有些人比起菲律宾本地居民具有更强烈的排华意识，有些人却对中华文化有亲近感，热爱中华文化。

二、菲律宾华校华文教育

19 世纪以前，菲律宾华侨华人接受中华文化教育的方式，主要来自民间的中华民俗文化、宗族文化等。由于西班牙在 16 世纪就对菲律宾实行殖民统治，殖民政府又极其排斥当地文化，于是采取各种手段力图将华人移民"天主教化"。因此华侨社会想通过开设华校使子弟接受中华传统文化教育，几乎是不可能实现的事情。在这种情况下，"有些华侨家庭还聘请善辞章且又严于立训的塾师来教授他们的子弟。没有条件延请塾师的华人儿童，大都由他们的长辈调教他们习乡音、练汉字。也有一些家境殷实的华侨，将他们的子女送回中国接受教育"[2]。此类学塾、蒙馆等，传授给华人子弟的无非是《三字经》《千字文》等。

菲律宾的华侨学校最初出现于马尼拉。随着华侨华人遍布菲律宾群岛，菲律宾各地都出现了华人兴教办学的现象，出现了更多的华侨学校。1899 年，小吕宋总领事陈纲响应清政府号召，在领事馆内设立蒙馆，教授"四书""五经"等。在《钦定学部章程》（1902 年）颁布后，海外也积极兴办新式学校，上述领事馆内的蒙馆也更名为小吕宋华侨中

---

① 庄国土、陈华岳等：《菲律宾华人通史》，厦门大学出版社，2012，第 1 页。

② 姜兴山：《战后菲律宾华文教育研究（1945—1976）》，暨南大学出版社，2013，第 31 页。

西学校，这是菲律宾第一所新式华文学校。① 慈善团体善举公所负责管理这所中西学校，并为之拨发教育经费。自 1912 年第二任校长施乾掌校之后，便聘请外国人教授外文课程，中西学校因此成为既教授"四书""五经"，又教授英文课程的双语学校，在菲律宾华侨华人教育史上开启了华文教育的新路。

1901 年，美国正式实行对菲律宾的殖民统治，一改西班牙强力持续推行"天主教化"这种单一文化的做法，而推行美式多元文化思潮，支持各族裔创办学校。"1901 年 1 月，美国的'菲律宾委员会'通过了 74 号法案，亦即建立有关公立学校局的法案，但此法案第 25 条也明确承认私立学校教育的自由。美国政府还规定，任何剥夺美国人或外侨拥有及经营学校权利的法律都是违反宪法的。因此，华侨不论在言论自由、出版与集会结社等方面，都可以享有与菲律宾人相同的权利，并且有权经营他们所拥有的学校。"② 美国殖民当局的政策，推动了华侨华人社会兴建华校以发展华文教育的热潮。此后，马尼拉及菲律宾各地陆续出现了许多华侨学校，为华侨华人子弟接受中华文化教育创造了好条件。从美国殖民统治时期到菲律宾的当下，在一百余年的时间里，由于当地政策的波动，或者日本殖民东南亚等各种原因，菲律宾华侨学校、华文教育出现过波折，但是从未真正地中断过。中华文化在菲律宾群岛的传播和传承，也一直存在。

20 世纪初到二战之前，菲律宾的华校华文教育，拥有相对自由的发展空间。这与美国推行的教育政策有关。1899 年，马尼拉首先创办华校中西学校，此后马尼拉的华校多了起来。马尼拉华侨爱国学校、华侨普智学校、马尼拉华侨第一女校、华侨圣公会女学校、华侨曙光学校、马尼拉岷商学校、华侨中学、中正学校等都在发展华文教育上做出过贡献。③ 在菲律宾其他地区，也有华校纷纷建立，如 1912 年怡朗市中华总

① 庄国土、陈华岳等：《菲律宾华人通史》，厦门大学出版社，2012，第 332 页。

② 姜兴山：《战后菲律宾华文教育研究（1945—1976）》，暨南大学出版社，2013，第 37 页。

③ 施雪琴：《菲律宾华侨华人史话》，广东教育出版社，2019，第 13 页。

商会创办中华实业学校（叶开路等创立，现为怡朗华商中学），1915 年宿务中华会所筹办中华学校（陈允全等侨领推动创建，现为宿务东方学院），这分别是菲律宾第二、第三所华校，在菲律宾华文教育史上具有一定的历史地位。1914 年，为了发展华文教育，华侨各界人士筹建成立菲律宾华侨教育会，陈迎来、施光铭分别担任正、副会长。菲律宾华侨教育会成立的目的极其明确，"其一，为在马尼拉兴办和维持华文学校提供资金，""其二，在群岛各地华侨居住稠密区设立学校，开展和提升华文教育"。[1] 这表明在菲律宾推广并创建华侨学校以发展华文教育上，华侨各界人士达成了共识，这对以后较为顺利地扩展整个菲律宾的华校华文教育，意义重大。1917 年以后，马尼拉的华侨学校扩展较快，在菲律宾其他有华人的地方，华文教育也逐渐发展起来。截至 1938 年年底，菲律宾马尼拉的华侨学校共 12 所，即华侨中西小学（1899 年）、爱国小学（1915 年）、圣公会中学（1917 年）、溪亚婆中西小学（1917 年）、培元（闽商）中学（1918 年）、华侨第一女子中学（1922 年）、华侨中学（1923 年）、中山中学（1925 年）、百阁华侨小学（1932 年）、巴西市华侨小学（1932 年）、曙光小学（1934 年）、义德中学（1935 年）。[2] 在吕宋、未狮耶、棉兰老岛、达沃等地，都有华校的兴建，这为菲律宾各地华人子弟接受中华文化教育提供了便利。华侨华人深知子弟接受中华文化教育对于华族社会保持身份认同和民族根性的意义，都积极支持华文教育。其中，菲律宾华商以缴纳教育附捐税的形式支持华校发展华文教育，令人动容。1924 年，菲律宾有三十余所侨校，其中华侨中学（现为侨中学院）的创办为华侨子弟提供了更高层次的华文教育，意义重大。1925 年，孙中山先生逝世，菲律宾马尼拉、怡朗等地纷纷设立"中山"学校纪念中国这位伟大的革命家。这之后，越来越多的菲律宾华校开始增设中学部，例如宿务中学等学校。马尼拉的华侨中学、圣公会女学校、第一女校、南洋公学、平民学校等，也增设初中部或高中部，或者

① 庄国土、陈华岳等：《菲律宾华人通史》，厦门大学出版社，2012，第 339 页。
② 李凌晨：《菲律宾中正学院华文教育研究》，硕士学位论文，福建师范大学，2014，第 8 页。

初中、高中兼备。到1935年，菲律宾马尼拉的华校增至23所，全菲律宾华校达到80所，[①] 无论是华文小学教育，还是中学教育，都有所成就。

值得注意的是，菲律宾的教会办学也是扩展华文教育的渠道。当然，许多教会是华人宗教团体，本身就兼有传播中华文化的使命，而且借助华文学校的教育也可以更好地传播西方教义，一举多得。在马尼拉，基督教会创办了圣公会女子学校（1917年创建，1946年更名为圣公会中学）和培元中学（1932年），前者是"菲律宾创立最早的教会学校"，由华侨圣公会教会施和力牧师担任校长。天主教会创立了华侨钦正女子学校、义德中西学院。[②] 从史料上看，这些教会创办的华校比较重视女子教育，对于菲律宾华侨女性文化修养的提升具有很大的促进作用。1935年，美国总统罗斯福批准菲律宾宪法，菲律宾获得自治，在奎松总统的领导下，菲律宾经济、文化获得较快发展，需要更多的移民服务于菲律宾建设。菲律宾华侨人口因此增长，同时也促进了华校的发展。到1941年，菲律宾华校有120余所。[③]

不同于部分东南亚国家，菲律宾多数新式华侨学校从创办开始，就采用双轨制教育体系，华侨学校的中文部接受中国驻菲律宾领事馆的监督，并且向中国教育部门报备立案，教师基本由中国聘请，主要采用中国中华书局和商务印书馆出版的教材；英文部向菲律宾教育部门立案并接受监督。[④] 这使得菲律宾华侨子弟，一方面受到较好的中华文化教育，培养出一代代年轻的中华文化受众，增强了华侨子弟的民族身份认同感，有利于中华文化在菲律宾的传播及传承；另一方面也提升了华校生的英文水平，有利于他们融入菲律宾现实生活。

1942年1月，日军登陆马尼拉。日本殖民统治菲律宾之后，敌视华

① 姜兴山：《战后菲律宾华文教育研究（1945—1976）》，暨南大学出版社，2013，第51页。

② 庄国土、陈华岳等：《菲律宾华人通史》，厦门大学出版社，2012，第349页。

③ 姜兴山：《战后菲律宾华文教育研究（1945—1976）》，暨南大学出版社，2013，第52页。

④ 庄国土、陈华岳等：《菲律宾华人通史》，厦门大学出版社，2012，第334页。

侨华人及其文化。华校被损坏、关闭，华校教育工作者或者避难他地，或者惨遭杀害。日本殖民者允许复学的学校，也只能教授日本文化，这是中华民族有血有肉的海外儿女所不能接受的。即使在日本人残酷的统治下，中华文化的传承也从未中断。华侨华人继续采取私塾教育的方式，让华族子弟默默地传递民族文化的"灯火"。

1946 年，菲律宾共和国宣布独立。1947 年，菲律宾政府颁布菲律宾共和国第 144 号法律，修改原有移民法，严格控制外侨出入菲律宾。"到 1949 年，全面禁止中国人入境。"[①] 一直到中菲 1975 年建交前夕，马科斯政府才在总统法令中宣布为菲律宾华侨积极办理入籍手续，借以改善与中国的关系，也加速菲律宾华侨的归化、同化进程。在近 30 年的时间里，菲律宾各届政府对华侨华人政策的反复也导致华文教育在曲折中前行。

菲律宾共和国首任总统罗哈斯在竞选期间与华人社会的冲突，加强了他排华的立场。罗哈斯本来就有较强的民族主义思想，早在 1935 年他担任自治政府官员期间就鼓吹遏制华侨发展。这位"菲人第一"的倡导者，在就任总统后推行各行业、领域的"菲化案"，限制外侨发展，扶持菲律宾人在各领域的发展，华侨华人深受其害。为了报复华人社会对他竞选总统期间的不友善态度（华侨华人支持奥斯敏纳），罗哈斯甚至宣扬华侨是应被驱逐的"令人讨厌的外国人"。庆幸的是，罗哈斯的"菲华运动"起初并非想要压迫华侨华校教育，所以战后菲律宾华侨教育环境相对宽松。而且罗哈斯政府也顾及中国作为战胜国在国际上的影响力，与中国驻马尼拉总领事段茂澜及中国代表陈质平等人协商《中菲友好条约》的签订工作，对第六条条约——华侨开设学校"教育其子女之自由"，给予认可。菲律宾私立学校教育局最多负有"加强监督"华校的职责，华侨学校向中国政府侨委会立案。[②] 在这样的环境下，华校在战后的复办或新建，都有了保障。"至 1946 年 7 月，除停办与合并的

---

① 庄国土、陈华岳等：《菲律宾华人通史》，厦门大学出版社，2012，第 673 页。

② 姜兴山：《战后菲律宾华文教育研究（1945—1976）》，暨南大学出版社，2013，第 68 页。

侨校外，全菲侨校共计90所。"① 从1945年到1950年，菲律宾创办了若干所华校，有马尼拉嘉南学校、马尼拉普贤小学、马尼拉育英小学、丹心义务小学、宿务建基小学、邦省华侨爱国义务学校、圣军小学、晨光小学等。② "据不完全统计，1956年，华校已经增加到153所；华校学生4万多人……至菲化法令发布的1973年，全菲华校154所，在校学生6.8万人，教师4000人。"③ 这个时期菲律宾华侨华文教育出现新现象，是因为各地出现了华校联合会之类的机构，学校之间的交流必然会提高华校华文教育水平。1957年，在马尼拉成立了全国性的"菲律宾华侨学校联合总会"（简称校联总会），对于菲律宾华校华文教育的发展及促进中华文化传承，具有重要意义。

不过，菲律宾政府对于华侨华校教育的态度不友善，给华侨子弟接受中华文化教育设置了障碍。1956年出台的《华侨学校中小学课程问题》规定了中英文授课课时，在华侨小学，每周的中文课时数比英文课时数少300分钟以上；在华侨中学，每周的中文课时数比英文课时数少300—400分钟。几年以后，还规定英文课在上午开设，中文课于下午授课。④ 这些措施的执行，都不利于华校学生的中文课程学习。

1973年以后，华文教育陷入新的困境。菲律宾政府为了推进同化步伐，开始将"菲化案"推向华文教育领域。早在1967年，菲律宾就不允许华人社会开设新的华校。1973年新宪法就确定教育领域的"菲化"，其中第15条规定，"学校教育机构，除了教会、宗教组织和慈善机构设立的之外，均应由菲律宾公民或其资本60%以上为菲律宾公民所有之公司或社团机构所设立。学校教育机构的管理与行政部门必须由菲律宾公民主持。学校教育机构不能专为外籍学生开办。任何学校招收的外籍学生不得占学生总人数的1/3。中文课程取消，华文可设置为选修课，授

① 姜兴山：《战后菲律宾华文教育研究（1945—1976）》，暨南大学出版社，2013，第67页。

② 同上书，第81—84页。

③ 庄国土、陈华岳等：《菲律宾华人通史》，厦门大学出版社，2012，第768页。

④ 同上书，第769页。

课时间每天不得超过 120 分钟，华文课只能选用当地编写的教材。华语教师必须聘用当地教师。如中华或华侨等有关国家意识或民族认同的校名必须更换。校名更改后还须重新申请立案，由教育当局发给新的立案证书"。① 从学校创设者、管理者、教师、学生到学校名、教材、课程时数，新宪法都做了具体的规定，对华侨学校的抑制是显而易见的。自此，不仅华校数量减少（20 世纪 80 年代菲律宾华校减少至 140 所），华文教育的质量开始下降，而且华校的性质也发生了变化。华侨学校变成菲校，"华校完全采用菲律宾教育当局规定的课程，以英语和他家禄语为教学语言，英菲课程上课的时间大量增加"②。在菲律宾政府推行教育"菲化"政策的干预下，华校华文教育虽然努力保持中华文化特色，但衰落在所难免。20 世纪 90 年代以后，菲律宾华人社会想推动华文教育继续发展，便设立了菲律宾华文教育研究中心和菲律宾华文学校联合会，两个机构在推进菲律宾的华文教育方面，做出了相应的贡献。截至2013 年，菲律宾华文学校的总数已达 119 所，在校生共计 68856 人，华文教师 2660 人。其中，中正学院规模最大，大学生、中学生、小学生、幼儿园学生共 5017 人。侨中学院、天主教崇德学校、灵惠中学、义德中学、光启学校等华校的学生也达到 3000 人以上。③ 1973 年以来，菲律宾共和国的华校虽然性质上发生了变化，但华文教育还留有生存的空间。华人社会部分人士不甘心中华文化的传承从此中断，有意识地推动华文教育；菲律宾政府也出于要与一个发展中的大国交往，有意识地保留华校生存的小空间，培养懂得华语和略知中华文化的菲律宾公民，服务于菲律宾社会的发展。

三、从中正中学到中正学院

在众多的菲律宾华文学校中，中正中学、中正学院非常著名。中正

---

① 庄国土、陈华岳等：《菲律宾华人通史》，厦门大学出版社，2012，第 774 页。
② 同上。
③ 同上书，第 777 页。

学院由中正中学升格、发展而来。中正中学是二战前颇为著名的华侨中学，它的创立及其发展在菲律宾华校华文教育史上值得特别提及。它创建于1939年6月，由杨启泰担任董事长，王泉笙担任校长，校领导及教务主任黄其华、训育主任鲍事天、总务主任张家福等共谋中正中学的发展。日本侵占菲律宾时期，中正中学与其他华校一样遭受破坏，甚至因其在华校中的重要地位成为日军重点破坏对象。在日本殖民者的心里，摧毁一个民族的强力手段就是摧毁那个民族的文化。在侵略中国时，日本殖民者也将南开大学、同济大学等重点高校作为重点破坏目标。南开大学几乎化为废墟，同济大学在内迁途中被日本飞机追着轰炸。但五千年的中华文化有其韧性，有其生生不息的生命力。1945年马尼拉光复，中正中学复校复学，再度走上华校华文教育的大道。

进入20世纪50年代，由于菲律宾与中国尚无外交，菲律宾禁止中国民众移民，以往从中国引入华文教育师资的渠道也中断。出于提升华文教育师资水平的需要，培养师范专业人才成为迫切的事情。1955年，两年制的华侨师范专科学校成立，这在菲律宾华人社会是开创性的教育壮举。1960年，董事会决议将中正中学与华侨师范专科学校合并，以实现资源互补。经过多次协商，多方努力，中正学院于1965年5月获得菲律宾教育部有效立案。"原来的两年制华侨师范专科学校改制为四年制学院，扩办文史、教育两系，又于1966年合并为文史教育系，增办商学系，设会计、企业管理、银行财务三组，学生总数达到5300名，重新定名为'菲律宾中正学院'，由鲍事天博士任首任院长。"中正学院也成为华侨在海外创办的，以华文教育为基础、以弘扬中华文化为目的的高等教育机构。① 中正学院不仅成为菲律宾第一大华校，而且以一所学校之力涵盖了幼儿园、小学、中学、大学、研究所的教育和研究机构，也就是说中正学院建立了菲律宾华文教育的完整体系。"从教材选择上看，根据中学四年的学制安排，其教材主要采用《初中华文》（全六册）和《高中华文》（全六册），其文章选择多为励志小品文、论说文、寓言、新

① 姜兴山：《战后菲律宾华文教育研究（1945—1976）》，暨南大学出版社，2013，第93—94页。

体诗、古诗为主，题材多样，且短小精悍，富有强烈的中华文化韵味……直至 2013 年，学校开始实行改革，一学年改为三个阶段，教材正逐步过渡为《生活华语》。"① 可见，中正学院的华语课长年累月地向学生传授文学知识、中国文化，有利于华校学生培养中华文化气质。1965年马科斯就任菲律宾总统后，制定了"利用华侨经济来发展国家经济、放宽华侨入籍条件使其尽快同化、彻底菲化华侨教育"等新政策。菲律宾政府规定，教育机构的开设必须是菲律宾公民或菲律宾公民拥有 60%以上资本的公司或社团，学校教育机构的管理者和行政部门必须为菲律宾公民，学校招收的学生 2/3 为菲律宾公民。这种强力的"教育菲化"政策，使得华侨大量选择归化入籍。"中正学院从原来的华侨学校逐渐转变为华文学校，即由原来华侨开办的、受中国政府承认的学历教育转变为受菲律宾管控的、教授华文课程的私立学校。"② 不过，无论中正学院的性质为何，在传承中华文化教育这一点上，它依然发挥着重要的作用。

四、闽南佛学、闽南民间信俗南传菲律宾

菲律宾华侨华人所接受的中华文化内容广博，宗教和民间信俗等也是中华文化的重要组成部分，它们与民间社会有着更直接的联系。民间信俗作为中华民俗文化的重要部分，极富生命力，华人移民无论识字与否，无论文化水平高低，都可以从民俗文化活动中得到中华文化的熏陶。

（一）僧人南渡与闽南佛学南传

在宗教信仰方面，菲律宾居民主要信仰天主教。由于西班牙殖民统治菲律宾达两三百年，其间强力、持续地推行天主教文化，华人移民也

---

① 李凌晨：《菲律宾中正学院华文教育研究》，硕士学位论文，福建师范大学，
　2014，第 14—15 页。
② 同上书，第 17 页。

因此大量受洗入教。而华侨华人也会组成自己的宗教团体，比如华侨圣公会、菲律宾中华基督教会等，如今依然活跃在菲律宾社会。这些宗教团体在举行活动时，牧师会用闽南语、普通话、英语等多种语言传道。此外，佛教、伊斯兰教以及产生于菲律宾本土的原始宗教等，都有一定的信众。这些宗教信仰中，与中华宗教有较大关系的主要是佛教。菲律宾华人移民主要来自闽南地区，闽南是佛寺密集之地，随着闽南移民南渡菲律宾，作为移民信俗的这种宗教文化也传播至居住国。1936 年，马尼拉开工兴建的信愿寺相当著名。次年，菲律宾中华佛学会邀请厦门南普陀寺性愿法师前去主持寺务，性愿大师将闽南的佛学传统带到菲律宾。性愿法师，俗姓洪，1889 年生于福建南安，不仅与大德圆瑛（福建古田人）、会泉（福建同安人）同被誉为"近代福建三大高僧"，而且是"开闽南研究佛学之先声"的大师，"是将中国大乘佛教南传菲律宾的第一位法师"。[①] 在性愿法师 20 多年的国外弘法岁月中，菲律宾成千上万的华侨华人皈依三宝，闽南佛法在菲律宾得到了极好的传播。闽南僧人瑞今（俗姓蔡，1905 年生于晋江，信愿寺第二位住持）、如满、觉定、善契、印实等，都来到菲律宾弘扬佛法。后来，又有广纯、广泛、瑞耀等南渡菲律宾弘法。来自闽南的僧人、清姑等在菲律宾各地创建寺院，有些寺院也开设教会性质的华文学校。前述信愿寺曾创办普贤学校、能仁中学；广泛法师于 20 世纪 60 年代创建龙华寺，附设龙华学校；广纯法师在 20 世纪 70 年代开创普济寺，普济寺又于 20 世纪 90 年代助力创建普济学院。可以说，菲律宾各佛教寺院已经将佛法精神和入世办学的教育实践结合起来，这既是向更年轻一辈的菲律宾华裔弘扬佛法，也是对年轻一代传播中华文化。这些闽南法师在弘扬闽南佛法及普及华侨华人子弟的中华文化教育等方面，都有极大贡献。

（二）闽南民间信俗

闽南民间信俗也随着闽南人南渡传播到菲律宾群岛，并在菲律宾得到较好的传承。在闽南民间信俗中，保生大帝、关帝、妈祖、观世音菩

---

① 施雪琴：《菲律宾华侨华人史话》，广东教育出版社，2019，第 164—165 页。

萨、玄天上帝、三平祖师、清水祖师、开漳圣王、广泽尊王等，都在闽南民众中拥有或多或少的信众。由于闽南民众跨国迁移的重要路线为海路，在古代，海路非常凶险，有些闽南民众往往将"海神"妈祖神像携带上路，祈求保佑海路平安。妈祖信俗成为东南亚一带华人社会的主要民间信俗。菲律宾的妈祖信俗始见于16世纪，据传1572年福建移民在菲律宾描东岸的塔尔镇修建了妈祖庙，据说在20世纪60年代，菲律宾存在过一百多座妈祖庙。① 这些庙宇将妈祖信俗传播开来，带给华人移民以心灵的安慰。不同于新加坡、马来西亚等东南亚国家的妈祖信俗，菲律宾妈祖信俗的特殊之处，在于它与天主教文化有所结合。

中国移民带来的民间信俗与西班牙殖民者推进的天主教文化（西班牙殖民统治时期的菲律宾主流文化）相互融汇，产生了奇特的效果。妈祖被信众称为天后娘娘、天上圣母、天妃等，而菲律宾描东岸的华人民众会将塔尔镇天主教堂内的凯萨赛圣母像借出来，以"天上圣母"的名义奉祀。"1954年，罗马教皇在菲律宾举行祈祷大会，教皇特封妈祖为天主教七圣母之一，并隆重地为妈祖加冕。现在描东岸妈祖庙所供奉的妈祖神像俨然是一尊天主教的圣母神像，妈祖形象的变化充分显示了妈祖在菲律宾的演变与融合。"② 民间信俗有其现实性、世俗性、地方性的特点，华人移民的妈祖信俗"在地化"，既方便了华侨华人融入菲律宾现实生活，也能使他们从妈祖信俗中寄托思乡情结。这种将中国民间信俗与西方宗教文化结合的现象，在菲律宾并不少见。闽南民间信俗中的显神关帝爷，到了菲律宾也"入乡随俗"起来。

王彬街的关圣夫子庙颇有历史，深受信众膜拜，关帝爷也在菲律宾实现了"在地化"，"关帝爷较华人信众更早菲化转籍，受洗为天主教圣徒仙参戈"。③ 这样的关帝爷让菲律宾华人移民觉得更加亲近。菲律宾马尼拉的大千寺也是著名寺庙，供奉的主神广泽尊王也是来自闽南泉州的民间神明。广泽尊王被菲律宾华人信众敬重、膜拜，也与其神佑作用有

---

① 施雪琴：《菲律宾华侨华人史话》，广东教育出版社，2019，第178页。
② 同上。
③ 庄国土、陈华岳等：《菲律宾华人通史》，厦门大学出版社，2012，第782页。

关。据说广泽尊王特别会庇佑"远人","对于广泽尊王的神通,民间有'白目佛,益外境;越远求,越显灵'之说,所以广泽尊王深受远渡重洋的海外华侨的崇拜。传说旧时南安华侨出洋前,都不忘到凤山寺走一趟,或请一尊郭圣王木雕神像,或带一面凤山寺令旗,或取一包香灰带在身边。南安华侨甚至在侨居地模仿故乡凤山寺的建筑,兴建具有中国传统建筑风格的凤山寺、保安宫以及广泽尊王庙等"。[①]

其实,无论中华大地的观音菩萨信俗、土地公信俗、关帝信俗、妈祖信俗,还是更富闽南地方特色的开漳圣王信俗、保生大帝信俗、广泽尊王信俗等,都能够唤起菲律宾华人移民的中华文化认同,强化他们内心的华人意识。这些宗教和民间信俗在菲律宾华人社会的传播和传承,又使得他们在异域得以继续接受中华民俗文化教育。

五、菲律宾华文文学及艺术教育

文学艺术创作也是传播、传承中华文化的重要渠道。相较于民俗文化的大众化、草根性,文学艺术创作则被称为"雅文化",它需要作家、艺术家发挥个人才艺,也需要受众有一定的文化水平。从中华民俗文化到华侨华人文学艺术创作,菲律宾华侨华人接受中华文化教育的渠道其实颇为多元化。

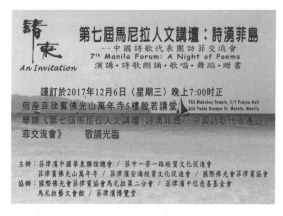

菲律宾华人举办中菲文学交流活动门票

① 施雪琴:《菲律宾华侨华人史话》,广东教育出版社,2019,第 181 页。

（一）菲华文学

菲律宾新华文文学与东南亚各国同步发展，并且都受中国五四新文学运动的重要影响。20 世纪上半叶，有不少中国作家南渡，或在东南亚各国华校任教，或担任报纸杂志的编辑。他们是推动东南亚各国华文文学创作的重要力量，并且在居住国培养了创作华文文学的新生力量。

在菲律宾华文文学界，诗歌创作一直比较引人注目。中国学者赵顺宏指出，20 世纪三四十年代菲华早期诗歌有同仁式的活动，但未形成有影响力的社团流派；20 世纪五六十年代菲华诗歌取得突破性进展，青年诗人的普遍崛起和诗人个人风格的逐步形成，呈现出菲律宾华人诗歌创作的繁荣局面。虽然菲律宾有过近十年的"军管"，影响了菲华文学的创作，但进入 20 世纪 80 年代以后，"一大批属于现代派诗歌范畴的中青年诗人的创作走向成熟……80 年代以后的诗歌作品的现代派特征表现为一种明显强化了的生命意识与内省意识"。① 菲律宾华文诗歌的前行之路，其实与中国文学及部分东南亚国家的华文文学创作步伐，具有一定的同步性。但由于菲律宾华人社会有其特殊性，他们的诗歌创作也会体现出自己的特质，比如菲华文学（包括诗歌）表现的漂泊感和文化寻根意识，特别明显。当然，这种漂泊流离感和文化寻根意识是东南亚各国华文文学创作的共性。菲华文学的特别之处是，它的这种精神内涵既体现为对大中国（大中华）的文化寻根和传统人文精神的继承及弘扬，也细腻地表达出菲律宾华侨华人对闽南原乡的怀乡之思。这种特质甚至在当下的菲华文学创作中有明显的体现，如菲律宾百年老报《商报》副刊刊载的文学作品。较多的菲律宾华人现代诗歌咏王彬街，这就是诗人们文化乡愁的投射。马来西亚旅台学者陈大为对张灵、陈一匡、谢馨、蔡铭、江一涯、平凡等诗人关于王彬街诗作中的意象及其文化内涵进行过细致解读。陈大为就认为，在 1975 年后菲律宾华人普遍归化的大环境下，"中国城"——王彬街成为菲华诗歌中抒发华人乡愁和体现文化忧患意识的载体。菲华诗人不注重对王彬街实物地景的书写，而将之视为

---

① 赵顺宏：《菲华诗歌发展论略》，《华文文学》1998 年第 1 期，第 14—17 页。

中国母体文化的代名词，在王彬街投注深厚的文化乡愁。① 的确如此，王彬街作为马尼拉著名的唐人街，满载着中国文化符号，是中国文化的海外"飞地"。菲律宾作家以它来创作，借以寄托文化寻根意识，表达怀乡之思，是自然而然的现象。

菲华诗人中，云鹤相当著名，并且最早被中国学者关注。云鹤的作品有刻骨铭心的漂泊之感，也有深深拨动读者心弦的游子眷恋故国家园的怀乡之思。云鹤极其著名的诗集《野生植物》，题名耐人寻味。云鹤笔下的"野生植物"是一种沉痛的隐喻和象征，象征着漂泊他国的华侨远离家园又无法扎根异乡的生命处境。"有叶/却没有茎/有茎/却没有根/有根/却没有泥土/那是一种野生植物/名字叫华侨。"② 这首脍炙人口的诗《野生植物》，写透了早期漂泊他国的华侨的精神苦痛。当然，随着世界各国华人加入居住国国籍，获得所在国的公民身份，无数华侨华人实现了从"落叶归根"到"落地生根"的思想转化。对于第二代、第三代华裔而言，父祖辈念念不忘的中国很可能成了一个地理名词。当然，在实际的菲华诗歌创作中，无论移民一代，还是土生的华裔，对于文化中国的怀想，依然深深浅浅地存在于笔下和心中。试看著名诗人月曲了的《讨海》："只讨一条船/想不到/还加上两条岸//这片深情/不是海。"③ "船"是漂泊的意象；"岸"既可能是"出发之处"，也可能是"到达之地"，所以"两条岸"表达了诗人对祖居国和现居国两地的深情。浩青的《二胡之伤》："我漫步在王彬街/南音漫入我的心田/而二胡/却拉裂我五十年前的旧伤//赶紧到中药店/买一贴膏药/贴上//能否痊愈：/淹留昔时欢（注：摘自谢灵运的五言诗）"④ 王彬街、南音、二胡、中药店、膏药、谢灵运等等中国文化符号，无不寄托着诗人的中华文化情怀。张琪（张灵）的《鸭胎小贩》更精简："呦呦/跫声/刺破/夜的宁

① 陈大为：《王彬街：菲律宾华人文化乡愁的投影》，《华文文学》2000 年第 4 期，第 57—61 页。
② 庄钟庆等主编《东南亚华文新文学史》，人民文学出版社，2007，第 545 页。
③（菲律宾）月曲了：《讨海》，《东南亚诗刊》2010 年第 6 期，第 28 页。
④（菲律宾）浩青：《二胡之伤》，《东南亚诗刊》2009 年第 5 期，第 20 页。

静//叫卖的嗓声/颠簸了/数千年/咽喉/依然/忧虑/温饱"① 这首诗虽然只是描述现实生活中小贩的艰辛谋生，但特别能触动生活于闽南（或在闽南生活过）的人的心灵。因为他们常常在夜深人静时，听见鸭胎小贩悠长的叫卖声。所以，张琪的这首小诗其实也表达了菲律宾华人的故国之思。

在散文创作方面，柯清淡的作品必须提及。1937 年出生于晋江市罗山镇的柯清淡，少年时赴菲投亲，在菲律宾完成中学、大学教育。柯清淡在青少年时代开始文学创作，小说、散文、新诗都有涉猎，作品潜藏着作者对现实生活的洞察。柯清淡于 1955 年创作的《暑天风情画》，就体现了作者青少年时代对生活、对族群关系的高度敏感。"华菲相互的了解，还很不够，菲人年轻一点的，心里存有看轻和仇视华人的念头，年老的华人言行间总带着传统的民族优越感。尽管上一代的华菲人划痕限界，然而他们的第二代，不管是华菲混血的或是纯菲人血统的，都已经较易于与华人相处了。"作为少年作家，柯清淡似乎天生有着作家的素质。1984 年，他以《五月花节》一文参加新潮文艺社举行的散文创作比赛，获得第一名的好成绩。此文从华人视角观察菲律宾社会，涉及华人家庭的代际问题、华人社会的生存图景，也涉及微妙的族群问题，表现了菲律宾华人社会对于中华传统节庆文化的深情。它同时获得中国华声报社和中国侨联联合举办的"月是故乡明"征文比赛一等奖。据悉这是中国首次举办的针对海外华侨华人文学的征文比赛，柯清淡获奖，无论是对于他个人还是菲律宾华文文学都富于意义。20 世纪 80 年代，柯清淡的《两代人》也获得文学奖。2001 年，柯清淡参与组织"菲律宾华文作家协会"，并担任多届副会长。此后，柯清淡在推动菲律宾华文文学发展以及与中国的文学、学术交流方面，做出了更多的贡献。

菲华小说创作也颇有成绩。2001 年菲律宾于以同基金会出版的《二十世纪五十年代商报小说选》，收录有 40 位作者的 50 余篇作品，可见早在 20 世纪 50 年代菲华小说创作已经取得非凡成绩了。其中，

---

① （菲律宾）张琪：《鸭胎小贩》，《东南亚诗刊》2010 年第 6 期，第 28 页。

吴新钿、施柳莺、林泥水等作家都富有成绩。此外，施颖洲、和权、王礼溥、林健民、刘一氓、林泉、庄克昌、黄春安、芥子、林婷婷、王勇、明澈、雨柔、椰子等菲华作家，都对菲律宾华文文学的发展做出了贡献。

（二）中华艺术

中华文化艺术博大精深，绘画、书法、音乐、戏曲等都是重要内容。在中国，自古书画一体，这两种艺术也特别富于文化魅力。在菲律宾，著名壁画家卡洛斯·弗朗西斯戈和著名现代派画家洪救国，都具有华人血统。他们以其富于菲律宾风格的作品获得"民族美术家"的称号，这是菲律宾美术界最高的荣誉。[1] 如果说这两位菲律宾华裔画家的创作具有西方风格和菲律宾风格的话，那么菲律宾华人施荣萱、林玉琦的中国画风，对菲律宾华人子弟则是一种极好的中国艺术教育。施荣萱继承了岭南画派的传统，又以独特的风格自成新局，将岭南画派创始者之一高奇峰到赵少昂以来的画风发扬光大。相比较施荣萱的南派风格，林玉琦的创作有着北方神韵。他们在菲律宾开班收徒，两人主持的菲律宾中国艺术中心将优秀的中华艺术传播于菲律宾，给菲律宾华人以美的艺术熏陶。中国艺术中极富魅力的书法，在菲律宾也得到了较好的传承。菲律宾的中华书法学会多次举办书法会展。李根香的北碑、瑞今法师的隶书、杨虚白的行楷、林启祥的草书等等，[2] 都小有成就。上述华人艺术家通过自己的美术、书法艺术，不仅能陶冶情操，而且将精妙的中华艺术传授给爱好者，使得菲律宾华侨华人的中华文化教育提升到更高的精神境界。

第二章 泰国、菲律宾、印度尼西亚等国华侨华人的中华文化教育

---

① 庄国土、陈华岳等：《菲律宾华人通史》，厦门大学出版社，2012，第 793 页。
② 同上书，第 794—795 页。

第三节　印度尼西亚华文教育与华人民俗文化、孔教文化

古代历史上，在现今印度尼西亚的领土上出现了多个著名的国家，如室利佛逝国、满者伯夷国、马塔兰王国等。16 世纪以后，西方殖民者（葡萄牙人、荷兰人等）开始入侵印度尼西亚地区，建立基地或贸易港口。荷兰是长期殖民统治印度尼西亚

印度尼西亚的歌舞表演

群岛的国家，建立了"荷属东印度群岛"的殖民政体。1950 年，统一的印度尼西亚共和国成立，它由 17508 个大小岛屿组成，可谓"万岛之国"，较大的岛屿有苏门答腊岛、新几内亚岛（伊里安岛）、加里曼丹岛等。今天，经济较发达、人口更稠密的岛屿是爪哇岛。在东南亚，就领地面积和人口而言，印度尼西亚堪称"老大"。印度尼西亚人口为 2.76 亿（2022 年 12 月），是全球第四大的人口大国，有数百个民族，其中爪哇族是最大的族群，此外还有巽他族、马都拉族、马来族等。生活于印度尼西亚群岛的华侨华人约有 1000 万，占全国人口总数的 5％。华人虽不在人口上占优势，但对印度尼西亚的历史产生了不可磨灭的深远影响。据史料记载，早在汉代，就已经有百姓与印度尼西亚有零星的海上商贸往来。到了明清时期，由于战乱、人口增长等原因，大量福建、广东以及北方居民纷纷向印度尼西亚移民。在这场持续数百年的移民浪潮中，华人华侨筚路蓝缕，为印度尼西亚的建设做出了卓越的贡献。其中，华人文教事业的发展几经波折，一路披星戴月，这也从侧面反映了华侨华人创业之艰难，以及对祖国的拳拳爱意。

一、印度尼西亚华校华文教育发展概况

印度尼西亚的华文教育由来已久，甚至被认为是海外华文教育的发源地。印度尼西亚最早的华侨华文教育场所是1691年在巴达维亚（今首都雅加达）的华人公馆倡议下建立的私塾式义学。[①] 也有学者指出，"海外华文教育滥觞于1729年荷印巴达维亚华侨成立的明诚书院，其间历经传统私塾、新式学堂、补习机构和现代华校等办学组织形式，从无到有，从小到大，如今已成为遍布世界近两百个国家和地区、拥有2万多所华校和数百万学生的庞大教育体系"[②]。这个具有代表性的观点指出了雅加达（古称巴达维亚）"明诚书院"在海外华教史上的重要地位。荷兰人在印度尼西亚建立殖民政府之后，出于发展经济和社会建设的需要，曾用各种手段大量地从中国沿海地区掠夺人口。华人人口的激增，自然产生了华文教育的需要。不过当时的办学形式主要是义学或私塾，大多由客居海外的读书人创办，教学内容也多是"四书""五经"等传统国学内容。由于教学方法过于呆板落后，加之经费长期不足，所以很难留住学生，教学效果也很差，所以还不能算是"现代华文教育"。

到了19世纪末20世纪初，由于受到当时中国轰轰烈烈的革命运动的影响，革除陈规陋习、创办新式教育的理念在有识之士中迅速传播开来。1900年3月17日，荷印地区第一个由华侨组成的联合团体——中华会馆宣告成立。[③] 仅仅一年之后，中华会馆下属的中华学堂（因校址设在八帝贯街，故又称八华学校）正式成立，拉开了近现代印度尼西亚华文教育的帷幕。此后，各级各类华文学校如雨后春笋般相继成立，如新华学校、巴城中学等。

---

① 魏来：《越南、柬埔寨、老挝、印尼四国主要城市华文教育调查报告》，硕士学位论文，暨南大学，2014，第12页。

② 胡培安、陈旋波：《华文教育与中华文化传承》，社会科学文献出版社，2018，第2页。

③ 叶曙明：《印尼华侨华人史话》，广东教育出版社，2018，第196页。

八华学校，全称为巴城中华会馆中华学校，为荷兰殖民时期历史最悠久的学校，也是"当时印度尼西亚第一所中英双语学校"，主要创始人为潘景赫、翁秀章等，首任校长是卢桂舫。学校在创立之初，就引领了印度尼西亚华校的办学潮流，从最先只有小学男生班，发展到后来创设女生班，继而成为集幼儿园到高中部于一体、总学生数高达数千人的著名华校。而且八华学校积极传承中华文化，学校的校徽有"八华"的繁体字和书籍、火炬的图案，富于中华文化特色，其校歌曰："猗欤八华，泱泱大风，南方学府，谁与比同？千百学子，气象雍容；弦歌洋洋，桃李春浓。学业本无穷，科学精研须致用；责任亦无穷，利国利民仔肩重。万里投荒，我祖我宗……"① 词风大气典雅，既富于新时代科学精神、爱国精神，又蕴涵着优秀的中华传统文化精神。在长达几十年的风风雨雨的办学路途中，八华学校为印度尼西亚华文教育做出了卓越贡献。

新华学校创办于 1904 年 3 月 4 日，注册时的名字为"中华会馆学堂"，后来才改名为"新巴刹中华学校"。② 作为荷印时期雅加达第二所正式的现代华侨学校，新华学校经过赵德顺、陈新盘、杨新容等人的苦心经营，在苏哈托时期被封校之前，建立了完整的从幼儿园到高中一年级的课程教学体制，优秀学生还可以被推荐到其他高中继续求学。除此之外，在抗日战争期间，新华学校还组织学生义卖、募捐、排演话剧、组织抗日演讲等，为赶走侵略者贡献了巨大力量。

巴城中学的历史虽然比前两所学校要短，但是地位却十分重要。学校创设于第二次世界大战后，当时的印度尼西亚因为受到日本侵略者的摧残，华文教育历经风雨，几乎到了难以为继的地步。这时候迫切需要集合华侨社会的力量，尽快让因学校关停而失学的儿童重返课堂，巴城中学就应运而生了。1945 年 10 月 3 日，教育界同仁正式通过决议，将

---

① 胡培安、陈旋波：《华文教育与中华文化传承》，社会科学文献出版社，2018，第157 页。

② 王格格：《晚清南通士子与印尼华文教育研究》，硕士学位论文，华侨大学，2017，第 41 页。

福建学校、华侨公学以及广仁学校合并，组成临时联合的中学，并于 15 日开学，由司徒赞先生管理学校日常事务。到了 1946 年，学校更名为"华侨公立巴城中学"。[①] 在几十年的办学历程中，巴城中学度过了因资金不足而错峰、错班上课的困境，也度过了因师资不足而发展受限的窘迫时期，始终坚持办学，培养了一大批优秀学子，为传承中华文化贡献了自己的力量。

华校以及华人受教育率的增长让固守愚民政策的荷印政府感到莫大的危机，遂着手制订一系列遏制华校发展的措施，如建立荷华学校，并用优惠条件吸引华侨子女就读；颁布若干法令（《华侨学校注册条例》《荷印限制私立学校条例》等）对华校办学资格、教师的任用进行严苛限制；并禁止大量的华文教材进入印度尼西亚。但是，即使是在这样严酷的条件下，华文教育仍如野草般旺盛地生长着。

1942 年之后，印度尼西亚被日本侵略者占领，华文教育几乎遭受了毁灭性的打击，所有华校均被关闭，大量学生因此失学。后来即使经过协调，日本当局同意华侨小学复学，但课本也全部被换成了颂扬"大东亚共荣"、进行奴化教育的内容。1945 年，日本宣布无条件投降。同年 8 月，印度尼西亚宣布独立，与妄图再次占领印度尼西亚的荷兰殖民者形成军事对峙局面。因为想笼络华侨，所以印度尼西亚对华文教育采取宽容态度并实行鼓励政策。1950 年，华校学生猛增至 20 多万人，就此开启了印度尼西亚华文教育的黄金时代。[②]

1950 年，印度尼西亚终于完成了统一，苏加诺被推举为首任总统。此时新生的印度尼西亚也与中国建立了外交关系。政治局势的稳定势必能促进华文教育的发展。从 1950 至 1957 年，华文教育迎来了数年的蓬勃发展期。据相关文献介绍，到了 1954 年，华侨学校有 1330 所，学生逾 30 万人，"涌现了雅加达的八华学校、新华学校、巴城中学，万隆的

① 王格格：《晚清南通士子与印尼华文教育研究》，硕士学位论文，华侨大学，2017，第 43 页。

② 刘华斌：《冷战后印尼华文教育发展研究》，硕士学位论文，暨南大学，2006，第 9 页。

华侨中学，泗水的新华中学、中华中学等著名华校"①。但是与荷印政府一样，苏加诺政权在统治稳定之后，也开始担忧中华文化的传播不利于国民的"同化"，便开始一步步收紧对华校的政策。例如《关于监督外侨教育条例》就明文规定不许印度尼西亚籍公民就读华校；又如1958年印度尼西亚文教部颁布规定，限制华校办学地点，这项政策直接使华校数量大量缩水，学生人数锐减为15万人。② 大量的印度尼西亚学生只能入读民族学校，而当时印度尼西亚的民族学校并不重视汉语以及中华文化知识。至此，"同化""去华化"就成了印度尼西亚当局一直奉行的政策，并在之后的苏哈托执政时期被推向了顶峰。

排华事件在印度尼西亚屡见不鲜，无论是荷兰殖民时期还是共和国时期都有发生，如1946年的"文登"事件，印度尼西亚军队以及居民暴力冲击华人区，导致大量无辜华人丧生。长时间以来，政府的纵容以及社会上蔓延的对华人的敌视态度使几十万华人成了牺牲品。究其原因，除了对华人在经济上优势地位的嫉妒、恐惧之外，还与印度尼西亚"同化""去华化"的政策和观念密切相关。1965年9月30日，因6名陆军将领被杀害，印度尼西亚军方便怀疑印度尼西亚共产党牵涉其中，继而迁怒中国政府。两国交恶，印度尼西亚掀起了残酷的排华运动，无数华人惨遭屠杀。苏加诺总统也因被弹劾而下台，政权旁落。苏哈托上台，从此进入了长达30多年的苏哈托"威权"政府时期，印度尼西亚华文教育也陷入了最为困难、黑暗的局面。

以反对共产主义为名，以"强制同化"为实，苏哈托军政府就这样一步步开始铲除华文教育。以1966年3月为时间起点，大量华校遭到野蛮取缔，且法律规定全外侨学校的学生只能进入国立学校就读③，这一戴着有色眼镜的、明目张胆的歧视政策在苏哈托时期一直被实施下去。

---

① 胡培安、陈旋波：《华文教育与中华文化传承》，社会科学文献出版社，2018，第97页。

② 刘华斌：《冷战后印尼华文教育发展研究》，硕士学位论文，暨南大学，2006，第11页。

③ 同上书，第12页。

华风流芳：海外华侨华人的中华文化教育

部分学生因为接受不了印度尼西亚民族学校的授课，便私下聘请教师进行补习，这一举措又使得官方担忧会不利于同化政策的实施。之后在社会强烈的呼吁下，印度尼西亚政府同意开设由华侨民间团体资助的"特种民族学校"，但仍设诸多限制。比如，筹办学校的社团或者基金会中拥有印度尼西亚国籍的人必须占 60% 以上、课堂教学语言须为印度尼西亚语、华文课程课时被大大压缩且不作为升学考核要求等。面对这样苛刻的办学、教学条件，这类民族学校难以为继，到了 1975 年仅存的不多的学校也被取消。华校教育彻底在印度尼西亚大地上销声匿迹，从此出现了长达 20 多年的空白期。

除了对华校华文教育大力打击之外，苏哈托政府对中华文化也采取严厉的压制措施，如禁止在公共场所使用华语，禁止华文报刊、书籍输入印度尼西亚以及强制华侨华裔改名等，种种措施都将华文教育逼向绝境。但是历史告诉我们，这种损人不利己的野蛮禁锢到头来损害的只是本国国民的利益，尤其是随着中国改革开放后经济的迅速崛起，印度尼西亚政府的"排华"政策越来越不适应世界经济发展的潮流，印度尼西亚国内经济也因为苏哈托政府的刚愎自用而萧条已久、困难重重。所以，在美苏冷战结束到 1998 年苏哈托下台前，在政府为培养大量汉语人才以服务经济发展的背景下，印度尼西亚华文教育又获得了重生的机会。具体表现在：政府允许来印度尼西亚投资的台湾地区商人为其客居子女建立学校以供学习，允许部分华文补习班重新开设等。但是这种短暂的政策松动只不过是为了眼前实际利益的需要，苏哈托政府始终对华文教育保持本能的警惕。直到 1998 年苏哈托被迫下台，华文教育才重新焕发了生机与活力，并迎来了真正的春天。

随着 1997 年席卷东南亚的金融海啸的到来，印度尼西亚经济受到重创，国内通货膨胀、物价飞涨，人民生活水平大幅度下降，早已存在的贫富差距愈演愈烈。在一片怨声载道中，执政长达 32 年的苏哈托总统因无力进行改革，于 1998 年 5 月 21 日被迫辞职，将国家权力移交给副总统哈比比。在哈比比上台之前的 5 月 13 日，因为金融海啸，印度尼西亚又爆发了大规模的排华事件，史称"五月风暴"。事件源于大量印度尼西亚土著在这场金融危机中失去了工作，他们就把怒火发泄在华人身

上，开始肆无忌惮地打砸、抢烧华人商铺，杀掠华人。世界各国新闻媒体都对这一事件表达了强烈的谴责。为了稳定社会、挽救国家形象，哈比比总统出台了一系列缓和举措，包括将华语重新提升到和英语等外语同等的地位，并于 1999 年 5 月宣布学生可以在学校选修华文等。这位执政期十分短暂的总统为印度尼西亚华文教育的复苏开了一个好头。此后，他的继任者，如瓦希德、梅加瓦蒂、苏西洛以及仍在任的佐科总统等，继续保持与中国的友好政策，大力鼓励华文教育，支持国内学生学习汉语和中华文化，印度尼西亚华文教育自此进入繁荣的新时期。

复兴后的印度尼西亚华文教育与之前传统的模式在性质上已大不相同。这主要是因为经过长达几十年的遏制与同化，再加上进入 21 世纪华人群体已经过渡到第二代、第三代乃至第四代。这些新生的族群大部分已经不再讲华语，对祖家的认同感也较先辈弱了很多，所以 21 世纪的华文教育发生了许多变化，主要表现为以下几点。第一，印度尼西亚华文教育的办学形式更加丰富。如前文所述，苏哈托时代大量华校被迫关停，这就催生了诸如华文家教、华文补习班的发展。到了哈比比时期，对补习学校、补习班等私人机构政策的放宽，也让这种曾经不受官方承认的办学形式大大活跃起来。除此之外，大批印度尼西亚本土的民族学校和新设立的三语学校（通用语言为印度尼西亚语、英语以及汉语）也开始开设有关华文的课程。但值得注意的是，与以往华校单纯以华文作为课堂教学语言相比，此时的汉语已经成为一门"应当学习"的"外语"，而被学校和学生重视。第二，学习主体发生了改变。原先学习华文的人只局限于华侨以及华侨子女，但是现在土生土长的印度尼西亚居民也会鼓励子女学习汉语，这主要与中国国力的强盛，以及国家积极发展与周边国家的经贸、文化往来有关。比如"一带一路"倡议不仅有效联通了相关国家与地区的经济，而且还催生了不少工作机会，使得学习汉语的人数与日俱增。第三，学校管理发生了变化。在 20 世纪五六十年代，华校办学主要由华侨以及华侨团体、基金会组织筹备，国家只是充当颁发办学许可证的角色。但是进入新时期，汉语作为官方明确承认的第二外语，已经如英语般变成国民教育的一部分，正式由国家经手管理。这不仅有利于其法律地位的提升，也很好地解决了因资金不足致使部分学校时不时停办的窘境。第四，教师队伍出现断层。华校经过较长时间的停办时期，大量教师因此失业并被迫改行，复苏后的华文教育出现了人才短缺、青黄不接的情况，有华文教育经验的老师大多都在40岁以上，年轻教师明显不足且学历参差不齐，这种情况对教学效果产生了很大影响。面对这种状况，印度尼西亚与中国各大学达成了紧密的合作关系，中国每年都会组织许多志愿者以及各大高校对外汉语专业的本科生、硕士生来印度尼西亚实习。印度尼西亚学校也会经常派老师以及学生赴中国学习先进的教学经验和知识。这样一来一往，也增加了两国之间的文化与人才交流。可以说，印度尼西亚华文教育的办学形式更加丰富灵活，有益于中华文化的灵活传播；学习中华文化的生源发生变化，这是一个世界性现象，也表明中华文化在世界各国实现了更广泛的传播；华校管理者的变化，使华文教育发展的自主性受到了较大的限制，但无疑也提升了汉语的地位；至于师资的短缺，只要中国与印度尼西亚保持正常的文化交流，就一定会产生一代又一代优秀的华文教育者，将中华文化继续播撒于印度尼西亚的热土，从而丰富印度尼西亚的多元文化体系。

以泗水地区几所有代表性的高等教育学校为例。泗水作为印度尼西亚第二大城市，也是华侨华裔最为密集的城市之一，华文教育历史悠久，但也正因为中华文化氛围浓厚，在苏哈托时期受到了巨大打击。进入2000年之后，这里的华文教育有了较大的发展，大学也纷纷开设中文系，彼得拉基督教大学和智星大学于2001年创办中文系，泗水国立大学也于2010年创设了中文专业。现从"教师情况""教材使用情况""课程安排"等三方面，对这三所高校做出简略概括。第一，教师情况。从有关数据来看，这三所学校大部分教师都是20岁至30岁的年轻人，学历多为硕士，外籍教师以及印度尼西亚华裔教师占了绝大多数。事实上印度尼西亚与中国的多所知名高校（华中师范大学、暨南大学等）都建立了友好合作的关系。此外，通过当地孔子学院，每年都会有受过专业对外汉语教师培训的学生或青年教师，来到印度尼西亚进行教学或学习交流。但是他们并不会长期待在印度尼西亚。而且，根据调查，多数在中文系就读的学生毕业后并没有留校任教的意愿，这也与他们学习中文的

功利主义息息相关（现在大多数印度尼西亚人只是将汉语当成一门可以实际应用的语言来学习），所以优秀的师资力量依然不足，培养本地教师尤为重要。第二，教材使用情况。这三所大学的华文课程使用的大多为外来教材，也就是中国高校编写的教材，比如北京语言大学出版的《汉语教程》等。在进入印度尼西亚大学课堂时，这些教材也会适当地进行本土化改进，比如增加一些印度尼西亚语或英语的注解以方便阅读，这也为了适应学生汉语水平参差不齐，且大多数学生听、说、读、写能力较差的情况。第三，课程安排。课程的安排基本上是基于"掌握"这一原则开设的，较多的有口语课、听力课、写作课等课程。除此之外，一些有关中华文化的选修课也十分热门，且大部分学生每周都有充足的课程、课时来学习汉语以及中华文化。从师资、教材、课程安排等多方面而言，彼得拉基督教大学、智星大学、泗水国立大学等校的中文系虽存在一些问题，但总体上还是具备良好的中华文化教育环境。可以说，在印度尼西亚社会，汉语以及华文已经被政府定位为一种外来语种、外来文化，被华裔甚至土著居民所接受，而不单单只是如20世纪五六十年代那样，是华人社会为了保持族群的文化同一性和"抱团取暖"的现实需要而进行学习。

进入新时代以来，印度尼西亚和中国也开展了许多汉语活动，以增强两国的文化交流。比较著名的有2013年4月3日在印度尼西亚哈山努丁大学举办的第十二届世界大学生"汉语桥"选拔赛，以及4月28日到29日期间在雅加达举办的第六届"汉语桥"世界中学生中文比赛等。这些兴起于"汉语热"的比赛加深了两国情谊，也拓宽了两国人民对中华文化的认识。总的来说，进入新世纪的印度尼西亚华文教育已不再是所谓的华侨教育，随着全世界"汉语热"的兴起，汉语以及中华文化逐渐成为地区与地区、国与国之间交流的通道，我们在惋惜大部分印度尼西亚年轻华裔不会说中国话、写中国字的同时，更应该看到中国文化的传播与发展正迎来前所未有的机遇。

二、印度尼西亚华侨华人社会的孔教文化

以孔孟为代表的儒家思想和以老庄为代表的道家思想，被誉为中国的两座思想高峰，千百年来深深影响着中国人的思维及行为方式。其中，儒家思想更是中国传统文化的主流。虽然对儒家思想到底能不能称之为一种宗教，中国学术界曾经争论不休，但是它在传入印度尼西亚之后，确乎成为印度尼西亚化的宗教，并深刻影响着印度尼西亚华人的人生观与价值观。

儒家思想虽深深植根于印度尼西亚普通华人民众的思想土壤中，但在当时并没有形成统一、具有组织性的团体。直到 1900 年 3 月 17 日，荷印地区第一个由华侨联合组成的社团——"中华会馆"宣告成立，才标志着孔教团体的正式形成。这一华人社团由潘景赫、李金福等士绅商人带头成立，其指导思想便是儒家学说。"他们在致华侨的公开信中呼吁，荷印华侨要尊重孔子的儒家学说，要按照孔子学说彰善瘅恶，改革华侨的不良习俗，如婚丧嫁娶应尽量简朴，以减轻负担；兴办华侨学校，教授华文，采用新式教学方法等。"[①] 李金福是儒学研究专家，于1897 年用马来文撰写了《孔夫子传记》。以儒学为指导思想而创建的中华会馆，其初衷除了联合华人以保障自身权益之外，更多的是想起到"教化"的作用。在荷兰殖民者统治时期，华人被列为下等居民，不仅被限制服装、居住地等，更因受到当局庇护的赌场的诱惑而陷入困境。许多人因想赚取一点路费返回故乡，却越陷越深，债务越堆越高，终至家破人亡的凄惨境地。更有甚者，一些华人终日吸食鸦片，导致面黄肌瘦、弱不禁风。华人恶劣的生存处境与每下愈况的精神状态，都在催生一个能够起到引导作用的华人团体，中华会馆便是在这样的情形下成立的。

之后，随着中华会馆的运营目标逐渐向华校教育倾斜，那些依然坚持弘扬儒学思想的成员，便于 1918 年在爪哇的梭罗市创设了孔教会，此

第二章 泰国、菲律宾、印度尼西亚等国华侨华人的中华文化教育

---

① 叶曙明：《印尼华侨华人史话》，广东教育出版社，2018，第 197 页。

后孔教会便在印度尼西亚各地普遍开花。在苏加诺总统执政时期，孔教被正式确立为印度尼西亚六大合法宗教之一。不过之后的发展却并不顺利，随着苏哈托上台，中华文化被全面禁绝。虽然印度尼西亚政府没有从法律上公开取缔孔教，但是民间的反华意识却令此时的孔教发展陷入了举步维艰的境地。经过漫长的艰难维持，到了21世纪，由于国家政策的转变，华人与中华文化再次获得新生，孔教也从深埋地下到重见天日。

在简单回顾了孔教发展的历史之后，笔者认为有必要对其内涵进行适当剖析。印度尼西亚孔教信奉的主神为"皇天上帝"，以孔子为教主，以"四书""五经"及《孝经》为教义，其思想大致照搬儒家的"仁、义、礼、智、信""敬天""孝亲"等。但印度尼西亚孔教在具体实施的细节上却更为复杂，如从《大学》《论语》中概括出来的教义就有"三纲八目""四勿"与"三达德"。在天人关系上，孔教将"天帝"当作至高无上的神。在中国人的哲学思维里，这个神就是所谓的"天"，天地之气酝酿万物，人是气之所化，所以必须敬天尊地且须时时涵养这份"气"。这就引出了修养德行以及成为君子的理想追求。在印度尼西亚孔教教规中，就有"八诚箴规"的守则，包括诚信皇天、诚尊厥德、诚立明命、诚知鬼神、诚养孝思、诚顺木铎、诚钦经书、诚行大道。[①]

沿着这样的教义，孔教在当地开展了许多活动，做了许多切实的工作，比如每逢农历初一、十五以及神明诞辰，举办隆重的礼拜和宣传教义的活动，出版了许多宣扬孔教文化的书籍，如《孔子圣迹故事》《孔教圣歌》等。尤其值得注意的是，在学校安排的宗教课程当中，孔教文化得到了很好的传播，诸如孝顺、感恩的思想以及礼仪祭祀的一系列规范，让华人子弟从小就接受中华传统文化的熏陶。

总的说来，孔教文化在印度尼西亚不仅起到了团结华人、增强族群凝聚力的作用，也很好地承担了传播中华文化及实行民间教化的责任。其中的哲学内涵，如来自儒学核心思想的"仁爱""忠诚"等，即使是

---

① 王慧敏：《印度尼西亚孔教的哲学思想研究》，硕士学位论文，山东大学，2018，第32—34页。

没有受过正规华校教育的人也深谙于心，并在不知不觉中身体力行。

三、节庆、民俗文化

在现代，狭义的"教育"专指学校教育，但是广义的"教育"包含多种社会文化因素对个体成长或群体发展的影响。纵观整个印度尼西亚华文教育发展史，除去学校教学之外，其实更多中华文化的因子依然保存在民间，以多种形式（民间信俗、节庆习俗、建筑艺术等）潜移默化地影响华人群体。正是因为这种坚不可摧的精神纽带，中华文化才能在异国他乡长盛不衰，并日益发挥它强大的影响力。现通过列举几种存在于民间的普遍的文化传承形式，从中窥探中华文化在印度尼西亚民间的传播情况以及对华人族群的影响。

（一）节庆文化

节庆，作为保存民族情感记忆的文化习俗，在构建族群认同感上起着重要作用。印度尼西亚的中华传统节庆在发展的过程中不仅保存了传统因素，还吸收了地方特色。其中，尤以春节最具代表性，展现了中华传统文化的别样魅力。

广义的春节指的是从农历腊月二十三到元宵节这段时间，狭义的春节则仅仅指农历正月初一。这个沿袭千百年的中国传统节日，寓示万象更新，也显示了中华民族以及华侨、华裔强大的凝聚力。虽然全球华人的春节习俗大同小异，但各个地区还是有些许不同。例如，广东客家人到了冬至，就开始着手酿制"娘酒"。所谓的"娘酒"，也就是糯米酒，首先将洗干净的糯米沥干水分，再放入锅中蒸熟做成"娘饭"，接着将"娘饭"与酒曲放入事先准备好的酒瓮中，封好盖之后放在阴凉处静静发酵，有些人家还会将一些补品放入酒瓮中一起酿制，做好的"娘酒"口感醇厚，具有行气活血的特殊功效。过了小年之后，客家人家家户户开始打扫卫生，张贴春联，制作发粄（将米浆倒入碗中蒸制而成的甜食，蒸熟后形如一朵绽放的鲜花），祭拜当地守护神，如"公王"，也就是杨公八使。到了除夕，可以说是客家人最为忙碌的一天，女人需要起

早去菜市场购买祭祖拜神的食材，男人则需要去祠堂布置供桌，祭拜神明的食物主要是"三牲"，包括猪肉、鸡以及鱿鱼干。像鱿鱼干这种供品最有地方特色，因为广东临海，海产品十分丰富，所以在祭祀时，供品的选用也因地制宜。伴随着除夕夜的鞭炮声和人们的欢声笑语，时间悄然降至新的一年。

作为移居印度尼西亚的华人族群的一部分，客家人不仅将家属一起带往异国他乡，更将自己在故乡的信仰以及节庆习俗一并复制到印度尼西亚。在印度尼西亚华人社会，春节一般叫作新年，其习俗与中国差不多，但是也有很多地方特色。比如在购买年货上，当地人在过年前会去买梅花树、饼干以及虾饼等具有浓郁海岛风味的东西。在除夕这一天，也会定时去祭拜天神以及祖先。但是相较于前文提到的广东客家人的新年，印度尼西亚华人的新年氛围却淡很多。这可能与印度尼西亚华人离开故乡太久，缺乏浓厚的中华文化熏陶有关。但即使是这样，新年依旧是印度尼西亚华人所有节日当中过得最热闹的。据《三宝垄历史》记载，在元宵节这天，"孩子们成群结队地提着灯笼在街上玩耍，唱着'游园游耍碌（灯），唔游火烧屋'的童谣，其乐融融"[1]。

除了春节之外，其他中国传统节日在印度尼西亚也办得有声有色。如端午节，富裕人家会把自己的龙舟装饰得五彩斑斓，并在农历五月初五这一天一边奏乐一边游船河；又如中秋节这一天，所有人都会出门赏月游玩，街上被灯光渲染得金碧辉煌，好不热闹。现在，印度尼西亚华人过中华传统节日，不仅是华人用来缅怀历史、进行传统文化教育的途径，更是中华文化走向世界的重要方式。在2015年，印度尼西亚首都雅加达还举办了为期数日的"春节展览"，世界各地的人纷纷慕名前来，这也给了中华文明向世界展示的窗口。

（二）华人寺庙

印度尼西亚有许多各具特色的寺庙，如"大伯公庙""天后庙"等。这些庙宇承载了印度尼西亚华人朴素的民间信仰和对未来生活的期盼，

---

[1] 叶曙明：《印尼华侨华人史话》，广东教育出版社，2018，第265页。

具有浓厚的中华文化特色。

大伯公，又称福德正神，民间习惯叫土地公。"伯公"多是沿海人民对他的称呼。寻根溯源，土地公作为民间神祇的出现与人们对土地和社稷的崇拜分不开，老百姓相信"大伯公"能够保佑农业丰收与家宅平安。印度尼西亚三宝垄地区，于1753年建造了第一座大伯公庙，这也是当地历史上的第一座华人庙宇。庙宇中的大伯公神像特地从中国请过来，也就是所谓的"分神"。在农历新年的正月初二和十六，当地华人社会都会举行盛大的祭祀仪式，在闽南方言中称之为"做牙"。

在中国东南沿海以及东南亚地区，最为著名的神祇非"妈祖"莫属。妈祖，又称天妃、天后，原名林默娘，出生于福建莆田湄洲岛，在海难中为救人而去世，民间为了纪念她，纷纷建庙祭祀。在历史长河中，妈祖也渐渐成为海洋保护神，人们在出航之前必拜妈祖。康熙二十三年（1684），妈祖被皇帝赐封为"护国庇民妙灵昭应仁慈天后"，从此"天后"就成了妈祖的敬称。[1] 由于早期印度尼西亚华侨大多从事远洋贸易，所以出洋前、归航后，祭拜妈祖就成了固定的仪式，各地也纷纷开始兴建天后庙。1911年，日里华商总会在建庙的碑文里详细记述了建造庙宇的缘由："日里棉兰地，乃苏门答腊一隅。迩来舟车荟止……诚为南洋一大都会也……因思天后圣母，布慈云于世上，航海者尽沐恩波；作生佛于人间，经商者悉被灵赐……"[2] 可见印度尼西亚华人社会对妈祖的深厚感情。

三教寺庙是印度尼西亚以及其他一些东南亚国家特有的寺庙类型。所谓三教，包括"儒、释、道"，所供奉的神明也包括三教中的一些著名神祇。一般来说，不同信仰之间无法相互沟通，甚至有些教义是直接冲突的。但是在印度尼西亚，这种情况很少发生，不同信仰之间居然相当和谐，这可能与印度尼西亚长期接受外来文化所涵养的相对宽松的宗

① 徐晓望在其论文《清初赐封妈祖天后问题新探》［《福建师范大学学报（哲学社会科学版）》2007年第2期］中指出，康熙二十三年未曾封妈祖为天后，乾隆皇帝才正式封赐天妃为天后。

② 叶曙明：《印尼华侨华人史话》，广东教育出版社，2018，第253页。

教氛围有关。就具体例子来讲，印度尼西亚锡江市的三教寺庙都会摆放各种宗教的神灵，比如道教会摆放老子、土地公、财神爷等神像，佛教会摆上释迦牟尼、观世音菩萨，儒教则会摆上孔子等。礼拜也有一定顺序，先是焚香祭天，接着叩拜三教的主神，然后跪拜妈祖等其他神祇。但是在经历了一系列排华运动之后，印度尼西亚三教寺庙中神灵的地位也发生了一些改变，儒教的地位下降（在反华暴动中有些华人寺庙不得已与佛寺合并以获得短暂庇护），相反佛教的主神被安排在了寺庙的最高一层。从这里我们也可以看出，印度尼西亚政府支持与否决定了中华文化在印度尼西亚的兴衰。

在当代印度尼西亚，华人寺庙已不仅仅是单纯的民间信俗活动场所，而成为保存民族记忆的实体存在，一些祭祀仪式和建筑风格，甚至是庙宇的建造历程，都成了印度尼西亚华侨华裔宝贵的精神财富，并在历史的洗涤中启蒙和教育着下一代。

第四节　越南、老挝、柬埔寨华侨华人的中华文化教育

越南全称为"越南社会主义共和国"，老挝全称为"老挝人民民主共和国"，柬埔寨（旧称高棉）全称为"柬埔寨王国"。三国山水相连，越南的西部高原与老挝、柬埔寨交界。湄公河（其在中国境内称为澜沧江）流经缅甸、泰国及这三国。在历史上，三个国家也有着紧密的联系，尤其是法国曾殖民统治这三个国家。在 1863 年、1884 年、1893 年，柬埔寨、越南、老挝先后沦为法国的殖民地，法国成立法属印度支那联邦（1887 年）[①]，给越南、老挝、柬埔寨的社会历史文化造成了深刻的影响。二战期间，这三国沦为日本殖民地。二战结束后，日本结束了在这三国的殖民统治。三国又与法国殖民者进行了争取独立的斗争，1954 年

---

① 杨锡铭：《越南老挝柬埔寨华侨华人史话》，广东教育出版社，2019，第2—3页。

三国各自独立。但在国际冷战格局中,三国在独立后又经受了连年的战乱及动荡,境内的人民包括华人命运多舛。直到 20 世纪 90 年代初以来,国际风云变幻,各国都走进改革的新时代,越南、老挝、柬埔寨才呈现出更好的社会境况。

一、从华文学校到华文中心:越南华侨华人的华文教育

越南的地形面貌被人们形容为"一条扁担挑着两个谷筐",越南中部的长山山脉南北走向犹如"扁担",盛产稻谷的北部平原和南部平原犹如"谷筐"。越南多山多水,北部山区的黄连山主峰番西邦峰(高达 3142 米)是中南半岛第一高峰,红河及湄公河的下游河段九龙江是越南的主要河流。越南的五个直辖市——北部的河内市(首都)、海防市,中部的岘港市,南部的胡志明市(西贡)、芹苴市,是越南最重要的几个城市。越南的主体民族是

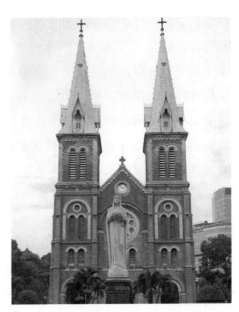

西贡的圣母教堂

京族(又称越族)。现今的越南人使用越南语(又称京语),是官方通用语言。但古代越南却有使用汉字的上千年历史。

秦始皇统一六国,在岭南设置三郡(南海、桂林、象郡),当今越南的中北部归属象郡。"公元前 207 年,赵氏割据岭南,建立南越国。赵佗为中国河北真定(今河北省正定县)人,他以南海郡为中心,兼并桂林和象郡,并在今越南北方设立交趾、九真二郡。赵佗曾大力推广先进的汉文化,越史称他'以诗书而化训国俗'。当时他所推广的文字为秦时之小篆,这种文字并没有在民间普及。公元前 111 年,汉武帝平南越,置九郡,其中交趾、九真、日南三郡位于现越南北部和中部地区,汉文

化随之全方位输入，使该地区'乃稍知言语，渐见礼化'。继而'建立学校，导之礼仪'。"① 在汉代，锡光、王延先后出任交趾太守，以汉文化教化当地人民。中原婚姻制度也推广到交趾，使当地出生的孩子"始知族姓"，推进了当地社会的文明化进程。士燮任职交趾太守四十年，"开创了交趾儒学兴旺发达的局面"，汉末经学家、训诂学家刘熙（著有《释名》传世）、牟子（著有佛教要籍《牟子理惑论》）等各领域学者汇聚交趾，"使交趾成为当时南方的学术文化中心"②。唐代设置了安南都护府，安南一带就在今越南北部。这不仅使安南士子能参加唐王朝的科举考试，而且使汉文化在当地深入人心，诸多文人、诗人任职于安南，如王福畤、杜审言、沈佺期、高骈等都曾任职于安南，大大促进了中华文化在安南的深耕。越南历史上有无数诗人学习唐诗宋词、唐音宋调，深受中华文化的影响，创作出许多汉诗。蔡顺是越南诗人中学习唐诗的代表。越南莫朝著名诗人、理学家阮秉谦的《白云庵诗集》，也留下唐音宋调的深刻痕迹。阮氏门人丁时忠以"先生之学，周程张朱；先生之道，禹汤文武"③ 来概括阮秉谦的思想渊源，可见中华传统文化对阮秉谦及其同时代越南居民的影响。

968 年，丁部领建立了具有自主权的封建国家（国号"大瞿越"），史称"丁朝"。此后越南经历了前黎朝、李朝、陈朝、胡朝、后黎朝、莫朝、北郑南阮的南北朝、西山阮朝（阮氏三兄弟在归仁府西山邑起义，所建政权史称"西山王朝""西山阮朝"）等，直到 19 世纪广南国阮氏后裔阮福映在西方殖民者的支持下，建立越南历史上最后的封建王朝阮朝（国号"越南"），汉字和汉文化都对越南居民（包括华侨华人）有着深厚的影响。法国殖民统治越南之后，推行西方文化，中华文化的影响因此有所弱化。

---

① 利国、徐绍丽、张训常：《越南》，社会科学文献出版社，2015，第 37 页。

② 杨锡铭：《越南老挝柬埔寨华侨华人史话》，广东教育出版社，2019，第 19—23 页。

③ 刘玉珺：《论越南诗人阮秉谦〈白云庵诗集〉中的唐音宋调》，《广西师范大学学报（哲学社会科学版）》2018 年第 2 期。

大瞿越国建国之后，中华文化的持续南传依旧依靠中国移民。移民的原因多种多样，其中避乱与避难是非常重要的原因。南宋末年，蒙古军人长驱直入，部分南宋遗民南渡，流寓越南，左丞相陈宜中、吏部尚书陈仲微流寓占城，宋将张世杰率领百余艘舰舶南下越南、柬埔寨等地。① 当时，缔结婚姻也成为促进文化传播的特殊方式。据说，北宋画派南传越南，源于一位叫张采的贵族女子。她能书善画，在金兵南下的乱世里邂逅越南才子黎广源，两人成婚，南归占城，张采将北宋画派也传播到了越南。② 宗教界人士的跨境弘法，也是移民和文化传播的特殊途径。比如 820 年，惠能的弟子无言通禅师来到交州弘扬禅宗，创建无言通观壁禅派。"中国禅宗对越南的影响极为深刻，时至今日，越南北方几乎所有的寺庙内，都供奉一位浓眉大胡子的佛祖，这位佛祖就是将禅宗传入中国的印度法师菩提达摩；同时还供奉一位身披袈裟坐姿的中国禅师，即无言通禅师。"③ 上述事例，说明了移民与文化传播的密切关系。在华人聚集繁衍的地方，就会产生华人的文化教育问题，越南也是如此。越南自古就受中华文化的熏陶，越南华人接受的中华文化教育也呈现多样化形态，他们既受到来自民间的中华民俗文化影响，也受到来自官方的儒家文化熏陶。以下简单叙述越南华人的华文教育简史。

学者魏来在综合考察现有文献、华人口述和田野调查等资料的基础上，将越南华人所接受的华文教育大致分为四个阶段：20 世纪以前，20 世纪初至 1975 年，1975—1991 年，1991 年至今。④

20 世纪以前，越南华侨华人接受中华文化的方式颇为传统，"越南华人多是通过聘请华人家庭教师给子女上课的方式传承中国文化"⑤。这种中华文化传承方式在东南亚地区具有普遍性。

20 世纪初以来，新式教育在中国和东南亚各地都成为教育文化界的

① 杨锡铭：《越南老挝柬埔寨华侨华人史话》，广东教育出版社，2019，第 30 页。
② 同上书，第 28 页。
③ 利国、徐绍丽、张训常：《越南》，社会科学文献出版社，2015，第 45 页。
④ 魏来：《越南、柬埔寨、老挝、印尼四国主要城市华文教育调查报告》，硕士学位论文，暨南大学，2014，第 8 页。
⑤ 同上。

新变化和新趋势。华人社会不同于中国的是，公办华文学校往往由华人社团组织创建并承担它后续运营的成本，如广东会馆学校、福建会馆学校等。有些华文学校也由私人集资创建，1907 年，西贡堤岸区的福建商人谢妈延、林联庆、曹允泽、潘秉德、颜庆富等人捐资创办了越南第一所供华人子弟接受教育的华文学校——闽漳学校（黄明焕在其硕士学位论文中指出闽漳学校创办于 1908 年），"学校初址在堤岸区漳霞会馆（今胡志明市第五郡内），这所学校对于越南华侨华人来讲有着重要的意义，因为这是第一所华侨捐钱兴办的中文学校"。[①] 同时，这也是具有族群帮派特点的华文学校，此后，广东帮、潮州帮、海南帮也相继创建华文学校。1937 年，越南各地华校有 168 所。1938 年，越南华校更增至 191 所。在课程教学上，早期越南华校多教授"四书"、"五经"、礼仪等传统的中华文化，辛亥革命以后中国的新思想、新文化才开始影响华文学校。

二战后，越南南部的华侨华文教育依然保持着极大优势。越南的南部、中部各省华校仍由华侨帮会或同乡会管理，这是具有"公办"性质的华文学校；也有些具有"私办"形式的华文学校，例如侨商私人兴办的中学。不同形式经营运作的华文学校，都为越南华侨华人接受中华文化教育提供了重要平台。进入 20 世纪 50 年代后半期，南越政府对华文学校推行系列"越化"政策，比如，学校取消"华侨""中华"等具有明显中华文化认同感的校名，教职员工由越南籍华人担任，华校教学的第一语言为越语……南越政权推行的华校"越化"政策，对华侨华人学习和接受中华文化造成了一定的困扰。虽然南越政权曾经推行"越化"政策，要求境内华校以教授越南文为主，但在南北政权统一之前，越南华校的华文教育还是有过比较兴盛的时期。"华文教育最鼎盛的时期，全国有华校 200 多所，南北越统一之前，仅西贡（胡志明市）就有中小学 150 所，学生 11.5 万人，教师 5500 人。"[②] 越南南部华文教育的发达

---

① 魏来：《越南、柬埔寨、老挝、印尼四国主要城市华文教育调查报告》，硕士学位论文，暨南大学，2014，第 8 页。

② 同上。

与当地华人移民和生存状况紧密相关，这里是华人移民及其后代的主要居住地，因此华人文化教育相对发达。胡志明市（越南华人习惯称西贡）就是越南最大的华人聚居地。

1975年越南统一，北越取得全国的执政权。然而，这个曾与中国共产党关系密切的越南政府，却迫害、驱逐华侨，造成了巨大的难民潮（有些华侨华人二度移民到西方国家，部分华侨华人返回祖国定居），并且将华文教育推到了困境之中。"政府推行华侨越南化方案，把学校收归国有，命令解散各类华文学校及其董事会，全面禁止华文教育，改授越文，很多华人子弟辍学。只在华人子弟集中的越南学校中保留华语科目，每周授课三到五个学时。"[1] 到了后来，在越南保留华语科目的学校也减少到了个位数，可见华校华文教育在越南遭遇的困境之大。但国际局势总在发展变化之中。20世纪80年代以后，中国与世界各国进入了沟通对话的新时代，中国的改革开放也给世界各国提供了发展的机遇。在全球化日益发展的大环境中，越南需要大量熟悉华语、英语的人才与世界各地进行文化、经贸等各方面的沟通。因此，学习华语已经不仅是华人子弟学习民族文化的内在需要，而且是一种外在的社会需求。

越南政府顺应时代潮流，放宽华文教育的政策，甚至提出了华人在学好越文的基础上学好华文的主张，指出有关部门应该创造条件让华人学习民族语言。[2] 韦锦海在调查研究中发现，这时期越南华人子弟接受华文教育的形式很多元化，形式如下。第一，直属普通中小学的华文中心。在胡志明市，颍川华文中心、麦剑雄华文中心、启秀华文中心、礼文华文中心等比较有名。第二，华文学校。这类学校由华人社团创办，在会馆内或租用场地进行教学。胡志明市的陈开源电脑华语高中学校、富国岛华文学校等比较有名。第三，越华民立学校（越华学校）。这是一种办学成本较高的民办学校，有华人社团的股份，学校多有独立的校

① 魏来：《越南、柬埔寨、老挝、印尼四国主要城市华文教育调查报告》，硕士学位论文，暨南大学，2014，第8页。

② 韦锦海：《越南华人华文教学当前存在的几个问题》，《东南亚纵横》2004年第8期。

舍，同奈省定馆越华民立学校、平禄越华学校、新堤岸双语小学等就属这种类型。"这类学校有华文班，也有越文班。华文班以讲授华文为主（包括华语文以及用华语讲授的算术、历史、地理等课程）。"这不同于附属于普通学校的华文中心和单纯的华文学校。此外胡志明市蓄臻华文夜校、芹苴华文夜校等"华文夜校"也是越南华侨华人接受华文教育的途径。① 1991 年中越关系正常化，也带来了越南华文教育和中华文化的发展契机。在世界各国，华文教育的发展都与当地的教育政策，及它和中国的外交关系息息相关。1995 年越南加入东盟以后，进一步掀起了学习华文的热潮，各种有益于华文教育的机构纷纷成立，学习华文的人数引人注目。"胡志明市华人工作处的资料显示，截至 2003 年，在该市有 3 万华人学习华文。"② 1991 年以后，除了上述几种形式外，在大学内开设中文系（汉语系）或汉语班，也是越南华文教育和中华文化传播的又一种方式。河内市、胡志明市、岘港市的几所高校都设立了中文系，③ 如胡志明市人文社会科学大学的中文系、胡志明市师范大学的中文系。

1991 年中越邦交正常化以来，越南华文教育形式日益多元化。其中一个非常突出的现象，就是华文中心在越南比较兴盛。由于越南教育主管部门不准"华文中心"以自己本来的名义进行注册，所以它们正式的注册身份是外语中心。胡志明市是华人众多的南部城市，根据 2009 年的统计，胡志明市有华人 50 多万，多居住在第五郡（俗称"堤岸"）、第六郡、第十一郡。据悉，在华人人多势众的堤岸还通用广府白话。越南的华文中心主要集中于胡志明市，主要也是因为它是越南最大的华人聚集地。"目前胡志明市最大的华文中心有三家，启秀华文中心、麦剑雄华文中心和礼文华文中心（简称礼文）。"④ 位于第五郡（堤岸）鸣凤

---

① 韦锦海：《越南华人华文教学当前存在的几个问题》，《东南亚纵横》2004 年第 8 期。

② 柴贺景：《从胡志明市看越南"革新"以来华人的社会文化生活》，《八桂侨刊》2004 年第 6 期。

③ 魏来：《越南、柬埔寨、老挝、印尼四国主要城市华文教育调查报告》，硕士学位论文，暨南大学，2014，第 8 页。

④ 同上书，第 7 页。

路的礼文华文中心，合法注册身份是礼文外语（华文）中心，正式挂牌的名称是鸣凤中学。鸣凤中学是胡志明市的国立中学，属于国民学校序列，有小学部和初中部，该校中华子弟学生众多。而礼文华文中心租赁鸣凤中学的校舍办学，并作为该校的华文教学部存在。在礼文华文中心学华文的学生也就是鸣凤中学本校的学生。[①] 当地华人日常称呼礼文华文中心为"礼文"或"礼文学校"，而且礼文华文中心对外也以"礼文""礼文学校""礼文华文中心"自称，中心的日常运作保持着高度的独立性（鸣凤中学校长基本不过问中心事务）。礼文华文中心的运作策略，为成功实践和推进越南华人的华文教育提供了典型范例。

越南华侨华人的华文教育虽然几度遭遇挫折，但世界各国交流合作的大势不可阻挡，越南华文教育的前景见好。

二、"明乡人" "明香社"

在越南有一个特殊的华侨华人群体，历史上称作"明香"，他们有其独特的社会组织，称作"明香社"。后来，越南历史上最后的封建王朝阮朝为了同化这个华侨华人群体，明命帝阮福晈改"明香社"为"明乡社"，这个群体也被称作"明乡人"。什么样的华侨华人为"明乡人"？他们起初为何叫"明香"？这个华侨华人群体特殊在哪里？他们如何传承中华文化？他们后来的历史命运怎样？这些问题都引人思考。

学术界通常认为，"明乡人"是中国历史上明清易代、社会大变局的产物。清军入关，南明小朝廷在清军的铁蹄之下难以为继。在社会大乱之际，很多不甘忍受清人统治的明朝人纷纷南渡东南亚。越南与中国山水相连，成为明朝遗民南渡的重要目的地。这个时候的越南，正处于南阮北郑的分裂时代，北方黎郑政权对华人移民保持着警惕心，南方的阮氏政权却出于开疆辟土等各种因素考量，大量接纳明朝遗民。这个时代的很多华人移民慢慢聚集到中南部地区，形成了迄今为止越南中南部

---

① 魏来：《越南、柬埔寨、老挝、印尼四国主要城市华文教育调查报告》，硕士学位论文，暨南大学，2014，第18页。

华人居多的局面。学者李庆新指出："17 世纪 40 年代以后，明清鼎革导致大批明朝政治性移民进入越南各地，他们与 16 世纪中叶以后移居到庸宪、会安等通商口岸的华人汇集，'维持明朝香火'，具有强烈反清复明意识，形成特殊的外侨群体'明香'（Minh-Huong）。他们聚居的村社称为'明香社'（Minh-Huong Xa），是越南带有外侨自治性质的基层组织。圣祖明命八年（1827）七月，改明香社为明乡社，标志着明香人从越南侨民向本土居民身份转化的完成，明乡人成为阮朝的'编户齐民'。"① 李庆新认为明清易代之际南渡越南的政治性移民，是为"明香"，"明香社"是他们居住的村社。1827 年，阮朝明命帝阮福皎将"明香社"的"香"改"乡"，一字之别，改变了这个群体的身份属性。但无论是"明香"还是"明乡"，都是指称这群华侨华人。有年轻学者通过田野调查，认为"明乡人"较为准确的一种说法，"是 17 世纪明清鼎革后，因不愿侍清而移居越南的明朝遗臣及其后迁居到越南的华人男性与越南女性通婚所生的混血儿及其后裔"②。笔者认为，南渡的明朝遗民及其后代（包括"混血儿"后代）都是"明香人"。学者们普遍认为，这个自称"明香人"的特殊华侨华人群体，以此名称表明继承明朝香火的心志，他们立祠祭祖，穿明朝衣服，冠明朝儒巾，以传承中华文化为使命。

1802 年，阮福映在法国人的扶持下建立阮朝。阮福映感念"明香人"对其统一越南的贡献，允准华人设帮自行管理。1807 年，阮福映下令在全国范围设立"明香社"，并实施优待政策。中国人移民东南亚的过程中，会形成各种社团组织，有的按照祖籍地或方言群形成帮派、社团（比如各种地缘性的会馆），有的按照就业领域形成社团组织（比如业缘性的商会），越南同样有地缘性的帮派组织。阮朝曾要求广肇、福建、潮州、福州、客家、海南、琼州等七府，各设帮公所。"明香社"的独特性之一，是它打破了华侨华人按照地缘、血缘、方言等属性结社的文化传统，具有跨越并联结各地缘帮派、各方言群文化的特点。"明

---

① 李庆新：《越南明香与明乡社》，《中国社会历史评论》2009 年第 10 卷。
② 张烨：《越南中南部明乡人的演变研究》，硕士学位论文，云南师范大学，2019，第 7 页。

香社"的特殊性，还在于这个群体受到阮朝政府的特殊待遇，可以拥有土地，参加阮朝科举考试，积极参与阮朝政府的内政外交。

在阮朝政府，有很多"明乡人"身居高官。这些阮朝华裔官员也乐于承认"明乡人"的身份。"明乡人"后裔、华裔名臣郑怀德（曾封"安全侯"、百官之首）与吴仁静（封为"静远侯"）曾共同出使中国，为新建立的阮朝向清政府请求认可和册封，两人逝世后，补祀中兴功臣庙。阮朝官员潘清简（1796—1867）、李文馥（1785—1849）、陈养纯（1813—1883），都是祖辈来自福建漳州府的"明乡人"。潘清简的五世祖"义不臣清"，流落越南归仁府。1825年，潘清简中举，翌年进士及第，开南圻士子科举及第之先河。他深受儒家文化影响，被认为是士大夫典范。李文馥曾出使清朝，在其父祖之邦福建，坚决不入住"粤南夷使公馆"，并撰写《夷辨》申辩越南为中华文化流播之地，不能视之为"夷"，清朝官员只好改馆名为"粤南使官公馆"。① 据陈元烁《承天明乡社陈氏正谱》记载，陈养纯的原配为漳州府人，在越南另娶一房。② 可见陈养纯为南渡越南陈氏的一脉先祖。"据称陈氏1650年前后'避乱南来生理，衣服仍存明制'。养纯之后，陈氏极力在华人社会中选择其婚配对象，成为陈家的不文律；陈氏嫡派至第九世均娶华人或华裔为正室，其中第八世怀永娶粤人龚氏，第九世迎本娶同社人谢氏，先世亦粤人；陈家之女，不少也与华人或华裔结亲。"陈氏嫡派男子按照中国辈分序列"养、怀、迎、元、士……"取名。③ 陈氏第七世陈养纯为阮朝高官，与潘清简、李文馥的生活年代相差无几，其时也正是法国文化开始影响越南的年代。作为明清之际华人南渡以及明乡家族繁衍发迹的典型个案，陈养纯家族的宗族血脉传承及子孙命名文化，说明了那个时代的明乡人依然坚持着中华文化的传承，在宗族礼制、生活习俗等方面秉承中华文化传统。

① 杨锡铭：《越南老挝柬埔寨华侨华人史话》，广东教育出版社，2019，第83—87页。

② 徐杰舜：《越南的明乡人——东南亚土生华人系列之二》，《百色学院学报》2014年第2期。

③ 李庆新：《越南明香与明乡社》，《中国社会历史评论》2009年第10卷。

"明乡人"主要生活于越南的中南部，会安地区、承天府都是"明乡人"的汇聚之地。会安最为著名的"明乡人"先祖有"三家""十老""六姓"等。① 学者李庆新在调研中发现，在会安的明乡萃先堂，有供奉"三界伏魔大帝""神威远振天尊"的牌匾，记载的年份是"盛德癸巳年"，即黎神宗盛德五年（1653）、清顺治十年。"这是迄今为止发现最早的关于'明香社'的实物资料。"李庆新还认为陈荆和将"明香社"的设立时间推测为"在 1645 年至 1653 年之间"，"很可能在 1650 年左右"，是有道理的。② 这意味着"明香社"在 1653 年就已经出现。

承天府（今承天顺化省）早在 17 世纪初就出现南渡的明朝遗民建立的明乡社。在越南南部，广东雷州人莫玖及其追随者建立的政权，是著名的明乡群体。明末，莫玖"越海南投真腊国为客"，"同行者有千人之多"。③ 古代真腊即现在的柬埔寨。莫玖在柬埔寨受到国王的重用，后被派往恾坎（后来的河仙）负责管理当地事务。莫玖将河仙经营成一片乐土。在他归附广南阮氏之后，河仙也成为越南属地。莫玖、莫天赐父子两代经营河仙，兴建文庙，立义学，教化民众，沿袭明代礼俗，使河仙华侨华人得以继续接受中华文化的教化。在越南南部，还有一支明朝遗民安营扎寨，落地生根，这就是以陈上川、杨彦迪为首的南渡中国移民。由于反清复明无望，高雷廉总兵陈上川、龙门总兵杨彦迪率军士三千人南渡，投靠广南阮氏。广南国王权衡之下，令他们前往湄公河三角洲的东浦地区拓荒辟土，后来广南国的势力扩展到此地，设嘉定府。"嘉定"后来改称"西贡"。1975 年越南统一，次年"西贡"改称为"胡志明市"。由于这些历史因缘，胡志明市的华人数量在越南始终高居榜首。有学者对 17 世纪至 1945 年越南南部的"明乡人"数量做了核算，得出一些可供参考的数据（见下表）。④

① 张烨：《越南中南部明乡人的演变研究》，硕士学位论文，云南师范大学，2019，第 11 页。

② 李庆新：《越南明香与明乡社》，《中国社会历史评论》2009 年第 10 卷。

③ 杨锡铭：《越南老挝柬埔寨华侨华人史话》，广东教育出版社，2019，第 40 页。

④ 阮锦翠主编《南部地区华人的定居（从 17 世纪至 1945 年）》，社会科学出版社，2000，第 35 页。

17 世纪至 1945 年越南南部"明乡人"

地区	"明乡人"人数（人）
1. 芹苴	6，593
2. 竹笃	2，215
3. 河仙	3，280
4. 龙川	1，850
5. 美湫	661
6. 鹅贡	366
7. 迪石	3，308
8. 沙沥	2，980
9. 朔庄	16，124
10. 茶荣	10，970
11. 永隆	2，010
12. 新安	402
13. 槟椥	3，567
14. 薄寮	20，178
15. 金瓯	14，958
总计	89，462

这些数据，至少说明"明乡人"广布于越南南部，并且小有规模。他们对推动越南南部的发展所作出的贡献，也是显而易见的。

历史上的"明乡人"以各种方式传承中华文化。前文所述陈养纯家族的血脉传承和子孙命名方式；莫玖父子经营河仙，兴建文庙，立义学等，都是明乡人传承中华文化的方式。此外，打造特殊年号和字词，也是明乡人传承故国文化的方式。学者李庆新曾到越南庸宪考察温氏家族所建的"温氏宗祠"。宗祠中的碑文表明，"温氏即明乡中一家族也"，祠中保存的对联曰"源出潮州南海支派经五世，地居温带藤城德树自千秋"。李庆新特别注意到多副对联纪年为"龙飞"，"清代东南亚华侨为表示其不忘明朝故国与不承认清朝的立场，有些使用南明年号，有些自创

年号，配以干支，以为纪年，例如'龙飞'、'天运'，而不采用居住国或清朝的纪年"。① 在越南河仙屏山莫氏墓地的部分墓碑上，刻有"皇明""故明"等字，并出现"龙飞""天运"等年号，可见其对明朝的怀念。而"龙飞"这一年号，"在越南胡志明市、会安等地现存的明乡遗址的各种牌匾中都有踪迹，也证实了这是明乡人之间的一个共同标志"②。李庆新在研究中还发现一个有趣且让人深思的现象，新加坡"山顶仔"多处清初潮州华人墓的墓碑上刻有"洺"字，这个非"清"非"明"的"洺"，有人认为是"氵"代表身在清，"月"则代表心在明；有人认为这是"三点会"会徒标记，含有"反清复明"之意；近代社会史研究学者一般认为"洺"是清代"反清复明"秘密组织创造的。李庆新则说："南洋华人包括越南使用'洺'字，更侧重于在文化意义与社会心态上对明朝的认同，在居住国尽量按照中国传统去营造并维持一个'非清'的'海上明朝'的生活方式。"③ "洺"除去了"清"非常重要的部分，看起来的确像华人移民借以曲折表达心志而打造的文字。种种迹象表明，"明乡人"在越南保有传承大明文化的心意，将之视为中华正统文化，并付之行动，在日常生活、节庆礼俗等方面进行传承。

"17、18世纪，中国东南地区的民间多神崇拜的习俗随着华人浮海过洋，盛行于南圻华人社区。19世纪以后，各地明乡人及华人的宗教信仰更加丰富多彩，建有佛教寺院以及关帝庙、天后庙、玄天大帝庙、城隍庙、五行庙等。这使华人群体在本地能够落地生根，不断扩大发展。不仅如此，据《嘉定城通志》卷四《风俗志》载：藩安镇'文物、服舍、器用多与中国同'，而河仙镇也'习尚华风'。"④ 在古代明乡人的生活中，华风处处流播。无论是文人之间的汉诗唱和或传统文化的创作，还是民间的祭祀，都是对中华文化的传承。在越南中南部地区的明乡亭

---

① 李庆新：《越南明香与明乡社》，《中国社会历史评论》2009年第10卷。

② 张烨：《越南中南部明乡人的演变研究》，硕士学位论文，云南师范大学，2019，第13页。

③ 李庆新：《越南明香与明乡社》，《中国社会历史评论》2009年第10卷。

④ 壬氏青李：《试论18、19世纪越南南圻华人生活——以永隆省明乡社资料为中心》，《海洋史研究（第十二辑）》2018年8月。

内留存的文学文化遗存，印证了古代"明乡人"的文化根脉。位于胡志明市第 5 郡 11 坊陈兴道街 380 号的明乡嘉隆会馆，曾经是"嘉定三家"组织成立的平阳诗社聚会及吟诗作赋的场所，会馆内留存有郑怀德的诗歌、数十副对联和牌匾。"明乡嘉盛亭、新邻亭、萃先堂等明乡会馆中所存的汉字典籍、牌匾、对联相较于一般的华人会馆更多，会馆内的陈列、布置之中华文化特色更胜，不似其他华人会馆更偏向于原籍地的民间特色，而是一种正统汉文化的延续。"[①] 胡志明市"明乡人"福安会馆的祭祀活动，有春节祭、弥勒佛祭、关帝祭、观音菩萨祭、清明节、关帝"显圣"祭、孔子祭、周仓祭等，包容了中国的节庆文化和儒、道、释文化，是"明乡人"传承中华文化的典型事例。

　　法国蚕食越南之后，殖民当局逐渐加强对"明乡人"的管理。其中一个举措就是废止"明乡社"制度，将"明乡社"改制为越南的一个基层行政机构。明乡社也成为历史，原先的"明乡人"本土化的程度加深。数百年后，"明乡人"的后裔以越南人自居（甚至不认为自己是华族），他们对中国文化的认同也停留在大明朝。"明乡人"的日常生活乃至思想等各方面，有极深的本土性（越南化），呈现出明显的文化的混杂性（越南文化与中华文化的混杂）。如，始建于 1789 年、由 81 位明乡先贤出资建设的明乡嘉盛会馆（现为越南国家级文化历史遗迹），供奉着陈上川、阮有镜、郑怀德、吴仁静四位先贤，其中三位是"明乡人"先祖，阮有镜却是有功于嘉定府的越南人。不仅如此，在嘉盛亭，"正殿中间祭祀'五土尊神、五谷尊神、东厨司命、本境城隍'，其主祭祀对象与华人明显不同，是融合了越南本土的城隍信俗而形成的一种混合体"[②]。如果观察当今嘉盛会馆的祭祀年历，更能体会到"明乡人"后裔本土化的程度之深，他们已经不能与当初的"明香"同日而语了。

---

① 张烨：《越南中南部明乡人的演变研究》，硕士学位论文，云南师范大学，2019，第 44 页。

② 同上书，第 45 页。

明乡嘉盛会馆祭祀年历（2018 年版）①

日期（农历）	祭祀活动
1 月 7 日	春首祭
1 月 16 日	祈安诞
3 月 19 日	天后灵魂祭祀
5 月 5 日	端午节祭
6 月 29 日	祭拜张公仕
7 月 11 日	纪念三继贤
7 月 16 日	祭拜张公仕夫人
8 月 15 日	中秋节祭
10 月 1 日	吴仁静迁葬纪念日（2005 年）
10 月 16 日	下元祭
12 月 22 日（阳历）	冬至祭
12 月 16 日	谢井祭（祭水井）
12 月 24 日	送神祭
12 月 25 日	扫墓祭
12 月 29 日	迎会馆祖先祭
12 月 30 日	迎神祭

　　在历史的发展进程中，"明香（明乡）人"在各种因缘际会之下，不断演化。从避难海外，以继承大明"香火"自命，到慢慢融入居住地的社会文化，他们的文化认同也日趋复杂化。李庆新指出，"明香（明乡）人"以明朝文化为标志。然而为了生存与发展，"明香（明乡）人"一方面保存乃至强化中华民族固有的文化传统和文化特色，另一方面也

---

① 张烨：《越南中南部明乡人的演变研究》，硕士学位论文，云南师范大学，2019，第 35 页。

在某些方面主动或被动地改变自己的文化传统，接受越南行政管辖，融入本土社会，形成富有特色的民族（华族）文化。从"明香"到"明乡"的演变，反映了华人融入越南社会的进程，也是"明乡"本土化并变为越南基层组织的过程。尽管如此，"明乡人"仍以明朝继承者自居，始终保持强烈的民族意识和文化认同，每一个明乡社俨然一个明朝村社。① 的确，虽然政治认同变了，法律身份改变了，但一个种族的文化认同难以完全改变，华人族群尤其如此。明乡嘉盛会馆有一副对联这样写道"明王永治南天，天光化日；乡里安居越地，地利人和"②。应该说，对于中华文化的认同和传承，越南华人代代相传。

三、柬埔寨及老挝的华文教育

关于柬埔寨的历史，有学者分为扶南时期、真腊时期、吴哥时期、吴哥后时期和法国殖民统治开始后的近代时期。③ 扶南王国约在公元 1 世纪到 6 世纪，最初版图包含当今越南的部分领土。6 世纪，扶南属国真腊兴起，逐渐吞并扶南。8 世纪真腊分裂为南部靠海的水真腊和北部多山的陆真腊。9 世纪初，阇耶跋摩二世统一水陆真腊，建立吴哥王朝。"吴哥王朝也成为真腊历史上乃至整个柬埔寨历史上最辉煌灿烂的时代。"④ 19 世纪末，法国控制了柬埔寨。1953 年，西哈努克建立了柬埔寨王国。此后经历郎诺政权、红色高棉时期及柬埔寨共和国时期。1993 年，联合国主持柬埔寨大选，柬埔寨的政权逐渐稳定下来。柬埔寨的民族有高棉族、占族、普农族、老族等，还有华族、京族等。

老挝曾有古称"文单""澜沧""寮"等，是中南半岛北部唯一的内陆国家。老挝语中的"澜沧"意思为"百万大象"。⑤ 14 世纪中期，法

---

① 李庆新：《越南明香与明乡社》，《中国社会历史评论》2009 年第 10 卷。

② 杨锡铭：《越南老挝柬埔寨华侨华人史话》，广东教育出版社，2019，第 61 页。

③ 钟楠主编《柬埔寨文化概论》，世界图书出版广东有限公司，2014，第 6 页。

④ 同上书，第 7 页。

⑤ 杨锡铭：《越南老挝柬埔寨华侨华人史话》，广东教育出版社，2019，第 8—9 页。

昂在琅勃拉邦创立澜沧王国。16 世纪澜沧王国达到辉煌时期。在 1695 年苏里亚旺萨国王去世之后，澜沧王国分裂成琅勃拉邦、万象、占巴塞等小王国。"1827 年万象国王阿奴（Chao Anou）反对其领主却克里（Chakri）的起义，现在已经成为现代老挝民族主义的一个重要的传奇故事。"① 19 世纪末，老挝沦为法国殖民地，奥古斯特·佩维成为老挝的第一任法国总督（1893—1895）。此后，老挝与柬埔寨、越南等地的历史遭遇有很大的相似性，它们的历史文化也多有关联，彼此影响。

（一）柬埔寨华文教育简史

"中国和柬埔寨的民间往来很早就开始了。从三国时起，扶南的商船就经常到中国进行贸易。"② 最晚 13 世纪中期，就有华人在柬埔寨定居。抗清失败的明朝人及 20 世纪上半叶躲避战乱的中国人，不断移民柬埔寨。"柬埔寨华人社会分为潮州籍、广肇籍、客家籍、海南籍、福建籍这 5 个方言集团。其中，潮州籍占了该国华人总数的 80%。""截至 2002 年 8 月，柬埔寨有 70 万名华人，占总人口的 5.2%（2002 年中期推算全国人口为 1350 万人）。华人主要分布在首都金边及马德望、干拉、贡不、磅针、磅通、波罗勉、茶胶等省，其中居住在金边市内的华人最多。"③ 华侨在柬埔寨定居以后，普遍与当地人通婚，祖先中没有中国移民的高棉家庭很少见。西哈努克国王甚至说："600 万柬埔寨人的血管里，都流动着中国人的血液。"④

19 世纪初，柬埔寨就有私塾教授华文，传授中华文化。1914 年，潮州帮华侨在首都金边开办了第一家华文学校——端华学校。到 20 世纪 30 年代初期，柬埔寨华人社会的五个帮会相继创办了各自的公立学校，福建帮创立民生学校，广肇帮创立广肇学校，海南帮创立集成学校，客

---

① （英）格兰特·埃文斯：《老挝史》，郭继光、刘刚、王莹译，东方出版中心，2016，第 23 页。

② 钟楠主编《柬埔寨文化概论》，世界图书出版广东有限公司，2014，第 34 页。

③ （日）野泽知弘：《柬埔寨的华人社会——华文教育的复兴与发展》，《南洋资料译丛》2012 年第 3 期。

④ 全裕辉：《柬埔寨的华人》，《东南亚纵横》2004 年第 10 期。

家帮创立崇正学校。"据史料记载，1938 年柬埔寨华文学校有 95 所，学生 4000 人。60 年代，华文学校发展到 200 所，中小学生达到 5 万人，仅首都金边的华校就多达 50 所。规模最大的端华学校在校学生 3000 多人，教职员 1100 多人。"① 20 世纪 60 年代，柬埔寨华文教育发展状况良好，甚至一度被称赞为"东南亚华文教育的前哨站"。二战后到 20 世纪 70 年代初期，中柬关系良好，柬埔寨华校华文教育势头颇佳，有些重点华校增建校舍并扩大办学规模，例如著名的端华中学增设初中部并开办分校，为华侨华人接受中华文化教育提供了更宽广的平台。

1970 年，柬埔寨发生政变，导致亲华的西哈努克亲王下野。新成立的郎诺政府改变对华政策，禁止使用华语和华文教育，关闭华校。柬埔寨的华校华文教育因此遭受巨创。直到 20 世纪 90 年代，华文教育的困境才随着柬埔寨内政外交局面的变化而好转。

20 世纪 90 年代以来，政府允许华人社团恢复活动，允许公开使用华语（比如商店招牌允许使用汉字，官方的巴戎电视台开设华语节目等），华人处境大为改善。柬埔寨华人理事总会会长杨启秋甚至认为，"柬埔寨华人目前的处境可算是各国中（除中国以外）最好的"②。政府允许华校复课成为推动华文教育获得新生的重大举措。1990 年 8 月，"柬埔寨王国政府发布《第 248 号法令》，规定：（1）允许柬埔寨华人理事会成立；（2）允许设立华校及恢复华人庙宇和华人传统的庆祝活动。该法令颁布后，同年 10 月磅针省棉末市启华学校在国内首先恢复上课"③。金边规模最大的著名华校端华学校于 1992 年 9 月复课。从此，柬埔寨华文学校的复校形成新的浪潮。以下为日本学者野泽知弘整理的柬埔寨华文教育复兴以后，金边市华校复课情况。

① 邢和平：《柬埔寨的华人华侨》，《东南亚纵横》2002 年第 9 期。

② 钟楠主编《柬埔寨文化概论》，世界图书出版广东有限公司，2014，第 24 页。

③（日）野泽知弘：《柬埔寨的华人社会——华文教育的复兴与发展》，《南洋资料译丛》2012 年第 3 期。

金边（特别市）市内的公立、私立华校及经营华校的华人社团概况①

学校名	所设课程	复课时间	经营华校的华人社团	会长	社团成立时间
公立端华学校总校	专修 中学 小学	1992 年 9 月	潮州桂冠	杨启秋	1994 年 4 月
公立端华学校分校	—	1995 年 7 月	—	—	—
公立民生学校	中学 小学	1999 年 8 月	福建会馆	林财金	1992 年 11 月
公立广肇学校	中学 小学	1995 年 8 月	广肇会馆	蔡迪华	1993 年 1 月
公立集成学校	中学 小学	1992 年 9 月	海南同乡会	邢诒宝	1992 年 8 月
公立崇正学校	专修 中学 小学	1993 年 8 月	客属会馆	罗达兴	1993 年 8 月
公立华明学校	中学 小学	2001 年 2 月	铁桥头東华理事会	方展熙	1999 年 9 月
公立培华学校	小学	1995 年 2 月	雷西郊東华理事会	杨万源	2003 年 1 月
立群学校总校、分校	小学	1992 年	—	—	—
联友学校	中学 小学	1994 年 2 月	—	—	—
培英学校	中学 小学	—	—	—	—

从上表可见，（1）多数华文学校都设置了中、小学课程。另外，柬埔寨最大的端华学校总校、分校，以及崇正学校，还设置了以中学毕业生为对象的"专修"课程，类同"专科班"（高中课程）。（2）多数华文学校属于"公立"性质的，由华人社团经营。（3）柬埔寨的华校华文教

---

① （日）野泽知弘：《柬埔寨的华人社会——华文教育的复兴与发展》，《南洋资料译丛》2012 年第 3 期。

育虽然与新加坡、马来西亚、菲律宾等国家略有差距，尚未形成从小学教育到高等教育的相对完备体系，但它与东南亚其他国家一样，得到华侨社会、华人社团的鼎力支持，体现了柬埔寨华侨华人对中华文化的执着认同。

在金边的华文学校中，公立端华学校是全国规模最大的华文学校，在柬埔寨华校中有"最高学府"的美誉；立群学校是规模最大的私立学校，并带头开办"柬文班"。端华学校初期是私塾式学堂，早在1901年磅湛省三州府的潮州籍先贤就开设私塾，给华人子弟传授传统的中华文化经典《千字文》《三字经》等。1914年才正式以"端华学校"为名发展华文教育。端华学校经历了20世纪五六十年代的发展期及七八十年代的挫折期，在1992年迎来复校复课的新生局面。端华学校总校开设半日制的华文教学班（中文班），分校同时开设中文班和柬文班，总校和分校的中文班课程设置相同，也都基本使用华语授课，[①] 在加强学生华语听、说、读、写等基本能力的同时，也传授中华文史、武术等各类课程。谢进群掌校的立群学校于1964年开始办学，最先由补习班发展而来。它的命运与柬埔寨其他华校类似。1991年，它在私立华校中最先复校复课。

柬埔寨华文学校接受当地乡团会馆及柬华理事总会的双重领导，并独立于柬埔寨国家教育体系之外，[②] 这种情况所造成的问题（学历得不到认可，不能报考大学）也促进了华文学校教学的改革。部分华文学校设置"柬文班"，学生获得的学历可以支持他们参加柬埔寨国家统考，从而得以继续升学。这些举措赢得了华校学生和家长的高度认可，带来了华文教育的新变化和新发展。柬埔寨华校的另一项好的举措，是教材编制方面的变化。20世纪90年代以来，在华文教材方面，由过去只强调弘扬中华文化，而对所在国、对世界的历史与文化重视不够的现象，转轨为二者兼容、有机结合。目前在柬埔寨华校使用的小学华文教材，

---

① 庄明欣：《柬埔寨金边华文学校发展现状调查——以端华学校和立群学校为例》，硕士学位论文，华侨大学，2020，第10页。

② 同上书，第1页。

是由中国海外交流协会文教部与柬华理事会合作编写的，其中的汉语教材中柬埔寨当地文化占 40%，中华文化占 50%，世界文化占 10%，这个比例能把中华历史文化、柬埔寨历史文化及其他世界历史文化有机地结合起来，博取其精华，做到兼容并蓄。①

（二）老挝华校华文教育简述

老挝与越南、柬埔寨的历史文化有近似之处，且彼此影响。20 世纪 50 年代后期，老挝对华侨华人实行限制和排斥政策。1975 年建立的老挝人民民主共和国与越南结盟，以更强硬的政策限制华侨，华人社团、华校、华报等都受到影响。② 但相对其他排华国家而言，老挝华人并未经历严重、大规模的排华事件，华人生活相对安定，老挝的华文教育也相对平稳。在 20 世纪 70 年代中期，老挝有一万多名华侨华人，万象差不多聚集全国华侨华人的 1/3，琅勃拉邦、他曲、沙湾拿吉、巴色等地也有较多华侨华人居住。③

老挝华人较少，华文学校也相对有限。在东南亚华文教学方面研究成果丰硕的刘振平教授指出，"1929 年，老挝华人兴办了第一所华校——百细公学。之后，崇德公学、寮都公学、寮东公学、新华学校等一些华校陆续成立。直到 1975 年前，老挝的汉语教学依托这些华校得以快速开展"④。位于沙湾拿吉的崇德学校创办于 1931 年，大约 2007 年以后加设高中部。位于老挝北部琅勃拉邦的新华学校（原名中正学校，1978 年更名）是一所小学。老挝中部的他曲在 1945 年建立了寮东公学。1937 年创立的寮都公学（也有史料称它创建于 1936 年），为位于首都万象的全日制中小学，它是老挝规模最大的华文学校。"该校的教学按照老挝当局的规定办事，中文与老（挝）文的教学并重，初中和小学毕业班的学

---

① 大海：《印支三国华文教育初探》，《八桂侨刊》1997 年第 1 期。
② 杨锡铭：《越南老挝柬埔寨华侨华人史话》，广东教育出版社，2019，第 169 页。
③ 同上书，第 156—157 页。
④ 刘振平、张丽萍：《"一带一路"背景下老挝高校汉语教育发展问题探究》，《北华大学学报（社会科学版）》2019 年第 3 期。

生全部参加市县教育局举行的老文统考，每个学生必须获得中老（挝）文两份毕业证书。"①

据悉，20世纪50年代老挝大约有9所华校。在老挝独立（1965年）后，政府依然不太干涉华文学校，但是将殖民地时代华校学生学习法文的时间改为学习老挝文。在华文教育兴盛的20世纪60年代中期，老挝华校曾有二十余所。不过1975年之后，老挝推行极左政策，华侨华人的社会文化教育受到冲击，华校华文教育也被迫停滞。1988年以后，老挝恢复与中国的友好关系，华校华文教育也在中老双边关系的良好发展势头中得以复兴。

老挝的老华校依然发挥着传播和传承中华语言文化的作用。老挝现有7所华文学校，其中5所是创办于20世纪二三十年代的老华校。这5所老华校办学基本没有中断过。它们是位于首都万象的寮都公学、北部琅勃拉邦市的新华学校、中部甘蒙省他曲华侨学校（又称寮东公学）、南部沙湾拿吉市的崇德学校和巴色市的华侨公学。其余两所为近年来才创办的新华校。新华校均位于老挝与中国云南接壤地区，学生以来当地经商的中国人的子弟为主。② 老挝涉及华文教学的机构除了传统华侨学校，还有普通中小学、老挝东都国立大学。③ 新世纪以来，一种新的跨国合作的华文教育方式应运而生。2011年，在万象创办的老挝苏州大学，"开创了中国高校赴国外办学之先河"。学生的四年大学教育在中老两国共同完成，除了通识课须使用老挝语，多数专业课程使用汉语授课。④ 上述新式华文教育方式的实践，更加有益于老挝华侨华人接受中华文化教育。

① 大海：《印支三国华文教育初探》，《八桂侨刊》1997年第1期。

② 魏来：《越南、柬埔寨、老挝、印尼四国主要城市华文教育调查报告》，硕士学位论文，暨南大学，2014，第10—11页。

③ 李弟龙：《老挝沙湾拿吉省崇德学校汉语教学的情况调查》，硕士学位论文，云南大学，2011，第7页。

④ 刘振平、张丽萍：《"一带一路"背景下老挝高校汉语教育发展问题探究》，《北华大学学报（社会科学版）》2019年第3期。

第三章
东北亚、中亚华侨华人的中华文化教育

  东北亚和中亚都是中国近邻,自古以来都与中国有经济、文化等各领域的交流。不过东北亚和中亚的文化差异极大。东北亚国家有朝鲜、韩国、日本等,属于儒家文化圈。它们在古代很长时间内深受中国文化影响,也一度与中国封建王朝形成朝贡关系。中亚是指亚洲中部,其概念由德国地理学家亚历山大·冯·洪堡于1843年提出。狭义的中亚地区,是指哈萨克斯坦、乌兹别克斯坦、吉尔吉斯斯坦、土库曼斯坦、塔吉克斯坦等五国。中亚的本土人种、文化都与中华民族的主体民族汉族有别(当然,它们与中国西北边疆少数民族的文化,比如回族的文化,还是有渊源的)。但无论如何,由于地缘关系,它们都在古代成为中国陆上丝绸之路或海上丝绸之路(东海航线)的重要支点。

第一节　朝韩华侨华人的中华文化教育

  朝韩两国共处于朝鲜半岛上,它们之间有着深厚的历史渊源。在朝鲜半岛分裂之前,朝鲜半岛曾出现高句丽、百济、新罗三个封建国家。公元7世纪,新罗在半岛占据统治地位,从此历经了新罗王朝(668—935)、高丽王朝(918—1392)、朝鲜王朝(1392年李成桂建立,1897年高宗李熙改国号为"大韩帝国")。1910年,朝鲜王朝被日本完全兼并,由此进入殖民地时代。二战后,日本战败,朝鲜半岛得到解放。1948年,美国将朝鲜独立问题交由联合国商议。1948年8月,在南方通过单独选举建立了大韩民国；9月，在北方建立了朝鲜民主主义人民共和国。至此，朝鲜半岛南北分裂，成为两个政体，政治制度、法律制度、教育制度、文化制度等走向不同的发展轨迹。

或缘于政治，或缘于经济等原因，自古以来就有中国人侨居朝鲜半岛的行为。现如今，韩国的华人大部分聚集在仁川，其次是釜山、首尔。韩国华人大部分来自山东，其中以祖籍烟台、青岛、威海居多。自古以来，这些居住于朝鲜半岛的华侨华人，通过各种方式推行中华文化教育，这是中华文化在当地得以传承的重要原因。

一、儒家文化对古代朝鲜半岛的影响

在中华文化中，儒家文化占据十分重要的地位。由于地理接壤、人口流动顺畅，中国的儒家文化很早就传入朝鲜半岛，并深刻影响了朝鲜半岛原有文化。在儒家文化圈，朝鲜半岛文化与中国儒家文化最为相像。因此，在叙述朝韩两国所接受的中华文化教育之前，我们不妨先从儒家文化在朝鲜半岛的传播及影响讲起。

据《日本书纪》和《古事记》描述，公元 285 年百济著名儒家学者王仁博士赴日本传播儒学，带去了《论语》和《千字文》，是为日本接触汉学之始。[1] 由此可知，早在公元 285 年之前，儒家经典已经在百济广泛传播。公元 3 世纪至 4 世纪，百济已建立以儒家经典为学习内容的、完善的教育机构。公元 3 世纪末至 4 世纪初，儒家文化传入新罗。真兴王（540—576 年在位）时建立了"花郎制度"，即推戴有学识、容貌端正的上层贵族青年男子为"花郎"，同时召集大量的青年男子随其修行，是为"花郎徒"。[2] 依据现有文献，公元 566 年圆光法师所作的"花郎五戒"，即"事君以忠，事亲以孝，交友以信，临战无退，杀生有择"，与儒家所倡导的六德（智、信、圣、仁、义、忠）、六行（孝、友、睦、姻、任、恤）等中华文化似有"一脉相承"之意，这是新罗儒家伦理成

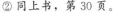

① （日）水野俊平：《韩国的故事》，于雷译，中国友谊出版公司，2016，第 22 页。
② 同上书，第 30 页。

为社会规范的最早标志。① 新罗统一朝鲜半岛后，统治者为有利于统治，参照中国隋唐时期的文化政策，确立律令制度，大量引入儒家经典，更加积极学习和推广儒家文化，这包括学习并建立教育制度、科举制度，派遣贵族子弟入唐学习等。

高丽时期的朝鲜半岛推崇佛教与儒教，高度重视儒学对齐家治国的重要作用。除延续新罗统一半岛时期的儒家学习制度、政治制度外，高丽时期的朝鲜还仿唐制改革科举制度，实现了儒学与仕途的结合。当时在王都开城设置有作为儒教教育机构的"国子监"，这属于国立大学的一种。除此之外，有担任过科举考试官的儒家学者也竞相开办私学，具有代表性的如儒家学者崔冲开办私塾——九斋学堂。第十七代国王仁宗在位（1122—1146 年）时，还设立了地方教育机构——乡校，以供贵族子弟在此学习。可以说，中国儒家文化不仅很早传入并影响朝鲜半岛，而且"儒家文化从隋唐前儒学到宋元理学，再到明清实学的发展演变过程，在朝鲜半岛的发展历史上都有完整体现"②。

二、近现代朝鲜半岛的中华文化教育

地处亚欧大陆东北部的朝鲜半岛，与中国吉林、辽宁接壤，和山东省隔海相望，地缘上非常接近，加之朝鲜半岛长期浸润在儒家文化中，两地生活环境有诸多相似之处。因此，在政治或经济等因素的推动下，朝鲜半岛自古以来就是华侨移民的目的地。

1882 年，清政府同朝鲜签订了具有划时代意义的条约《中国朝鲜商民水陆贸易章程》，中国普通居民赴朝获得了合法资格，赴朝的华侨人口处于上升趋势。这些华侨大多属于山东籍、江浙籍、闽粤籍，形成了相对稳定的族群，他们聚居于仁川、汉城、釜山等较大的口岸城市。中

---

① （韩）朴昌根：《论韩国人的传统社会价值观对企业经营价值观的影响》，载沈善洪主编《韩国传统文化·文化卷》，学苑出版社，2001，第 9 页。

② 谢小飞：《儒家文化与东亚国家政党政治》，博士学位论文，山东大学，2018，第 87 页。

华民族历来安土重迁，即使背井离乡，也往往乡情浓厚，同乡之间常常会组成会馆、帮派，相互照应。比如华商组成山东帮、广东帮、浙江帮等商帮。这些会馆、帮派所形成的华侨团体，使异国他乡的华人建立起紧密而有机的联系，形成互帮互助的氛围。但在甲午战争之前，朝鲜华侨并没有接受正式的华文学校教育，只有富裕的人家会聘请老师到家中设私塾，往往由一位教师教授一家或数家子弟。在启蒙阶段，授课内容是《三字经》《千字文》《百家姓》之类中国传统的童蒙读本，稍长则开始教授"四书"、"五经"、书法和算术等。由于是私塾，上课时间与学习年限不定，由家长及私塾教师安排。[①] 因此，这一时期朝鲜半岛华侨华文教育，仅是单纯中国旧式教育的延续，既无法体现时代内容，也不能与朝鲜半岛环境完全契合，它属于家庭范围内的封闭教育，非公共性质的学校教育。

1894 年至 1895 年的甲午战争可谓朝鲜半岛华侨华人史的分水岭，也是华侨华人的华文教育分界线。在这之后，可视为朝鲜半岛华侨华人开始了现代华文教育的历程。

在甲午战争后，华侨中的领军人物和清政府一些驻朝官员开始联手创办华侨学校，为朝鲜半岛的华侨子弟提供更能适应他们自身特点的专门学校教育。由此，朝鲜半岛华侨的华文教育由私人家庭教育向公共教育转变。这种转变与甲午战争后朝鲜半岛的大环境紧密相关。其时，日本成为朝鲜半岛的实际控制者，尤其是 1910 年 8 月《关于日韩合并的条约》的实施，朝鲜半岛被置于日本的殖民统治之下，其过程长达 36 年。此外，旧的国际体系瓦解，华侨传统的教育模式越来越无法适应当前的形势变化，于是参考近现代教学模式的新式学堂应运而生。而且随着定居时间的延长，华侨纷纷组建自己的家庭，成员也越来越多。将孩子托付给亲戚，或者让孩子去上韩国学校，对许多华侨家庭来说，无论是在经济上还是在制度条件上都遇到不少问题，因此华侨社会认识到了在华侨密集地区设立华侨学校有其必要性。

① 张璐：《清代旅朝华侨华人研究》，硕士学位论文，山东大学，2012，第 85 页。

　　20世纪早期，仁川、汉城、釜山等地均有华侨学校创立，为华侨子弟的华文教育带来了新机。1902年4月，仁川侨领金庆章等在清政府驻仁川领事机构的支持下，在领事馆院内建立了仁川华侨学堂（20世纪20年代改仁川华侨小学），招纳学生30名，由此在朝鲜半岛开了现代华侨教育的先河。① 仁川华侨学堂创立初期没有校舍，所以借用"仁川中华商务总会"（仁川华侨协会的前身）的厢房，教学采用私塾的方式。1913至1914年间，除了仁川华侨学堂以外，广东新会人周瑞芝在中华会馆右侧设立了自强小学，学生以广东人为主，同样采用私塾式的教育方式。1929年，仁川华侨小学分为两所学校。南帮侨领代表王成鸿管理原址，继续使用仁川华侨小学的名义，并继续兼任校长，学生有100名左右。而以傅绍禹、于希光、王少楠为代表的北帮侨领则在山东同乡会内设立学校，名为鲁侨华侨小学。五六年后南北帮侨领的分歧消失，两校复合为一，校名仍然使用仁川华侨小学，校长仍由王成鸿担任。后来在王成鸿和仁川商务总会的积极活动下，汉城总领事馆同意从1916年起将仁川领事馆所收的"帆船换照费"拨为仁川华侨小学的永久补充经费。1957年，该校增设初中部，1965年扩办高中。② 另一所华侨学校——汉城华侨学堂始于1910年前后，时为中华商工会长的汉城侨领张时英与当时的驻朝总领事马廷亮，筹划在汉城中国街设学堂，借中华商工会所开课。这是得到当地政府允许的第一所外国人学校。当时汉城华侨学堂的教职工仅3人，一天课时为6小时，以汉语为主要的教学语言，同时也使用日语、英语进行教学。学校经费来源于领事馆补助、学生学费以及各个家庭的捐款组成。③ 1914年，学堂正式改名为汉城华侨小学，1930年发展为一所完全小学，学生达160多人。1939秋，该校增设中学部。④ 在

① 万莹、田宏梅：《朝鲜半岛华文教育初探》，《云南师范大学学报》（对外汉语教学与研究版）2006年第6期。

② 崔现我：《韩国华侨教育研究》，硕士学位论文，中国海洋大学，2012，第14、15、26页。

③ 同上书，第15页。

④ 张兴汉、刘汉标：《世界华侨华人概况（亚洲、大洋洲、非洲卷）》，暨南大学出版社，1996，第20页。

这两所华侨学校建校之后，在华侨集中的城市釜山也建起一所华侨小学。由于缺少教育经费、对教育缺乏足够的重视、朝鲜政府及日本殖民当局的限制等各种原因，上述几所华侨学校在草创阶段，师资、规模等各方面都不足，但它们实质上开创了朝鲜半岛华侨华人接受华文教育的新路径。

进入 20 世纪 30 年代后，朝鲜半岛华侨学校开始普及华文教育；到了四五十年代以后，华侨学校的规模和华文教育质量得到进一步扩大和提高。在 1945 年 8 月日本投降前，朝鲜半岛上的华侨学校都是华侨自办的，由华侨中经济实力较强者及侨界知名人士组成董事会，通过聘请校长来主持工作，管理教学。学校从教材到教学计划均按照自己的计划进行，完全是中国人自己的学校，与朝鲜半岛的政府教育部门无关。创办于 1942 年 3 月的汉城光华中学，校名原为汉城华侨学校高级部，初期借汉城华侨小学教室开课，教师 3 名，学生 43 名。到 1943 年秋办理立案手续后改名为汉城光华中学。1944 年 3 月招生 60 余人，教师增至 10 余人，学生 120 余人，班级也从 1 个增至 3 个。1945 年，因学生张贴反日标语，20 余人被捕，学校也因此被迫停办。[①] 当时由华侨界知名人士倡办的华侨小学运营目标都是传授祖国文化，发扬中华民族精神，使华侨子弟接受祖国的传统教育。[②] 其时，华侨小学的课程有公民训练（修身）、汉语、算术、社会（常识）、自然（地理）、历史、劳作（手工）、日语、美术、音乐、卫生等，使用普通话上课。同时，特别重视中国的语言和文字训练，通过这些课程培养学生的爱国心。可以说，二战前朝鲜半岛的华侨，接受中华文化教育的重要途径就是华侨学校教育。

三、二战后朝鲜半岛的中华文化教育

根据雅尔塔会议精神，1945 年罗斯福、斯大林、丘吉尔"三巨头"确立了战后朝鲜半岛暂由美、苏、英、中四国临时托管，然后通过民选

---

① 张兴汉、刘汉标：《世界华侨华人概况（亚洲、大洋洲、非洲卷）》，暨南大学出版社，1996，第 20 页。

② 崔现我：《韩国华侨教育研究》，硕士学位论文，中国海洋大学，2012，第 17 页。

组成独立的民主政府的方案。1945 年 8 月 15 日，日本裕仁天皇宣布无条件投降，朝鲜从日本的殖民统治中解放出来。朝鲜半岛以北纬 38 度为分界线，分别由苏联和美国军队接收，这也为以后朝鲜半岛的分裂埋下了伏笔。根据协议，朝鲜半岛战后可成立独立统一的民选政府。但这时，如果由半岛全民选举的话，因金日成（代表北方政府）在抗战中的贡献大，胜算也较大，这是美国政府不愿意看到的。而从苏联政府的角度看，他们也无法容忍亲西方的李承晚（代表南方政府）来领导整个朝鲜半岛。因此，朝鲜半岛建国问题经过多次谈判都没有结果。在二战之后到朝鲜半岛分裂前，人民生活环境相对于被日本殖民统治时期而言有所改善，朝鲜半岛对华侨的政策也由紧张变得相对宽松。

据统计，二战以前，整个朝鲜半岛的华侨小学才 6 所，中学 1 所，学生 600 多人。战后朝鲜半岛的华侨教育有所发展，各地新建华侨小学 14 所，加上原来的 6 所，共 20 所，新建初级中学 1 所，学生共有 2000 余人。①

1948 年，大韩民国（以下简称"韩国"）和朝鲜民主主义人民共和国（以下简称"朝鲜"）分别建立政权，这是朝鲜半岛分裂的标志。朝鲜半岛上的华侨也分裂为朝鲜华侨和韩国华侨。受国际环境巨变的影响，朝鲜半岛的华侨教育也因朝鲜和韩国不同的政治立场，分别走上了不同的道路。

（一）朝鲜华侨华人的华文教育

中朝两国同属社会主义阵营，很早就开始以国际共产主义理念及反帝斗争运动为基础，构建了超越国家利益的全方位合作关系，并保持了相当长的一段时间。1945 年，朝鲜半岛境内华人总数约 8 万，其中北部约有 6 万。1945 年朝鲜半岛光复至朝鲜战争（抗美援朝战争）期间，朝鲜华侨约有 5 万人回国定居。此后几年，朝鲜华侨人数呈自然稳定的增长状态。因中国人民志愿军在抗美援朝战争中的付出，朝鲜华侨的社会

---

① 张兴汉、刘汉标：《世界华侨华人概况（亚洲、大洋洲、非洲卷）》，暨南大学出版社，1996，第 19 页。

地位几乎与朝鲜人一样，享受国民福利待遇，在教育上也有专门的华侨学校，华文教育与中国的发展具有较强的同步性，这是朝鲜华侨华文教育在第一个阶段的特点。

由于1945年8月苏军进驻朝鲜，一些经济实力较强的华侨选择了回国或者去韩国，致使朝鲜多数华侨学校停办。1946年，中国共产党派干部到朝鲜与华侨一起恢复停办的华侨学校。1947年8月，在中共东北行政委员会和当地华侨联合会以及广大华侨知识分子、知名人士的努力下，在朝鲜首都平壤成立了第一所华侨中学——平壤华侨中学。该校在东北人民政府的管理下运营。到1949年初，中共东北行政委员会决定将朝鲜各地的华侨中小学全部移交给朝鲜政府管理。同年4月1日，朝鲜内阁教育省正式接管了全部华侨学校，并改名为"中国人人民学校"（小学）和"中国人中学校"（中学），这是朝鲜华侨教育的第一个转折点。学校管理由朝鲜政府负责，学制、课程设置和教学计划仍与中国国内相同，教科书由中国提供，以汉语教学，只是在中学课程中增设一门朝鲜语。1949年夏，在新义州成立了一所名为"新义州中国人中学校"的华侨中学。到1950年初，朝鲜境内中国人人民学校增至101所，学生数为6738名，教师300余名，还有两所中国人中学。[①]

由于当时良好的中朝关系，华侨教育由朝鲜政府接管后，华侨学校有了很大的发展。1950年至1953年朝鲜战争爆发使华侨学校受到了严重的破坏，但之后华侨教育得到很快的恢复和发展。1953年12月，战时成立的中江中国人中学和清津中国人中学迁到平壤，合并为平壤中国人中学校。随后在中朝两国政府的资助下，当时的平壤中国人中学校无论在规模、设备还是教学水平方面，在朝鲜同级学校中都名列前茅。到1961年8月，由于中朝两国政府的大力支持以及广大华侨和华侨联合会的共同努力，朝鲜的华侨教育有了飞跃的发展。这时期，朝鲜境内的华侨子女都能按时接受基础教育。从1959年起，朝鲜各大学允许华侨高中毕业生报考，不过只有金日成大学等少数院校的外语系开设了汉语专

---

① 慕德政：《朝鲜华侨教育的现状》，《延边大学学报（社会科学版）》2003年第2期，第25—28页。

业，汉语的使用价值也仅限于外交场合和边境贸易等。总的来说，朝鲜战争停战以后的近十年间，是朝鲜华侨教育的鼎盛时期。

朝鲜华侨华文教育的第二个阶段，是华文教育的"朝鲜化"。1961年初，中苏关系破裂，中朝关系变得微妙。朝鲜开始按照朝鲜学校的模式来改造华侨学校，而华侨及华侨师生因不安侨居于朝鲜而大多选择申请回国。此时朝鲜的中国人人民学校锐减至 13 所，学生减到 1300 名，华侨教员只剩下 39 名。[①] 1963 年开始，朝鲜华侨教育开始进入全盘"朝鲜化"阶段，聘用朝鲜教师，使用朝鲜教材，用朝鲜语授课，每天仅保留一节汉语课。"从 1972 年开始，华侨教育已经失去了独立存在的地位，完全并入朝鲜学校行列，接受实质上的朝鲜教育。"[②]

因此，后来的华侨学生接受的是与朝鲜学生无异的朝鲜教育，他们能熟练地使用朝鲜语，却对母语汉语、中华文化非常陌生。因持中国护照，朝鲜华侨无法进入朝鲜著名的国立大学。为了提高朝鲜华侨整体的文化素质，也为了给广大华侨子女提供上大学的机会，中国政府侨务办出面解决这一问题。从 1980 年开始，中国侨务办每年从朝鲜华侨高中毕业生中选拔部分学生到国内高校学习深造。这是朝鲜华侨华人及其后裔接受中华文化教育的大好机会。

可以说，朝鲜华侨的华文教育在很大程度上受中朝关系的影响。在中朝关系发展良好时，朝鲜华侨就有宽松的环境创办、发展华文教育，给华侨子弟接受中华文化教育提供更好的平台。反之，中朝关系微妙之际，朝鲜华侨的华文教育也受到影响。

（二）韩国华侨华人的华文教育

谈到大韩民国建国以后的华侨教育发展状况，就不得不提到 1945 年朝鲜半岛独立后到 1948 年大韩民国建国这段时间，即美军政时期。当时的韩国社会在美军的统治下，韩国华侨以"中华民国"认同为中心，形

---

① 慕德政：《朝鲜华侨教育的现状》，《延边大学学报（社会科学版）》2003 年第 2 期，第 25—28 页。
② 同上书，第 27 页。

成了韩国华侨社会。

在这期间，韩国华侨召开了两次国民大会，通过了当时中国规定的侨民国民代表选举，并向中国表达了诉求，包括有关华文教育的诉求，比如让中华商会出租首尔领事馆前的空地，其中部分收入用作华侨学校经费补助；为提高侨民知识水平而设置报社或出版社；对归国升学的华侨子弟给予协助等。中国侨务委员会对韩国华侨的这些要求一一给予回应：第一，为华侨学校补助申请增加预算；第二，总领事馆召集华侨商会和有实力的华侨人士捐款，创立华文报社，使归国升学的华侨学生在第一·二华侨中学、第一·二侨民师范学校、暨南大学就读，但小学毕业生以就读当地华侨中学为原则。[①] 1948 年 9 月，汉城华侨初级中学的设立，为当地华侨子弟的升学提供了平台。可以说，这期间中国的实时支持，为韩国华侨子弟深造、更好地接受中华文化教育提供了便利。

1951 年 9 月，仁川华侨小学和仁川中山中学合并，成立仁川华侨中学。韩国华侨教育从这时开始正式发展，而汉城华侨中学（即前述汉城华侨初级中学）和仁川华侨中学是韩国规模最大的华侨学校。[②] 仁川华侨中学初中部成立以后，随着初中生毕业人数逐渐增加，富裕家庭的子弟毕业以后，再继续到汉城华侨中学或者釜山华侨中学升读高中。1964年仁川华侨中学增设了高中部，仁川华侨中学也成为一所完全的华侨中学。这一时期是韩国华侨教育最繁荣的时期，华侨人口达到 3 万人，华侨学校也达到了 55 所。这些华侨中、小学的学制和课程设置与中国台湾地区相同，另外增设了韩语课程和英语课程。除了英语、韩语外，其余课程全部采用中国台湾地区学校使用的统一教材。华侨中学的师资中，有一部分从中国台湾聘请，同时也选送优秀小学教师到台湾师范院校或机构进修，从而使韩国华文学校教师的教学水平不断提高。[③]

① 崔现我：《韩国华侨教育研究》，硕士学位论文，中国海洋大学，2010，第 19 页。
② 于鹏、焦毓梅：《韩国高中汉语教学的问题、对策及发展前瞻》，载吴应辉、刘玉屏编著《第二届汉语国际传播学术研讨会论文集》，中央民族大学出版社，2013，第 3 页。
③ 张兴汉、刘汉标：《世界华侨华人概况（亚洲、大洋洲、非洲卷）》，暨南大学出版社，1996，第 19 页。

　　20 世纪 70 年代开始，由于韩国对华侨的不平等政策，加之欧美国家开放移民，许多华侨选择了再移民之路，韩国华侨人口开始减少。1975 年，韩国政府不允许外国学校招收韩国学生，也造成华侨学校生源严重不足，华侨教育一度举步维艰。

　　1992 年，韩国与中国建立了外交关系，同时断绝了与台湾当局的关系。此后，来自中国大陆的新华侨开始涌入韩国，其人数甚至比中国台湾华侨多出几倍，华侨社会的结构发生了巨大的变化，这给韩国华侨华人的华文教育带来了新机和变化。在众多的韩国华侨学校中，2006 年建校的韩国光州中国华侨学校，是韩国第一所飘扬着五星红旗的华文学校，也是第一所使用中国大陆语文教材、教授简体字、使用汉语拼音的华文学校。该校由马玉春先生凭着一股传播中华文化的热忱而一手建立起来。马玉春的爷爷是韩国第一代华侨。因家境贫寒，马玉春在华侨学校只读到初中，他接受的是中国台湾的华文教育模式，比如学习繁体字和罗马音标。21 世纪 90 年代，他第一次到中国大陆，充分了解到大陆的汉语教学体系，也看到了中国文化的历史底蕴和发展趋势，于是决心做一名中华文化的传播者，按照中国大陆的教育体系办一所华文学校。经过辛苦筹备，2006 年韩国光州中国华侨学校建校，当时学校有教师 2 名，学生 8 名。上课采用全中文的讲授方式，室内布置也是模仿中国大陆的小学，采用全中文的黑板报。[①] 在办学过程中，马玉春遭遇了各种困难（家长不放心、教师不辞而别、被来自中国台湾华侨创建的华文学校排挤等）。但他却坚持不懈，决定借债也要把学校办下去。2007 年，驻韩国光州领事馆建成以后，总领事馆的领事们对华文学校的教育事业给予大力支持（比如 2010 年阎凤兰总领事到学校视察，并给学生们授课），加上韩国光州中国华侨学校的办学模式拥有与中国大陆社会文化顺畅沟通的优势，该校在 2008 年走上了良性发展的道路。

---

① 张兰政：《第一所飘扬着五星红旗的华侨学校——记韩国光州中国华侨学校理事长马玉春先生》，《侨园》2009 年第 4 期。

孔子学院

　　2012 年，韩国光州中国华侨学校与辽宁大学汉语国际教育学院签订合作协议，前者成为后者的海外教育实习基地，韩国光州中国华侨学校校长则可以向辽宁大学推荐留学生。这增加了韩国光州华侨学校对韩国华侨华人子弟乃至韩裔学生的吸引力，提升了该校在韩国的竞争力。这所华文学校与中国教育机构交流合作的范例，既能促进华文学校发展，给华校学生深入学习中华文化提供更好的机会，又能为中华文化在韩国的传播带来助力。

　　综上所述，从古代家庭式的教学模式，到新式学堂、华文学校的开设，都为朝韩两国华侨华人接受中华文化教育提供了重要平台。虽然朝韩两国的华文教育发展还面临着许多困难，如师资力量缺乏、没有适合两国实际情况的本土化教材、华侨子弟对祖国的文化认同度不高等，但中国的强大成为世界各国不可否认的事实，中华文化的吸引力也是朝韩等世界各地华侨华人"归心"的动力。在当下韩国社会，除了专门的华侨学校传播中华文化，华侨华人接受中华文化教育的途径是多元丰富的。孔子学院的设立，在给外国人学习汉语和中华文化带来便利的同时，也增加了当地华侨华人学习中华文化的渠道。如今，许多华侨华人或中韩混血儿（也是华裔）自觉主动地通过各种方式学习中华文化，有

的自幼年开始就由家长带回中国上学，与中国的孩子共同生活学习。这一切，都有益于增强中华文化对韩国华侨华人的影响力。

第二节　日本华侨华人的华文教育与中华民俗文化

日本与朝鲜、中国隔海相望，是一个岛国。它位于亚洲大陆的东部，在太平洋西岸形成一个弧形岛链。其领土由北海道岛、本州岛、四国岛、九州岛四个大岛以及众多小岛组成，其中本州岛面积最大。日本列岛在绳文时代就已经体现出文明的痕迹，那时的猎人懂得改善狩猎技术，也出现了简单的农业种植。在与弥生时代同期的中国汉代，日本列岛就被称为"倭国"，并且经由朝鲜半岛（汉武帝在此设立"汉四郡"）这个"媒介"，与中国有了文化、贸易交流，受到中国文化的影响。[1] 汉魏时期的中国多次遣使与倭国往来。倭邪马台国女王卑弥呼平息常年的战乱，开启了与中国的正式朝贡关系。也是在这个时代，倭国确立了太阳神（天照大神）的神明首领地位，它成为千百年来日本民众的守护神。[2] 669 年倭国始称"日本"，也许与日本民众尊崇太阳神有关。

一、东渡日本

中国人移民日本古已有之。日本华侨群体是一类特殊的中国移民，他们既不像移民东南亚国家的华侨那样，历史长，人数多，与当地居民的融合程度较高，也不像移民欧美国家的华侨那样，历史较短，人数较

---

① （美）布雷特·L. 沃克著：《日本史》，贺平、魏灵学译，东方出版中心，2017，
　　第 13—16 页。

② 同上书，第 20—22 页。

少，与当地人融合程度较低，日本华侨移民的特点介于二者之间。①

唐朝时期，日本华侨移民群体已初步形成，但处于松散状态。唐代中国国力强盛，曾派遣僧侣到日本弘扬汉传佛教，比较有名的是鉴真东渡日本并建立了唐招提寺。此时的日本，国家统一局面也已逐渐形成，社会安定。日本政府自愿自发向强盛的中国学习，也派出了大量的遣唐使和留学生。这一时期的华侨移民主要以知识分子为主，当然也有部分商人与工匠，但他们各个群体之间并未产生太多的联系，况且仅靠这几类华人移民还无法形成真正的华侨社会。

明清时期，日本华侨社会正式形成。其时全球资本主义体系开始形成，中国国内政治环境复杂，东南沿海一带的百姓加强了与日本的贸易，中国人移居日本的进程加快。日本也在这个时代开放，为外国移民提供了条件。"安政六年（1859）日本结束锁国，对外开放长崎、神奈川（横滨）、箱馆（函馆）为自由通商港后，在推展西化运动的过程中，吸引了不少外国人前往各通商口岸投资、就业。"② 据长崎官厅调查，这些外国移民"十之六七为华人"。此时赴日移民以普通百姓为主，其中大部分是来自闽南、徽州以及江浙沿海地区的私商，而且由于地缘和血缘的关系，他们紧密地联系起来，形成华商社区。由于日本的特殊国情，明清时期的日本华侨在文化上很大程度地丧失了自己的民族特性，比如不得不改为日本人的名字；外出经商的大多数单身男性华侨与日本女子成婚，后代由日本妻子抚养，成长于日本的社会环境。及至清末，部分华侨虽身居异邦但心系祖国，担心子女久居日本不了解中华文化。因而一种仿照国内私塾的教育形式在华侨社区应运而生，教师主要教授《三字经》《百家姓》或"四书""五经"之类的内容，教学方法也比较陈旧。

日本在明治维新以后发展较快，成为东亚诸国中学习西方并且获益的代表。晚清的中国却处于内忧外困之窘境，很多中国人试图自强救国，赴日留学或旅日访问等成了很多中国人探究强国之路的途径。各路

① 任娜、陈衍德：《日本华侨华人社会形成新论》，《史学月刊》2017 年第 5 期。
② 朱德兰：《长崎华商：泰昌号、泰益号贸易史（1862—1940）》，厦门大学出版社，2016，第 26 页。

人马东渡日本，革命派、维新派等政治人物往来日本，也有为数不少的中国学子留学早稻田大学等日本高等院校。早稻田大学在明治四年（1871）就有汉语教育，在日本大学中开风气之先。1905 年，它又设置"清国留学生部"①，陈独秀、廖仲恺、林长民等中国学生均曾就读于该校。之后，还有李大钊、彭湃等著名人物在早稻田大学留学。他们可以视作暂居日本的中国侨民（廖仲恺之子廖承志甚至出生于东京的大久保），但其中一些人也长期生活了下来。随着时代的进步和各种条件的成熟，在中国旅日人士的推动下，日本逐渐出现了新式的、近代化的华侨学校教育。

20 世纪 70 年代中日关系正常化，中国也开始改革开放，与世界各国有了更顺畅的交流、合作。中国新移民随着这股"世界化"的潮流闯入日本，成为日本的新侨。他们的加入，进一步丰富了日本华侨华人的人口构成，也有利于促进日本华文教育的新发展。

二、日本华侨华人的华校华文教育

华文教育从 19 世纪在日本诞生以来，已历经 100 多年的历史。在 20 世纪 90 年代以前，日本的华文教育一直处于华侨学校教育的状态。在日本，这些华侨学校被称作"中华学校"。从初期的私塾教育，到 19 世纪末出现的近代华侨学校，再到现在的 5 所全日制华侨学校（横滨中华学院、横滨山手中华学校、东京中华学校、大阪中华学校、神户中华同文学校），日本华文教育经历了萌芽时期、发展时期、衰退时期、再度兴起时期，时至今日更是有了飞跃的发展。

（一）横滨、神户、东京、大阪的华文学校

100 多年前，第一所近代华侨学校诞生于横滨，即横滨山手中华学

---

① （日）安藤彦太郎：《早稻田大学与中国：架起通向未来之桥》，李国胜、徐水生译，武汉大学出版社，2010，第 68 页。

校（创办于 1898 年），该校是日本华校中历史最悠久的一所。① 1895 年，广州起义失败后，孙中山、陈少白、郑士良三人流亡横滨，与横滨爱国华侨一起建立了"兴中会横滨分会"。兴中会横滨分会是促成华侨学校建立的核心力量，会员们在孙中山救国救民思想的影响下，产生了建立华侨学校的愿望。1898 年，在孙中山的倡议、兴中会会员与当地侨领多次商讨、各界人士的扶持下，横滨华侨集资兴建的华侨学校"中西学校"（后更名为"大同学校"）正式开学，地点定在中华会馆内。梁启超是大同学校教育宗旨的主要设计者和倡导者，他对大同学校振兴中华寄予厚望："中土拨乱之才，安知不出于东土之学校？以保我种族，保我国家，其关系岂小补哉！"② 他秉承救国救民的教育宗旨，"以孔子之学为本原，以西文日文为通学"③，注重培养学生立志革新，以期挽救当时中国的民族危机。学校学生每日课后必读："国耻未雪，民生多艰，每饭不忘，勖哉小子。"④ 学校着力培养学生的综合能力及创新思维能力，校长和教师均从中国聘请，教材由老师们自行编写，以广东话为授课语言，教授学生中、英、日三语，设置了算术、地理、体操、唱歌等九门课程，积极引导学生学习日本及西方的先进思想文化。该校开设的课程充分显示了新式教育的特色。大同学校还有一项走在时代前头的举措，即从建校之日起就招收女学生入学，且数量始终保持一定的比例，可以说大同学校首开男女同校的先河，在横滨华侨社会形成"打破旧伦理，建立新观念"的风气。之后，横滨又建立了同样以广东话授课的"华侨学校"和以宁波话授课的"中华学校"两所小学。因 1923 年关东地震，此三所学校均受到不同程度的损坏，而后华侨重建校舍，将大同

---

① 鞠玉华：《日本华侨华人子女文化传承与文化认同研究》，暨南大学出版社，2015，第 82 页。

② 梁启超：《日本横滨中国大同学校缘起》，载《饮冰室合集》第 1 册，中华书局，1989，第 80 页。

③ 同上。

④ 冯自由：《革命逸史（上）》，新星出版社，2011，第 48 页。

第三章 东北亚、中亚华侨华人的中华文化教育

学校、华侨学校、中华学校合并为"中华公立小学堂"。① 1937 年日本发动全面侵华战争，日本政府对学校进行干预，学生大批回国，学校关闭。在 1945 年美军大空袭中，华校校舍化为废墟。当年日本投降，9 月，新校舍再度落成，学校改名为"横滨中华小学校"，开始使用普通话授课，聘请留学生担任教师，改变了战前横滨地区华侨学校以广东话教学的局面。1947 年 9 月，学校增设"幼稚园"和"中学部"，再更名为"横滨中华学校"。② 横滨中华学校开日本近代华侨教育之先河，它的诞生不仅使广大华侨子弟开始接受正规的华侨教育，并且对后来的华文教育具有引导和示范作用。

日本神户的华文教育起步与梁启超的推动有关。1899 年，梁启超在中华会馆举行的欢迎会上发表演说，并提倡建立华侨学校，得到华商麦少彭等人的热烈支持，是年开始建设神户华侨同文学校，1923 年设置初级中学。1914 年神户华强学校成立，以广东话进行授课。1919 年另一所华侨学校中华公学设立，以汉语进行授课。1928 年两校合并，并改名为神阪中华公学。及至 1939 年，神户华侨同文学校与神阪中华公学合并，改为神户中华同文学校。二战期间因遭空袭，校舍化为乌有，之后在当时神户市长的协助下，借用神户市立大开小学校舍复课，直至 1958 年取得建校资格才开始建造新学校。学校自开创以来，在校学习的华侨子弟努力在德、智、体三方面全面发展，立志做能够为社会服务并为中日友好事业做出贡献的人才。2016 年学校公布新十六字理念——继承同文优良传统，紧跟时代作育人才。③

东京著名的华文学校有东京中华学校。1929 年，它在旅日华侨杨习曾、吴羹梅等人的倡议下，借日本东京中华圣公会成立；1936 年改名为东京华侨小学校；1937 年，由于中日矛盾升级，学校停办；二战后复校

① 教育大辞典编纂委员会编《教育大辞典（第四卷）》，上海教育出版社，1992，第 383 页。

② 朱慧玲：《当代日本华侨教育》，山西教育出版社，1996，第 115 页。

③ 王智新：《在日华人华侨教育的现状、问题与思考》，《湖北民族大学学报（哲学社会科学版）》2021 年第 1 期。

并于 1948 年建成新校舍，增开初中，更名为东京中华学校；1957 年，学校进一步增设高中，成为日本境内一所学制完善的华侨学校。东京中华学校以培育品学兼优，精通日、华语之优秀人才为目标，注重语文学习效果，以华文教学为主，同时重视日、英文教学；传承中华优良文化，注重伦理道德教育，培养"孝顺父母、敬爱师友"情操；提高毕业班升学率为理念。① 由此可见，东京中华学校不仅重视中华民族文化精神的传承，也重视语言学习，在人才培养上因应时代环境，培养有中华文化素养的有用之才。

日本大阪也是华侨聚集之地，华校有大阪中华学校。大阪中华学校的前身是关西中华国文学校。1945 年日本战败后，当地华侨为解决华侨子弟上学的问题，于 1946 年租借大阪本田国民学校的 12 间教室开班教学。发展到现在，大阪中华学校已经是一所集幼儿园、小学和初中于一校的综合学校，每个年级只设一个班。学校以发扬中华民族传统文化、促进中日关系良好发展、培养学生科学素养为宗旨，中、日、英三语并重，以培养孩子做一个对社会有贡献的人为目标，并将华文列为母语，日语、英语列为外国语。

通过以上全日制华侨学校，我们可以感受到起源于清末的日本华侨教育经历了一个多世纪的风风雨雨。华侨学校在建立、被摧毁、中断、重建的过程中，广大爱国华侨华人矢志不渝，努力使华文教育薪火相传、日益壮大。

（二）1972 年以来日本华文教育的多元形式

1972 年中日邦交正常化以后，日本开设汉语课的大学逐年增多，汉语被视为与欧美等国家的语言具有同等地位的外语，被正式列入大学的外语教学科目。在东京、大阪、兵库等城市，也有开设汉语课的高中，"汉语课多采用第一或第二外语教学的形式，授课也采用初级语言与文

---

① 王智新：《在日华人华侨教育的现状、问题与思考》，《湖北民族大学学报（哲学社会科学版）》2021 年第 1 期。

化背景教学相结合的方式来进行，主要培养学生对汉语或对中国的兴趣"。①

20世纪90年代以来，由于国际形势的发展和日本华人社会的变迁，日本华文教育迎来了新的契机。全球化进程给日本带来汉语热，华侨华人对华文教育的需求越来越多，日本华文教育也因此出现了新的教育形态——华文补习学校（名为"学校"，实则校外辅导机构）。另外，还开设了华文周末补习学校，它们还以连锁学校的形式出现，更加方便了日本华侨华人的汉语学习，也进一步提升了日本华侨华人学习汉语的环境。比如成立于1995年的同源中文学校，向在日华人子女推广民族语言，传承中华文化。目前同源中文学校有10所分校，成为日本最大的华文周末学校，并于2013年获评"华文教育示范学校"，可见它在日本的华文教育界颇具影响力。同源中文学校开设初级班、中级班、英语班、图画班等，学校还组织许多有趣的课外活动，比如中秋联欢会、春游、春节华人儿童联欢会等。

在新华侨子女的华文教育需求越来越大的背景下，日本还出现了远程华文教育，开创了日本华文远程教育的先河，在日本华侨华人教育中引起了很大的反响。日本新世纪中文电视局于2000年4月成立了新世纪电视中文学校，面向无法在华文学校接受华文教育的华侨华人的子女，旨在提高他们的华文水平和对中华文化的认同。为了提高电视中文学校的教学质量，确保华文教育的专业性，学校聘用中国暨南大学校长担任电视中文学校校长，借助其在华侨华人教育方面的经验和高水平的管理能力来提高学校的综合实力，同时采用由专家根据海外华侨华人子女学习华文的特点而编制的华文教育专用教材《中文》，以权威的教材来提升华文教育的质量。学校通过电视转播来进行教学，只要家里有电视机，学生就可以接受华文教育，还可以根据自己的语言水平选择适合自己年级的课程，不受时空限制。日本远程华文教育是世界华文教育的一项创举，对日本华侨华人社会的整合和增强日本华侨华人的凝聚力起着

---

① 王虹：《日本汉语教学及来华留学生教育的分析与思考》，《海外华文教育》2005年第2期。

积极的作用。[①]

可以说，语言、文化是一个民族鲜明的属性，是民族身份认同的重要标识。海外出生、长大的华侨华人子弟，本能地适应所在国的文化，并融入其中，而对本民族的传统文化却渐渐淡忘。日本各地华文学校的设立，为华侨华人子弟学习中华文化提供了很好的平台。2004年，日本华文教育协会在东京华侨馆成立，这对于日本华文学校之间的交流、促进华侨华人更好地学习中华语言与文化、凝聚民族文化意识，具有重要的意义。与此同时，世界范围内汉语教学热潮的兴起，使得华文教育除了传承民族文化之外，更使华文学习成为一种生存技能。进一步说，日本华侨华人在某种意义上是中日文化交流的"媒介"，他们了解、学习中华文化，有利于促进中日两国人民的友好交流。

三、中华民俗文化

纵观历史，中国文化涉及的领域包罗万象。自古以来，中国文化对周边国家文化的形成具有深远的影响，并在盛唐时达到极致。当时，中国可谓东亚诸国的文化中心，作为友邻的日本、朝鲜等国家在当时都深受中国文化的熏陶和影响。

日本文化和中国文化有着很深的历史渊源。甚至可以说，日本文化几乎是在中国文化的基础之上形成和发展起来的。尤其是日本在"大化革新"时期，全面吸收唐朝文化体制，许多器物和文化就此传入日本。比如说，在中日贸易中，日本从中国得来的"唐物"，如茶杯、花瓶等瓷器，在武家和贵族中受到珍视，室町幕府甚至专门设置"唐物奉行"这一官职来管理舶来品。这对于茶道、花道、香道等流传至今的日本传统文化的形成起到了很大的促进作用。这些艺道从最开始向神佛祈愿的礼仪，变为招待客人的礼法，最终提炼出一种特色文化。它们最初都源于宋、明两代的禅宗佛教。这些有形和无形的中国文化历经数世纪，在日本又形成独特的文化，传承至今。也可以说，当今日本文化，虽然不

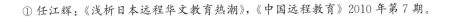

① 任江辉：《浅析日本远程华文教育热潮》，《中国远程教育》2010年第7期。

少习俗、节日文化从中国传入，但随着时间和社会的发展，日本文化在某种程度上已经脱离了中国文化，形成了自己的民族文化特色。

比如说，中国四大传统节日之一的春节，中国人视为一年之中最重要的节日，它集祈年、庆贺、娱乐为一体。而与中国一衣带水的日本，也同样会过民俗气息浓厚的春节。日本春节来自中国，但最终形成了具有日本民族性质又带有中国文化影子的日本文化。中国春节是指中国的新年，指农历正月初一，时间跨度上指腊月二十三到正月十五这一段时间。中国人在这段时间会大扫除、买年货、守岁、贴春联、燃爆竹、祭祖先、访亲友、给孩子压岁钱等，家家户户、大街小巷欢天喜地，到处洋溢着节日喜庆的气氛。日本的春节被称为正月，大约可以追溯至7世纪的"飞鸟时代"，当时在推古天皇的推行下，日本开始沿用元嘉历（中国南北朝时使用的历法），并效仿唐朝的节庆习俗。到明治年间（1868—1912），日本大力学习西方文化，进行社会制度改革，并开始采用公历，于是日本所有的旧历节庆习俗都按照新历日期来庆祝，在这之后的日本新年为公历1月1日，除夕夜为12月31日晚。虽日期不同，但风俗依旧。日本的川柳（一种诗歌形式）写道"元旦除尘用手扫"，意思是元日打扫卫生只能用手，若是动用扫帚则会把幸福扫走。日本人会在新年期间在房屋门口立"门松"或者松枝，日语中"松"同"待"同音，意为插上松枝等待神灵降临。所谓"门松"即用松、竹、梅捆起来的装饰物。人们一般还会在寺院和神社等比较神圣的地方悬挂界绳（正月里用清洗干净的新的麦秆或稻草，编制而成的绳子），以令神灵有所歇息。"门松"起源于中国唐代，在平安时代传入日本；日本新年寺院敲钟的习惯，在镰仓时代随禅宗从中国传到日本。① 《荆楚岁时记》中有记载："或斫镂五采及土鸡于户上，悬苇索于其上，插桃符其旁，百鬼畏之。"② 如今挂鸡和悬苇索习俗在中国已经消失了，但悬苇索传到了日本，演变成了挂界绳。此外，日本各佛教寺院都会在大晦日之夜（除

---

① 李治霖、梁高峰：《中国文化对日本节日的影响》，《陕西青年职业学院学报》2013年第2期。

② 宗懔：《荆楚岁时记》，（清）松公瞻注，姜彦稚辑校，中华书局，2018，第7页。

夕），也如同中国的除夕夜一样，举行撞钟仪式。日本在撞钟祈福过程中有明确的规定，撞钟次数为 108 下，而且在 12 月 31 日 24 时之前必须撞完 107 响，最后一响留到新一年开始之际。这与中国春节放鞭炮有异曲同工之妙，用声音传达去除烦恼、祛除邪恶、迎接美好的愿望。和中国一样，日本新年也会守岁、给孩子发压岁钱等。与中国不同的是，日本人较少上门拜访亲朋，而是以寄送贺卡等方式送上祝福，饮食方面更是大不一样。日本在消化中国文化的同时又不断丰富和发展着具有本民族特色的文化。在日华侨华人既可与日本人过着日本的正月，也可与同胞欢度所居住城市华侨领事馆举办的新春招待会。

此外，还有上巳节、端午节、盂兰盆节等，它们脱胎于中国文化，后来被日本吸收，也成为日本的传统节日。在某种程度上，"中国文化就好比是'骨'，而日本文化则是依附于'骨'上的'气'"①。日本华侨华人在欢庆日本传统节日、感受日本文化精神的同时，也能体会到中国传统民俗文化在日本的异化与变迁。

要说到由日本华侨华人衍生出来的日本节庆，那就不得不提到"郑成功祭"。郑成功于 1624 年 8 月出生于日本平户，母亲是日本人田川氏，父亲郑芝龙是中国人，7 岁之后被接回中国。家中礼聘宿儒，他便开始居家学习。青年郑成功才华出众，深得南明隆武帝的赏识。"隆武皇帝即位，入朝，年才二十一。上奇之，赐今姓名，俾统禁旅，以驸马体统行事，封忠孝伯。"② 1646 年，郑芝龙投降清朝，郑成功不从。此后郑成功先在鼓浪屿，后以厦门、金门为基地进行反清复明和收复台湾的斗争。在此期间，郑成功利用其侨生的身份与日本华侨有着密切的联系，并依靠日本华侨长期从事对日贸易，用以支持抗清事业。今天，日本还保留着很多纪念郑成功这位作为日本侨生的中华民族英雄的遗迹，表达了中日人民对他的崇敬与怀念。比如郑成功灵庙、郑成功铜像、郑成功

① 李治霖、梁高峰：《中国文化对日本节日的影响》，《陕西青年职业学院学报》2013 年第 2 期。
② 黄宗羲：《赐姓始末》，载吴光编《黄宗羲全集》第二册，卷十一，浙江古籍出版社，2012，第 194 页。

手植竹柏、郑成功手植椎木……最具传奇色彩的是郑成功儿诞石，传说当年田川氏在海边拾蛤蜊，突然临产，在那块石头上诞下郑成功。在郑成功诞生一百多年后的1852年，平户第35世藩主松浦乾斋为郑成功这位"忠孝义勇高名的和汉英雄"建碑勒石，名为"郑延平王庆诞芳踪碑"，"意在以其忠孝义勇来补益世道，振兴风气，教育人民"。立碑仪式举行过后，每年都会举行纪念活动。现今，平户市已经正式把每年的6月8日定为"郑成功祭"。① 如今每年的6月8日都会举行相关的活动缅怀这位英雄。

节日不仅带来欢乐，更是后人对祖先的祭祀，这绝不仅仅是迷信，而是一种风俗习惯与文化的融合，也是人们对过去的追思，是对自己一脉相承的血缘的连接，包含着"血浓于水"的丰富人文内涵。

第三节 "丝路"上的中亚华侨华人与东干文化

丝绸之路简称"丝路"②，它起源于西汉张骞出使西域，是以西汉首都长安为起点，经甘肃、新疆，贯穿中亚、西亚，并连接地中海沿岸各国的陆上通道，这也是古代华侨移民的重要路径。伟大的丝绸之路是人类文明的卓越成就，其特殊价值并不只是进行商贸及相关活动，还是科学、技术、文化等领域所取得成就的源泉。中亚是"中亚细亚"的简称，指亚洲中部内陆地区，现一般特指狭义的中亚五国，包括哈萨克斯坦、乌兹别克斯坦、吉尔吉斯斯坦、土库曼斯坦和塔吉克斯坦。中亚五国曾很长一段时间与苏联形成地缘政治一体化。直到苏联解体后，中亚五国才独立，并形成了一个比较稳定的政治经济共同体。同时，它们在

---

① 罗晃潮：《日本华侨史》，广东高等教育出版社，1994，第149页。
② 丝绸之路分为陆上丝绸之路及海上丝绸之路，一般指陆上丝绸之路。本文中的丝绸之路指陆上丝绸之路。

文化上也有一定的共同性，比如各国都表现出一定的草原精神，信仰佛教、伊斯兰教等。中亚五国独立以后，积极与中国发展良好的外交关系。2013年，习近平主席在哈萨克斯坦提出"共建丝绸之路经济带"，无疑对中亚五国的发展具有一定的积极作用。

一、"丝路"上的中亚华侨华人

长期以来，海外华人研究大多以汉人移民及其后裔为主，较少关注中国少数民族的海外迁徙与定居，尤其是跨境生活的少数民族。"丝路"上的中国移民与其他地方的海外华人移民的不同之处，正是因为有为数极多的少数民族，他们基本上来自中国西北边疆，包括维吾尔族、回族、哈萨克族等少数民族。对中亚华侨华人的研究大概能在一定程度上弥补这个缺憾。

有学者估计，汉中郡成固（今陕西固东）人张骞于汉武帝建元二年（前139）、元狩四年（前119），两次身兼重任前往西域各地。随张骞出使西域的部分随从因"留居异国"而成为中亚地区"最早的一批先侨"，[①] 许多中亚人的心灵深处也有着不解的中国情结。[②] 19世纪70年代，一批仅有几千人的清朝臣民——"回民"，被迫背井离乡迁入天山走廊脚下，成为历史上又一批移居中亚的中国移民。历经140余年，他们作为特殊的"东干人"在中亚地区"融而不化"地生存了下来，既坚守着以伊斯兰文化为内核的中华文化之根，抵御着异族文化的同化，又积极吸纳居住国文化的精华，成为天山走廊中一块中国古代文化的"活化石"。进入20世纪七八十年代以后，中国"新移民"遍及世界，中亚也成为中国"新移民"留学、工作、生活的落脚地。中亚五国都生活着众多的"新移民"。"截至2000年，哈萨克斯坦有维吾尔族、回族、哈萨

① 方雄普、李斌斌：《俄罗斯及中亚东欧华侨华人史话》，广东教育出版社，2019，第6页。

② 陆兵：《中亚：丝路明珠与合作热土》，中国发展出版社，2018，第49页。

克族和汉族的华侨华人近 30 万人。"① 他们有晚清移民而去的回族人民，当然也有很多 20 世纪 80 年代以后旅居中亚的新华侨。吉尔吉斯斯坦、乌兹别克斯坦、土库曼斯坦和塔吉克斯坦等国家的华侨华人大致差不多，都是新侨、老侨共存。老侨其实已经不再是侨民了，他们已经融入居住国。新侨的加入，对于中亚华侨华人的人口构成提供了新鲜的血液。

人是文化的载体，移居海外的中国人是中华文化的载体。中国西北民众在移居中亚之后，也把中国的传统文化携带至中亚，影响了当地人的生活，从而丰富了所在地的文化宝库，如烹调技术、筷子文化、中医、气功等。中国移民文化在中亚的发展，也在有形无形中起到传播和传承中华文化的作用。

二、东干人和东干文化

中国人前往中亚，成规模地跨国移民，已有上百年的历史。在中亚的中国移民中，有极多的少数民族，这在中国千百年来的跨国移民史中属于特殊现象。近年来，最受学者关注的中亚中国移民后裔被称为"东干人"。东干人是清末中国西北回族移民的后裔，他们着汉服，有汉人相貌，说汉语，认为自己与中国回族同源，称自己为"回回"，主要信奉伊斯兰教。1942 年，苏联以"东干"一词为这支民族命名。东干人在中亚各国属于少数民族，却是中亚地区最大的华人群体，也是成功地适应了中亚社会的华人。

（一）东干人的乡庄文化

流经哈萨克斯坦和吉尔吉斯斯坦的楚河流域居住着不少东干人，"哈萨克斯坦的营盘和新渠这两大村落因为聚居着很多来自中国陕西的东干人而被称为陕西村，而吉尔吉斯斯坦的梢葫芦和米粮川（也有写作

---

① 方雄普、李斌斌：《俄罗斯及中亚东欧华侨华人史话》，广东教育出版社，2019，第 75 页。

'米粮蕃'）则是甘肃村"①。在这里，关中风格的建筑、大炕、高亢的秦腔、清末的陕甘方言，都留存着故乡中华文明的印记。他们家里的布置也一样采用红色主题，墙上挂着中国结、中国折扇、中国风格画等，悬着中国灯笼，贴着"百年好合""福星高照"的楹联，这些文化符号既表达着东干人的民族认同，又诠释着东干人民族身份的"中国性"。②与其他国家的移民一样，东干人的移民活动也具有"拓荒"的特点。比如说，当到达还是一片荒滩的马三成乡（营盘）时，他们用艰辛的劳动去创造，亲手把它建设发展起来，因此他们对乡庄极具感情，把它看作是自己真正的家园、自己的根。这个民族群落至今仍沿袭中国回族"大分散，小聚居"的聚居生活方式，在哈萨克斯坦、吉尔吉斯斯坦、乌兹别克斯坦等国建立了大大小小三十多个东干村庄，这些村庄也被称为"乡庄"，形成了独特的乡庄文化模式。③

南帆曾指出，"乡村不仅是一个地理空间、生态空间；至少在文学史上，乡村同时是一个独特的文化空间"。④ 东干乡庄沿袭中国人民传统的农耕生产方式和经商模式，更多地保留了回族人的宗教信仰和风俗习惯。东干乡庄文化是一种民族文化，它的核心是中国回族文化，但也受到其他民族文化的影响和渗透，吸收了其他民族的一些文化成分。对于东干人来说，"乡庄"不是普通意义上的"乡村"，是他们民族文化的生存据点，是他们世代以自己别具一格的民族特色生存繁衍于斯的故土。

（二）东干人的语言及饮食文化

东干人迁徙、定居中亚的历史久远，文化与认同更具有本土化特征。但东干人很重视自己的民族文化，语言是他们赖以生存而不被周围

---

① 方雄普、李斌斌：《俄罗斯及中亚东欧华侨华人史话》，广东教育出版社，2019，第9页。

② 杨文炯：《海外华人的文化适应与认同研究——以中亚的"东干"（dunggan）为个案》，《青海民族研究》2019年第3期。

③ 常文昌、高亚斌：《东干文学中的"乡庄"世界及其文化意蕴探析》，《北方民族大学学报（哲学社会科学版）》2010年第4期。

④ 南帆：《启蒙与大地崇拜：文学的乡村》，《文学评论》2005年第1期。

民族同化的保障，是他们与自己文化母国——中国联结的精神纽带。他们使用的语言尚且保留着清末的陕甘方言，比如日常还会说"衙门"（指"政府"）、"钱庄子"（指"银行"）、"画押"（指"签名"）、"老舅家的人"（指称"中国人"）等词语。[①] 但由于处于多元文化的语境中，所以他们的汉语方言也在很大程度上受到当地语言的影响，增加了俄语、阿拉伯语、突厥语等语言的词汇，出现了语言使用上的"双语现象"甚至"多语现象"。

普通东干人的日常生活也具有文化混杂的特征。兰州大学杨文炯教授在中亚东干乡庄做田野调查时，发现普通东干人的家庭饭桌上会出现"粉条子""拉条子""韭菜""丸子"等中国菜式，这足以体现东干人在饮食文化中的记忆和守望。同样，他们的桌子上也摆满了吉尔吉斯斯坦、俄罗斯的佳肴，来自不同地区的菜品摆在同一个家庭的日常餐桌上，成了东干文化生动多元的象征。

（三）东干人的学校教育

中亚东干人的教育，也体现出较浓郁的中华文化元素。东干人的每个乡庄里都有学校，"孩子们的小学、中学教育都是在村里完成的。每间教室的墙上都有讲述本民族历史与英雄故事的绘画和文字，课堂上讲的'东干'的口传文学都是《杨家将》《三国演义》《水浒传》《西游记》及'孟姜女哭长城'等"。[②] 有不少来源于中国元杂剧的东干民间故事，如《张羽煮海》《张大蛟打野鸡》，这些故事与中国回族民间故事《牛犊儿和白姑娘》《曼苏尔》等有许多相似之处。[③] 孩子们放学后就在寺里学习传统文化，沿用的依旧是中国传统经堂教育的模式。东干教育做到了以现代教育方式为主的同时，兼顾传统教育，这应该也是东干民族文化

[①] 方雄普、李斌斌：《俄罗斯及中亚东欧华侨华人史话》，广东教育出版社，2019，第12页。

[②] 杨文炯：《海外华人的文化适应与认同研究——以中亚的"东干"（dunggan）为个案》，《青海民族研究》2019年第3期。

[③] 田兰：《论中亚东干文学对中国文化的传承与变异》，《青年文学家》2016年第15期。

能够保持自己独特魅力的重要原因。

东干人的中、小学学校教育，处于比较浓郁的中华文化氛围中。有些少数民族有自己的民族学校，例如1924年中亚地区开始建立第一所维吾尔语学校。此后维吾尔族华裔民众在聚居地建立了多所维吾尔学校，培养出一批民族精英。新世纪以来，中国在世界各国设立孔子学院、孔子课堂，中亚也不例外地出现多所孔子学院。孔子学院、孔子课堂主要针对外国人教学。不过，也有为数不少的中亚华侨华人在孔子学院接受中华语言及文化教育。乌兹别克斯坦首都塔什干也于2005年设立孔子学院，全国多所大学和中学都有汉语课程，[①] 它们成为乌兹别克斯坦民众包括华人子弟学习中华文化的重要渠道。可以说，在孔子学院、孔子课堂及国家公共教育体系中推行汉语教学，已经成为中亚地区学习中国文化的模式。

（四）东干文学

东干人以甘肃方言为标准语音，以20世纪40年代至80年代东干族作家创作的东干文学作品作为记录和传播民族文化的载体。东干人用东干文字进行文学创作，使东干文学成为一种独特的文学形态。从1931年东干诗人亚瑟儿·十娃子的第一部诗集《亮明星》算起，东干文学已有90多年的历史了。东干文学在发展过程中，出现了许多东干族作家，例如被称为东干文学"双子星座"的亚瑟儿·十娃子和阿尔里·阿尔布都。这些优秀的东干族作家的出现，繁荣了东干文学。在东干文学中，绝大多数作品都以"乡庄"为题材，乡庄几乎成了每位东干作家书写的文学母题。他们共同构筑了一个具有丰富文化意蕴的乡庄世界。在东干文学中，乡庄既是一个地理空间的存在，又是作为民族文化和精神家园的存在，是一个重要的文学题材和文化意象。比如东干民歌《花瓶》、诗歌《营盘》、小说《乡庄》等著名作品，可以并称为东干文学中恋乡

---

① 方雄普、李斌斌：《俄罗斯及中亚东欧华侨华人史话》，广东教育出版社，2019，第85页。

第三章 东北亚、中亚华侨华人的中华文化教育

207

的"三绝"，是东干乡庄文学的代表之作。[①]东干族的诗歌中有大量中国意象的描写，表达了诗人对故国深深的思恋之情。其中茶、韭菜、白杨树等是东干族诗人经常抒写的诗歌意象，透露出诗人对中国乡村生活的怀念。东干文学中也有大量关于民俗的描写，阿尔里·阿尔布都的小说《结婚》，就描写了东干人婚俗中送彩礼、迎娶等仪式，还有邀请阿訇、乡老等宗教人士参加婚礼的习俗，这几乎与中国回族人民的习俗一样。至于东干报刊、文学创作中常常引证的口歌和口溜是纯粹的母语（华语），与中国西北谚语、俗语有一脉相承之意，如表示民族凝聚力的口歌和口溜"三人合一心，黄土变成金"与中国西北谚语"三人一条心，黄土变成金"基本相同。[②]

东干人生活在伊斯兰文化、斯拉夫文化的大环境中，但他们日常生活中展示出来的"中国式"乡庄文化、汉语陕甘方言、中国的饮食文化、中国文学元素、中国传统装饰等，无不体现了他们作为跨国民族身上的"中国性"符号。

---

① 常文昌、高亚斌：《东干文学中的"乡庄"世界及其文化意蕴探析》，《北方民族大学学报（哲学社会科学版）》2010年第4期。

② 田兰：《论中亚东干文学对中国文化的传承与变异》，《青年文学家》2016年第15期。

第四章
美洲华侨华人的中华文化教育

美洲被称为"亚美利加洲"，它以巴拿马运河为界，又细分为北美洲和南美洲。在政治地理上，则把墨西哥、中美洲、西印度群岛和南美洲统称为拉丁美洲，北美洲仅指加拿大、美国、格陵兰岛、圣皮埃尔和密克隆岛、百慕大群岛。在人类历史上，美洲虽然自古就有人类活动，但相比于欧洲、亚洲，它开发得相对慢一些。当今的美洲居民多数为各种族移民及其后裔。由于源源不断的移民，美洲文化也极其多元、极富活力，美洲是本土文化与移民文化的生存之地。本章我们以美国、加拿大和拉丁美洲为研究对象，阐述三地华侨华人的历史、生活及中华文化教育。

第一节　美国华校、华人民俗文化与
美华文学

美国是一个移民大国，各色人种、各种文化汇聚于此，形成了今天的美国人和美国文化。华人是今日美国重要的种族，在各行各业中都发挥着力量。但华人移民美国、融入美国的历程，历经坎坷。据美国学者麦礼谦的描述，早在1785年就有零星的中国人前往美国。美国船"帕勒斯号"由广州回到美国东岸的巴尔的摩港。"船上三十五名海员中有亚成、亚全和亚官（Ashing，Achun，Accun）三个人。他们就是现存记录

里最早来美国的华人。"① 19 世纪以来，美国西部、澳大利亚、新西兰等地相继发现金矿，在世界上掀起了"淘金热"。美国加州发现金矿是在 19 世纪中叶，它吸引了大量华工投身美国的淘金行业；在 19 世纪 60 年代，美国横贯东西部的"生命线"太平洋铁路的修建，也招引了极多的华工；20 世纪 70 年代加利福尼亚进行农业垦殖，再度吸引大量华人赴美。除了从事淘金、筑路、种植业的华人，还有不少华商也在 19 世纪驻扎美国。实际上，华商中的一部分人曾经也从事淘金、筑路等领域的工作。"旧金山是旅美华侨、华人的发祥地，华侨数量最多，华侨商人也最多。旧金山市华人商店，在 1870 年以前，大部分集中于萨克拉门托街、都板街、市场街和杰克逊街一带，以萨克拉门托街为最多。据 1879 年旧金山市执照处统计，发给中国商人的执照有 1327 张。"② 加州之外，西雅图、纽约、芝加哥等各地都有华商经营餐馆、洗衣坊、杂货店等，也有华人经营食品厂、鞋厂，创建邮轮公司、银行等。1882 年，美国联邦政府从国家立法层面，坚定地阻拦华人移民美国。华人面临严重的种族歧视。第二次世界大战是世界性的灾难，但对于美国华人来说，是灾难却也是机遇。中国人民艰苦卓绝的抗日战争赢得了美国的尊重。许多美国华人包括妇女参加美军，也有许多华人尤其是妇女，在美国的军工厂工作，这大大改变了美国白人对华人的刻板印象。1943 年，历时 60 多年的《排华法案》终于被废弃。这个时期，也有数万中国人移民美国，像黎锦扬、董鼎山、黄运基这样的著名华人，就是 20 世纪 40 年代以留学或依亲的方式定居美国。战后世界格局重组，中国也发生了翻天覆地的变化。20 世纪 50 年代以来，华人移民美国的人群主要有三类。其一，许多中国台湾居民以各种方式旅美定居，如王德威、於梨华、白先勇、聂华苓、张凤等著名学者、作家。其二，在 20 世纪后半期，东南亚一些国家出现严重排华，在东南亚定居的许多华侨华人不得已二度移

① （美）麦礼谦：《从华侨到华人——二十世纪美国华人社会发展史》，三联书店，1992，第 2 页。

② 杨国标、刘汉标、杨安尧：《美国华侨史》，广东高等教育出版社，1989，第 118 页。

民，来到美国，汇聚到美国华人族群之中。其三，改革开放以来，很多中国人想方设法旅美定居，史称"新移民"。"新移民"汇聚美国，使美国华侨华人社会变得更加多样化。美国华人所接受的中华文化教育，也因为美国华侨华人社会的变化而发生变化。

一、美国华校的华文教育简史

据加州斯坦福中文学校校长马立平博士介绍，中文学校在美国的发展可以分为三个阶段：第一个阶段以粤语中文学校为主体，主要由早期移民来美的广东籍华人及其后代的民间团体兴办；第二阶段从 20 世纪 60 年代中期开始，随着中国台湾大批留学生来美且定居下来，众多中文学校应运而生，发展至今颇具规模；第三阶段是 20 世纪 90 年代初由中国大陆留学生兴办的中文学校，现在正逐步壮大走入正轨。[①] 马立平博士对美国中文学校（即华文学校）三个历史阶段的介绍，只能说是个大概情况。实际上美国华文学校的华文教育发展进程，要更复杂、更多样化。

（一）二战前美国华校的华文教育

有学者认为，美国华侨儿童的校园教育始于 19 世纪 60 年代后期，其时在旧金山的"唐人街"，侨社邀请中国饱读诗书的人才前往美国开馆授徒。学馆的名字多以老师的姓氏命名，比如"张馆""李馆"，即可推断侨社所延请的教师姓张、姓李。学者杨立描述 19 世纪美国侨社的华文教育时指出，学校教的是《三字经》《千字文》《百家姓》等童蒙读物，有的也教授"四书""五经"和唐诗，甚至"八股文"等较为高深的内容。[②] 学者梁培炽也指出，19 世纪下半叶美国出现一些私人办的私塾或

---

① 达克：《美国：周末中文学校遍地"开班"》，《光明日报》2012 年 3 月 31 日。
② （美）杨立：《美国侨社华文教育的曲折历程》，《文史天地》2012 年第 9 期。

专馆，"光绪年间，单在旧金山一埠，就有这样的专馆 10 多间"。① 由于时代局限，当时世界各地华校的教学内容，都是传统童蒙读物与儒学经典，这使得古代海外华侨所接受的中华文化教育，往往多为正统的中国传统精英文化。"最早的华侨学校是金山中西学堂，此校于 1886 年 8 月由中国驻旧金山总领事倡议，经中国驻美公使张荫桓同意后开始筹备，到 1888 年开学。"② 此外，美国教会创办的教会学校也招收华侨儿童入学。"1885 年，在旧金山市各教会学校中上学的华侨子弟已有 154 人。"③ 这一年，美国也为旧金山市华侨子弟建立了一所公立性质的种族隔离学校。1906 年，该校改名为远东学校，这也是美国唯一专为华侨子女而设的公立学校。④ 教会学校和美国政府设立的公立华人小学，在教学内容的安排上，不同于那个时代私塾、专馆注重对中华传统文化的教授。

时代总在变化，中国在变，华人社会的华文教育也在变化。20 世纪初，中国兴办新式教育，清政府也派遣大臣前往东南亚、美国等地劝学，并协助创办新式华文学校。戴鸿慈、梁庆桂先后于 1905 年、1907 年奉命到美国考察或劝学。戴鸿慈在考察了旧金山侨民的教育状况后，深感建设华文学校以教育侨民的重要性。梁庆桂游历美国华侨聚居的各埠，在旧金山、纽约、芝加哥、波特兰、西雅图等埠，促成创建大清侨民学堂，并为侨校争取到清廷学部的年度拨款，激起了侨社的兴学热情，促进了美国的华文教育。1909 年，在梁庆桂和中华总会馆的努力下，1888 年正式开学的"大清书院"（曾名"金山中西学堂"），重组为"大清侨民公立小学堂"（后更名为"中华侨民公立学校"）。教学内容包括儒学经典、德育、中国语文、历史、地理、书法、体操和歌咏。⑤ 可见 20 世纪初美国华侨儿童在华校所接受的中华文化教育，呈现出"现代

---

① （美）梁培炽：《美国华文教育发展新理念》，《暨南学报（社会科学版）》1998 年第 4 期。

② 李春辉、杨生茂主编《美洲华侨华人史》，东方出版社，1990，第 239 页。

③ 杨国标、刘汉标、杨安尧：《美国华侨史》，广东高等教育出版社，1989，第 453 页。

④ 同上书，第 454 页。

⑤ （美）杨立：《美国侨社华文教育的曲折历程》，《文史天地》2012 年第 9 期。

化"新式教育的特征。

　　20世纪初到二战前，一批现代华文学校在美国各地建立起来。"到20世纪30年代末，全美国（包括夏威夷）已有华文中学六所，小学六十多所，数量是相当可观的。尤其是旧金山和檀香山市，侨校众多，成为美国华文教育的中心。"① "二战"之前的华文学校分布，旧金山有14所，在加州其他市镇有12所，在美国大陆除加州以外各市镇，如纽约、华盛顿、芝加哥、波士顿以及西雅图等地有9所，在夏威夷有18所。②华文学校的办学主体，有个人，有华人社团，有政党，也有比较特殊的教会。笔者根据杨国标、刘汉标、杨安尧在《美国华侨史》中提供的资料，整理了二战前教会创办的华文学校，请见下表。③

二战前教会创办的华文学校

校名	创办时间	创办人	备注
金巴仑学校	1908年	旧金山金巴仑长老会	—
圣玛利中文学校	1921年	旧金山天主教会	1933年增设初中，1938年改名为圣玛利中学
协和学校	1924年	长老会、公理会	后来美以美会加入，1933年改名为协和中学
浸信学校	1930年	浸信会	浸信会自办的华文小学
圣公会学校	20世纪30年代中期	—	位于旧金山
浸礼会学校	20世纪30年代中期	—	位于旧金山
建国中文学校	1937年	中华基督教会	位于华盛顿
圣彼得中文学校	1890年	圣彼得华人基督教会	位于夏威夷
檀光学校	1932年	基督教二支会	位于夏威夷
友文学校	1935年	京街中华基督教会	位于夏威夷

————————
① 杨国标、刘汉标、杨安尧：《美国华侨史》，广东高等教育出版社，1989，第460页。
② 同上书，第460—462页。
③ 同上。

教会创办的圣玛丽中学、协和学校与华侨社会开办的半官办性质的中华中学校（前身是大清书院，1927 年更为现名），是旧金山最大的三所华文学校。① 可见教会学校的影响力不容小觑。由于二战前美国华侨社会的移民主体主要来自中国东南沿海省份，特别是广东省；而晚清在旧金山成立的著名华人六大公司（对内则称"中华会馆"），基本上也是由来自广东各地移民所组建的各会馆联合组织，因此二战前美国华文学校多用粤语教学。甚至有些外国传教士布道也使用广东方言。早在 1850 年，长老会的威廉牧师和汉特牧师就在旧金山街头用广东话布道，吸引数百华人。② 各学校的办学宗旨虽然主要是学习中华语言和文化，但由于华文学校办学主体多元化，有些是华人社团创办，有些是教会创办，有些是政党创建，所以在教学内容上多少会有倾向性。

（二）二战以来美国华校的华文教育

二战以后没几年，美国华侨的生活处境发生了变化。一方面，1943 年美国联邦政府废除了延续 60 多年的《排华法案》，并且因为二战中中国人的英勇表现得到美国主流社会的认可，从而有效地促进了中国人移居并融入美国社会的进程。20 世纪 40 年代，有数万中国移民来到美国。虽然种族歧视无处不在，甚至在"麦卡锡主义"时代，很多华侨华人被骚扰、被威吓，但华侨的认同在慢慢发生变化。20 世纪 40 年代旅美定居的广东籍华侨黄运基，在其著名的"异乡三部曲"中描述了美国华侨的移民史、血泪史及其生活态度、文化心态、政治认同的变化。20 世纪 40 年代留学并定居美国的黎锦扬，在其轰动一时的长篇小说《花鼓歌》中，通过唐人街一家父子的冲突，反映了美国文化与中国传统文化的碰撞，塑造了认同美国文化的王大、王三等新一代美国华侨。这两部小说对于读者认识、理解美国华侨华人具有重要价值。另一方面，1949 年中

---

① 杨国标、刘汉标、杨安尧：《美国华侨史》，广东高等教育出版社，1989，第 465 页。

② 邱燕娜：《美国基督教教会与早期华文教育》，《暨南大学华文学院学报》2007 年第 2 期。

国政治格局的改变，使得中国与美国在意识形态上形成了对峙。美国华侨与祖国的联系产生了巨大障碍，无数华侨不能再寄希望于将来送华侨子弟回国就业、生活。在这个巨大的时代"拉力"和"阻力"下，美国华侨逐渐有意识或不得已地放弃"落叶归根"的心态，开始寻求在美国社会"落地生根"。如此一来，华文教育的现实价值有所下降，传统美国华校的教学也受到影响。

不过，在20世纪五六十年代，中国台湾居民尤其是青年学子兴起了前往美国的狂潮。据说在那个时代的台湾青年学子中，流行一句话"来，来，来，来台大；去，去，去，去美国"。当时台湾社会的白色恐怖也强化了青年学子留学美国的热望。除了留学美国，中国台湾居民也以经商、依亲、工作等各种原因移民美国。中国台湾移民的加入，改变了美国华侨的结构，原先主要由中国广东籍移民组成的华侨社会发生了较大变化。到了20世纪六七十年代，在东南亚排华浪潮中，很多华人难民来到美国；加上中国大陆"改革开放"带来了经济发展，中美关系的发展也有利于中国大陆居民赴美留学或定居，于是又有很多中国大陆"新移民"来到美国，这一切都改变了美国华人社会的结构。这些来自中国及东南亚各国的华人移民，既加深了美国华人社会的复杂性，也带来了美国华校华文教育的多元化。因为这些来源地不同的华人移民，多有在美国兴办华文学校的愿望，而且相对来说，来自中国大陆的"新移民"和台湾的移民，很多都具有较高的文化素养。出于教育孩子的需要，出于对民族文化的热爱，出于对中华文化传承的责任等，他们不忘在移居地兴学办校。另外，进入20世纪60年代以来，美国兴起了民权运动，华裔美国人意识形成。美国社会文化思潮也从过去的"大熔炉"日渐转向多元文化思潮，华人文化成为美国社会多元文化思潮中的一部分，唤起了美国华人（尤其是土生美国华人）对自己族群文化进行探寻、学习的愿望。这种情况也促进了美国华文教育的发展。美籍学者麦礼谦指出，在20世纪60年代，全美华文学校才不过几十间。到了1979

年上升到了 127 间，至 1985 年又发展到 304 间。① 不仅华校数量增长，而且有些学校本身也在发展。譬如由中华公所主席陈焕章负责筹备的纽约华侨公立学校（前身是大清侨民学堂），虽然在发展过程中曾遭遇困难，但二战后在莫其鑫、陈冠中等校长的用心经营下，发展迅速，尤其在 20 世纪 70 年代，学生人数达到三千以上，"是全美国规模最大的一所华侨、华人学校"。②

由于过去以粤籍移民为主体的华人社会结构的大改变，华文教育也逐渐突破传统的方言教学模式，呈现出多样化发展的特点。③ 有些老华校还在使用粤语教学，中国台湾移民创办的华文学校则教授繁体字，中国大陆新移民创办的华文学校使用普通话和简体字教学。华文学校除了培养学生中文的读、写能力外，"还讲授中国历史、地理知识，举行书法、国画、中华民族舞蹈、民乐民歌、武术、工艺美术等活动，以引起学生学习中文的兴趣。许多学校为鼓励家长陪同子女上学，特地为家长增设陶冶身心的课程和活动，如插花、国画、财务及烹饪班（讲座）等"④。由此可见，二战以后美国华校的华文教育在中华文化方面的教授比较丰富全面，传统儒学经典已经不再独占华文学校教育的最核心地位。华文学校对于中华文化的传授，更贴近现实生活，更生动活泼，更能引起华人学童甚至成年人的学习兴趣。

（三）20 世纪 90 年代以来美国华校的华文教育

20 世纪 90 年代以来，老移民已经转变身份，加入美国籍；美国出生的第二代自然而然获得美国国籍；来自中国大陆、台湾等地的新一波移民，基本上都会想方设法获得美国国籍。例如，在美国通过"1992 年中国学生保护法"后，移民归化局开始受理"绿卡"申请，中国留学生

① （美）麦礼谦：《从华侨到华人：20 世纪美国华人社会发展史》，三联书局（香港），1992，第 431 页。
② 李春辉、杨生茂主编《美洲华侨华人史》，东方出版社，1990，第 244 页。
③ 肖炜薇：《当代美国华文教育浅析》，《八桂侨史》1999 年第 3 期。
④ 耿红卫：《美国华文教育史简论》，《理论界》2007 年第 1 期。

争先恐后申请，几天时间里就有 40000 多份申请递交到美国移民归化局。[1] 华人在美国各行各业成为高端人才，是显而易见的事实。20 世纪 90 年代以来美国华人社会构成的变化，特别是从华侨社会到华人社会的转变进程，也相应地给美国华校华文教育带来变化。

第一个重要变化，是华校的教育脱离侨民教育属性而转化成真正的华文教育。"它是对美国华人或华族进行民族语言文字和族裔传统文化的教育。"[2] 国内的"中国华文教育网"翻译为英文是 Overseas Chinese Language and Culture Education Online，于此可见，在中外普遍认知中，当代华文教育是汉语语言教育，同时也是中华文化的教育。

第二个重要变化，是美国政府将中文教育纳入主流教育体系。进入 20 世纪 90 年代以来，中美在很多领域有交流或合作，甚至出于大国竞争的需要，美国也需要大量的中文人才。美国各地政府多有鼓励华文教育事业的举措，包括允许美国公立学校开设中文课程，比如纽约教育局将中文列入各级各类学校的第二外语之一，美国教育部规定中文为高中毕业会考外语之一。[3] 美国发展多元文化的大环境自然推动了美国华文教育的发展。

第三个重要变化，是 20 世纪 90 年代以来美国华文学校的创建主体更多元化，而且华文教育蓬勃发展，特别是美国大陆系华文学校发展迅速。有学者归纳了不同类型的华文学校，如旧有的侨校，以及中国台湾移民办的学校、中国大陆新移民创办的学校、中国香港新移民建立的学校、东南亚华人建立的学校（学校多以"中山"命名）。[4] "在教学用语方面，79.7％教授普通话，12.8％教授粤语，1.2％采用东南亚地区语言或其他汉语方言授课。"[5] 在教学内容方面，当代华文教育多有生动活泼、丰富全面的中华文化教育。美国著名的希林中文学校的教学内容就

① 钱宁：《留学美国——一个时代的故事》，江苏文艺出版社，1996，第 278 页。
② （美）梁培炽：《美国华文教育发展新理念》，《暨南学报（社会科学版）》1998 年第 4 期。
③ 耿红卫：《美国华文教育史简论》，《理论界》2007 年第 1 期。
④ 肖炜蘅：《当代美国华文教育浅析》，《八桂侨史》1999 年第 3 期。
⑤ 同上。

是个典型例子。美国芝加哥希林中文学校创立于 1986 年，是中西部第一所教授简体字及汉语拼音的中文学校。该校课程多元，包括中国文化教育、音乐、舞蹈、绘画等，同时不断创新。希林中文学校是中国大陆新移民创建的第一所华文学校，[①] 是后来所谓的"大陆系中文学校"的肇始。"美国大陆系中文学校主要是指移居美国的中国大陆华人创办的、采用中国大陆教学习惯的中文学校。"[②] 由于中国大陆"新移民"人数逐年攀升，并且多有精英移民，因此带动了大陆系中文学校在美国各地的蓬勃发展，并且形成彼此协作的全国性公益联合机构——全美中文学校协会。它在 1994 年 5 月于华盛顿宣告成立之际，只有 5 家会员单位，但后来成立的大陆系中文学校陆续加入，使其成为备受瞩目的华文教育组织。该协会是以一大批自中国改革开放以后赴美留学人员和华裔新移民为主组成的非营利性公益组织。其宗旨为联络、服务在美国各地的中文学校和华人社区，弘扬中华文化，传承中华优秀传统文化，促进中美教育文化交流和民间友好往来。经过一二十年发展，美国大陆系中文学校迅速增长，从 5 所增长至 500 多所，这个数据表明华文教育在美国华人社会有广泛的需求。在大陆系中文学校中，非常著名的华夏中文学校也是规模最大的华校，虽然创建于 1995 年，但发展极其迅速，经一二十年，分校已遍布美国 11 个州；1993 年创建的希望中文学校，也从只有30 来个学生的小学校发展到拥有 5 个校区、1 个体校的大学校，"成为大华盛顿地区最大的中文学校和颇具影响力的华人社区"[③]。大陆系中文学校蓬勃发展，加上老华校、中国台湾和香港移民创办的学校、东南亚华人移民创建的华校，以及美国各级各类的公立、私立学校开设中文课，使得华语及中华文化的学习在美国真正地遍地开花。

　　当代美国华校的华文教育由于创建主体较为多元，在使用的语言、文字、教学内容等方面也有些差异。比如有的使用方言教学，更多使用

---

① 周聿峨、张树利：《美国大陆系中文学校的现状与前景》，《东南亚纵横》2004 年
　　第 12 期。

② 同上。

③ 同上。

普通话教学；有的学习繁体字，有的学习使用简体字；有的教学内容掺杂宗教教义（这往往是教会创办的华文学校的教学形式）。但无论如何，华校都具有传承中华文化的使命感。在教材的选用上，大陆系华文学校比较一致，最初是选用与中国大陆相似的中小学课本，譬如选用中国大陆小学语文课本。1995 年以来，教材的使用以中国大陆编写的《中文》为主。[①]"文化课包括书法、历史、民族舞蹈、象棋、钢琴、小提琴、武术、国画、演讲、话剧、合唱团等。"[②]

二、美国华侨华人所接受的中华民俗文化教育

以旧金山都板街为中心所形成的唐人街（又称"中国城""华埠"），被普遍认为是亚洲之外最大的华人社区。在旧金山之外，美国最大最古老的唐人街在纽约，纽约市还出现了散布在外围各区的唐人街，如皇后区的法拉盛、布鲁克林的第 8 大道。此外，洛杉矶、芝加哥、波士顿等多个城市都在发展过程中形成了华人族裔社区"唐人街"。这些唐人街是中华文化在美国的"飞地"与绵延生息之所。在唐人街生存繁衍的中华民间文化，主要是民间信俗、节庆礼俗等。在日益复杂的美国华人社会，来自中国、东南亚各国的移民及土生华人，他们的政治认同甚至文化身份认同都可能存在差异。因此，对这个混杂多元的美国华人群体进行分析，使用基于族裔性的"民族认同"概念和基于文化的"文化认同"概念都可能令人疑虑。[③]但中华民俗文化的实践，却可以有效消除疑虑，成为美国华人通向其身份认知（"我是谁"）的文化桥梁。

美国华人社会的中华民间信俗处处可见。旧金山中国城有两座妈祖庙。一座是天后古庙，它隐藏于天后庙街一栋四层楼高的建筑物里面。

① 周聿峨、张树利：《新移民与美国华文教育》，《东南亚纵横》2005 年第 6 期。

② 周聿峨、张树利：《美国大陆系中文学校的现状与前景》，《东南亚纵横》2004 年第 12 期。

③（美）张举文：《美国华裔文化的形成：散居民民俗和身份认同的视角与反思》，惠嘉译，《文化遗产》2016 年第 4 期。

该建筑第三层是肇庆会馆，第四层才是天后古庙。它由广东一带的"卖猪仔"华人移民先祖于 1810 年修建。古老的庙宇见证了华人先民漂移异国、落地生根的历史。另一座"美国妈祖庙"，由台湾香火鼎盛的北港妈祖庙分灵而来。此庙的中央妈祖殿供奉主神妈祖、二妈、三妈，旁边有千里眼、顺风耳、中坛元帅跟虎爷，右殿供奉观世音菩萨、关圣帝君、注生娘娘，左殿供奉土地公及太岁。[①] 庙里可以抽签、点光明灯，还有诸神佛庆典、妈祖绕境参加农历新年大巡游等，都体现了鲜明的中华民俗文化特色。纽约华人民间信俗也处处可见，尤其是在曼哈顿的华埠，道观、佛寺是常见的风景。这些华人民间信俗场所，成为美国华人接受中华民俗文化教育的平台。每一个生命个体，包括美国华人，他们参与日常生活中的民俗文化活动，不仅仅体现了他们的身份认知，也使他们在有意无意中接受和传承着中华民俗文化。

中国人沿袭着祖祖辈辈的生活轨迹，创造出特别的节庆礼俗文化。这些民间文化随着中国移民的步伐播散世界各地，成为世界各地华侨华人接受中华民俗文化教育的重要内容。福建人不仅是东南亚移民的主力军，也大量移民美国。他们将家乡的节庆礼俗文化传播到美国。在重要的传统节日里，美国的闽侨按照家乡风俗开展春节、中秋节等节日庆祝活动，他们精选人马组成龙灯队、舞狮队，敲锣打鼓上街游行。那翻腾的游龙，那扑跳的雄狮，会引来异域众多族裔围观。又如，纽约三大华埠于中国农历初一在法拉盛地区举行游行，春节期间以花车和民俗表演吸引无数人围观；纽约皇后区艾姆赫斯特图书馆举办中国春节庆祝活动，用年节食品、民俗文艺展出及发送红包，呈现鲜明的中国节庆民俗文化特色。[②] 有学者如此描述美国华人的节庆民俗文化，自小年夜过后，除夕、元旦、开年、人日会举行一连串贺岁活动，张灯结彩，满街通红，锣鼓喧天，佳肴美酒，华埠一片熙来攘往、欣欣向荣的景象。当此

---

① （美）王性初：《庇佑异国子民的神祇——美国旧金山妈祖庙》，载《2017 年国际妈祖文化学术研讨会论文汇编（上）》，2017，第 114—115 页。

② 何绵山：《试论纽约华埠福建人社区的宗教与民俗——闽文化在美国延伸研究之一》，《福建广播电视大学学报》2008 年第 3 期。

时际，出言有禁忌，贺岁讲兆头。……除旧历元旦贺岁外，清明、端午、中秋、重阳、冬至等节令，侨社经常推行。[①] 甚至舞狮子、踩高跷、耍龙灯、走旱船等庆祝传统佳节的方式，也在美国华人社会上演并深受欢迎。这些民俗实践也成为美国华人接受中华传统民俗文化教育的重要渠道。

三、美国华文文学

如果说民俗实践使美国华人于自觉与不自觉间接受中华民俗文化教育，并从民俗认同中发现"自我"，那么美国绵延百来年的华文文学，乃是从文学的角度给予美国华侨华人以中华文化教育。

19 世纪中期在美国创刊的几家华文报纸《金山日新录》《东涯新录》《沙架免度新录》等都由西方人创办，可以推想其目的并非为了给华文文学提供发表园地，而且实际上那个时代的华侨也没几个人有多余的时间和精力去从事文学创作。笔者在十余年前撰写博士学位论文《想象美国：旅美华人文学的美国形象》时，将晚清李恩富于 1887 年出版的英文自传 *When I Was a Boy in China*（《我的中国童年》）视为旅美华人文学具有"文学史"意义的开始，不过这部作品是应美国人的邀请出版，以满足美国人了解中国文化的需求，还谈不上是对美国华侨的中华文化教育。山东大学黄万华教授指出，美国华文文学的第一度繁荣是在二战期间，许多中国子弟因避战祸而移民美国，他们带去了很多有关中国抗日的文艺资源，并且与美国本土华侨一起，创建了数十家美华文艺团体并开展活动，如叱咤社（1937）、民铎社（1939）、芦烽话剧社（1940）、华侨文化社（1942）、华侨青年文艺组（1945）等。地处纽约的华侨文化社创办了《华侨文阵》《新苗》。"1948 年，三藩市华侨青年轻骑文艺社也创办社刊《轻骑》"，美国本土上第一个跨地区的华侨青年文学组织

---

① 杜宪兵：《"恋旧"与"洋化"：纽约唐人街美国华人的民俗生活与文化认同》，《民俗研究》2009 年第 1 期。

"华侨青年文艺组"推出《绿洲》。① 上述文艺社团、文艺期刊及副刊，丰富了美国华侨华人的文艺生活，也使中华文化经由他们的文艺活动得以在美国赓续。二战期间，因为世界形势和中国大环境的变化，华文文学创作较多体现中国人民抗日御辱、浴血奋战的爱国精神，也反映华侨支援祖国抗战等事迹。美国华侨通过文艺活动宣扬并接受这种爱国主义精神，也是中华文化得以传承的体现。

20 世纪五六十年代，大量中国台湾居民留学、移民美国。台湾留学生文学成为这个时期美国华文文学创作的主流。於梨华、白先勇、陈若曦等诸多中国台湾旅美知识分子创作的文学作品，如《雪地上的星星》《又见棕榈，又见棕榈》《傅家的儿女们》《台北人》《纽约客》《突围》《二胡》等，不仅吸引

旅美诗人王性初（中），王照年教授（右）
与本书作者的合影

了海峡两岸的中国人，对于美国华人接受中华文化教育也大有裨益。无论是被人誉为"华夏小说王"的白先勇，还是著名女作家於梨华、陈若曦，他们的创作都有挥之不去的中国文化和浓郁的故国情怀（那个时代的旅美知识分子的故国情怀是两岸一体的中国情怀）。陈若曦更是坚定的爱国主义者，身体力行，与丈夫万里奔波，从美国获得学位（丈夫为力学博士、陈若曦为文学硕士）后，于 20 世纪 60 年代中期辗转法国再回到祖国参与建设。无论时光如何流转，陈若曦的爱国情怀及其于文学创作中葆有的中华文化始终不变。

同样，中国大陆"新移民"的涌入改变了美国华人社会的结构，也带去了改革开放以来中国大陆的文化。他们在美国开办华文学校，创办

① 黄万华主编《美国华文文学论》，山东文艺出版社，2000，第 4—5 页。

或参与创办文艺及学术刊物，如《中外论坛》《红杉林》，大量出版文学作品，给美国华人的中华文化教育提供了新的中华文化元素。

第二节　加拿大华侨华人的华文教育与华人文学

加拿大是面积仅次于俄罗斯的世界第二大国家，其地形可分为东南部山地、圣劳伦斯河谷地区、加拿大高地、西中部大平原区、最西部的科迪勒拉地区、北极群岛区。科迪勒拉山区的洛根峰为加拿大第一高峰，加拿大境内的马更些河为北美第二大河。[①] 早期居民有易洛魁人、因纽特人（旧称爱斯基摩人）等。16世纪，法国航海家雅克·卡蒂尔抵达加拿大本土。1603年，法国人塞缪尔·尚普兰率队在加拿大建立居留地。后来，法国将在加拿大建立的殖民地称为"新法兰西"。为了争夺加拿大这块土地上的利益，英国、法国缠斗不休。在英法"七年战争"（1756—1763）中，英军直抵法国殖民统治中心魁北克，击败法国，取得了统治加拿大的主导权。英裔移民从英国和美国源源不断前来新土地。1867年，英国允准加拿大成立联邦自治领政府，但其立法权一直属于英国议会，直到1982年获得完全独立，但依然是英联邦成员国。

加拿大和美国同属北美大国，它们有极多相似之处。在发展道路上，它们都是在殖民地的基础上建国，并与英国在社会制度和文化上保持着一定程度的共性特征；它们也都是移民大国，并都曾走过试图以盎格鲁-撒克逊白人文化"同化"其他民族文化的道路；华人来到美国和加拿大的主要原因是，两国的西部（加利福尼亚、不列颠哥伦比亚）都发现了金矿，华工也都曾为两国修建贯通东西部的铁路做出了卓越的贡献，并且美、加两国对待华人移民也都实施过类同限制或禁止华人移民入境的政策，有过相同（但程度不同）的排华浪潮。

---

① 黄昆章、吴金平：《加拿大华侨华人史》，广东高等教育出版社，2001，第2页。

在加拿大弗雷塞河谷发现金矿的消息不胫而走的年头，华侨淘金客从美国西部、中国原乡（主要是广东的三邑、四邑）纷纷赶来。"估计淘金时代在不列颠哥伦比亚华人最多时超过 10000 人。"① 华侨淘金客的到来，也带动了华商在加拿大的活动。加拿大维多利亚早期商行广利行（"广利"有"广发利市"之意）由广东台山（当时称新宁县）人李祥经营。它刊登的广告声称是"经营米、糖、茶叶、杂货等各项中国货物的进口商和销售商"。1860 年，李祥之妻儿从旧金山移居维多利亚，其妻成为"第一个到达加拿大的中国妇女"。② 在 19 世纪 60 年代，华侨商行遍及加拿大西部不列颠哥伦比亚的所有城镇，这表明华侨在当地谋生的人数确实不少。修建加拿大太平洋铁路又促成华工移民加拿大的浪潮。这条贯通东西部的铁路的修建，是加拿大发展的经济需要，也是保持统一的政治需要（英国为了防备美国吞并不列颠哥伦比亚，极力支持它加入自治领联邦。不列颠哥伦比亚提出了修建铁路的条件）。筑路的艰难险阻是白人工人不堪承受的，使用廉价且吃苦耐劳的华工成为工程承包商的最佳选择。这些华工与美国筑路华工一样，基本上来自广东珠江三角洲。在 1885 年铁路完工之前，华人移民虽然也受到部分白人的排挤，但在法律层面上，华人移民加拿大是相对自由的。这些淘金、修路时代来到加拿大的华侨，是加拿大华侨社会的基础。

进入 20 世纪以后，加拿大有过数十年的排华时期，尤其是在 1923 年至 1947 年间，加拿大制订了一系列排华法律、条例，给华人移民进入加拿大造成了极大的不便。1903 年，渥太华通过中国人移民法，对华人移民征收高达 500 加元的人头税。这个政策对往昔的"契约移民"模式造成重创——没有契约公司愿意冒险为华工垫付巨资，自此"来到加拿大的中国移民都是自由劳动者"③。进入 20 世纪六七十年代，大量中国香港和台湾移民及东南亚华人难民来到加拿大，丰富了当地华侨社会的人口构成。20 世纪 70 年代中国和加拿大建交，尤其是中国改革开放以

---

① 李春辉、杨生茂《美洲华侨华人史》，东方出版社，1990，第 341 页。
② 同上书，第 344 页。
③ 黄昆章、吴金平：《加拿大华侨华人史》，广东高等教育出版社，2001，第 106 页。

来，出现了数量巨大的新移民进入加拿大，成为当地华人社会一支极具活力的生力军。相比于 19 世纪、20 世纪早期主要来自中国广东一带的老移民，20 世纪下半叶来自中国大陆、台湾和香港的华人移民，往往是有专业技术的知识分子。不管来自何时，来自何方，华人移民往往不忘故国文化，具有强烈的传承中华文化的心愿。加拿大的华文教育正是得益于华人移民的赤子情怀。

一、加拿大学校的华文教育简史

学者耿红卫将加拿大华文教育的发展历程分为四个历史时期，即兴办期（1875—1945）、停滞期（1946—1970）、复兴期（1971—1989）、兴盛期（20 世纪 90 年代至今）。[①] 笔者在此从三个阶段论述加拿大华文教育的发展史。

（一）加拿大华文教育的兴起及有限发展

维多利亚是最早出现唐人街的加拿大西部城市。19 世纪，维多利亚唐人街的私塾已有八九家。1899 年，维多利亚中华会馆创办乐群义塾，将数十个学生分成两个班级，甲班教授"四书"、经史、《千家诗》，乙班教授《三字经》《百家姓》等童蒙书籍，[②] 成为 19 世纪末华人社团办学的著名个案。由于加拿大部分白人排华等原因，特别是 20 世纪初加拿大不列颠哥伦比亚省（又称卑诗省）实行黄白分校的种族歧视政策（1907），致使许多华侨子弟无缘公立学校而失学。

维多利亚中华会馆为了华侨子弟的教育，筹款创办中华学堂（1917年改名为华侨公立学校，1927 年再改为华侨小学），1909 年正式开学。数年后，它成为加拿大极负盛名的华文学校。[③] 20 世纪初加拿大华侨教

① 耿红卫：《试析加拿大华文教育的发展》，《八桂侨刊》2015 年第 3 期。

② 李春辉、杨生茂主编《美洲华侨华人史》，东方出版社，1990，第 410 页。

③ 李天赐：《北美洲华文教育的历程及其特点》，《华侨大学学报（哲学社会科学版）》2000 年第 4 期。

第四章　美洲华侨华人的中华文化教育

育的兴起及发展，既得益于加拿大华人社会及其社团的努力作为，也与中国政府（包括清政府、民国政府等）的支持有关，而且一些政党、教会出于传播思想、弘扬教义等原因，也创办华文学校。笔者梳理了二战前加拿大部分华文学校资讯。

二战前加拿大部分华文学校资讯

校名	创办时间	创办人	备注
乐群义塾	1899 年	维多利亚中华会馆	广东话教学
爱国学堂	1907 年	保皇会	维多利亚、温哥华等地开设爱国学堂，不久停办。1912 年温哥华中华会馆复办并更名华侨学校
中华学堂	1908 年	维多利亚中华会馆	1917 年更名华侨公立学校，同年向中国教育部立案。1927 年更名为华侨小学
多伦多华侨学校	1914 年	多伦多中华基督教长老会	—
华侨义学	1916 年	卡尔加里善乐社	—
温哥华华侨学校	1917 年	温哥华中华会馆	1932 年曾停办，不久重组董事会。1947 年增设初中部
文疆学校	1925 年	温哥华黄江夏堂	1937 年向中国教育部立案。1946 年增设初中部
中华学校	1932 年	—	地点在渥太华
大公义学	1935 年	温哥华洪门民治党	民治党由致公堂更名而来
禺山华侨学校	1940 年	—	地点在维多利亚
青莪学校	1940 年	—	地点在维多利亚

由上表可知加拿大华文学校的创建主体是比较多元的，它的发展得益于各种力量的支持。在禁止华侨入境时期（1923—1947），华人社团办学是华侨华人接受中华文化教育的重要途径。1931 年到 1941 年间，加

拿大各地侨团设立华校 15 所，"华侨教育会设立附属小学或幼稚园 11 所。其中温哥华 8 所，多伦多 3 所，维多利亚 7 所，还有一些散见于温尼伯、蒙特利尔、渥太华、卡尔加里、新威斯特敏斯特、埃德蒙顿、纳奈莫等地华埠地区"[①]。1931 年至 1945 年，全加拿大华文学校有 26 间，主要集中在维多利亚、温哥华、埃德蒙顿、蒙特利尔、温尼伯等地，有学生 1493 人。[②] 以上这些数据，可以说明二战前加拿大华文教育的发展是相对有限的。这可能是因为二战前华侨主要是各领域的华工，即便是在唐人街开餐馆、洗衣坊的经商华侨华人，也多忙于生存。而且二战以前，华人社会的男女比例是失衡的。据学者报告，1884 年不列颠哥伦比亚的华人女性只占华人总数的 1.2％，在整个加拿大华侨中的比例大约 1.39％；[③] 在加拿大人口普查中，1921 年加拿大华人男女比例是 100∶6.5，1941 年这个比例有所改变，为 100∶12.7。[④] 男女比例的失调，表明华人男性难以在加拿大建立家庭，适龄上学的华童人数更加有限。这一切都是二战前加拿大华校华文教育发展有限的原因。

（二）20 世纪五六十年代加拿大华文教育的式微

1947 年对于中国移民来说是利好的一年。这一年加拿大废除了 20 余年的排华法（1923 年加拿大联邦议会通过"华人移民条例"开始禁止华人移民入境加拿大），给华人移民加拿大带来了福音。但这并没有直接带动加拿大华文教育的大发展。在 20 世纪五六十年代，新的华文学校难以筹建，有些老华校又停摆。"在 60 年代中期，全加只有中文学校 18 所，其中略具学校规模的只有温哥华的华侨公立学校和文疆学校，维多利亚的华侨公立学校，多伦多、卡尔加里和埃德蒙顿的华侨学校等，全加华侨学校入学人数不足 2000 人。"[⑤] 华文教育反而萎缩的这个状况，

---

① 耿红卫：《试析加拿大华文教育的发展》，《八桂侨刊》2015 年第 3 期。

② 黄昆章、吴金平：《加拿大华侨华人史》，广东高等教育出版社，2001，第 288 页。

③ 李春辉、杨生茂主编《美洲华侨华人史》，东方出版社，1990，第 369 页。

④ 同上书，第 399 页。

⑤ 同上书，第 452—453 页。

与加拿大整体上推行同化政策有关，加拿大实行的同化政策使华侨华人觉得华文的实际用途减少，华侨华人居住分散也减少了生源。①

1970 年，中国与加拿大建交以来，两国关系取得长足发展，中文的实用价值有所提升。早在 1967 年，加拿大政府即对移民政策做出重大调整，《新移民条例》实行计分制，根据申请者的教育程度、职业等各项条件进行打分。这一政策有效遏制了以往移民政策中的种族歧视倾向。有不少中国香港和台湾移民，以及东南亚华侨难民等进入加拿大，改变了加拿大华侨华人结构，并壮大了华人人口。华人社会的变化也推动了华文教育的发展。1971 年加拿大皮埃尔·特鲁多总理推行多元文化政策，给予各种少数民族族裔文化以宽松的发展空间，"正规的与当地学制接轨的少量华文学校才创办出来"。而且加拿大政府也有意推动公立学校里的中文教学，"既有正规学制的华文学校，又有公立学校的中文学习，更多则是周末或业余华文学校"②。

（三）20 世纪 80 年代以来加拿大华文教育的多元发展

进入 20 世纪 80 年代，华文教育在加拿大获得更好的发展机遇。这个发展机遇得益于加拿大社会方方面面的良好环境。首先是法律的支持。1988 年，加拿大众议院通过的《多元文化法》，将多元文化主义政策提升到法律高度，保障了各种族语言文化在加拿大的生存发展空间。其次是华人社会影响力的提升。1967 年以后按照打分制移民政策进入加拿大的华人移民，"大都是有文凭、有技术、有知识、懂专业和外语的新一代脑力劳动者"，"今天的华人实际上参加到加拿大各个行业和各种事务之中"。③ 华人参政也成为常态。1988 年，林思齐被委任为不列颠哥伦比亚省省督。甚至破天荒地出现华人最高国家领导人，她就是中国香港移民伍冰枝女士。1998 年，伍冰枝被伊丽莎白二世女皇任命为加拿大第 26 任总督，"她是有史以来第一位加拿大华人总督，也是第一位女总

---

① 黄昆章、吴金平：《加拿大华侨华人史》，广东高等教育出版社，2001，第 289 页。
② 耿红卫：《加拿大华文教育的发展特点》，《中学语文教学参考》2015 年第 21 期。
③ 姜芃主编《加拿大文明》，中国社会科学出版社，2001，第 250 页。

督和第一位非白人总督"①。华人本身素质和影响力的提升，对于华人文化发展是非常有力的促进因素。在华文教育方面，加拿大从政府到民间社会到个人，各种力量都在助力中华语言文化的传播，形成了华文教育的多元化发展格局。

其一是华文学校的华文教育获得很好的发展。从加拿大华文学校的创建主体来看，多为华人社团办学，如中华文化中心、中华会馆、宗亲团体、华人教会等。华文学校主要属于补习班性质，在周末、节假日或夜晚对学生进行华文教育，教授内容丰富多面，往往依据社会需求设置班级，例如设置普通话班、粤语班、音乐班、舞蹈班、书法班、国画班、武术班等，其目的在于弘扬中华文化。当然，也有由个人筹办的学校，著名个案是 1983 年陈中慰博士在维多利亚创办的高等学校加拿大中华学院，其国际经济贸易专业招收中国留学生，中医研究院招本地学生，还设置汉语、中国画、书法等学科。②

从华文学校自 20 世纪 80 年代以来的发展状况来看，总体趋势向好。据不完全统计，1986 年加拿大有华文学校 56 所，学生将近万人，华文学校开设华文、舞蹈、音乐、图画等文化艺术课程，教师使用粤语或普通话进行教学。③ 由于华文学校基本上属于补习性质的学校，对于公立学校未曾教授（或重点教授）的中华语言和文化，进行有意识的补充，所以开设的课程与公立学校自然有所差异。这种情况在加拿大各地都差不多。在 20 世纪 90 年代初，加拿大尚有 50 多所华侨华人创建的华文学校，其中安大略省有 21 所，卑诗省有 15 所，阿尔伯达省有 5 所，魁北克省有 4 所，曼尼托巴省有 4 所，这些都是华文学校较多的省份。④ 到了 1994 年，在不列颠哥伦比亚省，仅温哥华注册华文学校就有 50 余所，加上未注册而开课的学校竟然高达 130 所。安大略省也有华人慈善机构

① 姜芃主编《加拿大文明》，中国社会科学出版社，2001，第 252 页。
② 黄昆章、吴金平：《加拿大华侨华人史》，广东高等教育出版社，2001，第 290 页。
③ 耿红卫：《试析加拿大华文教育的发展》，《八桂侨刊》2015 年第 3 期。
④ 王燕燕：《加拿大的祖语教育与华文教育》，《华侨华人历史研究》1998 年第 2 期。

创办的 19 所中文学校。① 整个 20 世纪 90 年代，加拿大有华文学校上百间。其中，台湾大专院校旅加校友联谊会附设的中文学校规模最大。② 21 世纪初，加拿大中文学校有 200 间以上，学生两三万人。在加拿大西部城市温哥华，由中华文化中心办的华文学校发展到 9 个教学中心，230 多个华文班，"成为加拿大最大的华文学校"。③ 在魁北克的蒙特利尔，也居住着约 10 万华裔，华文学校有其发展的环境。蒙特利尔比较有影响力的华文学校有蒙城中华语文学校、博尔沙中文学校、佳华中文学校、佛光山普门语文学校、魁省中华文化教育学院、天主教中华学校、满市西岛中文学校、西岛恩福中文学校等。其中，佳华中文学校是蒙特利尔规模最大的华校。④ 在曼尼托巴省，华文教育的开展也已具备一定规模和水平。曼省首府温尼伯共有三所华文学校。而缅省中文学院则是该省乃至全加资深的华文教育研究机构。⑤ 在各方面的助力下，"在加拿大相继出现了一批华文教育办得比较成功的学校。如蒙特利尔的佳华中文学校、多伦多维德中文学校、加拿大爱正中文学校、加拿大中国语言文化联合学校、加拿大欣华中文学校等。这些学校一般不仅有中文教学，而且还有数学、书法、美术、棋类、艺术等与中国传统文化有关的教学项目。这种做法突破了单一传授语言的局限性，有利于中华文化的传承，教学活动丰富多彩，很受华裔子弟和当地人的欢迎"⑥。

总之，由于加拿大自 20 世纪 70 年代后期以来实行多元文化政策，鼓励并支持各民族文化的交流及发展，华文教育也借助这股"东风"得到发展，并名正言顺地打出弘扬中华文化的旗号。例如，温哥华东南中

---

① 耿红卫：《试析加拿大华文教育的发展》，《八桂侨刊》2015 年第 3 期。

② 李天赐：《北美洲华文教育的历程及其特点》，《华侨大学学报（哲学社会科学版）》2000 年第 4 期。

③ 黄昆章、吴金平：《加拿大华侨华人史》，广东高等教育出版社，2001，第 289 页。

④ 袁源：《冷战后加拿大华文教育研究——兼论加、美华文教育之异同》，硕士学位论文，暨南大学，2006，第 13 页。

⑤ 同上。

⑥ 梁霞、张应龙：《加拿大华文教育的现状分析》，《广西社会科学》2005 年第 12 期。

文学校、里士满平安中文学校的宗旨分别为"促进加拿大的多元文化，发扬中国固有文化、语言和传统""为华裔子弟保存母语，发扬中华文化"。① 可见，华文学校成为加拿大传播和传承中华文化极其重要的平台。

其二是公共教育体系中的华文教育在加拿大取得较好的成绩。20 世纪 80 年代以来，华文教育在加拿大也已经进入国家教育体系。加拿大公共教育体系逐渐推行华文教育，这包括中英双语教学、汉语作为外语教学等两种模式。关于中英双语教学模式在加拿大公共教育体系中的推行，是非常重要的尝试和突破。它最先在阿尔伯塔省实行，自 1982 年起在埃德蒙顿市和卡尔加里市的部分公立学校中实施。在这个教育计划中，中文教学具有母语教学的性质。为此，埃德蒙顿公立教育局制定了《汉语语文》《汉语与中国文化》等多种课程教学大纲。有学者指出，"埃德蒙顿中英双语教学计划下的华文教育体系，在加拿大的公共教育中是最完善的一个。从幼儿园到高中毕业连续的中文学习体系为学生提供了一个良好的汉语学习环境。而具体教学中，中文课程占有很大比重，又保证了学生充足的汉语学习时间，体制的双重保障能够使学生真正认识到汉语学习的重要性，努力提高汉语水平"。② 同时，该计划还设置多种中国文学艺术课程，致力于向学生传播中华文化。总之，在加拿大，华文教育已逐步成为国民教育体系的有机组成部分。在 1985 年至 1986 年，不列颠哥伦比亚省政府将中文列为政府所承认的语文，并率先把中文列为全省学校的第二语言课程。③ 随后安大略省紧随脚步，也重视中文教育，在 42 所公立学校开设中文选修课程。1994 年以后，加拿大政府承认华文考试成绩可以作为大学认可的外语分数。④ 加拿大政府的这些举措，有力地促进了公共教育体系中的华文教育。这样，居住于加拿大的

---

① 黄昆章、吴金平：《加拿大华侨华人史》，广东高等教育出版社，2001，第 289 页。

② 张燕、洪明：《加拿大公共教育体系中的华文教育探究——以"埃德蒙顿中英双语教学计划"为例》，《海外华文教育》2011 年第 2 期。

③ 张燕：《加拿大华文教育的历史发展及前景展望》，《八桂侨刊》2010 年第 4 期。

④ 张燕、洪明：《加拿大公共教育体系中的华文教育探究——以"埃德蒙顿中英双语教学计划"为例》，《海外华文教育》2011 年第 2 期。

华人子弟，不仅在华文学校接受中华文化教育，而且能在加拿大公立学校接受中国语言与文化教育，这对于他们学习和传承本民族文化大有裨益。

其三是孔子学院推动的华文教育，对于加拿大华人子弟学习母国文化来说，也是重要的渠道。世界各地孔子学院的教学对象主要是外国人，但实际上也有不少的华人子弟。加拿大也有一些孔子学院与孔子课堂，它们往往因地制宜，形成办学优势。例如，不列颠哥伦比亚孔子学院的汉语课程，以商贸文化交流为主；道森学院的短期培训课程内容丰富，包括商业汉语、国画、书法、初级中医课程、围棋、武术、太极等。[①] 推广中华文化，是孔子学院的重要教学目标。

在今天的加拿大，除了华文学校和公立教育系统中的华文教育在传播中华文化，实际上中华文化元素无处不在，如中草药、民乐、方言、中国国画、武术、民俗，在加拿大的多元文化节、春节乃至日常生活中随处可见。尤其是华人家庭教育，更成为传承中华文化的重要力量。一项关于"学习中文的目的是什么"的调查显示，加拿大华侨华人让子女学习中文，大多是为了"不忘祖宗"，为了"中国文化和语言代代相传"。[②] 华人家庭这种慎终追远的精神，正是中华民族的核心精神之一，也是中华文化千秋万代绵延不绝的基因秘密。

二、加拿大华人文学

海外华人文学既注重描述居住国的各种社会文化现象，也关注华侨华人在居住国的生存发展及祖籍国（中国）的社会、历史、文化。它们承载着鲜明的中华文化元素，有助于华侨华人从中获得中华文化教育。加拿大华人文学亦然。加拿大华人文学包括加拿大华人的英语创作、法语创作、华文创作。在多语种创作的加拿大华人文学中，产生了一些极

---

① 张燕：《加拿大华文教育的发展现状与主要问题研究》，《云南师范大学学报（对外汉语教学与研究版）》2011 年第 1 期。

② 同上。

有影响力的作家、作品。加拿大华人文学的发展，既与作家个人的努力密不可分，也得益于文学社团的强力推动。现由梁丽芳教授担任会长、陈浩泉先生担任执行会长的加拿大华裔作家协会，对于加华文学的推动作用有目共睹。该会由卢因创建于 1987 年，初名加拿大华裔写作人协会，20 世纪 90 年代初更名。迄今该协会成员已出版了《枫华文集》《白雪红枫》《枫雪篇》《枫华正茂》《枫雨同路》《枫景这边独好》《枫姿绰约》《他是我弟弟，他不是我弟弟》（韩文版）及《加拿大华人文学论文集》9 种文集、18 种丛书。多年来，协会先后在《大汉公报》《星岛日报》《环球华报》等报刊推出《加华文学》专版，并在世界各地多种期刊推出会员的佳作。协会举办的文学讲座、学术研讨会等活动，历年来已邀请陈建功、吴义勤、刘再复、叶嘉莹、刘登翰、袁良骏、黄维樑、洛夫、白先勇、陈若曦、张翎、刘震云、朴宰雨等众多著名作家、学者主讲，影响很大。① 以加拿大华裔作家协会为代表的加拿大华人文学社团的活动，既推动了加拿大华人文学的健康发展，也加强了加拿大华人作家与当地华侨华人及祖国的联系，同时以文学的形式，对加拿大华侨华人接受中华文化教育提供了支持。

（一）加拿大华文文学

华文文学主要指加拿大华侨华人用汉语创作的文学作品。在加拿大华文作家中，老一代中国台湾旅加诗人洛夫、痖弦的影响力极大。他们都是 20 世纪 50 年代崛起于台湾诗坛的现代派诗人，曾共同经营著名诗刊《创世纪》。晚年洛夫移居加

加拿大华文作家张翎（中）、台湾东华大学
须文蔚教授（左）与本书作者的合影

---

① 加拿大华裔作家协会相关资料，由加拿大华裔作家协会会长陈浩泉先生提供。

拿大（1996），却依然诗情饱满，创作了三千行长诗《漂木》，一首诗即成一部书。它于 2001 年元旦在台湾《自由时报》副刊全版刊登，并逐日连载两月有余。《漂木》表现了诗人洛夫的天涯美学，也在《漂木》《鲑，垂死的逼视》《浮瓶中的书札》《向废墟致敬》等四章中展示了丰富的中华文化精神。① 1986 年赴加拿大留学并定居的张翎，创作了《邮购新娘》《金山》《余震》《交错的彼岸》《望月》等多部长篇小说、小说集，她与严歌苓都被视为海外最负盛名的新移民作家。张翎、宇秀、郑南川等人是新一代加拿大华文作家中的佼佼者。有人说，张翎的华文创作都含有两个世界——北美和中国，"看上去好像是在写北美，其核心却是在写大陆，只不过这个大陆，是个有了北美介入的'开放的'大陆"②。诚然，张翎的很多作品都是在中国人、中国文化与北美文化的对话中，产生丰富的韵味。张翎的长篇小说《金山》，从广东开平县得贤居最早的一代方得法写到第五代的艾米·史密斯，其关注的重点（或者说核心）已经是加拿大华侨的移民史、命运史了。加拿大元素和中华文化元素都在小说中得到了突出。宇秀是更年轻的作家，其诗歌、散文都自有风格，著有散文集《一个上海女人的下午茶》《一个上海女人的温哥华》和诗集《我不能握住风》《忙红忙绿》等，很受关注。

（二）加拿大华人英文文学

比起加拿大华文文学，加拿大华人英文文学创作更受主流社会的重视，不少英文作品获得加拿大国家的重要奖项。生于加拿大西部阿尔伯塔省的陈泽桓是一位颇有建树的华裔剧作家，创作了 20 多出英语戏剧，其成名剧为《妈，爸，我和白人女孩同居了》（*Mom*，*Dad*，*I'm Living with a White Girl*）。他也是加拿大著名剧院城堡大剧院（Citadel Theatre）历史上的第一位"驻院剧作家"，可见影响力之大。加拿大华裔作家方曼俏著有《午夜龙记》（*Midnight at the Dragon Café*）、《觅到

---

① 钱建军、向忆秋：《洛夫：诗·魔·禅》，中国文化出版有限公司，2004，第 195—252 页。

② 饶芃子、杨匡汉主编《海外华文文学教程》，暨南大学出版社，2009，第 174 页。

记忆之年》（*The Year of Finding Memory*）。方曼俏的创作饱含对华侨历史的情结。在赵庆庆对方曼俏的访谈中，方曼俏提到她家和多数华人移民一样，自 20 世纪 60 年代以前来的，"讲广东的四邑方言。这种话，还有五花八门独特的口语表达，在加拿大，快听不到了。新移民多讲普通话或粤语，很多人落地就存钱，不用遍地找挣钱。其实，跟着四邑话消失的，不止是语言，还有先侨的历史。我决心，甚至是着了迷地，想把加拿大的这部分历史保存下来——尽管有时它显得苍白"。[①] 加拿大最高文学奖总督奖得主弗莱德·华，中文名关富烈，具有四分之一华人血统。20 世纪 70 年代，他出版了第一本书《叹息地说出我的名字》，意味深远。他说："平生第一次，终于能谈谈父亲和我的中国遗传。"关富烈不会讲中文，可是通过祖父和父亲，通过中国食物，他了解了中国和中国文化，中华文化深深地影响着他。任教于滑铁卢大学的李彦，著有英文长篇小说《红浮萍》和《雪百合》，前者描述了普通中国人近一个世纪的生活感受。生于美国加州的黎喜年，幼年移居加拿大纽芬兰首府圣约翰斯，后来任教于不列颠哥伦比亚大学英语系，著有英文小说《千岁狐》和《咸鱼女孩》。《千岁狐》把蒲松龄的狐仙故事、唐朝女诗人和道姑鱼玄机罕有记载的经历和当代温哥华人的生活糅在一起。《咸鱼女孩》混杂着女娲的故事和米兰达的故事，前者关乎中华民族人类起源的想象，后者关乎的是未来想象。这两部英文小说具有强烈的中华文化元素，对加拿大华人理解中华文化有一定的积极意义。

上述作家有些是生于中国的移民作家，有的是生于美国而移居加拿大的华裔作家，有的是加拿大土生华裔作家，他们都用英文进行创作，也都在作品中呈现出中华文化的底蕴，即便是只有四分之一华人血统的弗莱德·华，也对中华文化有所依恋，在作品中表达出这种感受。由此可见，加拿大华人作家的英文创作与华文创作一样，都有益于加拿大华人在文学欣赏中接受中华文化教育。

第四章　美洲华侨华人的中华文化教育

---

① 赵庆庆：《枫语心香：加拿大华裔作家访谈录·第 1 辑》，南京大学出版社，2011，第 26 页。

第三节　拉丁美洲的华侨移民、社团及中华文化色彩

拉丁美洲全称拉丁亚美利加洲，它东临大西洋，西靠太平洋，指美国以南的美洲地区，包括墨西哥、中美洲、西印度群岛和南美洲，包含古巴、秘鲁、巴西、哥伦比亚、墨西哥、阿根廷等在内的 33 个国家及若干未独立地区。拉丁美洲是一个政治地理概念。历史上，由于该地区主要为拉丁语系的西班牙和葡萄牙等国的殖民地，故称拉丁美洲。这个地区内的国家也被称为拉丁美洲国家。

一、拉丁美洲的华侨移民及华侨华人社团

据中外文献记载，中国与拉丁美洲的直接历史联系始于明朝万历年间（1573—1620）的海上丝绸之路，但当时赴拉美的人数并不多，且时断时续，因而其影响和作用也不大。[1] 中国向拉丁美洲大规模移民主要是鸦片战争以后的事情。

1790 年至 1826 年间，拉丁美洲独立运动取得了伟大胜利，大部分地区推翻了被殖民统治的历史。但随着经济发展的需要和奴隶制度的废除，或者说是对奴隶贸易的限制，拉丁美洲开辟新土地所需要的廉价劳动力来源受到限制。1808 年至 1810 年，葡萄牙人从中国招募了几百名湖北茶农到巴西里约热内卢和圣保罗种茶。1840 年鸦片战争打开了中国的大门。在 1847 年至 1874 年期间，中国东南沿海一带大约有三四十万青壮年作为"契约华工"被强行输入拉丁美洲。"契约华工"在契约期内没有人身自由，他们主要分布在古巴、秘鲁、巴拿马、墨西哥和智利

---

[1] 徐世澄：《中拉文化的特点、历史联系与相互影响》，《拉丁美洲研究》2006 年第 5 期。

等国，从事最艰苦的体力劳动。19世纪70年代，契约劳动制度被废除，但华工依然不断输入拉美，继续从事以往华工进行的苦力劳动。但相对来说，华人在所在国逐渐受到一定的法律保护，取得了较大程度的自由，因而被称为自由华工。他们除了继续从事工农业生产劳动以外，还可以到首都或大城镇出卖劳力或者从事小本经营，如从事洗衣业、开办餐馆等，开始了自立创业、积极参与侨居国经济活动的新阶段。

拉美华侨社会的形成过程历经曲折。19世纪70年代起，完全解放契约劳工的身份；1879年至1884年清政府在拉美部分国家设立领事馆，规定部分保护华侨的条款，华侨在拉美的正当权益开始有了外交上的保障；[①] 19世纪末，拉美华侨自愿参加拉丁美洲独立革命斗争，赢得了当地人的信任；19世纪末20世纪初，许多拉美国家出现经济危机，出现排华现象；[②] 一战时期，拉美国家因"经济战"需要大量华工，又放宽了对华人入境的限制。在此后的几年，来自广东的华工与华侨人数与日俱增；[③] 1929到1933年，资本主义世界爆发了空前严重的经济危机，失业人数剧增，拉美又掀起了排华浪潮；20世纪40年代，随着资本主义经济危机和排华浪潮的结束，华侨终于和拉美国家人民一道渡过战争难关，生存繁衍下来。[④]

二战后，拉美华侨和外籍华人在数量和职业等各方面都有了明显的变化。1949年中华人民共和国成立，并且在世界反法西斯战争胜利后，国际形势趋向于和平、民主、进步，中国政府也关心和保护海外华侨在侨居国的正当权益。除了早期因苦力贸易而留在拉美的老移民，逐渐出现了许多自愿前往拉美的移民，拉美华侨人数有了较大的增长。在这种背景下，经过多年的艰苦创业和惨淡经营，华侨社会的政治经济地位发生了很大的变化。一些华侨的妻儿陆续进入拉丁美洲，还有更多的华侨同当地妇女结婚生子，基本上结束了过去较为单一的男性华侨社会的现

① 李春辉、杨生茂主编《美洲华侨华人史》，东方出版社，1990，第566—567页。
② 同上书，第606页。
③ 同上书，第607页。
④ 同上书，第609—612页。

象。经过几代之后，许多人不仅加入了当地国籍，取得了公民权，而且有机会接受高等教育或者专业教育。他们除了继承父母经营的事业外，还从事教师、律师等职业，甚至担任政府公职、民意代表。拉美华侨凭借其著称于世的刻苦耐劳精神参与开发拉丁美洲，同时他们从骨子里表现出中华民族坚持正义、勤劳勇敢、酷爱自由的传统，勇于同西方殖民主义者和各国反动派进行斗争，终于在拉丁美洲站稳了脚跟。

20世纪60年代以来，依然有为数不少的华人移民来到拉美。拉美各国的新侨民，除了广东籍以外，还有来自浙江、山东、湖南、湖北、台湾、港澳等各地的人群。东南亚国家也有大批华人到来，华侨籍贯趋向多元。[1] 特别是20世纪70年代以来，中国取得联合国安理会常任理事国的关键席位，在世界舞台取得关键话语权，西方很多国家与中国建交，秘鲁、墨西哥、阿根廷、牙买加等拉美各国也及时跟上（原先只有古巴与中国友好建交）。中国与拉美地区的友好政治关系发展，也推动了彼此在经济、文化等各领域的交流。中国大陆"新移民"也竞相奔走拉美地区寻找发展机遇，他们与中国台湾、香港及东南亚各地的华人移民，共同壮大了拉美地区的华侨华人社会。

拉美华侨寄足海外，想要在当地社会生存与发展，实现自立创业的理想，改善自己的经济状况和社会地位，那么，艰苦奋斗、自救自强、团结互助、努力争取和维护自己族群的合法权益，就变得很有必要。于是，与世界各地一样，自19世纪60年代以来，拉美也建立了各种公益性的华侨社团。从现有的史料来看，拉丁美洲第一个华侨组织是由古巴华侨钟熙、李萌、张森等人于1867年在哈瓦那建立的"结义堂"，次年又有哈瓦那华侨建立"恒义堂"。不久，当地客家人建立了"义胜堂"。这些华侨社团组织都具有团结互助的性质。1893年哈瓦那成立了中华会馆，这是古巴全国性的华侨联合团体，在多省设立分会。[2] 拉美其他国家、地区也有相应的华人会馆或会堂。辛亥革命后，也逐渐建立起一些政治、青年、妇女、文化等类型的华侨华人团体。在抗战期间，拉美华

① 李春辉、杨生茂主编《美洲华侨华人史》，东方出版社，1990，第616页。
② 同上书，第576—577页。

侨社会也如世界各国一样，涌现了许多华侨抗日救国团体。仅秘鲁一国，华侨社团在最盛时就曾达到 100 多个。拉美华侨社团大体上可以分为综合性侨团、地方性侨团、姓氏团体、政党组织、职业团体等五类。世界各国包括拉美华人社会建立的中华会馆，就属于综合性侨团。古巴在 1893 年就建立了"中华总会馆"。世界各国的中华总会馆往往属于全国性的华侨最高领导机构，有联络华侨社会并沟通当地政府的媒介作用。秘鲁的"中华通惠总局"也是综合性社团。拉美出现的中山同乡会、鹤山会馆等为地方性侨团，因地缘关系而结社。像拉美的陈颍川堂、林西河堂、李氏公所等，为姓氏团体。拉美各地的政党组织，比较突出的有"致公党"，它由中国的秘密会社发展而来。古巴的华侨社会主义同盟也是进步侨团。另外，各行各业都有职业团体，如餐馆公会等。① 这些组织的创立与发展团结了华侨华人，抚慰了他们思乡的愁思，体现出如古巴史学家帕斯特拉纳所说的"中国的侨民逐步地举起了维护人道的旗帜"②，这对华侨所在地，甚至整个拉丁美洲的社会风气而言，也产生了良好的影响。

二、拉丁美洲华侨华人生活中的中华文化色彩

拉丁美洲华侨华人在节庆礼俗、文化教育、日常生活等各方面，都有与中华文化血脉贯通之处。

（一）拉美的校园华文教育

1. 华文学校

早期拉美华侨在文化教育方面有所建树。为了对华侨子弟进行文化传授和爱国教育，保持和发扬中华民族文化的优良传统，拉美爱国华侨集资兴办华校和图书馆，并出版中文报纸。"早在清朝光绪年间，哈瓦

---

① 李春辉、杨生茂主编《美洲华侨华人史》，东方出版社，1990，第 619—620 页。

② （古巴）胡安·希门尼斯·帕斯特拉纳：《古巴解放斗争中的华人》，载李春辉、杨生茂主编《美洲华侨华人史》，东方出版社，1990，第 578 页，

第四章　美洲华侨华人的中华文化教育

239

那和利马华侨都曾一度设立了'中西学堂'，选择一些华侨子弟学习中文和西文，'文字既通，即分门学习武备、制造、算学、律例等事'。"① 辛亥革命后，拉美华侨开始自筹经费办学以促进华文教育。1920 年，在墨西哥墨西卡利市建立的中华学校，以英文、中文授课。1923 年，秘鲁中华通惠总局主席谢宝山等人发起募捐，次年乃租借利马市南海会馆为校舍进行教学。三民学校（1935）也在利马出现。② 在其他华侨较多的拉美国家，也建立了一些华侨学校。这些学校的上课时间一般是下午或者晚上，时长一般两三个小时。说是学校，实则是中文补习机构。且由于华侨大多是广东人，侨校一般以广东话授课，规模不大，并往往因经费问题导致设备简陋，加上华侨在居住地谋求职业、日常交往等方面不需要用到中文，拉美华侨学习中文的热情不高。

值得一提的是秘鲁的华校教育。秘鲁拥有大量华人，秘鲁华侨也办了一所中西学堂，令华侨子弟学习中、西文字。该学堂后因"洋文须延洋师，费用太大，无可筹措"而不得不中途停办。③ 但到 20 世纪初，秘鲁华侨又再度发起募捐，创办侨校，大力发展华侨教育事业。秘鲁著名的中华学校有中华三民联校和若望二十三世秘中学校。1924 年，广东籍旅秘华侨通过秘鲁最大的民间华侨组织——中华通惠总局，在利马建立了第一所以教授汉语为宗旨的华侨子弟学校，名为中华学校；1935 年，又建立了三民学校；1962 年，中华学校和三民学校两所学校合并，改称为"中华三民联校"，后来逐渐发展为中南美洲最大的华侨学校，现被誉为"拉美第一侨校"。④ 该校久负盛名，至今已有 90 多年的历史，已发展为一所集学前幼儿和中小学教学为一体的综合性私立学校。若望二十三世秘中学校成立于 1962 年，是当地乃至拉丁美洲都极有影响力的一所华文学校，在当地除了招收华侨华人学生外，还招收秘鲁本地的学

---

① 李春辉、杨生茂主编《美洲华侨华人史》，东方出版社，1990，第 620 页。

② 同上。

③ 福建师范大学历史系华侨史资料选辑组编《晚清海外笔记选》，海洋出版社，1983，第 250 页。

④ 赵威：《秘鲁中华三民联校汉语教学现状调查》，硕士学位论文，云南大学，2018，第 11 页。

生。这些华文学校将汉语课程列为必修科目，并且教授中国传统文化，这是拉丁美洲华侨华人接受中华文化教育的重要平台。

2. 孔子学院、孔子课堂

语言是文化传播的重要载体，也是一个国家扩大其影响力、加强国际话语权的重要工具。随着中国综合国力的提升，世界范围内掀起了学习中文的热潮，拉美人民对中华文化自然也产生兴趣，尤其是对汉语文化的兴趣有所增强。在这种背景下，海外的中国孔子学院、孔子课堂的设立也成为传播中华文化的重要渠道。2006 年，拉美地区第一所孔子学院成立于墨西哥的墨西哥城。此后，孔子学院的数量以极快的速度在拉美地区逐步增加。截至 2019 年底，在整个拉丁美洲地区，有多达 20 个国家与地区设有孔子学院，开办数量高达 39 家。与此同时，拉美地区的孔子课堂数量也达到了 20 多个。[①] 自开办至今，孔子学院的各种语言学习课程与文化探索活动深受拉美地区的居民喜爱，越来越多的汉语学习者及中华文化爱好者不断涌现，其中自然也有拉美的华侨华人。

（二）华文报刊丰富了拉美华侨华人生活

在中文报刊方面，古巴华侨和秘鲁华侨都创办了中文报纸，如 1909 年古巴华商创办的《商报》，1910 年秘鲁洪门民治党创办的《爱国报》（后改为《公言报》）和 1911 年同盟会创办的《民醒日报》。巴拿马华侨也创办了英文、西班牙文合刊的《共和报》。此外，巴拿马华侨还筹建了中文图书馆。到 20 世纪三四十年代，又出现了牙买加华侨的《华侨公报》、古巴华侨的《光华报》、苏里南华侨的《南风日报》等。值得一提的是，《光华报》是古巴现存唯一的一份中文报纸。该报表现进步、爱国的思想，通过报道教育华侨热爱祖国并遵守所在国法令，支持古巴人民的革命斗争。20 世纪 50 年代以来，随着华侨的激增，过去没有中文报刊的一些国家也先后创办报刊，比如巴西的《巴西华侨日报》《侨光》

---

① 崔忆婷：《法语联盟与孔子学院在拉美地区文化传播比较研究》，硕士学位论文，北京外国语大学，2021，第 26—27 页。

等，巴拉圭的《南美天地新闻》旬刊等。① 与此同时，过去华侨较多的一些国家创办的华侨报刊又由于各种原因停刊或者合刊。由于创办者不同，华侨报刊的立场、政治倾向也有所不同。然而，它们的出版与发行，对于华侨之间交流情感和促进团结，对于宣传中华文化，以及丰富华侨和当地人民的文化生活，促进中拉文化交流等各方面，都发挥了一定的积极作用。秘鲁华工史专家瓦特·斯图凡特认为："秘鲁由于华人的到来而在文化上受益匪浅。"② 这个说法也证明了华人文化对丰富居住国文化的作用。

（三）日常生活与节庆文化中的"中国性"

唐人街（华埠）是对世界多国华侨华人聚集社区或街道的指称。散布于拉丁美洲各地的华侨，远离祖国而寓居海外，相似的命运、生活习惯和传统文化把他们紧紧联系在一起。因此，拉美在华侨相对集中的地方，也逐渐形成了华人聚居的地区，即华埠或唐人街。如秘鲁利马的华侨多集中在秘鲁财政部和意大利公园附近的加邦街、爱育街和巴鲁卢街一带；古巴首都哈瓦那的华侨则多聚集在哈瓦那大街和约拉大街交合处；巴拿马首都巴拿马城的唐人街已成为当地重要的一部分；墨西哥下加利福尼亚州的首府墨西卡利市，"唐语"和"唐文"成了当地通用的语言和文字，有中式戏院、茶楼，俨然中国城市，墨西卡利市也因此获得了"小广州"的称号。③ 拉美这些唐人街，从建筑样式到风俗习惯，都与中国有一定的相似之处。唐人街的特色中餐馆在秘鲁很有影响力，中餐因其味香质佳、烹调合宜、菜式繁多，且物美价廉，受到许多拉丁美洲人的喜爱。直至今日，秘鲁首都利马的居民都还称中国饭馆为"契发"，即广东话"食饭"的译音。这些中餐馆的数量甚至超过了秘鲁本地餐馆的数量。许多中国食物如豆芽、绿豆、生姜、豆腐、虾饺、煎

---

① 李春辉、杨生茂主编《美洲华侨华人史》，东方出版社，1990，第 621—622 页。

②（美）瓦特·斯图凡特：《秘鲁华工史》（1849—1874），张铠、沈桓译，海洋出版社，1985，第 197 页。

③ 李春辉、杨生茂主编《美洲华侨华人史》，东方出版社，1990，第 622 页。

堆、凉粉等，都被华侨引入拉丁美洲人的食谱。[①] 油炸角仔（饺子）已经成为巴西人民普遍爱好的食物。华侨李群是角仔店的代表人物，拥有30多家店，被称为"角仔大王"或"角仔状元"。可以说，华侨华人虽置身异国，但味蕾仍然与同根所生的中国人民有隐隐的相似之处。

唐人街充分展现了华侨华人日常生活的"中国性"。在节庆民俗文化中，拉美的唐人街更是将"中国性"展示得淋漓尽致。中国的一些风俗，如春节拜年、放烟花和鞭炮、舞狮、舞龙灯、烧香拜佛、敲锣打鼓等，通过华人这一群体，在拉美许多国家保存了下来。不仅是华人，很多拉美当地的居民也同华人一起遵循这些风俗习惯，他们会一起前来观看节目，并参与剪窗花、吃饺子、写春联等中国春节的传统活动。随着中国文化影响力的增强，很多拉美国家如阿根廷、秘鲁等都会在中国春节期间举行盛大的庆祝活动，民众还会购买富贵竹之类作为祈福象征的绿色植物。从中可以看出，春节对于华侨华人和其他拉美民众来说，都算一个重要而热闹的节日。在某种程度上可以看出，中华文化已经在当地生根、开花、结果。

---

① 李春辉、杨生茂主编《美洲华侨华人史》，东方出版社，1990，第597页。

第五章
欧洲华侨华人的中华文化教育

　　欧洲也称作"欧罗巴洲"，得名据说与古希腊女神"欧罗巴"有关。古代欧洲经历过古希腊、罗马帝国的辉煌时代。基督教也在君士坦丁大帝统治下合法化，以后发展为延续千年以上的强势宗教信仰。文艺复兴使得欧洲再度处于科学、文化的领先地位。某种意义上说，这也是英国、西班牙、葡萄牙、法国等欧洲各国得以较早地在世界各地进行殖民开拓的能量支援（中国人尤其是郑和船队更早进行大航海行动，但中国人的目的不是殖民开拓）。19世纪以来，社会革命在欧洲风起云涌，马克思主义也在欧洲诞生并逐渐改变世界政治格局。现在的欧洲一般被划分为东欧、西欧、南欧、北欧、中欧（有的只区分东欧、西欧、南欧、北欧）。东欧的地形以东欧平原为主体，伏尔加河为境内第一大河，俄罗斯是东欧最"大块头"的国家。西欧经济发达，有英国、法国等资本主义国家。南欧指向阿尔卑斯山以南的地域，它是世界古文明的发源地之一（古希腊、古罗马文化的孕育地），有希腊、意大利、西班牙、葡萄牙等著名国家，南欧境内河流多注入地中海。北欧指日德兰半岛、斯堪的纳维亚半岛一带，有丹麦、挪威、瑞典等国家。这些地方产生了诸多著名的童话故事，为世界各国儿童成长提供了精神营养。中欧指波罗的海以南、阿尔卑斯山脉以北的地区，境内的多瑙河是欧洲第二大河流。德国、瑞士是中欧生活水平较高的发达国家。欧洲自古以来就与中国有交流往来。华侨华人大规模地前往欧洲，始于第一次世界大战期间。中国改革开放以来，"新移民"源源不断地前往欧洲经商、留学等，大大增强了欧洲华侨华人的力量。有华侨华人的地方，就会产生华文教育。虽然欧洲华文教育在整体上起步较晚，也远不如东南亚华文教育的兴旺发达，但它不可忽视。欧洲华文教育对于欧洲华侨华人接受中华文化教育也功不可没。

第一节　俄罗斯与东欧各国华侨华人的中华文化教育

俄罗斯是世界上国土面积最大的国家，它与白俄罗斯、乌克兰、保加利亚、罗马尼亚、匈牙利、波兰、捷克、斯洛伐克等国同属东欧国家。历史上，俄罗斯、白俄罗斯、乌克兰都曾同属苏联，1991年苏联解体，俄罗斯继承其国际社会地位，白俄罗斯、乌克兰等加盟共和国独立建国。东欧其他多个国家在意识形态上也曾深受苏联影响（并非所有这个区域内的国家都受苏联影响），在当年冷战世界格局中属于同一阵营。东欧各国以斯拉夫民族为主体，多信仰东正教。可以说，近现代历史上，俄罗斯及东欧多个国家关系深厚且复杂。

一、"丝路"上的俄罗斯与东欧诸国华侨华人

（一）俄罗斯、白俄罗斯、乌克兰的华侨华人

俄罗斯是中国近邻，居住于俄罗斯的华侨华人自然也较多。由于地缘及其他各种因素，东三省、山东、浙江、湖北等地侨居俄罗斯的人口相对其他省份略多些。"割地为侨"是俄罗斯华侨华人的主要来源之一。晚清时期，俄罗斯经由《瑷珲条约》（1858）、《北京条约》（1860）等，强行割去黑龙江以北、外兴安岭以南、乌苏里江以东的原属中国的上百万平方千米土地（这里成了俄罗斯的远东地区），居住于这块土地上的

中国人随之被迫"割地为侨"，[①] 一夜之间变为俄罗斯华侨。而山东人民因生活所迫，惯于"闯关东"。"死逼梁山下关东，走投无路上崴子""上崴子，拾金子"等民谣、口头禅，表现了中国移民迁徙"海参崴"（俄罗斯远东海滨城市符拉迪沃斯托克）谋生的故事。沙俄开发远东（修建铁路、建设军港、开采矿藏、农业种植等）需要大量华工，在修建西伯利亚大铁路的数十年间（1892—1916），前后有 20 万名华工参加艰苦劳动。开发远东的数十万华工中，有东三省的人，也有极多的山东人。中国学者估计 1910 年远东地区华侨约占当时当地人口总数的 12%，俄罗斯学者估计中国移民在 20 万—25 万之间，[②] 可见沙俄时代已经形成较有规模的华侨社会，而且早在 1885 年在俄罗斯各地经商的华侨华人也已有一定群体。十月革命胜利，苏维埃政权建立，给世界多国的革命运动指明了方向。许多留学生前往苏联学习。邓小平、李富春、赵世炎、聂荣臻等诸多领导人都曾留学苏联。当时，大约有数十万旅俄华工为苏维埃政权的建立和巩固做出贡献，列宁的卫士中就有李富清等几十位中国红军战士。1949 年中华人民共和国成立，苏联是中国唇齿相依的邻邦。1951 年至 1966 年，中国留苏人员达到 11221 人。[③] "中国巨型计算机之父"金怡濂、我国载人航天工程首任总设计师王永志、杰出数学家谷超豪、"中国卫星之父"孙家栋、病毒学家候云德，这些伟大的科学家都是 20 世纪 50 年代的留苏学生。

在中苏关系产生裂痕以后，苏联华侨华人有所减少。1991 年，苏联解体以后，中国政府与俄罗斯联邦重新建立外交关系。大批华人以经商、留学、劳务等方式进入俄罗斯，逐渐变为华侨华人。他们是这个时代中国人出国大潮中的一部分，被称为"新移民"。当然，很多人也只是居留他国，并未真正获得居住国的身份。20 世纪 80 年代以来旅居俄罗斯的中国人虽然极多，入籍俄罗斯的华人数量却有限。近三十年来，

① 方雄普、李斌斌：《俄罗斯及中亚东欧华侨华人史话》，广东教育出版社，2019，第 34 页。

② 同上书，第 38 页。

③ 同上书，第 57 页。

有数万华侨华人以劳务合作的方式，在俄罗斯远东进行农业经营及开发或从事建筑业，赴远东经商的华侨也极多。与俄罗斯接壤的黑龙江开放有多个边境口岸，在布拉戈维申斯克、哈巴罗斯克、符拉迪沃斯托克等地，常见华商。在乌苏里斯克"有销售中国商品的大市场"，在纳霍德卡"有轩辕商业街"，在犹太自治州首府比罗比詹市，"中国人开的餐馆占40％以上"。[1] 20世纪90年代，莫斯科经商华侨有十多万人。华商多在莫斯科南部大环路旁的艾米拉市场和东北区的切尔基佐夫市场，批发或零售来自中国的服装、鞋帽等日用商品。切尔基佐夫市场曾是东欧最大的集装箱市场，在2009年被关闭前，华商一直是那里的主力军。[2]

1991年8月，乌克兰独立。次日，白俄罗斯共和国独立。中国也于1992年1月，先后与乌克兰、白俄罗斯建交。在乌克兰，其中央历史档案馆的档案表明1900年就有中国人出入。一战招募的华工中也有人留在乌克兰。20世纪90年代以来，前往东欧诸国的中国人渐多，上万华侨华人旅居乌克兰，主要从事进出口生意或零售经营。"他们大多聚居在黑海海滨城市敖德萨、首都基辅和位于东北部的哈尔科夫。"[3] 在白俄罗斯，自1992年中国与之建交以来，华侨华人渐多。2013年，中白两国在明斯克合建"中国—白俄罗斯工业园区"，很多华人在白俄罗斯的中资企业工作；2015年、2016年在白俄罗斯移民局登记的华人都有数千人，很多人居住在首都明斯克，经商或留学的不在少数。[4]

可以说，俄罗斯华侨华人的历史较为长久，华侨华人的来源及构成也呈多元化。乌克兰、白俄罗斯的华侨华人总量相对较少，相比俄罗斯而言，华侨华人的来源及生活方式相对单纯一些。

（二）东欧其他国家的华侨华人

中国人抵达俄罗斯等东欧各国，是早已有之的事。不过华侨华人大

① 方雄普、李斌斌：《俄罗斯及中亚东欧华侨华人史话》，广东教育出版社，2019年，第65页。
② 同上书，第65—66页。
③ 同上书，第95页。
④ 同上书，第98页。

第五章　欧洲华侨华人的中华文化教育

量来到欧洲（包括东欧诸国），应是一战期间。1914 年，所谓的"协约国"与"同盟国"之间爆发的激烈战争波及世界很多国家。北洋政府"以工代兵"参与这次战争，十来万华工被集体招募到欧洲进行各种劳动。1918 年战争结束，很多华工被遣返回国，也有很多华工留在欧洲国家，他们成为 20 世纪早期旅居欧洲的华侨华人。

1949 年，中华人民共和国成立，东欧各国是率先与中国建交的友邦。当年 10 月，保加利亚、罗马尼亚、匈牙利、捷克斯洛伐克（后来分为捷克、斯洛伐克两个国家）、波兰等东欧各国纷纷与中国建交。中国也重点向苏联及东欧各国派遣留学生。"据资料统计，从 1950 年至 1966 年，中国先后向东欧的社会主义国家派出留学生共计 1465 人"①，范围覆盖民主德国、捷克斯洛伐克、波兰、罗马尼亚、阿尔巴尼亚、匈牙利、保加利亚等。

20 世纪末苏联解体、东欧剧变，重大政治事件也导致各国经济陷入困境。东欧各国由于缺乏轻工业商品，中国商人将衣服、鞋帽等运到当地，建立进出口公司、商场、货行，新一代华侨华人逐渐壮大。特别是由于 1989 年中国政府与匈牙利政府签署了旅游互免签证的协定，因此出现了"匈牙利热"，有 4 万多中国商人涌向匈牙利。他们多住在布达佩斯的四虎市场及周边地段，大多以经商谋生，布达佩斯仅中餐馆就有 200 多家。除了首都，华人遍及匈牙利各地，据说人口在 2000 人以上的匈牙利村庄一定会有华人的零售店。② 在罗马尼亚，20 世纪 80 年代末就有较多中国人来到此地。1995 年有 2055 家中国公司在罗马尼亚发展局登记注册，"罗马尼亚劳动部与海关总局估计，当时在罗马尼亚的中国移民总数超过 2 万人"③。建于首都布加勒斯特的欧罗巴市场、尼罗市场、红龙市场、唐人街市场有大量华商的商铺。在保加利亚，主要是首都索非亚，20 世纪 90 年代以来，有数千中国人居住于此。2011 年，华侨华人

---

① 方雄普、李斌斌：《俄罗斯及中亚东欧华侨华人史话》，广东教育出版社，2019，第 56 页。

② 同上书，第 101—103 页。

③ 同上书，第 106 页。

约 5000 人。① 在波兰，"2004 年之前，波兰华侨华人大约有 1300 人"。2002 年，波兰华沙中国商城，入驻企业达 1000 多家，"华商占 40%"。2004 年，波兰加入欧盟，政策开放，以江浙人为主的华商大量来到波兰。在波兰的华侨华人在"2015 年时已超过 1 万人"。② 捷克和斯洛伐克曾是"合体"，名叫捷克斯洛伐克，1993 年"兄弟分家"。1990 年秋天，10 名中国商人定居捷克斯洛伐克，此后来者日众，最多时有 2 万中国人在捷克。③ 华侨华人多居住于捷克首都布拉格，他们或在中资企业工作，或做小商品销售，或经营高端餐饮。斯洛伐克华侨华人在 2013 年约有 3000 人，他们趁着东欧剧变带来的贸易机遇来到，从摆地摊、小商品贸易做起，渐成规模。

无论是俄罗斯、白俄罗斯、乌克兰，还是东欧其他各国，华侨华人都秉承着勤劳苦干、勇毅坚忍的精神，努力在异国土地上打拼，很多人也开创了个人的世界，并且互助团结，形成华人社团，推动东欧各国华侨华人社会的发展。

二、俄罗斯与东欧各国华校华文教育的多元生态

俄罗斯与东欧各国华侨华人社会的良性发展，离不开华文教育的开展。有研究者曾对欧洲"华文教育示范学校"做过比较科学的研究。其中，欧洲"华文教育示范学校"使用的中文教材主要有暨南大学出版的《中文》、人教版《语文》《中文》《快乐汉语》等。④ 这些学校的课程设置分为语言课、文化课、兴趣课等三类，语言课学习汉语（包括普通话、粤语等），文化课有中国历史、地理、国学等，兴趣课有珠心算、

① 方雄普、李斌斌：《俄罗斯及中亚东欧华侨华人史话》，广东教育出版社，2019，第 118 页。
② 同上书，第 121—122 页。
③ 同上书，第 111—112 页。
④ 汪月：《基于数据库的欧洲华文教育发展量化研究——以华文教育师范学校为例》，硕士学位论文，郑州大学，2020，第 27 页。

书法、舞蹈、戏剧、武术、古筝等丰富内容。[1] 虽然东欧各国的华文教育不若东南亚、北美各地的盛况，也不若西欧各国境况，但当地华侨华人一直在努力争取创办华文学校，让华侨华人子弟接受中华文化教育。俄罗斯与东欧各国的华文学校，如果从创办主体来介绍的话，大致可以分为以下几类。

其一是政府主办并隶属该国公共教育系统的华文学校。比较著名的是俄罗斯的莫斯科第十一汉语寄宿学校、莫斯科1948中文学校和匈牙利的匈中双语学校（匈中双语学校也可视为华文学校，实际上，海外华文学校很多都是双语教学）。

莫斯科第十一汉语寄宿学校是十一年制义务教育学校，创建半个多世纪以来一直保持着深度汉语教学，教师队伍素质较高，有十来位教师获得优秀人民教育工作者、俄联邦荣誉教育工作者等称号。虽然五年级开始也有英文教学，但学校里里外外看起来"仿佛是一所纯汉语学校"，学校楼门大厅正中央挂着的"欢迎光临"红色横幅，教室书柜里的许多汉语书籍（字典、介绍中国的读物和画册等），墙上贴着的中国地图、汉语新春对联、书法与国画，活动馆作为舞台背景的汉语条幅和腾飞的中国龙，舞台上唱的中国歌、跳的中国舞，体育课教授的中国武术……无不体现出中华文化元素在这所学校无处不在。莫斯科1948中文学校是莫斯科一所用汉语教学的专业学校，中国国家领导人、驻俄大使等都曾访问该校。学生们从一年级到四年级，每周上4个小时的中文课程，五年级以后中文课程大幅度增加课时，并开设中国国情、中国旅游、中俄翻译基础等课程。通过持续十年以上的汉语和中国文化学习，学子们培养了对中华文化的特殊感情。

与俄罗斯两所华文学校的主要教学对象为俄罗斯学生不同，匈中双语学校建立的初衷是为了华侨华人子弟的教育。匈中双语学校是匈牙利影响力最大的华文学校，它位于匈牙利首都布达佩斯第15区，由匈牙利前总理迈杰希倡导，是两国政府"在欧洲共同兴办的唯一一所全日制公

---

[1] 汪月：《基于数据库的欧洲华文教育发展量化研究——以华文教育师范学校为例》，硕士学位论文，郑州大学，2020，第25页。

立小学"，"而且隶属于匈牙利公共教育体系"。①　2004 年该校成立时，学生不多，且以华裔儿童为主。到 2008 年，在校学生达到 480 人，华人学生占四分之一，匈牙利人居多。"从以中国学生为主到匈牙利学生占绝大多数，匈中双语学校创立十五年来的学生结构变化，显示出中文和中国在匈牙利日益受到重视。"②　匈中双语学校后来被中国国务院侨务办公室评选为"华文教育示范学校"，可见其办学质量、社会影响力都极好。因此，匈牙利医生、律师、国会议员都乐意把孩子送进匈中双语学校。该校学生可以"12 年制全贯通"学习汉语和中华文化，对于培养华侨华人子弟的中华文化素养大有裨益。

其二是华人社团创建的华文学校。在世界各国，大多数华文学校都由华侨华人社团自主办学并维持其运行，这点在东南亚、北美各地非常明显。在东欧，保加利亚中国教育中心即是这类华文学校的典型个案。

保加利亚汉语教学始于 20 世纪 50 年代。1953 年春，朱德熙、张荪芬在保加利亚开设首个汉语讲习班，并共同编写了《汉语教科书》。保加利亚的华文教育主要在其首都索非亚。21 世纪以来，在保加利亚推行华文教育比较典型的是保加利亚中国教育中心，它得到中国驻保加利亚大使馆的协助，由华人社团保加利亚中国商会于 2008 年创立（原名保加利亚商会中文学校，2015 年更名）。③　这是保加利亚境内专为华裔学生学习汉语而创办的民办培训机构，学生多为浙江青田人的后裔。古代青田人靠贩卖青田石雕走天涯，俄罗斯、东欧多有青田人的足迹。他们在异国立足以后，售卖小商品、经营餐饮业或从事国际贸易，成为所在国的一股华人力量，并成立地缘性社团，以参与创建华文学校、华文传媒的方式传播中华文化。保加利亚中国教育中心成立的原因，是华侨华人希望他们的子弟受到正式的中华文化教育，不仅能听汉语、说汉语、读汉

① 汪月：《基于数据库的欧洲华文教育发展量化研究——以华文教育师范学校为例》，硕士学位论文，郑州大学，2020，第 26 页。

② 王子辰、袁亮：《通讯：受到匈牙利人青睐的匈中双语学校》，新华网，2019 年 5 月 23 日，访问日期：2023 年 12 月 6 日。

③ 王志鹏：《保加利亚华裔汉语教学现状调查研究——以保加利亚中国教育中心为例》，硕士学位论文，苏州大学，2018，第 13 页。

语、写汉语，也能学习中华文化并了解中国国情而"不忘根本"。①

其三是华侨华人个人创办的华文学校。东欧出现了众多个人创办的华文教育机构，如乌克兰的克拉马托尔斯克经济人文学院、波兰的华沙中文学校、捷克的布拉格中华国际学校及匈牙利光华中文学校、金桥汉语学校等，都属于这类学校。

由李泽皋创办的克拉马托尔斯克经济人文学院，在乌克兰 120 所私立大学中排名前十。它是乌克兰教育部批准成立的私立高校，创建于1992 年，其优势专业如金融学、汉语言文学等，在乌克兰享有盛誉。乌克兰大学分为可颁发本科文凭的三级院校和可颁发硕士学位的四级院校，克拉马托尔斯克经济人文学院为三级院校。学校也招收中国留学生，教授汉语、传播中华文化也是其强项。克拉马托尔斯克市乌中交流中心设在哪里，整个乌克兰东部凡是与中国有关的活动大多在那里举办。② 华侨华人"不忘根本"的精神也使他们在日常生活中有意识地学习或传播中华文化，并内化为自身文化修养。

波兰是积极响应"一带一路"倡议的中东欧国家。中国与波兰发起的"华沙倡议"对加强中国与中东欧各国的合作具有非常积极的意义。在波兰华侨华人及华人社团的努力下，波兰的华文教育也取得一定的成效。"大梦想教育"主要是针对华侨华人子弟的教育机构，于 2015 年由朱丹等人创建，分为大梦想语言学习中心、大梦想艺术团、大梦想游学中心等三个相互依托的体系。这个机构开展的文化教育与游学活动等，有益于华侨华人子弟接受中华文化教育。华沙中文学校于 2013 年被中国国务院侨务办公室和中国海外交流协会授予"华文教育示范学校"的称号。③"华文教育示范学校"是中国国务院侨务办公室对全球华文学校办学质量、办学层次、社会影响力等进行综合考量而评选的华文教育机构，中

---

① 王志鹏：《保加利亚华裔汉语教学现状调查研究——以保加利亚中国教育中心为例》，硕士学位论文，苏州大学，2018，第 17 页。

② 方雄普、李斌斌：《俄罗斯及中亚东欧华侨华人史话》，广东教育出版社，2019，第 186—187 页。

③《波兰华沙中文学校将为当地居民提供免费汉语课程》，中国侨网，2018 年 2 月28 日，访问日期：2023 年 12 月 6 日。

东欧获得此项荣誉的华文学校不多。而华沙长城中文学校在"中国日"推行的中国歌曲、中国传统武术、中华民俗表演等，[①] 有助于波兰华裔学生了解中华文化。

布拉格中华国际学校成立于 1995 年，由留学生戴波创建。它被中国国务院侨务办公室评选为海外"华文教育示范学校"，"是捷克教育部正式批准的一所准全日制中文学校"。[②] 据悉，它也是捷克唯一的一所华人学校。"学校主要面向旅居捷克 6 岁至 18 岁的华裔少年，为他们提供从小学到初中 9 年系统的中文基础教育和 3 年国际高中文凭中文课程教育。学校同时开设有针对非华裔学生的汉语教学课程。"[③] 小学、初中开设中文、数学、英文和历史等课程，教学进度与中国同步，教师授课使用的是人民教育出版社义务教育课程标准实验教科书。教师重视对学生进行中国传统美德、传统文化的熏陶，美术、书法、舞蹈、围棋等选修课程也有助于华裔学生了解丰富多彩的中国文化。

匈牙利光华中文学校由华侨张庆滨夫妇于 1998 年创立。学校开设有语文、数学、历史、音乐、体育等课程，积极传播中华文化。金桥汉语学校位于布达佩斯十五区，2012 年由中国东北移民乔文创立，学生主要是匈牙利人，也有 10％的华侨子弟。创办人乔文希望让所有的孩子从小就接受中国传统文化的熏陶，学习《弟子规》《三字经》《唐诗三百首》《成语典故》《三国演义》《水浒传》等经典著作。据悉，金桥汉语学校每年定期举行夏令营和春节联欢会，开设剪纸、折纸、中国结等手工艺课程，有书法家指导、国画大师现场作画，有中国饮食及汉服饰文化介绍，每周末还有汉语角活动。学校的一系列活动，让学生切身感受到中国文化的丰富多彩，从而实现传播和传承中华文化的目的。

上述三种形式的华文学校中，由政府主办并隶属该国公共教育系统

①《波兰华沙长城中文学校举办中国日，推介中国文化》，中国新闻网，2011 年 6 月 3 日，访问日期：2023 年 12 月 6 日。

② 方雄普、李斌斌：《俄罗斯及中亚东欧华侨华人史话》，广东教育出版社，2019，第 114 页。

③ 杨宇：《异乡琅琅读书声——访布拉格中华国际学校》，中华人民共和国教育部网站，2019 年 12 月 25 日，访问日期：2023 年 12 月 6 日。

的华文学校，往往是公立的全日制的华文教育学校。由华人社团、华侨华人个体创立的华文学校，往往是私立的华文教育机构。不过，这些华文教育机构往往也接受中国国务院侨务办公室及所在国的管理（当然，部分华文教育平台无序生存的现象也是有的）。无论公立、私立学校，都以华文教育为主，也兼顾所在国官方语言教育。在俄罗斯与东欧各国，除了华文学校，设在各高校的孔子学院，也是华文教育的重要机构。俄罗斯高校里的数十所孔子学院，乌克兰、白俄罗斯大学里的孔子学院（如卢甘斯克师范大学、乌克兰基辅大学、哈尔科夫大学、南方师范大学、基辅语言大学、白俄罗斯国立大学、明斯克国立语言大学等大学的孔子学院），都在进行汉语教学和中华文化推广，成为传播中华文化的好舞台。在罗马尼亚的多家孔子学院及国立大学（如布加勒斯特大学、卢奇安·布拉加大学、巴贝什·博尧伊大学）中，也都开设有中文专业。[1] 不管由谁创办、主导，不管何种形式的华文教育，都有益于当地华侨华人学习中华文化。

第二节 英、法、德、意的华侨移民、
华教机构与民间社团活动

英法两国是西欧强国，在大航海时代便开始积极拓展海外殖民地，彼此有合作，也有竞争。20 世纪以来，两国依然在国际舞台上保持着极大的影响力。德国是中欧举足轻重的大国，虽然两次世界大战德国都是战祸发源地之一，但其实力从来都不可小觑。位于南欧的意大利具有久远的文化传统。这几个国家是具有代表性的欧洲国家。

---

① 林惠芬：《罗马尼亚第一所中文学校揭牌》，人民网，2014 年 7 月 6 日，访问日期：2023 年 12 月 6 日。

一、从个体"意外闯入"到群体移居

从张骞出使西域起，中国人穿过西伯利亚到达欧洲，与各地区诸多民族进行物质交换。直至16世纪初，葡萄牙殖民者开启了欧亚之间的远洋贸易，"陆上通欧"逐渐转为"海上通欧"。在西方史籍中，明确提及留居欧洲的中国人最早出现于16世纪中叶。据英国学者分析，该名中国人很有可能是"葡萄牙人海盗行径的一个受害者"，被称为"中国奴隶"。[①] 不过这并不是群体移居，只是偶然"闯入"欧洲的事例。十六七世纪之交，欧洲耶稣会选取了一批耶稣会教士来中国传教，从而吸引了一部分中国人前往欧洲，开始了中国人移居欧洲的历史。17世纪，荷兰与英国的东印度公司成立，海上航行为殖民者谋取暴利提供了便利。大量的中国工艺品等商品通过海上运输到达欧洲。中国的物质和文化涌入欧洲，给欧洲带来了深远的影响。中学西渐，也吸引了少数知识分子远渡重洋进入欧洲。同时，荷兰与英国的殖民地在历史上曾是早期中国闽粤移民的集中地，因此也出现了华人从殖民地移居欧洲的情况。可以说，19世纪之前，华人移居欧洲的数量不多，还未出现大规模的群体定居情况，多倾向于短暂留居。

19世纪以来，华人旅欧进程加快，华商、劳工兼有。在清末政府派出的访欧代表团某些官员的日记中，就记载了欧洲风貌及活跃于巴黎、伦敦的华商等多重身份的中国侨民。也可以说，19世纪的旅欧华侨至少出现了两类。一类是底层劳工。在19世纪中叶，清政府禁止华工出洋，但西方列强为了谋求超额利润，利用各种方法将价格低廉、顺从听话的华工一批一批运往国外。尝到甜头后，欧洲公司开始雇佣华工作为远航水手，在船上担任"司炉工"（也称"烧火工"）工作，中国"烧火工"顶替欧洲水手成为被剥削的对象。有些水手在抵达欧洲港口城市时，因伤病等原因不得不留居当地，成为"侨民"。从"船员"到"侨民"，"是

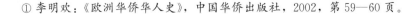

① 李明欢：《欧洲华侨华人史》，中国华侨出版社，2002，第59—60页。

19 世纪中叶之后中国人进入欧洲的一个主要途径"。① 另一类是华商。19
世纪的欧洲还出现了一批走街串巷的华人小商贩，这些商贩大多来自浙
江的青田、温州，他们大多以售卖青田玉、青田石雕谋生。这些华人商
贩有的因售卖货物而往返于祖国与外国之间，有的则梦想着在欧洲发家
致富后衣锦还乡，也有华人毅然决然选择定居欧洲，终生不再返回
祖国。

20 世纪上半叶，"以工代兵"和赴欧留学成为旅欧华侨的两类来源。
1914 年一战爆发，中国政府加入"协约国"，以输送劳工的方式参与战
争。欧洲国家招募大量华工，为其缓解战争带来的劳动力紧缺问题，华
工主要被送往俄国、英国、法国等地。华工在欧洲的生存环境极其恶
劣，他们原本只是参与战争时的后勤保障工作，但后来甚至被迫卷入战
争，或上前线修战壕，或持枪抵挡进攻。1918 年一战结束，然而华工的
五年合同期未满，只能继续服从管理，参与居住国的战后建设。直至
1921 年，一部分华工才被遣送回国，另一部分华工则选择留居法国。
"据法国官方统计，大战后留居法国的华工总计约有 3000 人，其中 1850
名技术工人正式与法国的冶金工业签订了新的工作合同，其余的则分别
在法国巴黎近郊的各机械制造厂、飞机制造厂工作。"② 留欧华工摇身一
变，成为移民华工，人数之多，使得法国华人社会有了全新面貌。至于
赴欧留学生，在清末就有因洋务运动被派遣至欧洲留学的中国留学生。
进入 20 世纪后，"欧洲国家以特殊政策吸引中国留学生者，以德国为
最"③。因国内政治环境所迫，赴法勤工俭学运动兴起，大批留学生自费
赴欧，从而形成留学热潮。

二战结束以后，世界格局面临着分化改组的情况。亚非拉许多殖民
地、半殖民地国家兴起了民族解放运动，这造成了一种移民新现象：二
战后东南亚华人向西欧迁徙，如部分马来西亚华人"再移民"英国。我
国也有这类情况。中国香港居民在 20 世纪五六十年代成为西欧国家华人

---

① 李明欢：《欧洲华侨华人史》，中国华侨出版社，2002，第 84 页。

② 同上书，第 116 页。

③ 同上书，第 128 页。

新移民的重要组成部分。除此之外，该时期赴欧的留学生有完成学业后留居当地者，身份从"留学生"转变为"侨民"。此时，欧洲还吸引大批外籍工人赴欧参与战后经济重建，这些劳工留居当地，也是西欧华人的来源之一。从 1976 年到 20 世纪终结的 25 年间，是战后以来中国对外移民潮从兴起到迅速高涨的时期，"在这 1/4 世纪内，经不同途径从中国大陆移居西欧国家的总人数，大约在 30 万至 35 万之间"。[1] 20 世纪 80 年代，陆续出现非法移民现象。移民热潮高涨，以至于失去秩序。在此背景下，中国于 1994 年颁布了关于严惩非法移民的法令，此后向西欧的移民潮逐渐趋于平稳。

综观欧洲华侨华人史，华人赴欧可归纳为以下几种原因：一是受到西欧各国经济环境的吸引而赴欧经商或务工，包括倒卖中国"特产"的小商贩、已拥有一定商业规模的华商、自愿出卖劳动力的华工等；二是受到国内外政治、外交的影响而赴欧，如朝廷选派游历欧洲的官员、选派赴欧深造的留学生、一战时期的"契约劳工"等；三是受到西欧各国文化的吸引，如自费赴法勤工俭学的留学生等等。当然，也还有受到政治、经济双重影响而选择移民的华人，他们的到来也增加了西欧华人社会结构的多元化。以上种种移民情况都影响了西欧各国华文教育的发展：相较于东南亚，西欧华文教育起步晚；学校的官方华文教育较民间社团的华文教育组织迟；两次世界大战，欧洲皆为主战场，这也不可避免地对华文教育产生负面影响。

二、英、法、德、意教育机构对华侨华人的中华文化教育

欧洲国家的华文教育总体来说起步晚，发展也不稳定。欧洲华侨华人的中华文化教育可分为几个阶段，第一是一战期间，这时期华工所受的教育主要以职业教育为主。第二阶段是二战期间，主要是爱国主义教育，通过兴办的报纸、杂志等传达自由思想与爱国思潮。第三阶段是二战结束之后。战后初期，欧洲华文教育发展缓慢。资料显示，"到 1954

---

① 李明欢：《欧洲华侨华人史》，中国华侨出版社，2002，第 512 页。

年时，海外华文学校已经发展到 4376 所，但办学地点在欧洲的也只有 3 所。其中两所分别位于英国的伦敦和利物浦，二战期间还曾经停办"①。战后国际形势发生巨大变化，东西方阵营长期对立。苏联解体后，国际形势呈现出较为和缓的状态。这期间，西欧涌入各类华人移民群体，例如，20 世纪 50 年代来自中国香港的华人移民；20 世纪 70 年代来自东南亚地区的华裔难民；20 世纪 80 年代来自苏里南（原荷属）的华侨华人移民等。来自中国及世界其他各地的华侨华人群体，使得欧洲华人数量大幅增加，欧华社会的华人结构呈现出多样化的特点。在此基础上，欧洲华文教育逐渐发展并形成规模，华侨社团创办中文班、中文学校，较前两个阶段发展更为平稳。

1. 英国

"时至 20 世纪末，即使依据比较保守的估计，全欧华侨华人兴办的各类中文学校或中文班总数也已接近 300 所。其中，以英国最多，大约有 160 到 180 所，遍布英伦三岛，其次为荷兰与法国，各有三四十所。"② 可见二战后英国创办华文学校的数量及规模达到了欧洲各国之首。

尽管数量较多，但英国的华文教育同样起步较晚，真正蓬勃发展的时期是 20 世纪 70 年代。"伦敦著名的侨团共和协会，它于 1968 年首创第一个儿童中文识字班。"③ 校址在伦敦唐人街附近，学校还设有普通话、中国民乐、太极拳等学习班，这和该协会的宗旨——继承中华民族文化传统、传播中华文化、融会中西文化是一脉相承的。至 20 世纪 80 年代，该会已办 20 多个班，发展态势良好。1969 年，曼彻斯特侨联社也创办了一所中文学校。1980 年，曼彻斯特中国教育文化社团协助中心创办了中文识字班，同时还设有舞蹈、戏剧、武术、普通话等训练班。这些由社团创办的中文识字班，开办时不以营利为目的，而是以普及华

---

① 潘睿：《当代欧洲华文教育探析（1970—2006）》，硕士学位论文，暨南大学，2007，第 5 页。

② 李明欢：《欧洲华侨华人史》，中国华侨出版社，2002，第 686 页。

③ 杨万秀主编《海外华侨华人概况》，广东人民出版社，1989，第 264 页。

文教育为目的。二战后，欧洲许多国家实行多元文化政策，政府对这些中文识字班基本持不干预态度，也未将其纳入正统的官方教育系统中。因此，为维持这些中文学校的建立与运作，成立了一批以支持中文学校为主旨的"校董会"组织。[①] 这些学校的教师多为学生家长、留学生等，采用粤语教学，也没有较为系统、完备的教材（有些社团会自编教材）。英国华文学校、中文识字班等教育机构的状况，表明它们的华文教育发展尚有相当大的局限性。

直至1980年，旅英中华专业协会创立了第一所用普通话教学的中文学校。该华文学校在英国伦敦北郊"恒邨"成立，[②] 这推动了英国华文教育教学的发展。在此之前，英国华文教育大多使用粤语等方言进行教学。这是由于在英华人来自中国的不同地区，所使用方言的不同也导致了华人教育中所用媒介语的不同。在英国侨校中，以1977年成立的"华裔总会中文学校"规模最大，并拥有校产。1987年学生近1200人。这也已说明英国华文教育的盛况。[③]

2. 法国

在二战之前，华人大多因谋生而移民法国，法国华文教育还未形成较大的规模。在一战期间，在法华工在工作之余，曾接受过略为系统的教育，且方式多样、内容多样。"华法教育会以三种不同方式在雇佣华工较为集中的工厂区开展华工教育。第一种方式是与法国工厂的雇主取得协议，每天在厂内开课一小时。"学习内容一般与工人所从事的工作有关，着眼于提高工人的实际工作能力。"第二种方式是在华工较为集中居住的地方设立补习学校，由中国留法学生当老师，主要教授法文、英文和一些机械知识。"第三种最为正规，即在法国有关当局的支持下，开办专门的"华工学校"，开设的课程包括法文、中文、算学……[④]可见，此时的教育更多是属于华工的职业教育，而非传播、传承中华文

① 李明欢：《欧洲华侨华人史》，中国华侨出版社，2002，第687页。

② 胡志强：《英国华侨概况》，台湾正中书局，1989，第36页。

③ 同上。

④ 李明欢：《欧洲华侨华人史》，中国华侨出版社，2002，第138页。

化。当时的国际形势动荡不安，在法的华人华工主要是通过报刊、社团等途径了解形势，传播思想，接受爱国主义教育。

一战后也有中文学校在法国发展，但道路曲折，最终还是因第二次世界大战被迫中止，战后才开始重建。1964 年中法建交，20 世纪 70 年代东南亚难民逃往欧洲，其中超过 10 万华裔在法国落脚，这使得在法华人的基数又有所增长。20 世纪 80 年代，进入法华教育的蓬勃发展期，各地中文班、中文学校拔地而起，华人学生越来越多。1981 年，法国中华学校创立。1982 年，法国华裔互助会创办华裔会中文班。1986 年，法国华侨华人会创立中文学校。1989 年，亭林中文学校创立。1996 年，青田同乡会创立。直至 20 世纪 80 年代末，法华社会的中文学校（有的是补习班）大约有 50 所。比较重要的有巴黎华文班、中华学校、海南同乡会中文班、里昂天主教华人教会华文班、里昂中部华裔华文班、法亚友爱中心华文班。[1] 从法国各类中文班、中文学校来看，其创建者主要是民间华人社团，其中同乡会是不可忽视的一部分。例如，不少的"青田小贩""华商"在战后选择在法定居，形成一些地缘性华人社团组织（比如同乡会）。华人群体重视华文教育、注重中华文化传承的人文性格，使他们更有动力去促进法华教育向前发展。

进入新世纪以后，孔子学院成为法国华人进行中华文化教育的机构之一。例如法国的普瓦提埃孔子学院，为法国第一所孔子学院，自创立起便致力于传授中华传统文化。教学活动包括但不限于开办"书法——中国文化"体验班，组织汉字展、书画展，举办话说汉字、谈民俗、学历史等文化讲座。[2]

3. 德国

德国的华文学校发展较迟缓。进入 20 世纪 80 年代以后，由于华侨华人大量增加，在他们聚居的一些城市里先后办起华文学校。波恩华侨中文学校便是这时期创办起来的，它由波恩地区的部分华侨集资创办，

---

① 张宁静：《法国华侨概况》，台湾正中书局，1988，第 55—56 页。

② 叶继海：《当代华语文教育与中国文化软实力研究》，博士学位论文，暨南大学，2012，第 93—94 页。

是德国历史较早的一间华文学校。这是德国较为正规的华文学校，体制规范，设有低、中、高三个班次。[①]　如同波恩华侨中文学校，德国的中文学校多数创办于20世纪80年代。1990年，两德统一，中德两国关系改善，经济往来开始密切。德国社会对汉语人才的需求与日俱增，这促进了德华教育的发展。在此背景下，旅德华人联合会、华人社团，相继在柏林、纽伦堡、海茵茨等城市创办了中文学校，其中柏林华德中文学校创办于1992年。[②]　这些中文学校创立时大多选择华人较多的城市。除中文学校外，城市里还出现了许多规模较小的中文补习班。在德国，上述波恩华侨中文学校、柏林华德中文学校较为出名，汉堡中华学校、汉堡汉华中文学校、慕尼黑中文学校等校的发展态势趋稳向好。

德国这些中文学校使用的教材、语言、文字并不统一，这其实是海外多国华人教育发展的共同特征，形成这种状况的主要原因是华侨华人的移民背景。他们或来自中国大陆，或来自中国香港、中国台湾。即便是中国大陆移民，也有新、老移民的差异，老侨多是广东籍移民，使用粤语，而改革开放以后出国闯世界的"新移民"，主要使用普通话。文字也是有差异的，譬如中国大陆已经使用简体字，中国台湾还在使用繁体字。因此，欧洲各华侨社团、华文学校，教学中教材、语言、文字的使用常出现不同的情况。例如，汉堡中华学校使用台湾地区提供的教材，接触并学习的文字则为繁体字；波恩华侨中文学校曾将粤语作为教学媒介语，后来随着学校规模扩大、体制逐渐规范，普通话才正式成为教学中使用的语言。

4. 意大利

与处于欧洲中西部的英、法、德等国不同，意大利地处欧洲南部，靠近地中海，该区域国家密集。与南欧其他国家不同，意大利政治环境相对稳定，华人移民人口更多，因此意大利的华文教育在南欧发展较

① 潘睿：《当代欧洲华文教育探析（1970—2006）》，硕士学位论文，暨南大学，2007，第12页。

② 林希：《涓涓细流汇成海——记德国柏林华德中文学校》，《人民日报》（海外版）2002年3月7日。

第五章　欧洲华侨华人的中华文化教育

261

早。但与西欧相比较，意大利的华人华文教育发展仍较为迟缓。在中文学校出现之前，华侨子女主要还是接受当地正规学校的文化教育，若想进行汉语教育，大多是通过家庭补习这一渠道实现。

进入 21 世纪，意大利的华文教育进入蓬勃发展时期。数据显示，较正规的华文学校主要分布于米兰、罗马、佛罗伦萨、普拉托等地。大多还是位于米兰总领馆区，这是意大利华人教育发展的区域性特点。在前面曾提到西欧华人教育的发展离不开各类华侨社团，侨团创办中文补习班、识字班，属于非营利性质，目的在于普及华文教育，资金来源大多依靠募捐。意大利则不同，意大利华侨学校更多是由华侨私人出资创办的，也称为"产业式学校"。这类学校规模较大，学生可接受全日制教育。而有些华文学校则因资金不够、规模小、没有校舍，所以上课多采取周末制、下午制等方式，性质更偏向于补习学校。就使用的教材而言，意大利华文学校目前使用最为广泛的教材为暨南大学文学院编写的《中文》教材，部分学校使用自编教材，[1] 甚至某些学校会使用两套教材。

随着网络时代的到来，意大利华文教育形式有了创新模式。除了中文学校、孔子学院等，还开设了"全球化课堂"。"例如信息科技方面的华文网页、华文搜寻网站、电视媒体方面的全球华文频道以及大量出现的华文报刊。"[2] 网络教育为华人接受中华文化教育提供了便利，也从"点"到"面"扩大了华文教育的影响，使之更为全面、立体。当今的世界，是文化交流融合的世界，中意合作办学的华文学校也不在少数，如佛罗伦萨中文学校。这种合作的形式，符合当今世界文化大融合、大发展的趋势，也有利于提高在欧华人对华文教育的积极性，促进意大利华文教育的发展，亦可从中窥得国家对海外华人教育的重视。

---

① 严晓鹏、包含丽、郑婷等：《意大利华文教育研究——以旅意温州人创办的华文学校为例》，浙江大学出版社，2015，第 79 页。

② 同上书，第 30 页。

三、英、法、德、意华侨华人民间社团与民间活动

欧洲的华侨华人社团发展进程与东南亚国家大不相同，华人进入欧洲国家的时间较晚、规模较小。欧洲华人社团的起源要追溯至20世纪初叶，也是欧洲华人社会形成的初始阶段。这时期的社团有以下三种类型。第一种是由中、欧知识分子组建的"教育会"社团。这类社团最早出现在法国，如1916年成立的"华法教育会"。它曾于一战时期组织留法华工开展教育，组织留学生进行勤工俭学运动。第二种社团为政党型社团，代表社团有巴黎的"旅欧中国少年共产党"。该社团由周恩来、赵世炎等人发起成立。它旨在传播政治思想，致力于推动中国政治革命。第三种社团则更偏向于民间社团，它们以华人移民的地缘、血缘为纽带，创建非营利性社团。这类民间社团前期名称多为"宗亲会""同乡会""互助会"。这是因为中国人向来有着"血浓于水"的亲缘观念，从古至今便以血缘、地缘为基础构建家族和宗族。当华人移民欧洲，则以共同的祖籍地为地缘，并以此为基础组建起海外同乡会。与东南亚国家"同姓同宗"的同乡会不同，欧洲国家的同乡会大多以地缘为标志，更具包容性，且同样能达到凝聚华人族群的目的。

华人在异国他乡的生活总是不易，组团是为了守望相助，互为取暖。民间社团的发展经历过几个阶段。在一战前后创立的民间社团发展缓慢，主要是为了团结当地华人群体。二战前，欧洲华侨华人的侨团组织并不发达，较多华人活动的英国也是如此。"只是在利物浦与伦敦才有一些宗族性和同乡性的社团，如利物浦的致公堂、四邑会馆、伦敦的华人互助工团等。"[1] 二战以后，东西方两大阵营严重对峙，世界出现严峻的冷战局面，欧洲华侨华人在夹缝中生活，很难发出属于自己的声音，社团活动也少。偶有侨团创办中文识字班，服务对象也为欧洲的华裔群体。此后，国际政局趋向稳定，海外华人社团的发展亦稳步上升。1980年，英国侨团联合总会成立，在加强英国各地侨团之间的联系方面

---

① 杨万秀主编《海外华侨华人概况》，广东人民出版社，1989，第266页。

发挥了不小的作用，其创建主旨便是维护侨胞的共同利益。1984 年，德国的"华人联谊会"成立，积极开展筹办中文识字班等活动，可以称得上是德国最具代表性的侨团。进入 20 世纪末期，欧洲的社团数量大幅提高，华人社团活动热情高涨。"就总数而言，欧洲华人社团数居于五大洲之末。然而，若就战后之增长幅度而言，则高居五大洲之首：1991 年欧洲华人社团总数高达 1950 年的 8 倍。战后欧洲华人社会的动态，于此可见一斑。"①

如果说社团的组建是欧洲华侨华人的外在依托，那么社团举办的活动则是华人的精神依托。许多社团自行创立中文学校、识字班，重视欧洲华裔的汉语教育，牢记中华之根，传承中华文化。同时，华侨华人还依靠社团活动进行中华文化教育，活动时间大多选择中华传统节日，如春节、端午、中秋，依托出游庆典、举办游玩活动等形式。这种特殊形式，有利于推动中华传统文化的向外传播，提高中华传统文化的知名度，同时也不失为一种寓教于乐的教育方式。华裔在感受传统节庆民俗氛围的同时，亦是在追溯"生命之河"的根源，以这类方式保持文化之源的不竭及自身灵魂的充盈。

除了节日庆典、周年欢庆之外，欧洲华侨华人社团亦会通过举办信俗仪式达到凝聚族群与传播中华传统文化的目的。例如，1989 年 1 月 29 日，法国华裔互助会举办了一场别开生面的神坛开光盛典，神坛供奉的是观世音菩萨、玄武山佛祖，仪式的主持是汕头佛教协会会长释定持大法师。② 举办盛典的意义在于以特殊的形式展现中华传统民俗文化的一部分，亦为欧洲华裔青年上了一堂别致的中华传统文化教育课。

---

① 李明欢：《当代海外华人社团研究》，厦门大学出版社，1995，第 6 页。
② 方玲：《从碣石到巴黎：法国玄天上帝香火的引进》，《华侨华人文献学刊》2017 年第 2 期。

第三节　欧洲华文文学

　　欧洲华文文学萌芽的前提是有旅欧华侨华人的存在。一战期间，虽然有十万以上的华侨旅欧，但主要是北洋政府输送的"以工代兵"的华工。他们并没有充裕的时间和精力进行文学创作。20 世纪二三十年代，以勤工俭学的名义留学旅欧的青年才俊多了起来。许多现代作家，如徐志摩、老舍、巴金、林徽因、艾青、季羡林等，他们的笔下都留下过欧洲的倩影。但是在学术界，他们的创作一般并不被看作是欧洲华文文学。

　　据山东大学黄万华教授的研究发现，欧洲华文文学的第一次高峰是在二战以后。程抱一、熊式一、熊秉明、赵淑侠（后来又旅美）、郑宝娟、吕大明等两岸诸多华侨华人在战后旅欧定居，并在创作上取得了较为丰富的成果。20 世纪 80 年代，高行健、林湄、虹影等新移民作家的创作在华文文学界声名鹊起，并日益受到学术界的关注。新移民作家构成了欧洲华文文学创作第二次高峰的主体。① 随着欧洲一体化的形成，散居于欧洲数十个国家的华文作家有意识地组建了统一的文学组织"欧洲华文作家协会"（赵淑侠发起，1991 年于巴黎成立）。欧洲由于较为缺乏像东南亚、北美那样的唐人街，华人作家因此直接居住于欧洲各种社区，以心中始终持有的中华文化，与西方文化进行近距离的互动交流。欧华作家中颇负盛名的有熊式一、程抱一、赵淑侠、高行健、林湄等。

　　熊式一于 1932 年留学英国，后来用英文创作剧本《王宝川》（改编自传统戏曲《王宝钏》）、长篇小说《天桥》，颇受英语读者的欢迎，他是 20 世纪上半叶在西方世界引起轰动的中国旅外作家。《王宝川》是古代民间广为流传的"薛仁贵征西"故事的再文学化，富有中华文化魅力。在现代留欧作家的笔下，它又富于现代文化思想，相国夫人对女儿

① 饶芃子、杨匡汉主编《海外华文文学教程》，暨南大学出版社，2009，第 191 页。

婚事有现代人思想。例如，"男子汉大丈夫，要是怕老婆，一定有出息的""普天下的好家庭，都是妇女做主的"。看得出来，《王宝川》是熊式一试图融汇中西文化观的一部创作，它有尊重女权的一面，塑造了宰相三女儿宝川和寒门之子薛仁贵开放倔强、追求自由婚恋的形象，也将中国封建社会的家常伦理观展示给西方观众。

程抱一是法兰西学院首位亚裔院士，学院授予他的佩剑柄上镌刻着文天祥《正气歌》首句——"天地有正气"。他祖籍南昌，1929 年生于济南，1948 年旅法留学并取得巴黎第九大学博士学位。其文学创作有诗集《树与石》《四季一生》《万有之东——程抱一诗歌总集》、长篇小说《天一言》(1998)、《此情可待》(2002) 等。程抱一耗费 12 年心血创作的《天一言》，于 1998 年获得法国费米娜文学大奖。它分为《出发的史诗》《转折的历程》《回归的神话》等三部，深入骨髓地刻画了天一、浩郎、玉梅三位主人公在特殊年代的命运。小说里有许多精彩而深刻的语言，令人深思。"你们进入了我的命运里；你们就是我的命运，我也不知道为什么。我知道的是：没有了你们，生命是乏味的，飘浮不定的，次要的。一旦和你们在一起，一切都有了光亮和意义。"[1] "原谅"，"是我们唯一的武器；是我们对抗荒谬唯一的办法……原谅了他们，我们就可以切断仇恨和报复的锁链。我们可以证明宇宙间永远存在着正气"[2]。《天一言》有西方存在主义哲学的思想痕迹，也有中华文化中上下求索的探索精神。

赵淑侠于 1960 年赴法留学，后定居瑞士。她有多部长篇小说体现了浓郁的中华文化元素，如《塞纳河畔》中的柳少征、柳正明等，《我们的歌》中的余织云、江啸风，都有着浓厚的中国情结。《塞纳河畔》中的黄山、泰山、阿里山和黄河、长江、淡水河，都体现出"中国"印在作者心中的如山之厚爱、如水之长情。余织云所撰写的歌词——"我们的歌，来自对家园根深蒂固的留恋/我们的歌，来自心中不尽不尽的爱。"也体现了中华儿女对家园的绵长眷恋。赵淑侠的《赛金花》《凄情

---

① 程抱一：《天一言》，人民文学出版社，2009，第 129 页。
② 同上书，第 247 页。

纳兰》在对赛金花和纳兰性德的人生叙事中，表达了自己对封建时代中国女性命运、"中国式"男女情爱的感悟、见解。出生欢场的赛金花嫁给状元为妾，一生起伏坎坷，看透人生。出身贵族世家的纳兰性德爱而不得（不被世俗接纳），写下许多伤感凄凉的词——"我是人间惆怅客，知君何事泪纵横。断肠声里忆平生"。欧华著名作家余心乐深刻指出："上帝塑造了人类的亚当与夏娃，赵淑侠则在她的文学生命里创造了'文学女人'与'文学男人'这一阴与阳的匹对。"① 赵淑侠对于中国和中华文化的执念令人动容。

如果说熊式一、程抱一代表了20世纪上半叶在文学创作上取得重大成就的旅欧华人作家，赵淑侠代表了20世纪60年代以来在文学创作上取得杰出贡献的中国台湾旅欧作家，那么高行健、林湄等则是20世纪80年代以来旅欧新移民作家创作高峰的代表。无论是戏剧探索还是小说创作，高行健都颇有成就。20世纪80年代，高行健的《车站》《绝对信号》（与刘会远合作）等先锋戏剧就引人注目。他旅居欧洲之后创作的长篇小说《灵山》《一个人的圣经》引起了西方文学界的重视。2000年，高行健获得诺贝尔文学奖。林湄是福建籍移民，1973年由中国内地旅居香港，1989年旅欧，后来定居荷兰。她是一位对创作有执着追求的大作家，《天望》《天外》都是林湄十年磨一剑的大作。林湄在纯文学领域耕耘甚勤，已经有十余部作品问世。其散文随笔集《点亮高处的灯》，这个书名好似林湄对自己创作追求的喻示。

上述谈及的熊式一、程抱一、赵淑侠、高行健、林湄等，虽然旅欧时间跨度较大，但其实都是旅欧作家中比较年长的一辈作家。年轻一辈的旅欧作家也已经成长起来，并且分布于欧洲各国，人数不少。他们在小说、诗歌、散文等各种文体中笔耕不辍，"写在家国之外"的视角带给他们敏感丰富的文学触角，令读者期待。尤其是旅居瑞士的年轻作家朱颂瑜，以其富有特色的生态题材和人文反思，给华语文坛带来了冲击。

可以大胆地说，欧华作家中不乏大作家。笔者在海外华文文学领域

———————————
① 白舒荣：《海上明月共潮生》，光明日报出版社，2018，第57页。

观望若干年，认为欧华文学虽然不若东南亚华文文学有较长久的发展历史，也不若北美华文文学有数量庞大的作家群，但是将来能够名垂青史的海外华文作家，欧华作家的数量必不会少于其他地区。欧华作家的华文文学创作，多有在中欧文化的双重视野下凝视世界、回望中华文化的特点。它无疑也是欧洲华侨华人传播、传承中华文化的重要形态。

第六章
大洋洲及非洲华侨华人的中华文化教育

　　大洋洲与非洲是世界版图上的重要板块，澳大利亚、新西兰是大洋洲最重要的两个国家，并且国情极其相似。此外，大洋洲尚有波利尼西亚群岛、密克罗尼西亚群岛、美拉尼西亚群岛等。非洲与大洋洲距离遥远，且地理环境差异也极大。不过，这两个洲都有过相似的命运，譬如很多地方曾是西方列强海外殖民的领地，历史上也不断有契约华工或自由华人移民来到这两个洲，为它们的开垦发展做出了巨大的贡献。自然，两地的华侨华人及华文教育也都值得我们去了解。

第一节　澳大利亚华侨移民、华教机构与民间社团活动

　　澳大利亚，全称为"澳大利亚联邦"，首都为堪培拉。它地处大洋洲，位于南太平洋与印度洋之间。澳大利亚有新南威尔士、维多利亚、昆士兰、南澳大利亚、西澳大利亚、塔斯马尼亚等六个州和北方领土地区、首都地区。

一、澳大利亚华侨华人移民简介

　　澳大利亚是移民国家，在1788年成为英国殖民地之前，当地居民为黑人。英国最初将澳大利亚作为罪犯流放地，直至1790年开始才有英国

自由移民移居澳大利亚。英国占领澳大利亚后，急需劳动力开发澳大利亚，但是英国殖民者对当地居民极为排斥，甚至将他们残忍杀害，因此劳动力的获得只能通过向外招募。此时已有少数受招募的华工进入澳大利亚，但当时的清朝实行海禁政策，因此进入澳大利亚的几乎都是东南亚华侨。有资料显示，"1848 年前，在澳大利亚的华侨至少有 18 人"①。这时期在澳大利亚的华工属于低廉的劳动力，因语言的差异，华工与雇主难以沟通，总是产生矛盾。

华人进入澳大利亚的第一个小高潮是在 19 世纪 50 年代。当时澳大利亚掀起"淘金热"，起因是新南威尔士州与维多利亚州发现了两座金矿，吸引了大量来自美洲、欧洲、中国的淘金者，华工便是在这个时期大规模进入澳大利亚。"第一批赴澳大利亚的中国人来自厦门"，但此时华人大多是被西方人贩子掳掠去的，后因厦门人民的反抗，侵略者不得不把目光转移到了与厦门条件相似的广东，由此广东各地向澳大利亚输出了许多华工。② 侵略者之所以选择广东，是因为闽粤人民因地理环境影响（多台风、山多地少导致资源分配不均衡等），不得不选择外出谋生。19 世纪 50 年代同样也是国内动乱时期，又因此时澳大利亚对劳动力的需求与日俱增，在"推力"与"拉力"的双重影响下，大批粤籍华工赶赴澳大利亚。这同时改变了澳大利亚的华人结构，广东人成为澳大利亚华侨的主要组成部分。

异国谋生向来不是一帆风顺。19 世纪的澳大利亚华侨华人经历了一段异常心酸艰苦的时期。1855 年至 1880 年，澳大利亚各地区各自为政，但不约而同地开始限制中国人入境。"1855 年初，维多利亚的华侨已增至 1 万，6 月达 1.7 万"，国会迫于压力，只好限制中国人入境。③ 此后，澳大利亚各地区纷纷颁布限制中国人入境的条例。1857 年，南澳通过排华法。1861 年新南威尔士通过排华法。1876 年昆士兰修改法例以限制华人开矿。此时的澳大利亚华人在澳大利亚各州流转，寻求公平与安稳，

---

① 黄昆章：《澳大利亚华侨华人史》，广东高等教育出版社，1998，第 13 页。

② 同上书，第 17 页。

③ 同上书，第 37 页。

但各州排华情绪高涨，大多数华人不得不离开澳大利亚，无奈返还祖国。这样的情况一直持续到 19 世纪 90 年代，澳大利亚进入经济萧条期，排华联盟解散，排华运动稍有平歇，但未完全停止。在这种情况下，澳大利亚华文教育不可能得到发展。首先，该时期的华工大多只做短暂停留澳大利亚谋生的打算，并无定居的想法；其次，此时鲜有华工在澳大利亚结婚生子，华裔儿童稀少，自然也失去了对汉语教育的需求；再者，恐怖的排华阴霾笼罩在华人心中，华文学校、华文教育难以在如此艰难的环境中得到发展。

于是，一部分华人选择离开澳大利亚，一部分则选择团结起来抵制"白澳政策"。二战后国际形势发生变化，中国作为战胜国，其国际地位提升。20 世纪 70 年代中国改善与西方诸国的关系，特别是中国成为联合国安理会常任理事国，国际地位显著提高。在世界大势的推动下，1972 年澳大利亚与中国建交，两国的关系逐渐密切，加之在亚非、苏联各国发出坚决反对"白澳政策"的呐喊下，澳大利亚终于废除"白澳政策"。政治环境的友好使得澳大利亚华侨华人的数量逐渐增多。"1947 年时，澳大利亚华人仅有大约 12000 人。（20 世纪）70 年代以后，工党和自由党政府都基本上废除了以往带有种族歧视的移民政策，因此华人移民人数直线上升。至（20 世纪）80 年代末，据估计华人总数已有约 20 万，其中约 95％是 1973 年以后的新移民。"① 1978 年澳大利亚颁布多元文化政策。澳大利亚称实行该政策的目的在于维系各民族的团结。该政策一出便受到了广大人民的欢迎，华侨华人也终于能在澳大利亚稳定、公平、安全地生活。此后，澳大利亚的华人人口急速增长，华侨华人的来源也呈现多样化，不只是粤籍华人，中国其他地区以及新加坡、马来西亚等地的华侨华人也纷纷涌入。至 20 世纪八九十年代，澳大利亚华侨华人年龄逐渐年轻化，男女比例也日趋平衡。②

如今，华侨华人在澳大利亚的数量不可小觑。澳大利亚的华裔人口超 140 万人，其中新南威尔士州的华裔人口最多，超过 60 万。华侨华人

① 李明欢：《当代海外华人社团研究》，厦门大学出版社，1995，第 139—140 页。
② 黄昆章：《澳大利亚华侨华人史》，广东高等教育出版社，1998，第 223 页。

人数越多，汉语在澳大利亚的使用范围就越广，汉语的流行程度同样也能够推动澳大利亚华文教育的发展。

二、澳大利亚华侨华人的中华文化教育

虽然在 19 世纪 50 年代便有大批华工来到澳大利亚，但澳大利亚的华文教育起步晚，直至 20 世纪初才出现第一所华文学校。

20 世纪初的华文教育至少有两种方式。其一是创办华文学校。华文学校主要是由华侨华人私人出资创办的。在新南威尔士州首府悉尼，著名侨领叶炳南、叶同贵等人发起创办"悉尼中华蒙养两等小学堂"。该学堂 1909 年成立，第二年开学。其中，特别强调"贫寒子弟可破格录取"。开设的课程包括修身、经学、史地等，学校为全日制学校，使用广东话教学。[①] 因广东人是澳大利亚华侨华人社会的主要组成部分，因此大多华文学校都选择广东话作为教学语言。而在排华风气高涨的 20 世纪初，华侨坚持全日制办学十分不易，华裔儿童坚持全日制学习亦难能可贵。从开设的"经学"等课程来看，华校更多的是沿用中国的教育内容与形式。除悉尼外，澳大利亚其他地区也兴起了开办华文学校的风气。"在墨尔本，由当地的著名侨领伍洪南、刘月池、黄公右等人发起，于 1909 年 11 月创办了一所名叫'汉文半夜学堂'的华文学校……他们强烈不满于许多澳大利亚出生的华人缺乏读写中文的能力，认为爱国之情可以通过教授华文产生，通过华文教育，中国文化可以保存下去。"[②] 可惜的是，因各种原因，两所学校都在 1914 年停办。可以说，20 世纪初澳大利亚华文教育的兴起，与华侨民族主义运动相关。当时澳大利亚的排华风气之盛，促使在澳华侨华人组织起来进行抗争，开创华文学校便是其中一种方式。华人希冀以此方式传播中华文化，增强民族认同感。如今看来，当时华侨华人的拳拳爱国之心令人敬佩。其二，社团开设中文班以传播中华文化。例如，1910 年西澳大利亚州珀思华侨建立中

①（澳）孙浩良：《海外华文教育》，上海人民出版社，2007，第 26 页。
② 同上。

华会馆，"设有中文学习班（又称民族学校）、福利补助金理事会、太极班、妇女组、舞狮团、文艺组等"①。华侨华人开办的社团大多具有综合性功能，除中文班外，其他学习班也与中华文化相关，如上述提及的太极、舞狮等，这类文化活动是大众喜爱的、喜闻乐见的。

20 世纪 30 年代，因受到澳大利亚经济危机的影响，本就孱弱的澳大利亚华文教育受到不小的打击，加之第二次世界大战的爆发，澳大利亚的华文教育不得已进入沉寂期。

回看 20 世纪上半叶澳大利亚的华文教育，可以发现该时期华侨华人的中华文化教育呈现出以下几个特点：其一，华侨几乎都在民间学校学习，学校发展所需的经费支出依靠华侨个人或华侨社团；其二，接受华文教育的学生少，因此学校规模也小，发展时间不长；其三，华侨华人大多在周末或夜间上课，极少进行全日制学习。

二战结束以后，百废待兴的澳华教育又呈现出再次扬帆出发的趋势，并且有着更为显著的发展。尤其是在澳大利亚政府实行多元化的文化政策后，华文学校的兴办得到了支持和鼓励。在此背景下，澳大利亚各州纷纷创办华文学校。创办于 1980 年的悉尼中文学校，前身是侨青社 1977 年开办的儿童中文班。该华文学校近年来用的是中国暨南大学编写的《中文》教材，学校还组织编写《中国历史》《中国的节日》《中国伟大的发明》《中国著名的地方》等系列文化历史课文。② 同时，这所学校还非常重视快乐教学，注重找到适合的教学方法因材施教，它是新南威尔士州历史最为悠久、最负盛名的华文学校之一。在澳大利亚华文教育发展的历程中，悉尼中文学校培养了一批又一批优秀毕业生，在传播中华传统文化、对华人进行中华文化教育的同时，也促进了中国与澳大利亚的文化交流。悉尼地区中文学校的开办热潮高涨，数据显示，"1981年，单是悉尼就有中文学校 16 间，学生有 1692 人"③。不过，这些中文

① 黄昆章：《澳大利亚华侨华人史》，广东高等教育出版社，1998，第 154 页。
② 廖小萍：《澳大利亚、新西兰华文教育比较研究》，硕士学位论文，暨南大学，2007 年，第 26 页。
③ 黄昆章：《澳大利亚华侨华人史》，广东高等教育出版社，1998，第 255 页。

学校开设的大多是补习班，且多由华人社团创办，极少数的中文学校由私人开办。

除悉尼的华校外，维多利亚州的史宾威中华公校也值得关注。该校前身是 1980 年于墨尔本建立的中华学校分校。初期发展时，学校使用中国台湾出版的海外版教材，甚至借用当地小学课堂上课，可见教学条件并不优越。1985 年扩建为中华公校后，学生人数增至 700 多人。1988 年时已经有了 16 个班，学生人数达 800 多人，主要是东南亚华人移民的子女。① 澳大利亚多元文化政策的实施给予了各民族文化教育极大的自由，各类中文学校的开办如火如荼。与此同时，20 世纪 80 年代以来，澳大利亚的华人移民呈现出年轻化的趋势，进入澳大利亚的年轻人受教育水平更高，且大多从事技术含量高的工作。这些新移民加入澳大利亚社会，将提升华人在澳大利亚的社会政治地位，也会提高中文的受重视程度。② 同时，20 世纪后半叶的中国迅猛发展，综合国力增强，国际地位提升，海外华人对中华文化有强烈的自豪感与自信心，加之各国对汉语人才需求的增加，使得澳大利亚接受中华文化教育的华裔人数同步上涨，甚至带动非华裔人群学习汉语，这有利于扩大中华文化的传播面，增强中华文化的影响力。

20 世纪 90 年代以来，澳大利亚的华文教育发展迅猛，具体情况如下表所示：

1991—1993 年澳大利亚中文学校与学生情况调查表③

州名（地区）	学生人数（1991）	学生人数（1992）	学生人数（1993）	学校总数（1993）
首都地区	74	—	62	2
新南威尔士州	4483	—	8929	73

---

① 黄昆章：《澳大利亚华侨华人史》，广东高等教育出版社，1998，第 258 页。

② 许怡：《多元文化政策下的澳大利亚中文教育》，硕士学位论文，中央民族大学，2009，第 23 页。

③ 黄昆章：《澳大利亚华侨华人史》，广东高等教育出版社，1998，第 257 页。

州名（地区）	学生人数 （1991）	学生人数 （1992）	学生人数 （1993）	学校总数 （1993）
北方领土地区	116	124	150	1
昆士兰州	304	——	497	4
南澳大利亚州	609	912	947	2
塔斯马尼亚州	15	——	22	1
维多利亚州	3322	2389	2679	8
西澳大利亚州	631	1696	1866	5

以上数据直截了当地展现了 20 世纪 90 年代初澳大利亚华文教育发展的盛况。多数州（地区）的中文学校学生人数有所增长，以新南威尔士州最盛。

进入新世纪后，中华文化教育的形式多样化、全面化、立体化，中国驻悉尼总领事馆领事王芸介绍说，澳大利亚新州（新南威尔士州）教授中文的学校有周末制华文学校、将中文设为外语学习科目的公立中小学以及设立中文课程的高等院校等。2014 年起，中文被列为全澳中小学选修课程。[①] 可见澳大利亚华文教育朝多元化发展，华文教育面向的范围更为广泛，同时，中文国际学校的发展蓝图亦被提出。在澳大利亚，学习中文、讲中文，已成流行趋势。纵观新世纪后的澳华学校，大多为补习班性质，教学语言已经从原来的广东话逐渐转变为普通话，所使用的教材多种多样。现如今，澳大利亚华文学校所使用的汉语教材主要是中国（包括香港、台湾）编写的中小学教材。一般比较常见的是人民教育出版社、北京语言大学出版社、华文教学出版社、暨南大学出版社编写的富有针对性的教材。[②] 华文学校较少使用自编教材，大多是由中国提供的教材，这势必会产生教材能否适合澳大利亚当地现实的问题。可见教材的改进，也是今后澳大利亚华文教育发展需要去突破与努力的方向。

---

① 王芸：《澳大利亚华文教育的特点与变革》，《侨务工作研究》2016 年第 1 期。
② 中华文化学院：《中华文化与华人华侨》，学习出版社，2015，第 244 页。

三、澳大利亚华侨华人社团及民间活动

在澳大利亚，最早建立的华侨社团是宗亲团体，"1854 年巴勒拉特的四邑会馆是最早建立的澳大利亚华侨的同乡会社团"①。巴勒拉特地处澳大利亚维多利亚州，许多广东籍华工曾在巴勒拉特矿区工作、生活。宗亲会较早出现，有以下几个原因：一方面，中国人向来注重血缘、亲缘观念，加之最初进入澳大利亚的华人大部分为广东籍，所以首先选择建立宗亲会，这是可以理解的；另一方面，大批华工在澳大利亚语言不通，在陌生的环境中难以与人沟通交流，宗亲会则可以缓解华工在澳大利亚孤苦无依、寂寞无聊的处境。在宗亲会里，华工可以与其他华人交谈，如若有困难还可以互相帮助，若受到不公平待遇，可以团结起来斗争。在澳大利亚排华事件频发之时，宗亲会可以促使华侨华人团结各方力量进行抗议。维多利亚华侨首先创建同乡会馆，此后各地宗亲会馆也陆续创建，如 1875 年悉尼东莞人成立"公义堂"，1889 年中山人成立"保安堂""荫德堂"等。同乡会馆的建立一直持续到 20 世纪初，创建者大多为粤籍华侨。

二战前，虽然有极少数的社团成立，如澳洲致公堂、墨尔本冈州会馆、墨尔本四邑会馆等，但是受二战的影响，华侨社团的发展进入低迷期。在 20 世纪四五十年代，由于华人人口逐渐减少，华人社团也很少，活动基本处于停滞局面。20 世纪 60 年代较活跃的是华人共济会与澳洲侨青社。② 1974 年成立的澳华公会是澳大利亚最大的著名社团之一，该会设有中文班、太极班、缝纫班、音乐班、华裔老人疗养院等。③ 1991 年，该会因具有杰出贡献，获得新南威尔士州总理颁发的杰出社区服务奖。④ 澳大利亚的华人社团大多与澳华公会一样，具有多功能性质。澳

---

① 黄昆章：《澳大利亚华侨华人史》，广东高等教育出版社，1998，第 146 页。
② 同上书，第 228 页。
③ 张兴汉等主编《华侨华人大观》，暨南大学出版社，1990，第 319—320 页。
④ 李明欢：《当代海外华人社团研究》，厦门大学出版社，1995，第 149 页。

华公会不仅开设中文班、中华传统文化特色班，对华裔儿童、青少年进行中华文化教育，而且还考虑到在澳老龄华人的养老问题。对华裔儿童的关注及对老华人的关心也展现其强烈的民族之情与温暖的人道主义精神。

华人社团除了开办中文班外，还举办了许多具有中华传统文化特色的活动。华人社团举办活动时选择的时间大多为端午节、中秋节、春节等中国传统节日期间。在节日中，举办与节日相关的传统活动，既可以达到对澳大利亚华裔青少年寓教于乐的目的，也可以使得远离故乡的华侨华人再次感受节日的氛围。活动承载的是华侨华人对家乡的念想，对故土的回忆，亦是对中华文化的传承，对祖国未来的展望。

华人社团的活动形式多种多样，有些华侨社团选择带华裔青少年回到祖国寻根。比如侨青社曾组织青年文化学习寻根团，到中国广东及北方旅游参观。到中国来，海外华裔青少年能够直观地感受中国文化，近距离地感受"根"之渊源，有效地加深他们对中国及中华文化的了解和热爱。

总的来说，正因为有这些华侨社团的存在，才使得华人在异国他乡能够抱团取暖，守望相助，受到不公正待遇时能够团结一致，群起反抗。华侨社团在文化高压时期仍然选择坚持中华文化教育，利用大众喜闻乐见的各种形式传播中华文化，努力搭建起中澳沟通的桥梁。他们心中所怀揣的爱国之情、传承之心，是推动民族向前发展的永久动力，也是所有中华儿女生生不息的根源所在。

第二节　新西兰华侨移民与中华文化教育的多元形态

新西兰位于太平洋西南部，由南岛、北岛、斯图尔特岛及其他诸小岛组成，南、北两岛由库克海峡相隔。新西兰国土约 27 万平方千米，英语、毛利语为其官方语言。在开发历史、政策实施、社会文化等诸多层

面，新西兰与澳大利亚比较相近，走着差不多的发展之路。在新西兰、澳大利亚这两个多民族国家中，华人都是重要族群。新西兰华侨华人主要聚集于奥克兰、惠灵顿。"从 20 世纪早期开始，惠灵顿作为新西兰的首都聚居着最大的华人群体。"[①] 在 20 世纪 50 年代后期被改造之前，惠灵顿华人社会以素有"唐人街"之称的海宁街为中心。当今大奥克兰地区华侨华人超过 11 万，以来自中国大陆的新移民居多。[②]

一、新西兰华侨华人简述

关于新西兰的华侨华人历史，新西兰驻华大使麦康年曾在一篇"序"中指出，早在 19 世纪 40 年代，就有中国广东移民以金矿工人和商人的身份来到新西兰，迄今有超过 17 万华裔以新西兰为"自己的家"。[③]麦康年道出了新西兰华侨华人从漂泊流散到开枝散叶、落地生根的历史轨迹。据说第一位中国移民黄鹤廷于 1842 年 10 月抵达新西兰，他是在"托马斯·哈里森"号船上服务的青年。不过，早期登陆新西兰的华侨主要是淘金工人及华商，这与北美（美国、加拿大）情况类似。1861年，一位名叫盖博瑞尔的勘探者在但尼丁附近的河谷发现金矿，消息传出，怀揣发财梦想的淘金客从澳大利亚、中国香港等地蜂拥而来。"淘金热进而铸就了但尼丁这座城市，奥塔哥地区，乃至整个新西兰国家的历史，该河谷因此以盖博瑞尔命名。"[④] 从中国香港远来的淘金客，"他们大多数来自番禺与花县乡村（今天广州市番禺区北部以及附近的增城区与从化区部分区域），少数来自四邑（即台山、开平、恩平、新会）"[⑤]。1871 年，17 岁的番禺青年沈占等搭乘大帆船而来，当年 6 艘大帆船运输 2000 多名华工抵达奥塔哥。"1871 年至 1885 年，超过 4000

① （新西兰）李海蓉、约翰·特纳：《历史影像中的新西兰华人（汉英对照）》，社会科学文献出版社，2016，第 86 页。

② 同上书，第 37 页。

③ 同上书，"序"第 5 页。

④ 同上书，第 10 页。

⑤ 同上书，第 14 页。

名华工工作在奥塔哥各地金矿场，约占该省淘金矿工总人数的 40％，产出该省约 30％ 的黄金。"[1] 淘金时代结束后，华人主要经营蔬菜园及蔬果店，小部分人经营洗衣店。20 世纪初，华人经营的蔬菜园遍布新西兰的每个市镇。[2]

1881 年以后，新西兰开始限制华人入境。20 世纪初，澳大利亚、新西兰先后推行"白澳政策""白新政策"，不仅收取人头税，而且之后采取种种办法（英语测试、入境许可证制度等）限制华人及"不受欢迎的外国人"在新西兰发展。虽然相隔千山万水，困难重重，但还是有华侨华人登陆新西兰。据惠灵顿海关记录显示，1888 年至 1930 年，超过 2000 华人在惠灵顿海关缴纳过人头税后入境，他们全部经悉尼而来。[3] 20 世纪 30 年代到二战结束，对于中国人来说是战乱苦难的年代，但对于新西兰华侨华人来说，反而带来意想不到的好处。在广东侨乡面临战争灾难之际，"纽丝伦华侨联合总会"（简称"华联总会"，1937 年成立，纽丝伦为新西兰的旧称）、中华民国驻新西兰总领事馆、新西兰基督教长老会联合游说新西兰政府，给予华人移民的侨乡亲人以"战争难民"的身份移民新西兰。之后十年间，约有 1400 多名战争难民（基本上为妇女、儿童）到来，改变了新西兰华人的人口结构。家庭团聚使华侨华人开始扎根新西兰。[4]

战后国际格局巨变，中国国际地位提高，并且战争期间中国人民及新西兰华人的表现也改变了新西兰主流社会对华人的偏见。1949 年以后，由于国际冷战格局中意识形态的对立，许多新西兰华侨有国难归，于是选择放弃侨居状态而定居新西兰，成为新西兰华人。"随着在本地成长起来的专业人士（例如医生、律师、工程师、教师等）不断增多，

① （新西兰）李海蓉、约翰·特纳：《历史影像中的新西兰华人（汉英对照）》，社会科学文献出版社，2016，第 32 页。
② 同上书，第 73 页。
③ 同上书，第 34 页。
④ 同上书，第 95 页。

华人的地位逐步上升。"① 例如，方励涵（最优秀的建筑设计师之一）、黄胜大（惠灵顿艺术界最重要的人物之一）等，在 20 世纪 60 年代成长为新西兰的杰出华人，就是华侨华人融入新西兰主流社会的表现。

1972 年中国与新西兰建交，两国关系正常化。中国改革开放以来，大批新移民奔涌世界各国，新西兰也恰逢其时通过《1987 年移民法案》。该法案改变了以往重点吸收英国和西欧移民的政策，为华人新移民的到来提供了法律支持。华人新移民的涌入，改变了新西兰历史上华人社会基本为广东裔移民的格局。"自从新移民抵达后，约 30 年间，新西兰华人社会兴旺成长。然而，由于新移民来自不同国家及地区，因而各自保有不同文化属性与相应的故国忠诚……新西兰华人社会更呈现多层次的复杂性。"②

可以说，新西兰华侨华人的生存和发展，与新西兰的国家政策（包括移民政策）和社会经济状况、世界变化和中国的社会环境，以及中新两国关系都有密切关系。在 19 世纪新西兰发现金矿并自由移民时期，华侨（淘金客、华商等）从中国、澳大利亚纷纷前往新西兰寻找新机遇。19 世纪移民的华侨对开发新西兰做出了极大的贡献。20 世纪初，新西兰推行"白新政策"，采取种种措施限制华人移民前往新西兰。但世界大战的爆发一定程度上改变了新西兰的移民政策，中国妇女、儿童的到来给新西兰华人社会带来了巨变，家庭团聚并以新西兰为"家"的观念，使真正意义上比较成熟的华人社会得以完善。直到中新关系正常化，新西兰推出《1987 年移民法案》及中国改革开放，又有大量新移民到来。这些来源多地（中国大陆、台湾、香港，以及东南亚和世界其他地方）的新移民，改变了新西兰华人社会的人口构成，增加了华人社会的复杂性，也自然而然给新西兰的华文教育带来变化。

---

① （新西兰）李海蓉、约翰·特纳：《历史影像中的新西兰华人（汉英对照）》，社会科学文献出版社，2016，"序（一）"第 13 页。

② 同上。

二、新西兰华校华文教育简述

新西兰华文教育兴起与西方基督教会的支持有关。基督教的传播是经久不息的世界文化现象，华人入教甚至创立华人教会，在世界各地屡见不鲜。为了传福音，教会往往也创办华文学校。1891年，新西兰创建的惠灵顿华人浸信会在教堂设立中文学校，学校在周三教授华文，周日则教授圣经，传教与华文教育相得益彰。在惠灵顿，创立于1907年的华人圣公会同样推行华文教育。华人圣公会中文学校为学龄前华侨儿童学习中华语言和文化起到了很好的教育作用。除了上述教会创办的学校，华人社团办学也在世界各国普遍存在。比如二战前尚有坎特伯雷华联支会中文学校，"校址设在支会会堂，学生为学龄前儿童，每周日上课，教师由华侨华人义务担任"①。驻克莱斯特彻奇（即基督城，新西兰第三大城市）总领事谭秀甜在2012年参观坎特伯雷华联支会的中文教室、图书室等处，对其在推广中文教育与传播中华文化方面的贡献表示肯定和支持。虽然战前新西兰华文学校不多，教师的教学质量也可能难如人意（因为主要由华侨华人义务承担教学），而且这种补习班性质的中文学校在传授中华语言文化方面的力度不够，但它们总归为新西兰华侨华人继续接受中华文化教育提供了重要平台，这点难能可贵。

二战后，由于中国国际地位提升及新西兰主流社会对华侨华人偏见的修正等因素，华侨华人在新西兰社会的处境有所改善。华人"战争难民"的到来促成了华侨家庭团聚，进而带动了华文教育的发展。"新西兰1955年办有中文学校5所，学生3000多人。1970年创办了惠灵顿华侨中文学校，设有儿童班、成人班及外籍人士华文班。1977年有两所华侨小学创办。此外，还有华文补习班及教会华人牧师在教堂中开设的华文研经班。"②

---

① 廖小萍：《澳大利亚、新西兰华文教育比较研究》，硕士学位论文，暨南大学，2007，第38页。
② 李天赐：《大洋洲的华文教育》，《八桂侨刊》1999年第1期。

战后新西兰部分华文学校整理

校名	创办时间	创办者	备注
奥克兰华侨会所中文学校	1963 年	奥克兰华侨会所	社团办学，地点：奥克兰
屋仑华侨义校	1968 年	屋仑华侨会所	社团办学，地点：奥克兰
惠灵顿华侨体育文化中文学校	1971 年	惠灵顿华侨体育文化中心	社团办学，地点：惠灵顿
惠灵顿中文学校	1972 年	—	地点：惠灵顿
奥克兰柬埔寨华裔康乐互助会中文学校	1991 年	奥克兰柬埔寨华裔康乐互助会	社团办学，地点：奥克兰
路易·艾黎中文学校	1997 年	金强富	私人办学，地点：基督城
惠灵顿新华中文学校	—	—	地点：惠灵顿
惠灵顿华侨中文学校	—	—	地点：惠灵顿
新西兰阳光中文学校	—	Dani Ye	私人办学，地点：奥克兰

　　战后奥克兰在华文教育的推动上具有举足轻重的地位。由于是新西兰最大的城市并且聚集着十万以上的华侨华人，奥克兰的华文学校也较多。奥克兰华侨会所中文学校（1963 年）半个多世纪坚持中文教学，传播中华文化，发展成奥克兰最著名的中文学校之一。陈霭筠等老一辈华侨创建的屋仑华侨会所，于 1968 年改为屋仑华侨义校，除了教授中文之外，还组织戏剧、舞蹈、书画、武术、舞龙、舞狮等活动以传承中华文化。① 1987 年新西兰颁布的新移民法为亚裔群体移民到新西兰提供了很

---

① 廖小萍：《澳大利亚、新西兰华文教育比较研究》，硕士学位论文，暨南大学，2007，第 39 页。

好的法律支持，加上"白新政策"的大力调整，以往在移民政策上的种族歧视几近消失。新西兰推行多元文化主义所产生的拉力，以及中国改革开放所带来的移民便利，使得20世纪90年代以后，华人新移民大量涌入新西兰。当然新移民的来源地多元，这一方面带来了新西兰华人社会结构的改变，一方面使华文教育的社会需求大大增加，华文学校的创立更加多元，并获得较好的发展机遇。

这个时代的华文学校依然大多由华人社团创建，也有很多个人创建的华校。前者如1990年成立的奥克兰柬埔寨华裔康乐互助会，成员主要为祖籍广东潮州的柬埔寨难民，次年互助会购置会所，创办中文学校。奥克兰柬埔寨华裔康乐互助会中文学校由杨壁陶任校长，借用曼努考技术学院校舍上课，并且举行各种中国文化活动，如春节演出及乒乓球、象棋比赛等文体活动。在"再移民"的辛酸经历中，奥克兰柬埔寨华裔康乐互助会中文学校的成立及对中华文化的推广，更显难能可贵。后者如新西兰阳光中文学校，创建者Dani Ye是中国大陆新移民，学校教师既有全职的也有兼职的，学校多为华裔学生，他们来自中国的大陆、台湾和香港，以及马来西亚、新加坡等地。他们学中文的动机既来自于内在的精神动力，也来自现实的生存压力。因为祖籍国是中国，家长希望孩子通过学中文，了解中国，传承文化，为了孩子将来在升学，择业上占有优势。[1] 2013年，中国驻新西兰奥克兰总领馆在中国城蔡林南广场举办了"中文教育表彰会"。在这次活动中，华社服文化学校、屋仑华侨会所中文学校、Wakaaranga中文学校、西区华人教育中心四所中文学校荣获"华文教育杰出奖"；康乐会中文学校、晨之星中文学校、华新中文学校获评"华文教育进步奖"；树人中文学校、阳光中文学校、金玉中文学校则获颁"中文教育鼓励奖"。[2] 此外，奥克兰尚有现代中文学校、许老师学校等，可见奥克兰华文教育的发达。华校众多恰恰说明社

① 张翰文：《新西兰本土汉语教育与华文教育对比分析》，硕士学位论文，哈尔滨师范大学，2020，第49页。
② 《新西兰奥克兰"中文教育表彰会"在中国城举行》，中国新闻网，2013年12月12日，访问日期：2023年12月6日。

会需求比较大，华侨华人都在有意识地让后代接受中华文化教育。

惠灵顿也是华人居住众多的新西兰大都市，华校众多。惠灵顿与奥克兰都地处新西兰的北岛，华文学校的创办也与奥克兰一样，呈多元化形态。有华人社团办学，有个人办学，有教会办学，甚至有家庭补习班的形式。当然，在新西兰，凡是略微有点规模的华文学校都会在当地政府部门注册，往往也在中国驻新西兰的领馆备案，教材也多使用中国国务院侨办提供的中文教材。惠灵顿华侨体育文化中文学校由"惠灵顿华侨体育文化中心"办学，这个华侨体育文化中心由新西兰华侨联合总会的惠灵顿支会、四邑会馆、武术会等十个华人组织于1971年联合成立。中心开办的华文学校招收学龄前儿童，在周日进行补习，学校也常组织文艺演出、舞狮等活动，这些都有益于当地华侨华人子弟学习中华文化。

基督城是新西兰南岛的重要城市，也是新西兰第三大城市，这里居住着非常多的华侨华人，华文教育比较发达。据悉，基督城的路易·艾黎中文学校（创建者金强富）已成为新西兰最大的中文学校。"路易·艾黎中文学校"又与"艾黎教育文化中心"一体化，艾黎教育文化中心/路易·艾黎中文学校以新西兰著名的历史人物命名，于1998年开始招生，学校发展顺利。艾黎教育文化中心/路易·艾黎中文学校开设不同层级的中文班，并且有各种中华文化兴趣班，例如美术、舞蹈、太极拳等。

有研究者将战后新西兰华文教育的变化归纳如下：（1）学校增多，办学规模扩大；（2）办学力量呈现多元化；（3）办学经费开始得到政府的支持；（4）师资素质增强；（5）学生来源多元化；（6）注重琴棋书画拳等中国传统文化的教育培养；（7）实行开放教学。[①] 这些总结虽然比较全面，但应该是办学规模较大的新西兰华文学校，才能完全符合上述特点。大部分华文学校并没有这样的条件，比如，只有路易·艾黎中文学校、惠灵顿新华中文学校等少许学校争取到了政府的办学拨款，还有许多小学校没有条件聘请高素质教师并招收各种族的学生入学。

---

① 廖小萍：《澳大利亚、新西兰华文教育比较研究》，硕士学位论文，暨南大学，2007，第41页。

至于新西兰华文教育普遍使用的教材，主要为暨南大学出版的《中文》系列教材。"这套教材采用了课文和阅读材料相互交织的结构……这些阅读材料以中国历史故事和寓言为主，用学生已经学过的汉字编撰。"① 可见新西兰华文教育在教材使用上，既包含丰富的中华文化内容，也注意到学生的接受能力和学习程度。

三、新西兰华文教育的其他方式

除了华文学校推行的华文教育，新西兰华侨华人接受中华文化教育的途径非常多元化。一些华人社团或协会会举办各种活动（例如新西兰中华文化交流协会会举办活动，展出各自的艺术作品），一些华人创建的品牌活动（例如华人议员霍建强发起"纽西兰中文周"，开展中文歌曲大赛、体验中国美食、学习中国功夫等丰富的活动吸引民众），② 尤其是新西兰公共教育体系着力于发展中文教育，以及一些孔子学院在推广中华文化方面的措施，都有益于新西兰华侨华人从丰富广阔的渠道学习和传承中华语言与文化。

由于中国国际地位的提升，中文在社会生活中发挥的作用或产生的价值有目共睹。学习中文在20世纪90年代以后成为热潮，中文成了世界文字的一部分。新西兰政府也不甘落后，在公共教育体系中推行华文教育，通过开设课程、承认学分，以及将汉语纳入中学毕业会考外语科目和全国大学入学考试科目之一等方式，刺激学生重视中文学习。位于奥克兰北岸的著名公立学校"西湖男子高级中学"，汉语已发展为该校语言部（有汉语、德语、法语、日语、韩语、毛利语等语种）最强劲的外语科目，2013年、2014年选修汉语的学生约占该校学生的1/10。③ 在

① 张翰文：《新西兰本土汉语教育与华文教育对比分析》，硕士学位论文，哈尔滨师范大学，2020，第27页。

② 卢怀谦、张晓青：《新西兰举办中文周活动》，新华网，2019年9月28日，访问日期：2023年12月6日。

③ 胡晶晶：《新西兰西湖男子高级中学汉语教学模式探究》，硕士学位论文，华东师范大学，2014，第4页。

教学理念上，该校的汉语教学不仅注意基础汉语知识的学习，而且重视引导学生深入了解中国文化。"中文之夜"活动，以及各种文化活动课（中文电影课、书法课、太极拳课、参观中国寺庙、吃中国餐、撕纸课等），都对新西兰各族学生（包括华裔学生）学习中华文化大有裨益。[①]20世纪90年代以来，汉语成为新西兰中小学重要外语科目之一。在新西兰的小学教育阶段，也推行汉语教学。"新西兰实行八年制的初等教育。一般情况下，孩子五岁生日之后就开始进入小学。新西兰的小学分为两种，一种为 Contributing Primary School，从一年级到六年级，学生毕业后继续在 Intermediate School 完成七八年级的学习；另一种为 Full Primary School，八年制。"[②] 例如南岛南奥塔哥地区，在巴尔克卢萨市完全小学"罗斯班克小学"、米尔顿市公立小学"米尔顿小学"和天主教会学校"圣玛丽小学"，都有聘请华人教师或中国外派的汉语教师志愿者，推行汉语教学。这些公共教育体系中的汉语学习者逐步增加。此外，新西兰的几所孔子学院，如奥克兰大学孔子学院（2005年）、坎特伯雷大学孔子学院（2010年）、惠灵顿维多利亚大学孔子学院（2010年），都在推广中华文化方面做出贡献。上述这些公共教育体系中的中小学汉语教学，以及孔子学院的运作，其教学对象包括（但不限于）华裔学生，而且华裔学生主要是在公共教育体系中就读和成长，华文学校绝大多数其实是属于补习性质的学校，是华裔学生在课后和周末有选择性地去补习民族文化知识的华文教育机构。因此，新西兰公共教育体系中推行的汉语教学，实质上也可视为有益于华裔学生学习中华语言和文化的华文教育。

---

① 胡晶晶：《新西兰西湖男子高级中学汉语教学模式探究》，硕士学位论文，华东师范大学，2014，第28页。

② 王坤煜：《新西兰南奥塔哥地区小学汉语教学现状调查研究——以罗斯班克小学、米尔顿小学和圣玛丽小学为例》，硕士学位论文，云南大学，2017，第8页。

第三节　非洲华侨移民及中华文化教育

非洲（全称阿非利加洲，传说"阿非利加"是一位女神的名字）是人类文明的发源地之一。古埃及人在建筑、天文学等多个领域创造了奇迹。尼罗河文明让人叹为观止。非洲大陆大部分是高原地带，自 15 世纪初以来，它的很多地方被西方列强殖民达 500 多年。二战结束以来，很多非洲国家相继独立建国，但绝大多数国家迄今有待发展。北非有埃及、阿尔及利亚、突尼斯等多个国家；东非有埃塞俄比亚、索马里、肯尼亚等国；中非有刚果共和国、乍得、喀麦隆等国家；西非有尼日利亚、佛得角、塞拉利昂等国家；南非有津巴布韦、南非、莫桑比克等国家。非洲以黑人居多，但数百年以来的殖民和移民，使白人、印度人、华人等在非洲都有很长久的居住史。华人对于非洲的开发和发展功不可没。

一、非洲华侨华人简述

中国人对非洲的认识在唐以前就已有记载。唐代杜环的《经行记》描述到摩邻国的风土人情，"其人黑，其俗犷。少米麦，无草木。马食干鱼，人餐鹘莽，鹘莽即波斯枣也。瘴疠特甚"。此"摩邻国"，国内外学者大部分认为它在非洲某地。[①] 15 世纪郑和等人率领船队浩浩荡荡下西洋的壮举，是比较受学术界认可的中国人抵达东非海岸的纪录。随同郑和航海的人中，有几位甚至因记录下航海珍贵见闻而留下名垂青史的著作，如费信的《星槎胜览》、马欢的《瀛涯胜览》、巩珍的《西洋番国志》等。这些著作都描述了古代非洲的风土人情，弥足珍贵。在这个大航海时代，欧洲列强开始积极向海外拓展殖民地，也开始殖民非洲大陆，这不同于中国人的航海重在文化交流和探索世界（当然郑和下西洋

① 李安山：《非洲华侨华人史》，中国华侨出版社，1999，第 49 页。

的目的在学术界有多种说法，比较受认可的说法是宣扬大明朝国威）。古代中国人移民非洲，至少有三种方式。

其一是契约劳工，这也是古代常见的移民方式。由于西方列强开拓海外殖民地需要大量劳工，而华工的吃苦耐劳举世闻名，两个馒头一壶水就能养活人，低廉得足以使雇佣者榨取到最高利润。所以，契约华工很受欢迎。在东南亚各地、北美、世界其他地方，契约华工都是常见的华人移民方式。在劳工不足的情况下，殖民者及其"代理人"不惜以诱骗、绑架的手段掳掠华工。在契约期满之后，有人返国，也有极多华工留在了异国。非洲留尼汪岛的首批华人苦力在 1844 年登陆。[1] 在鸦片战争中屡吃败仗的大清政府，在 1860 年与英、法签订的《续增条约》中，不得已允许列强在中国招工，[2] 这进一步便利了"契约华工"出国谋生。"在 1910 年前的近两个世纪里，约有 14.2 万契约劳工来到非洲大陆。"[3]

其二是自由移民，在 19 世纪，已经有木匠、泥瓦匠、花匠、厨师等来到非洲，这些人应当是自由移民。1810 年，英国接管毛里求斯后，第一任总督法夸尔对华人移民持鼓励姿态。从 1826 年起，最早的华人领袖陆才新（福建移民，1847 年获得英国国籍）陆续帮助阿冈等多位中国移民到达毛里求斯，并多安排在他的商店就业。[4] 19 世纪 60 年代是华人移民毛里求斯的一次小高潮。[5] 特别是 19 世纪 80 年代，由于金矿的发现、毛里求斯移民政策的改变和南非与葡属东非铁路的开通，华人移民踊跃来到非洲。[6] 在葡属东非（莫桑比克），华侨主要居住于贝拉港和洛伦索—马贵斯（今莫桑比克首都马普托）两地。19 世纪末葡属东非两条跨国铁路的修建及洛伦索—马贵斯的市政建设，带动了这些华人移民的到

---

① 李安山：《非洲华侨华人史》，中国华侨出版社，1999，第 136 页。

② 同上书，第 203 页。

③ 同上书，第 127 页。

④ 同上书，第 143 页。

⑤ 同上书，第 135 页。

⑥ 同上书，第 130 页。

来。① 这些人中，有些是契约华工，有不少人是投亲靠友而来的自由移民。

其三是被殖民者运抵非洲的所谓的"囚犯"。北京大学李安山教授在著作中指出，"早在1593年，葡萄牙人就将中国人运到南部非洲……在1660年，一个名叫万寿（Wancho）的中国囚犯从巴达维亚被运到开普，他很可能是第一个有据可查到非洲定居的中国人"②。巴达维亚是现在印度尼西亚的首都雅加达的旧称，荷兰殖民印度尼西亚时期称它为巴达维亚。在大航海时代西方列强积极开拓海外殖民地时，东南亚是它们争夺的重要板块。由于列强资本追求利润的最大化，或者因为其他原因，东南亚华工有时会被列强再运送到非洲进行劳动。有一则闽南民间故事《程举人生死姻缘》讲述到当荷兰殖民者在爪哇岛的糖厂利润下跌时，华人被抓捕送往其他岛屿开辟种植园。华人和当地人相约起义，结果被捕杀无数，造成"红溪惨案"。原籍福建漳州的主人公华侨程日炌与阿端被迫分离，几十年后终得重逢。《程举人生死姻缘》虽是民间故事，但反映了真实的历史惨案，也反映了殖民者二次贩运华工的历史。在1740年"红溪事件"中，有些幸存者被流放到非洲的开普殖民地。③19世纪后期葡属东非（莫桑比克）的华人移民被认为是由澳门来此充军，充军者在洛伦索—马贵斯开拓这块不毛之地。④ 20世纪以前，华人以契约华工、自由移民或囚犯等各种身份来到非洲，成为当今非洲华侨华人的祖先。虽然身份不同，但华人移民非洲都与西方列强的海外拓殖有关。

20世纪上半叶，西方列强依然殖民统治着非洲各地。由于华人移民在有些地方对西方殖民者造成威胁，例如华商在经营上的灵活操作并取得成功，对殖民者的商业利益造成了威胁，20世纪初多地颁布法令或苛

① 郭建玲：《莫桑比克华文教育的历史、现状与挑战》，《非洲研究》2019年第2卷。

② 李安山：《非洲华侨华人史》，中国华侨出版社，1999，第128页。

③ 同上书，第129页。

④ 同上书，第140页。

例，限制华人移民及其发展。1904 年，开普殖民地政府颁布《排除华人法令》。1902 年南非共和国成为英国治下的德兰士瓦殖民地。该殖民地政府于 1906 年颁布"亚洲人登记法案"，[①] 对亚裔包括华人移民造成了很大的伤害。因为抵抗，华人领袖梁佐均被抓入狱，华人社区分裂为抵抗派与妥协派。但无论如何，非洲华侨华人的人口仍在稳定增长。华侨华人人口稳定增长的条件或者原因是多方面的。其一，中国战乱使很多中国人选择移民至非洲，这是非洲华侨增长的一个重要因素。中国辛亥革命虽然成功，但各派军阀混战不断，20 世纪三四十年代日本殖民者又趁乱打劫，强横推行"大东亚"霸权，侵略中国和东南亚等地。于是，向非洲移民成了很多人的避难之举。其二，妇女移民渐多，使非洲华侨人口得以自然增长。无论是东南亚、北美、大洋洲还是非洲，最初的华侨多是男子。他们到异国谋生，希望发财返乡，然后娶妻生子。但无论国家还是个人，计划都可能发生变化。华侨身居异国，不可控因素极多，以至于无数人不得不选择定居异国，他们再想方设法将家眷接到异国。有关资料显示，在毛里求斯、塞舌尔群岛、南非等地，20 世纪三四十年代以后，华侨中的妇女比例都迅速增高，达到 30％以上。其中，毛里求斯 1944 年华侨妇女比例为 37.4％，塞舌尔群岛 1931 年华侨妇女比例为 41％，南非 1936 年华侨妇女比例为 36.1％。[②] 华侨妇女的增多对于非洲华侨华人社会的发展无疑是极大的利好，也会成为华侨华人人口自然稳定增长的保障。1929 年的调查显示非洲华侨为 15692 人，在 20 世纪 40 年代后期大约有 27000 人。[③] 从这个数据的变化，可以推测很多华侨新生代在异国出生。

20 世纪下半叶，非洲大陆的一个重大变化是殖民主义体系逐渐瓦解或变化。许多非洲国家相继独立，或某些地方发生变化，当地政府所颁布的政策（包括移民政策）给华侨华人在居住国的发展或华人移民带来变化。留尼汪岛在战后（1946 年）成为法国的海外省，对外侨有较多限

---

① 李安山：《非洲华侨华人史》，中国华侨出版社，1999，第 194—195 页。

② 同上书，第 244—246 页。

③ 同上书，第 252—254 页。

制，于是很多华侨选择入籍。马达加斯加岛入籍条件严苛，加上政策多变，很多华侨选择再移民或保留中国国籍。独立后的毛里求斯实行多元文化政策，入籍条件宽松，90％的华侨申请该国国籍。南非政策不明朗，时有歧视华人的政策，但在 1984 年颁布的宪法给予了华人与白人同等待遇。[1] 20 世纪下半叶以来，华人在观念上出现从"落叶归根"到"落地生根"的重大变化，这种变化在全球的华侨华人社会都存在。对于非洲华侨华人而言，他们开始注重在居住国的发展，注重子女的教育，很多人将子女送往欧美等发达国家深造。这些获得好教育的华人子弟中，很多人也回到非洲，在政府、建筑、医学、教育界等各行各业发挥才能。不同于老一辈非洲华侨华人没有多少文化，主要为契约华工、小本经营的华商（很多人是"中间商"），20 世纪下半叶成长起来的非洲华人受教育程度大大提升，并且就业领域广阔。许多华人从政并取得可喜的成绩。例如，塞舌尔首任总统詹姆斯·曼卡姆（中文名陈文咸）、警察总监安东尼·加米尔（中文名韦怡和），都是祖籍广东顺德的华人；留尼汪顶磅市市长及法国首位华人国会议员曾宪健、毛里求斯华人国会议员朱梅舜和李国华、毛里求斯驻法国大使陈凯等，[2] 都是华人参政的榜样。华人在各行各业取得成绩，也表明非洲华人以非洲为"家"从而安居乐业的精神面貌。非洲华人社会的稳定，将会促进非洲华人人口稳定增长。另外，中国改革开放以来，中国大陆闯出来的"新移民"遍及世界各地，非洲也是他们出国的目的地。还有从中国台湾、香港以及东南亚等地移民非洲的华侨，都将中华文化带进非洲，为非洲的发展注入力量。

二、非洲华侨华人的中华文化教育概述

通过华文学校接受中华语言与文化教育，是世界各地包括非洲的华侨华人自然而然的选择。不同于东南亚华校华文教育具有悠久的历史，

---

[1] 李安山：《非洲华侨华人史》，中国华侨出版社，1999，第 437—444 页。
[2] 同上书，第 446 页。

非洲华校华文教育起步较晚。1911 年，毛里求斯几位华侨先贤吴韵琴、古文彬、黎达夫等为解决侨童教育问题而创办私塾，次年客属仁和旅馆将其路易港购置的房屋作为校舍，正式接办华文学校"新华小学"。① 这被视为非洲华校华文教育的开端。到 21 世纪，非洲华校华文教育几起几落，既与国际大环境的变化有关，也与非洲诸国的政策、中非关系紧密相关。除了华校推行的华文教育，非洲华侨华人也通过各种途径（中国文化中心、日常参与中华文化活动等）接受中华文化教育。

（一）1949 年以前非洲华校华文教育的两次高峰

有学者认为 1949 年以前的非洲华校华文教育有两次高潮，20 世纪20 年代以来非洲出现创办华文小学热潮，20 世纪 40 年代华校华文教育再度兴起，创建华文中学或在原华校新设中学部，成为华侨学子接受华文教育的时代需求。②

毛里求斯地方虽小，华文教育却走在非洲前面。1928 年，广府人在路易港创办培英学校，有"培育正气，建树群英"之意。1941 年，路易港又建中华学校（有中学部），它与新华学校"中学部"一起，为因战争无法回国继续升学的华侨子弟创造了学习平台。

南非华文教育的起步阶段有教会参与，广东梅县客籍华侨朱玉阶、钟传元等人也积极推动。1918 年，伊丽莎白港华侨教会学校得以成立。自此，南非华文教育逐步发展。约翰内斯堡有华文学校（1928 年）与"国定学校"（1940 年），它们在 1943 年合并为"华侨国定学校"；比勒陀利亚有华侨青年自治会创办的"华侨公学"（1934 年）；20 世纪 40 年代东伦敦中华会馆和开普敦中华会馆都创办了"中华学校"，东部省、埃滕哈赫、金伯利等地也分别创办"华侨小学"等③。它们都为南非华校华文教育做出了贡献。中国进入全面抗战以后，南非适时地在 1938 年将伊丽莎白港华文学校和约翰内斯堡华文学校升格为中学，不仅为华侨子

---

① 李安山：《非洲华侨华人史》，中国华侨出版社，1999，第 318 页。
② 同上书，第 317 页。
③ 同上书，第 320 页。

弟深造提供平台，也将南非华文教育提升到新水平。

随着马达加斯加侨童的增多，创建华校也成了当务之急。1926 年（或说 1929 年）该地设立了补习教育班，是为马达加斯加的第一个华文教育机构。此后，马达加斯加相继创办了"兴文学校"（1938 年陈静波等创设）、塔马塔夫的华体小学（1943 年华侨体育会创办）、费内里韦的中正学校、菲亚纳兰楚阿的华文学校（1941 年）、马纳卡拉的中山学校、桑巴瓦的中正学校等。[①] 它们都在马达加斯加华校华文教育史上留下了痕迹。

1927 年，华商刘文波在留尼汪岛创办第一所华校，开启了该岛的华文教育。抗战期间，留尼汪岛的华侨华人为了子弟继续学习祖国文化，纷纷创建华校以推动华文教育。圣安德烈的光华学校（1942 年）、圣皮埃尔的育侨学校（1943 年）、圣路易的中华学校（1943 年）、勒唐蓬的旺华学校（1943 年）、圣但尼的兴华学校（1944 年）和华民学校（1944 年）等，[②] 都为留尼汪岛华侨儿童学习中华文化创造了条件。

在葡属东非，华侨主要居住于贝拉港和洛伦索—马贵斯（今莫桑比克首都马普托）两地，华文教育也主要集中于此两地。1929 年，在贝拉港的协进社创办了中华学校，生源较少，四年后停办。抗战期间，贝拉港复办华文学校，华侨小学学生增多，教材是与中国同步的《复兴国语》，使用粤语教学，也有乒乓球、羽毛球、武术教学等特色体育教育，[③] 校务及学校硬件设施也在后来几年有所扩展。在 1929 年前，洛伦索—马贵斯就存在一间私塾"智仁学校"。1936 年中华小学在当地的中华会馆开学，"开学典礼由捐地建设中华会馆的华人先驱贾阿桑（Ja Assam）举办。学校的办学宗旨，是'收容此辈侨童，灌输祖国文化，授以谋生技能'，使他们'得受祖国文化之熏陶，得知祖国语言及习

---

① 李安山：《非洲华侨华人史》，中国华侨出版社，1999，第 321—322 页。

② 同上书，第 324—325 页。

③ 郭建玲：《莫桑比克华文教育的历史、现状与挑战》，《非洲研究》2019 年第 2 卷。

慣'"①。中华小学只收华侨子弟（基本上是广东籍侨童），教材为商务印书馆出版的《复兴国语教科书》初小课本八册。中华小学成绩斐然，"成为东南部非洲华侨教育的典范"②，深得非洲侨众认可。

1949年以前，非洲华校华文教育主要由社团推动创建，例如南非早期华校伊丽莎白港华侨教会学校就由梅县侨商公会与圣马克斯英国圣公会传教团合办。此后，南非各地中华会馆及各种社团组织都有创建华校的冲动和行动。华侨个体创建的华校也有，例如留尼汪岛的首间华校"华侨学校"由侨领刘文波创建。教会参与华校的创建在世界各地都时有所见，非洲的伊丽莎白港华侨教会学校的设立就有教会的合作办学。华校创建主体的多元化对于非洲华文教育无疑是非常有益的。在华侨忙于谋生及交通不畅的条件下，在侨童较多的地区采取灵活多元的办学方式，这使得华侨接受中华文化教育获得了最大的收益。

（二）1950—1970 年非洲华校华文教育的落与升

世界各地包括非洲的华校华文教育与外界环境的变化关系甚大。战后世界格局发生巨大变化，殖民主义在东南亚、非洲各地都遭遇巨大挫折，非洲许多国家陆续取得独立。但独立以后非洲各国的政策（包括移民政策）对于华侨华人的发展未必都有利。不少非洲独立国家实行同化政策，或者限制外侨，或者鼓励外国人入籍。在现实考量之下，很多华侨华人将子弟送进西式学校读"番书"，既可免费接受教育，又可以学习英文、法文，以利于将来谋生，或得到留学欧洲的机会。③ 20世纪下半叶以来华侨华人从"落叶归根"到"落地生根"观念的变化，也促使他们较多地选择有利于子女更好地融入居住国主流社会的教育方式。这个时期华校华文教育的低迷与华侨华人的故国社会文化环境不无关系。

然而，读"唐书"是保存中华文化的重要教育方式，老一辈华侨华

---

① 郭建玲：《莫桑比克华文教育的历史、现状与挑战》，《非洲研究》2019年第2卷。

② 同上。

③ 贺鉴、黄小用：《非洲华人教育浅探》，《比较教育研究》2001年第12期。

人也尤其不乐见中华文化在他们的后辈中出现无法传承的局面，所以 20世纪 50 年代以后华校华文教育虽然低迷，却未曾消失。

在南非，20 世纪 50 年代以来既有新学校的创建，也有旧华校在继续推行华文教育。1950 年，南非伊丽莎白港中华会馆创建了华侨中学，1973 年，它与华文小学（前身为"华侨教会学校"）合并办学。1951 年，南非东部省的中华会馆也创办华侨中学，东部省华侨中学努力维持着华文教育。伊丽莎白港的华文小学在 1950 年由梅县侨商公会转交东部省的中华会馆接办，学校保留着与英国圣公会教会的关系，并且得到开普敦教育局的经费支持，这也是它后来得以继续生存数十年的重要原因。南非行政首都（南非有三个首都）比勒陀利亚的"华侨公学"一直由华侨华人捐款办学，它向整个南非募捐，也招收南非各地学生，坚持办学到 1993 年，还在温加特公园地区建设新校舍。在华文教学上，该校使用普通话和广州话，并且注重中国书法、历史故事、棋艺、剪纸等中华文化内容的学习，"现为南非唯一的华人私立学校"[1]。东伦敦中华会馆创办的东伦敦中华学校从 20 世纪 40 年代运转到 20 世纪 60 年代。开普敦中华会馆于 1943 年兴建的中华学校也运转到 20 世纪 80 年代。约翰内斯堡的华侨国定学校（1943 年合并）在南非华校中运气较好，到了 1979 年尚且增设中学班，也得到南非政府的部分经费支持（部分由华人社会募捐）。虽然校址和校名几经变更，其生源却在稳定中有所增长。多语言教学的办学方式既有益于华侨华人学习中华文化，也有利于他们融入居住国的生活。

马达加斯加的华文教育与南非等地差不多，既有新学校的创建也有老华校的继续运转。1948 年开始筹备的京华小学（又称塔那那利佛侨校）在 1951 年正式开学，1954 年在马达加斯加省政府教育局备案。瓦图曼德里的忠信学校于 1951 创建，次年开学招生。兴文学校在 1958 年开设初中班，使该校的教育跃上了新台阶。不过该校在 1975 年被封，次年与华体学校合并为"塔马塔夫华侨学校"，"曲线求生"以维持它的华

① 李安山：《非洲华侨华人史》，中国华侨出版社，1999，第 517 页。

文教育。① 菲亚纳兰楚阿的华侨学校（1941 年）在战后由梁亨掌校，并且扩大教学规模，到了 20 世纪 80 年代该校式微。

葡属东非的华文教育在 20 世纪 50 年代以后坚持前行。贝拉港的华侨小学在 20 世纪 60 年代以后，不仅生源增多（1966 年有 157 名学生），而且教师素质提高（来自中国海峡两岸的教师均有正规资格）。② 这表明贝拉港的华文教育有所发展。洛伦索—马贵斯的中华小学在抗战期间发挥中华民族自古以来的爱国主义精神，该校学生对祖籍国非常关切。中华小学的成功教育增强了它的声誉，当地所有侨童都就读中华小学，到了 20 世纪六七十年代，逐渐发展为六个年级，成为涵盖初级小学和高级小学的完全小学。1975 年以后，莫桑比克独立，在政策的限制下，当地华侨学校关闭。③

20 世纪 50 年代以来，非洲华校华文教育多数由社团创建。许多华校的命运亦因中国实力的增长、中非关系的变化而发生变化。20 世纪 70 年代以后，中国与世界各国尤其是西方国家相继建交，时代大潮滚滚向前，非洲各国看到了中国大环境的变化。中国实力的增长，也促进了非洲华校华文教育的回升。不过，个别国家如莫桑比克的华文教育反而在 20 世纪 70 年代后期遭遇挫折。

（三）近四十年来非洲华侨华人的中华文化教育

20 世纪 80 年代以来，世界各地的"中国热"兴起，发达国家如此，发展中国家同样是中国合作的伙伴。非洲国家积极与中国进行文化互动，在官方层面，中非合作在不少高校设立孔子学院或孔子课堂，在各地多有中国文化中心之类的机构设立，民间社团也举办各种中华文化活动。华文学校的创建在 20 世纪 90 年代以后成为新热潮，部分持续运转的老华校也获得发展机遇。这一切都为非洲华侨华人接受中华文化教育

---

① 李安山：《非洲华侨华人史》，中国华侨出版社，1999，第 517 页。

② 郭建玲：《莫桑比克华文教育的历史、现状与挑战》，《非洲研究》2019 年第 2 卷。

③ 同上。

创造了机遇。

1. 孔子学院、"中国文化中心"等多元化的中华文化教育机构

随着"中国热"的兴起，在非洲多地纷纷设立推广中华文化的机构。例如，毛里求斯创立"明德中心"（1980 年），借助音乐、舞蹈、太极拳等课程传播中华文化。毛里求斯的"中国文化中心"也于 1988 年开展活动，"系中国在海外设立的第一个文化中心，以推动和弘扬中华文化为宗旨……中心还设有中文班、太极武术班、舞蹈班，开展对华裔的中华文化教育活动"。① 南非的约翰内斯堡在 1982 年设立中华文化中心，为侨众提供汉语及粤语方言课程，也开展国术、国画、民族舞蹈等极富中国文化特色的教学。② 新世纪以来，中国在海外开设的首个大型文化中心在埃及，即开罗中国文化中心（2002 年），它位于吉萨区，融合传统（例如图书借阅、文艺演出）与现代多媒体（例如电影放映）等多种方式，开展中华文化艺术的推广活动，也旨在加强中埃两国多领域的文化交流与合作。尼日利亚中国文化中心将中国传统手工艺术（剪纸、唐卡等等）传授给当地民众，也将中国武术、中国民俗文化传播到当地，促进了中华文化在尼日利亚的传播。

在世界各地建立孔子学院，是 21 世纪以来中国对外文化交流与合作的重要决策。"孔子学院是受德国歌德学院的启发，由中国政府为普及汉语教育、增进世界各国对中国的理解与友好而创办的非营利性机构。"③ 孔子学院的汉语教学主要针对的是非华人的外国人。但实际上，华侨华人的后代也有很多人在孔子学院、孔子课堂学习中华语言与文化，非洲也不例外。非洲不少华侨华人的后代已经不会说汉语，不懂中华文化（虽然他们尚以"华人"身份为荣）。于是，在大学里通过孔子学院、孔子课堂，他们重温祖籍国的语言和文化。"在整个非洲大陆，

① 李安山：《浅析战后非洲华侨华人文化生活的演变》，《八桂侨刊》2017 年第 3 期。

② 同上。

③ 严晓鹏：《孔子学院与华文学校发展比较研究》，浙江大学出版社，2014，第 2 页。

共有 33 个国家设有 48 所孔子学院。此外，非洲在 15 个国家设有孔子课堂 27 个。"① 它们为非洲民众及华侨华人提供了学习中华文化的平台。特别是南非，作为非洲经济最发达的重要国家之一，它与中国的文化互动成为典范。南非在 1998 年与中国建交后，"中国热"更盛。2004 年，非洲第一所孔子学院在南非的斯坦陵布什大学设立，并开设中文专业，这也是"南非唯一一所开设全日制汉语教学的大学"。南非第三所孔子学院在开普敦大学设立。除此之外，在南非有近百所学校（包括高中和综合性大学）开设有中文课程。② 2012 年，非洲首家华文教育基金会-——南非华文教育基金会在约翰内斯堡西罗町唐人街举行成立典礼。会长陈玉玲表示，基金会将通过相关工作努力让中华文化在南非生根发芽、开花结果。③

上述孔子学院、中国文化中心之类的机构，虽然主要是为当地民众提供学习中华语言和文化的平台，但实际上也成为很多非洲华人重温祖籍文化的一种途径，他们从中受益颇多。非洲华侨华人也会在日常生活中，通过各种活动展示并传播中国文化，比如文化会演、各种比赛，都是弘扬中华文化的方式。李安山教授爬梳非洲华侨史料时发现，1986 年，"留尼汪的华人在圣但尼市、顶磅市、圣皮埃尔市分别举办中国民族舞蹈大汇演。有采花舞、江南丝竹舞、小霓裳舞和敦煌彩塑舞等，可谓美轮美奂。当时，毛里求斯的中国舞蹈老师马雅云和武术老师梁东升分别客串演出春江花月夜和追鱼与南拳和刀剑"④。这些极富中国魅力的文艺表演，无疑能增强非洲华侨华人对中华文化的认同感。

2. 华文学校

如果说 20 世纪 80 年代非洲华校华文教育尚且在恢复之中，那么进

① 李安山：《浅析战后非洲华侨华人文化生活的演变》，《八桂侨刊》2017 年第 3 期。

② 吴小伟、杨道麟：《南非华文教育浅论》，《八桂侨刊》2013 年第 1 期。

③ 本刊资料室：《南非侨界成立南非华文教育基金会》，《八桂侨刊》2013 年第 1 期。

④ 李安山：《浅析战后非洲华侨华人文化生活的演变》，《八桂侨刊》2017 年第 3 期。

入 20 世纪 90 年代以来，华文学校的创建在非洲迎来又一个高峰。下述表格列举了非洲部分华文学校情况。从这个表格样本来看，20 世纪 90 年代以来非洲华文教育依然有中国海峡两岸华侨华人移民共同参与创建，南非、毛里求斯这些传统上华文教育比较发展的国家，依然拥有华文教育的优势。

20 世纪 90 年代以来非洲部分华文学校①

所在地	校名	创办时间	备注
莱索托	中华学校	1991 年	中国台商创立，1994 年迁往南非的淑女镇，更名为莱非台商学校
南非	华心中文学校	1996 年	中国台商创办
南非约翰内斯堡	华侨学校	1997 年	中国大陆新移民创建
斯威士兰	中华学校	1997 年	中国台商创办
毛里求斯	光明学校	1999 年	林碧芳女士创办
科特迪瓦	中文学校	1999 年	中国台商创办
毛里求斯	华夏学校	2003 年	由毛里求斯中文教师联合会在会长房亮汶的领导下创立
南非	中文学校	2007 年	中国三九国际集团董事长徐有强创立
乌干达	鲁扬子中学	2011 年	校长王丽红，由当地人经营 20 余年，2011 年通过银行拍卖中标获取经营权

除了上述表格中的华文学校，非洲尚有规模或大或小、教学方式多样化的华文学校在助力华文教育的发展。莫桑比克在独立以后经历战乱

第六章　大洋洲及非洲华侨华人的中华文化教育

---

① 李安山：《浅析战后非洲华侨华人文化生活的演变》，《八桂侨刊》2017 年第 3 期。

和国家制度的变化，进入 21 世纪以来平稳发展并受到了华侨的重视，很多中资企业的工作人员、华商成为莫桑比克的新侨。中华会馆也重归华人，华人又有了重兴华文学校的心愿。2017 年中华会馆筹办的中华国际学校建成。"中华国际学校是经莫桑比克教育部注册的全日制学校，实行中葡双语课程设置。上午以葡语授课，教授莫桑比克教育部核定的葡语课程，下午以汉语授课，课程包括中文、数学、阅读、音乐、武术。此外，每周还有两节英语课。与中葡双语的课程设置相应的，学校在环境布置、文化活动的组织等方面，突出了中莫双文化的特点。教室和过道两侧墙壁装饰了中国结、中国画、中国谚语等，以及莫桑比克当地的木雕和绘画、重要节日介绍等。学校既组织学生欢度中秋、春节等中国传统节日，如参加中华会馆一年一度的华人元宵晚会，也组织学生庆祝'非洲日'等莫桑比克重要节日，体现了文化交流融合的特点。"① 在教材使用上，该校学前班中文课采用《美猴王汉语（幼儿）》（后来改用《汉语乐园》），其他班级使用《中文》，这是世界各地华文学校常用的华文教材。中华国际学校的办学模式总体上还是比较传统的（比如依托华人社团募捐经费），但其三语教学以及招收各族裔学生的举措，也体现出对时代的适应性。

概而言之，20 世纪 90 年代以来非洲华侨华人在接受中华文化教育方面，有了更多元化的途径和更优质的资源。华文教育方面比较大的变化和优势，是得到了中非官方的有力推动，孔子学院、孔子课堂、中国文化中心以及部分华文学校，得到政府经费的支持或其他方式的帮扶。当然，与传统的华文学校一样，20 世纪 90 年代以来的华校主要由华侨华人社团管理，或者是华侨华人社会募捐支持的私立学校。无论如何，中国实力的提升及其在世界上话语权的增强，中国倡导的"一带一路"建设及"人类命运共同体"观念的传播，都会成为推动世界各地包括非洲华文教育发展的有利条件。

---

① 郭建玲：《莫桑比克华文教育的历史、现状与挑战》，《非洲研究》2019 年第 2 卷。

结 语

　　"安土重迁"是中国人的文化心态。然而，自古迄今，"迁徙"也是中国人的生活样态。在中国国内，宗族的、家庭的、个人的迁徙举不胜举，跨国移民是中国人"迁徙"世界各地的文化现象。从本书梳理世界各地的华人移民境况，我们发现政治（政治避难）、战争（躲避战乱）、经济（海外"淘金"）、精神（留学或向往西方）等各种压力或动力，都会导致中国人跨国移民行为的发生。不过，华人大规模跨国移民，与西方列强开拓海外殖民地有关。人是文化的创造者，也是文化的载体和携带者，华人移民迁徙世界各地，也将中华文化（包括中华传统文化、近现代文化、当代文化）携带到世界各地。在东南亚、北美等世界各地，华侨华人聚族而居，形成华侨华人社区（也有些国家并未形成专门的华侨华人社区）。他们创建各种性质的社团，并建立庙宇、宗祠或华文学校等，以各种方式推行中华文化。曾多年担任中国国务院侨务办公室主任的裘援平说："海外华侨华人是中华文明和民族精神的重要继承者、传播者和展示者。""遍布世界各地的 2 万所中文学校，数万个华侨华人社团，数百家华文媒体，独具特色的唐人街、中餐馆和中医诊所，红红火火的'春节'等民族节庆活动，都直观地向世界传递着中国文化

气息，成为展示中华文化和中国形象的重要平台和窗口。"① 也可以说，来自华侨华人社会的民间信俗及各种民俗文化，来自华文学校的华文教育或华人居住国公共教育系统中的汉语教学，以及世界各地的华文华人文学艺术等等，可谓多方面地对世界各地的华侨华人进行着中华文化教育，从而使中华文化在世界各地生生不息，传承至今。

"博大精深的中华文化是海内外中华儿女共同的魂。"诚然，中华文化是中华儿女共同的"身份证"，中华文化认同是我们认可彼此并惺惺相惜的精神认同。在世界跨入 21 世纪的今天，一方面是全球化加强了人员、物资、资金、信息的流动，另一方面是文明的冲突、各种纷争远未终结。梳理世界各地的华侨华人及其中华文化教育，发现中华文化在世界各地传播与传承的共性和个性，可凝聚我们"共同的魂"，使中华儿女在这个冲突不息的世界葆有"初心"，也有望中华文化中厚德载物、和衷共济等美好的民族文化精神，随着中华文化在世界各地的传承，给世界带来福音。

---

① 裘援平：《华侨华人与中国梦》，载胡培安，陈旋波《华文教育与中华文化传承》，社会科学文献出版社，2018，"总序（一）"第 3 页。

主要参考文献

一、著作

[1] 胡培安，陈旋波. 华文教育与中华文化传承 ［M］. 北京：社会科学文献出版社，2018.

[2] 施雪琴. 菲律宾华侨华人史话 ［M］. 广州：广东教育出版社，2019.

[3] 钱穆. 中国文化精神 ［M］. 北京：九州出版社，2012.

[4] 姜兴山. 战后菲律宾华文教育研究：1945—1976 ［M］. 广州：暨南大学出版社，2013.

[5] 李慧敏. 新加坡，原来如此! ［M］. 台北：联经出版事业股份有限公司，2015.

[6] 林远辉，张应龙. 新加坡马来西亚华侨史 ［M］. 广州：广东高等教育出版社，2008.

[7] 林干. 新加坡华侨华人史话 ［M］. 广州：广东教育出版社，2018.

[8] 曾玲. 新加坡华人宗乡文化研究 ［M］. 北京：中国社会科学出版社，2019.

[9] 马骏杰. 郑和下西洋 ［M］. 北京：中国财政经济出版社，2017.

[10] （英）康斯坦丝·玛丽·藤布尔. 新加坡史 ［M］. 欧阳敏，译. 上海：东方出版中心，2016.

［11］（日）村上卫. 海洋史上的近代中国：福建人的活动与英国、清朝的因应［M］. 王诗伦，译. 北京：社会科学文献出版社，2016.

［12］高伟浓. 清代华侨在东南亚：跨国迁移、经济开发、社团沿衍与文化传承新探［M］. 广州：暨南大学出版社，2014.

［13］胡波. 马来西亚华侨华人史话［M］. 广州：广东教育出版社，2019.

［14］王允澄. 中国民间故事集成·福建卷·石狮市分卷［M］. 石狮市民间文学集成编委会，1991.

［15］向忆秋. 闽南民间文学研究［M］. 北京：社会科学文献出版社，2018.

［16］吴彦鸿. 新加坡风土志（增订版）［M］. 新加坡：宏砚工作厅，1997.

［17］福建师范大学历史系华侨史资料选辑组. 晚清海外笔记选［M］. 北京：海洋出版社，1983.

［18］蒋廷黻. 蒋廷黻中国近代史［M］. 南京：江苏人民出版社，2007.

［19］马艳. 东南亚汉语教育概述［M］. 广州：世界图书出版广东有限公司，2015.

［20］孙承译. 日本对南洋华侨调查资料选编（1925—1945）：第二辑［M］. 广州：广东高等教育出版社，2011.

［21］贾益民. 世界华文教学. 第2辑［M］. 北京：社会科学文献出版社，2016.

［22］刘振平. 新加坡华文教学研究［M］. 南京：南京大学出版社，2014.

［23］黄淑琴. 新加坡中学华文新课程研究：基于中国基础教育语文课程改革［M］. 广州：暨南大学出版社，2018.

［24］胡兴荣. 记忆南洋大学［M］. 桂林：广西师范大学出版社，2006.

［25］陈志锐. 新加坡华文及文学教学［M］. 杭州：浙江大学出版社，2011.

［26］曹淑瑶. 国家建构与民族认同：马来西亚华文大专院校之探讨1965—2005［M］. 厦门：厦门大学出版社，2010.

[27] 张锦忠. 关于马华文学 [M]. 台湾中山大学文学院，2009 年.

[28] 黄万华. 新马百年华文小说史 [M]. 济南：山东文艺出版社，1999.

[29] 李永平. 雨雪霏霏：婆罗洲童年记事 [M]. 上海：上海人民出版社，2014.

[30] 周宁. 东南亚华语戏剧史 [M]. 厦门：厦门大学出版社，2007.

[31] 赖伯疆. 东南亚华文戏剧概观 [M]. 北京：中国戏剧出版社，1993.

[32] 田禾，周方冶. 泰国 [M]. 北京：社会科学文献出版社，2016.

[33] 叶曙明. 泰国华侨华人史话 [M]. 广州：广东教育出版社，2018.

[34] （美）施坚雅. 泰国华人社会：历史的分析 [M]. 许华等，译. 厦门：厦门大学出版社，2010.

[35] 陈仃. 三聘姑娘 [M]. 厦门：鹭江出版社，1987.

[36] 司马攻. 我也要学中文 [M]. 成都：四川文艺出版社，2013.

[37] （泰）陈博文. 书魂 [M]. 成都：四川文艺出版社，2013.

[38] （泰）杨玲. 曼谷奇遇 [M]. 成都：四川文艺出版社，2013.

[39] 庄国土，陈华岳等. 菲律宾华人通史 [M]. 厦门：厦门大学出版社，2012.

[40] 庄钟庆等. 东南亚华文新文学史 [M]. 北京：人民文学出版社，2007.

[41] 杨锡铭. 越南老挝柬埔寨华侨华人史话 [M]. 广州：广东教育出版社，2019.

[42] 利国，徐绍丽，张训常. 越南 [M]. 北京：社会科学文献出版社，2015.

[43] 钟楠. 柬埔寨文化概论 [M]. 广州：世界图书出版广东有限公司，2014.

[44] （英）埃文斯. 老挝史 [M]. 郭继光，刘刚，王莹译. 上海：东方出版中心，2016.

[45] （日）水野俊平. 韩国的故事 [M]. 于雷，译. 北京：中国友谊出版公司，2016.

主要参考文献

［46］张兴汉，刘汉标. 世界华侨华人概况（亚洲、大洋洲、非洲卷）［M］. 广州：暨南大学出版社，1996.

［47］梁启超. 饮冰室合集（饮冰室文集之四）［M］. 北京：中华书局，1989.

［48］黄昆章. 华侨华人百科全书·教育科技卷［M］. 北京：中国华侨出版社，1999.

［49］罗晃潮. 日本华侨史［M］. 广州：广东高等教育出版社，1994.

［50］方雄普，李斌斌. 俄罗斯及中亚东欧华侨华人史话［M］. 广州：广东教育出版社，2019.

［51］陆兵. 中亚：丝路明珠与合作热土［M］. 北京：中国发展出版社，2018.

［52］（美）麦礼谦. 从华侨到华人——20 世纪美国华人社会发展史［M］. 香港：三联书店，1992.

［53］杨国标，刘汉标，杨安尧. 美国华侨史［M］. 广州：广东高等教育出版社，1989.

［54］李春辉，杨生茂. 美洲华侨华人史［M］. 北京：东方出版社，1990.

［55］钱宁. 留学美国——一个时代的故事［M］. 南京：江苏文艺出版社，1996.

［56］黄万华. 美国华文文学论［M］. 济南：山东文艺出版社，2000.

［57］黄昆章，吴金平. 加拿大华侨华人史［M］. 广州：广东高等教育出版社，2001 年.

［58］姜芃. 加拿大文明［M］. 北京：中国社会科学出版社，2001.

［59］钱建军，向忆秋. 洛夫：诗·魔·禅［M］. 香港：中国文化出版有限公司，2004.

［60］饶芃子，杨匡汉. 海外华文文学教程［M］. 广州：暨南大学出版社，2009.

［61］赵庆庆. 枫语心香：加拿大华裔作家访谈录·第 1 辑［M］. 南京：南京大学出版社，2011.

［62］张国培. 20 世纪泰国华文文学史［M］. 汕头：汕头大学出版社，

2007.

［63］叶曙明. 印尼华侨华人史话［M］. 广州：广东教育出版社，2018.

［64］（美）瓦特·斯图凡特. 秘鲁华工史（1849—1874）［M］. 张铠，沈桓，译. 海南：海洋出版社，1985.

［65］李明欢. 欧洲华侨华人史［M］. 北京：中国华侨出版社，2002.

［66］杨万秀. 海外华侨华人概况［M］. 广州：广东人民出版社，1989.

［67］胡志强. 英国华侨概况［M］. 台北：正中书局，1989.

［68］张宁静. 法国华侨概况［M］. 台北：正中书局，1989.

［69］严晓鹏，包含丽，郑婷等. 意大利华文教育研究——以旅意温州人创办的华文学校为例［M］. 杭州：浙江大学出版社，2015.

［70］李明欢. 当代海外华人社团研究［M］. 厦门：厦门大学出版社，1995.

［71］程抱一. 天一言［M］. 北京：人民文学出版社，2009.

［72］白舒荣. 海上明月共潮生［M］. 北京：光明日报出版社，2018.

［73］（新西兰）李海蓉，（新西兰）约翰·特纳. 历史影像中的新西兰华人（汉英对照）［M］. 北京：社会科学文献出版社，2016.

［74］李安山. 非洲华侨华人史［M］. 北京：中国华侨出版社，1999.

［75］严晓鹏. 孔子学院与华文学校发展比较研究［M］. 杭州：浙江大学出版社，2014.

［76］成升魁等. 东南亚资源与环境［M］. 北京：科学出版社，2017.

［77］梁康伯. 寻庙——新加坡的华人庙宇［M］. 新加坡：新加坡道教学院，2011.

［78］朱德兰. 长崎华商：泰昌号、泰益号贸易史（1862—1940）［M］. 厦门：厦门大学出版社，2016.

［79］（美）布雷特·L. 沃克. 日本史［M］. 贺平，魏灵学，译. 上海：东方出版中心，2017.

［80］（日）安藤彦太郎. 早稻田大学与中国：架起通向未来之桥［M］. 李国胜，徐水生译. 武汉：武汉大学出版社，2010.

［81］（美）布鲁斯·卡明斯. 朝鲜战争［M］. 林添贵译. 北京：三联书店，2017.

主要参考文献

二、论文集

[1] 伍燕翎，黄斗. 东南亚华人华文学术论集 [G]. 马来西亚：新纪元大学学院，2018.

[2] 林忠强等. 东南亚的福建人 [G]. 厦门：厦门大学出版社，2006.

[3] 莫顺宗，伍燕翎. 新的纪元：东南亚华人新编 [G]. 马来西亚：马来西亚华总东南亚华人研究中心，2017 年.

[4] 沈善洪. 韩国传统文化·文化卷（论文集）[G]. 北京：学苑出版社，2001.

[5] 吴应辉，刘玉屏. 第二届汉语国际传播学术研讨会（论文集）[G]. 北京：中央民族大学出版社，2013.

三、学位论文

[1] 陈曦. 左秉隆在新加坡推广中华文化研究 [D]. 南宁：广西大学，2016.

[2] 黎翰辉. 马来西亚华文独立中学的发展研究 [D]. 天津：天津大学，2010.

[3] 胡鹏程. 泰国华文教育的发展历程及分析——以泰国春府大众学校为例 [D]. 桂林：广西师范大学，2013.

[4] 李晚月. 泰国华文教育发展史 [D]. 哈尔滨：哈尔滨师范大学，2016.

[5] 黄莹. 战后泰国华文教育的演变与现状考察——以东部地区华校为例 [D]. 福州：福建师范大学，2017.

[6] （泰）段彩云. 泰国泰北忠贞中学华校的个案调查研究 [D]. 昆明：云南大学，2016.

[7] 林明丽. 泰北美斯乐原国民党孤军后代华文教育发展研究 [D]. 泉州：华侨大学，2019.

[8] 包伦田. 泰国南部董里府华文教育发展研究 [D]. 泉州：华侨大学，2019.

［9］李凌晨. 菲律宾中正学院华文教育研究［D］. 福州：福建师范大学，2014.

［10］魏来. 越南、柬埔寨、老挝、印尼四国主要城市华文教育调查报告［D］. 广州：暨南大学，2014.

［11］王格格. 晚清南通士子与印尼华文教育研究［D］. 泉州：华侨大学，2017.

［12］刘华斌. 冷战后印尼华文教育发展研究［D］. 广州：暨南大学，2006.

［13］王慧敏. 印度尼西亚孔教的哲学思想研究［D］. 济南：山东大学，2018.

［14］张烨. 越南中南部明乡人的演变研究［D］. 昆明：云南师范大学，2019.

［15］庄明欣. 柬埔寨金边华文学校发展现状调查——以端华学校和立群学校为例［D］泉州：华侨大学. 2020.

［16］李弟龙. 老挝沙湾拿吉省崇德学校汉语教学的情况调查［D］. 昆明：云南大学，2011.

［17］谢小飞. 儒家文化与东亚国家政党政治［D］. 济南：山东大学，2018.

［18］张璐. 清代旅朝华侨华人研究［D］. 济南：山东大学，2012.

［19］崔现我. 韩国华侨教育研究［D］. 青岛：中国海洋大学，2012.

［20］袁源. 冷战后加拿大华文教育研究——兼论加、美华文教育之异同［D］. 广州：暨南大学，2006.

［21］崔忆婷. 法语联盟与孔子学院在拉美地区文化传播比较研究［D］. 北京：北京外国语大学，2021.

［22］汪月. 基于数据库的欧洲华文教育发展量化研究——以华文教育师范学校为例［D］. 郑州：郑州大学，2000.

［23］王志鹏. 保加利亚华裔汉语教学现状调查研究——以保加利亚中国教育中心为例［D］. 苏州：苏州大学，2018.

［24］叶继海. 当代华语文教育与中国文化软实力研究［D］. 广州：暨南大学，2012.

[25] 廖小萍. 澳大利亚、新西兰华文教育比较研究 ［D］. 广州：暨南大学，2007.

[26] 张翰文. 新西兰本土汉语教育与华文教育对比分析 ［D］. 哈尔滨：哈尔滨师范大学，2020.

[27] 胡晶晶. 新西兰西湖男子高级中学汉语教学模式探究 ［D］. 上海：华东师范大学，2014.

[28] 王坤煜. 新西兰南奥塔哥地区小学汉语教学现状调查研究——以罗斯班克小学、米尔顿小学和圣玛丽小学为例 ［D］. 昆明：云南大学，2017.

[29] 赵一轩. 新西兰法卡塔尼地区中小学汉语教学调查研究 ［D］. 长春：吉林大学，2016.

后　记

　　2020 年，突如其来的新冠肺炎疫情给这个世界罩上了魔幻色彩，很多国家、无数个体的计划都被打破了，人们的日常生活也走了形变了样。《华风流芳：海外华侨华人的中华文化教育》就始于疫情开始之际，收束于疫情尚未收束之时。在半封闭状态中，书籍文字助我回溯华侨华人披荆斩棘的"过去"，对"过去"的凝视，成为缓解我焦虑的一味良剂。

　　由于我长年累月在华文文学领地耕作，自觉应该熟悉华侨华人文化，这是我投入这项工作的内在动力。我也想以此为契机，启动华人文化研究的"侧门"。感谢季金雷、阙施施、欧阳琪等三位研究生不同程度地参与。季金雷撰写了第二章第三节《印度尼西亚华文教育与华人民俗文化、孔教文化》（约 1.2 万字）。阙施施撰写了第五章第二节《英、法、德、意的华侨移民、华教机构与民间社团活动》和第六章第一节《澳大利亚华侨移民、华教机构与民间社团活动》（约 1.6 万字）。欧阳琪负责第三章《东北亚、中亚华侨华人的中华文化教育》和第四章第三节《拉丁美洲的华侨移民、社团及中华文化色彩》（约 2.8 万字）。我负责全书的第一章，第二章的第一、二、四节，第四章的第一、二节，第五章的

后

记

311

第一、三节，第六章的第二、三节，著述 20 多万字。全书的统稿、修订及所有边边角角的活儿，都由我负责。

感谢国内外提供资料、信息的前辈及友人，也感谢各界友人为本书提供照片，南宁师范大学梁立平博士提供了"新加坡鱼尾狮公园"，马来西亚槟城留华同学会创会会长陈焕仪律师提供了"日新中学"，菲律宾华人作家椰子提供了"黎刹广场的拉普拉普雕塑""马尼拉唐人街"，韩国外国语大学博士候选人金梅（김애）提供了"孔子学院"。特别鸣谢厦门大学陈支平教授邀我加盟项目组。感谢鹭江出版社，为鹭江出版社的国家出版基金项目《中国海上丝绸之路通史》大工程而努力，我深感荣幸。

因才疏学浅，错漏之处定然不少，乐见诸君赐教。

"路漫漫其修远兮，吾将上下而求索！"

向忆秋

2021 年 9 月 3 日深夜

于观澜小居